김수현 드라마 전집

김수현 드라마 전집

11

내 남자의 여자

2

솔

1. 대사 문장에는 띄어쓰기 원칙을 적용하지 않았다.

가장 먼저, 김수현 극본의 대사에는 마치 악보처럼 리듬이 존재한다는 것을 알면 이해가 한층 쉬워진다. 대사의 리듬과 더불어 대사의 타이밍, 대사의 전환점, 호흡의 완급, 감정선의 절제 또는 연장 등이 대본 자체에서 표현되고 있다. 따라서 문법적 원칙보다 대사의 리듬, 장단이 우선하는 이유로 띄어쓰기 원칙은 간혹 무시되고 있으며 이러한 작가의 의도를 손상시키지 않기 위해 띄어쓰기 문법을 적용시키지 않고 원본 그대로 실었다.

2. 대사에는 맞춤법을 적용하지 않은 경우가 적지 않다.

김수현 극작품의 대사는 구어체에 가까운 것으로 한글, 곧 '소리 나는 대로 읽기-쓰기'에 충실하다. 사투리가 대사에 적용될 때, 캐릭터의 어투나 억양을 강조하기 위한 수단으로 쓰일 때에도 그러하다. 곧 모든 대사의 바탕은 실제 생활 속 일상 언어의 발성이며, 때문에 공식적인 맞춤법이 적용되지 않은 경우가 많다. 외래어 또한 대부분 표기법을 적용해 사용하지 않았고, 문장부호의 사용 또한 일부 맞춤법을 적용하지 않았다.

> 예) "가께 오빠"("갈게 오빠") "늘구지 마세요 선생님"("늘리지 마세요 선생님") "택시 타구 갈께요"("택시 타고 갈게요") "어뜩해. 들으셨어요?"("어떡해. 들으셨어요?") "잔소리 피할려 그러지."("잔소리 피하려 그러지.") "친구 잘못 사겨 착한 내 아들 버렸다는 거랑 같아"("친구 잘못 사귀어 착한 내 아들…") "납쁜 자식"("나쁜 자식") "이제 여덜시야"("이제 여덟 시야") "키이"("키key")

마침표(.)를 넣지 않은 대사 문장에 대해
마침표의 유무에 따라 호흡과 말투, 대사와 대사와의 연결, 뉘앙스에서 차이가 있음을 지시하는 것으로 원본 그대로 실었다.

3. 의성어 및 의태어의 사용은 김수현 작가만의 언어를 반영하여 최대한 수정하지 않은 원문을 싣거나, 부분 삭제하였다.

> 예) '식닥식닥'(화나거나 흥분해 가만히 있지 못 하고 숨을 헐떡거리는 상태), '채뜰 듯'(낚아채서 빠르게 들어 올리는 모양)

4. 작품에 쓰인 용어의 설명은 다음과 같다.

S#: S: Scene의 약자. / #: Number를 의미하는 기호.

E: Effect의 약자.
E는 여러 쓰임새가 있다. 이번 전집에서는 대체로 다음 두 가지로 쓰인다.
　① 화면상에서 A의 얼굴 위로 B의 목소리를 나오게 할 때
　② 특별한 음향효과를 지시할 때
　이번 전집에서는 ①에서처럼 화면 연출상의 기법을 위한 경우로 쓰일 경우에는 전후 문맥상 반드시 필요한 경우를 제외하고 부분 생략하였다. 그러나 ②에서처럼 전화벨이나 음향효과를 위한 장면에서는 원문 그대로 E라고 표기하였다.

> 예) E 전화벨 울리고 있고 / E 볼륨 줄여놓은 피아노 연주곡.

F: Filter의 약자.
이것은 예를 들면 A와 B가 통화를 할 때, A가 화면에 나와 있는 상태에서 B의 전화 목소리를 들려줘야 하는 경우, 상대방의 목소리를 전화 저편에서 말하는 것처럼 들리게 하는 음향적 효과를 지시하는 부호이다.

오버랩: Overlap.
앞의 장면과 뒤에 연결되는 장면이 겹쳐지며 다음 화면으로 넘어가게 할 때 쓰는 부호이다. 대본에서의 오버랩은 앞 사람의 대사가 끝나기 전에 다음 사람의 대사를 겹쳐서 말하게 할 때 주로 쓰이고 있다.

인서트: Insert.
일련의 화면에 글자나 필름을 삽입하는 것을 뜻한다. 이 대본에서는 대부분의 경우 이 지시 사항은 생략되었고, 건물의 외경이나 풍경 등의 씬을 삽입할 때 주로 쓰였다.

디졸브: Dissolve.
한 화면의 밀도가 점점 감소되어 사라짐과 동시에 점차 다른 화면의 밀도가 높아져 나타나는 장면 전환 기법 중 하나. 대본에서의 디졸브는 시간이나 장소의 변화를 보여주기 위해 사용되었다.

페이드 인: Fade in.
영상이 검정색 상태에서 다음 이미지가 점차 선명하게 나타나는 장면 전환 효과를 말하는 것으로 대본에서는 'F.I'로 표기했다.

페이드 아웃: Fade out.
화면이 어두워져 완전히 꺼지는 상태. 장면의 전환, 또는 시간을 건너뛸 때 주로 쓰인다. 대본에서는 'F.O'로 표기했다.

스니크 인: Sneak in.
해설이나 대사 등이 진행되고 있는 사이에 음악이나 효과음을 서서히 삽입시키면서 점점 확대해가는 오디오 연출 용어이다.

5. 기호와 지시문에 대한 설명은 다음과 같다.

/ : 대사 속의 / 부호와 지문 속의 / 부호가 있다.

① 대사 속의 / 부호

대사 도중에 나오는 / 부호는 말투, 억양을 바꿀 때, 텀term 혹은 호흡을 지시 할 때 쓰인다. 그 길이는 길 수도, 짧을 수도 있으며 바로 전 대사의 호흡을 끊고 바로 다음 대사로 빠르게 연결해야 할 때도 쓰인다.

예) **수정**　(일어나 아들 앞으로 가 서며)너 어떻게/어디 아파? 돌았어?

② 지문 속의 / 부호

연출할 화면을 나열, 혹은 순서대로 지시하는 부호이다.

예) **서연**　? ? ?(허둥지둥 다른 손으로 무릎에 놓은 가방 휘저으며 전화 찾는/도저히 전화가 손에 안 잡힌다/브러시질 멈추고 아예 가방 내용물을 무릎에 몽땅 쏟아버린다/지갑 수첩 필통 손수건 콤팩트 립스틱 선글라스 두통약병 등등/그러나 전화는 없다/설마 하는 얼굴로 내용물들 다시 손으로 움직이며 체크/역시 없다)

③ 지문과 대사 속의 //

/ 부호를 겹쳐 사용한 것은 대사와 지문 모두 호흡을 위해 그대로 표기하였다. 행동이나 대사를 완전히 끊고 마무리할 때 사용되었다.

예) 지문: (대화 시작되고 유창하게 응답하는 이모//매일 전화로 학습시키는
　　　　영어 회화)
　　 대사: ⋯⋯그럼 // 충격받을 준비해.

( ) : 배우의 연기에 대한 지시 사항.

[ ]: 작중 정황을 지시하는 지문.
설정, 행동, 환경, 동선 등을 지시하는 부호이다.

…: 말줄임표
   ① 대사의 말줄임표: 배우의 대사에서의 감정선에 따른 호흡의 길이를 지시하는 부호.
   ② S#의 말줄임표: 도입되는 장면에 대한 연출의 길이를 조절하라는 뜻이다.
   ③ [ ]의 말줄임표: 해당 장면에 대한 추가 연출이 필요하다는 뜻으로 쓰인다.

(오버랩의 기분): 오버랩처럼 대사가 완전히 겹치지 않고 앞 대사가 마무리될 때쯤 대사를 시작하는 것을 말한다.

   예) **이여사**   글쎄 기분 나쁜 이유가
       영주   (오버랩의 기분)엄마 내가 말하구 싶지 않은 거 그래서 알아
   내본 적 있수?

(에서): 장면의 마지막 대사 뒤에 붙여 대사 후 화면이 바로 전환됨을 나타낸다. 간혹 대사 후 바로 화면 전환을 하지 않고 그대로 두어 여운을 줄 때도 사용한다.

   예) **채린**   어머니 꿈꾸셨어요?(에서)
       S# 준모의 침실

6. 배우의 연기나 대사, 작중 정황 등 대본의 서술과 실제 방영된 드라마 방송분이 다를 경우 대본을 우선으로 한다.

| 등장인물 |

주요 인물
이화영   40세. 친구 지수의 남편인 준표와 연인 관계.
홍준표   지수의 남편. 대학교수이자 자산가의 아들.
김지수   40세. 주부이자 아들 경민의 엄마.

지수네 가족
김은수   지수의 친언니. 주부.
허달삼   은수의 남편. 사업가.
허진주   은수의 딸. 백수.
허준구   은수의 아들이자 진주의 동생. 재수생.
아정   달삼 친구 창수의 딸.
김경수   은수와 지수의 남동생.
선화   경수의 아내.
김용덕   은수와 지수, 경수의 아버지.
홍경민   지수와 준표의 아들. 중학교 1학년.

준표네 가족
홍회장   준표의 아버지. 퇴직한 사업가.
황여사   준표의 어머니.

화영네 가족

이동하   화영의 남동생.

화모   화영과 동화의 어머니.

그 외

박석준   지수의 대학 후배.

차례

편집자 일러두기 · 4

등장인물 · 9

———

제13회 · 13

제14회 · 59

제15회 · 105

제16회 · 151

제17회 · 197

제18회 · 243

제19회 · 290

제20회 · 336

제21회 · 384

제22회 · 430

제23회 · 477

제24회 · 521

———

부록

작품 연보 · 568

김수현 연보 · 578

제13회

S# 은수의 마당

[준구와 경민/글러브 끼고 공 던지기 하고 있다…]

S# 주방 거실

용덕 (칼국수 반죽 홍두깨에 말아서 늘리기 하고 있는/집에서 부인께 배워 나오세요)미쳐서 혼이 나가버리면 다 그래애애…미친 거지 제 정신 아닌데 뭘

은수 (반죽 한 덩어리 마저 치대면서)진주 아빠는 그렇게까지 돌지는 않어요··

용덕 샌님바람이 더 무서운 법이야··회장님은

은수 그러신 뒤에 조용하신가봐요··

용덕 진작 들어가 드렸어야 했어…그랬으면 이런 사단두 안 났을 게야

은수 그렇죠 아부지 저도 그 생각했어요··

용덕 조개 사러 간 아이 왜 안와…

은수 오겠죠…

용덕 멸치 국물내 끓여두 되는데

은수　그래두 조개가 들어가 줘야 시원해요 아버지..

용덕　허서방은 조용한 게야?

은수　지금 조용하잖으면 인간이에요?

용덕　참 버릴 거 하나두 없는 사람이

선화　(들어오면서)마트 조개가 물이 좀 그래보여서요 형님..

은수　물 안 좋은 거 사왔어?

선화　아니에요 딴 동네 마트 가 샀어요

은수　잘했다.

선화　제가 하께요

용덕　놔둬..내가 선순데 뭐..

은수　호박 채 썰고 딴 거 해.

선화　네에..

은수　지수한테 신경 얼마나 쓰는데요. 아주 내 동생이 아니라 자기 누이 동생이에요

S#　준표 학교 야외 주차장··

　　[자판기 커피 한 잔씩 들고서]

달삼　하늘이 만들어 준 절호의 기회야 놓치지 말고 세 식구 본가로 들어 가. ··뭣보다도 명분이 좋잖아. 건강 나쁘신 부모님이 합가해라 그러시는데 불상놈 아닌 담에야 으쩔 거야..이 화영 아니라 어떤 여자도 도리가 없는 거야. 이 참에 정리 결심하고 들어가···그 여자한테 방법이 없다 그러라구

준표　화영이 정리는 못합니다 형님.

달삼　??

준표　저를 떠날 생각이 단 일전어치도 없는 사람이에요··별 수 없이

14

합갈 하게 되더라도 이해하고 거기 그대로 있겠대요··

달삼   ······(멍하니 보며)

준표   그런 여자를 어떻게 정리해요··

달삼   ·····

준표   그 사람은 제가 다에요.····만나는 사람도 없이 시장 보는 일 밖에
는 하루 왼 종일 나만 기다리고 있는 사람이에요··

달삼   이거 봐. 처제는 결혼 전 칠년 결혼 십삼년 이십년을 자네 해바
라기였었어··

준표   알아요

달삼   알아? 뭘 어떻게 알아서 불과 몇 달한테 이십년을 깨갱시키는
거야.

준표   돌았잖아요··

달삼   이 친구 정말 비오는 날 먼지나게 한번 맞아 볼테야?

준표   지수하고는 이미 회복이 불가능하지 싶어요·· 그 사람 마음 저
한테는 이미 간 마음이에요.

달삼   사람이 어째 그렇게 책임감이 없어.

준표   할만큼 했어요··애껴놓고 덜한 거 없다고 생각한다구요.

달삼   다 안 했어 자네!! 시늉만 했어. 내가 알아!! 내가 도사야··자네
팬티를 올리지도 내리지도 않고 엉거주춤 비비다가 처제한테 까
인 거 잖아·· 잘해보자고 간 여행지에서 전화질은 왜해··그게 최선
다한 거야?

준표   사람 정이라는 게 어떻게 한칼에 싹둑 잘라져요. 형님은 어떤
여자 정리했다 그럼 바로 그 순간부터 그 여자 생각 전혀 안나요?
완전히 기억상실증처럼 그래요?

달삼　기억상실증은 아니지만 이를 악물구 기억상실이 돼야지..마
　　　　누라 가슴에 비수를 찔러 박았는데 그깐 궁금한 거 못참아 또 전화
　　　　질을 해? 이 사람 이거 변명이 끝두 한두 없구먼.

준표　　·····

달삼　솔직히····완전히 발가벗구 얘기해봐 한 번·· 자네····자네 마음 완
　　　　전히 이렇게 된 거야? (올린 손 한 바퀴 돌리면서)

준표　　·····(안 보며)

달삼　나봐 봐·· 홍서방 (직신거리며)

준표　(본다)

달삼　완전히 닭 울고 동 튼 거야? 엉?

준표　머리 아파 죽겠어요 그만 좀 닦달하세요. 그냥 흘러 가는대로
　　　　둬 두세요··정작 지수는 냉랭하기 짝이 없는데 왜 형님이 나서 이러
　　　　세요.

달삼　야 홍교수

준표　(오버랩의 기분)예에 저 돌아섰어요·· 지수는 안 보겠다 그러고
　　　　그 여자는 저 없으면 못산다 그래요 어디로 갑니까. 나 없이 못산
　　　　다는 여자한테 가는 거 당연하잖아요···

달삼　(한심해서 보는)·····

준표　정말 피곤합니다··이러지 마세요···저 할 일 많은 사람이에요

달삼　야 나는 백수건달이라 먹고 할 일없어 여기까지 쫓아와 너 붙잡
　　　　고 이러냐?

준표　그러니까 하지 마세요.

달삼　좋다 그래 좋아··두번 다시 너 붙잡구 이러니 저러니 하면 내가
　　　　허달삼 이름 바꾼다. 그런데 너/ 지금 비가 안 오니까 비오는 날 우

리 집 와. 진짜루 먼지 나게 한판 두둘겨 패구 쫑내야지 그냥은 못 넘어가겠다 엉?

S# 레스토랑

[메인 식사 와 있다. 먹으면서]

지수   ……(안 보는 채)

석준   ……(먹으며 잠깐 보고 포크 놓고 와인 글라스 들려 하는데)

지수   (안 보는 채)지난 번에……

석준   (보며)그 얘기……

지수   (보는)

석준   안 해도 돼요‥

지수   (보며)당황했죠…

석준   ……(잠깐 생각하고)당황했죠‥

지수   미안해요.

석준   그건 안 해도 되구요‥

지수   (포크 놓고 와인 글라스 들면서)그냥 잊어버려줘요‥

석준   (글라스 들어 부딪히면서)그러죠‥

지수   (잠깐 보고 한 모금 마시고 내리고)

석준   (마시고 내리면서)그날 밤 내 생각을 좀 했었어요‥나가 있으면 서…그림은 미치게 안되고…‥대신 와인만 냉수 들이키듯 하면서…‥ 비틀거리고 다닐때…‥많았어요‥그럴 때 /완전히 아무 것에도 의 미가 없고 나 자신이 버러지같을 때…거리 여자 하나 사서 사흘나 흘 처박혀 있었던 적 많아요‥ 물론 상황은 다르지만……나는 경험 많아요‥나 자신을 포기해 치워버린 좌절감 같은 거요‥

지수   남편이라는 사람이…바람이 났어요‥

석준 짐작했어요

지수 미안해요··

석준 얘기하지 말아요··괜찮아요.

지수 정말 미안해요··

석준 우리 까부셔요··

지수 ??

석준 내 생일 아직도 멀었어요··6월 5일이거든요

지수 ??

석준 미안해요 거짓말했어요··

지수 (보며)·····

석준 누군가 한 사람·····무슨 얘기를 해도 괜찮을. 그런 사람 말이에요···

지수 ·····

석준 그 역할을 나한테 준다면····가문의 영광으로 알께요···

지수 (시선 내리는)·····

석준 (와인 병 들어 따르려고)

지수 아니에요··차 있어요··

석준 아··(와인 병 놓고)······

지수 누군가가 필요했어요·· 아무라도·· 그날 석준씨가 있었을 뿐이
에요

석준 그런 거 있어요··이해해요··

지수 ····

석준 혹시···홍교수를 용서하기 위한 구실이 필요했었다면

지수 아니···아니에요.(고개 흔들며)··너무 외로웠고····비참해서····위
안같은 게 필요했고 또···나도 작정하면 할 수 있어···그런 거였을

거에요…바보같지만..

석준 바보같았던 건 사실이에요..

지수 이해한다면서요

석준 그 바보같은 생각을 이해한다구요…..그런다고 해서 외로운 게
채워지지 않아요. 비참한 게 나아지지도 않고……

지수 …(보며)

석준 오히려 더 엉망이 된다니까요..

지수 불쾌 안해요? 그런 대상으로 이용할려고 했던 거..

석준 흠흠 나였던 게 다행이에요..선배는….그대로가 좋아요…그 모
습..그 심성….그대로가 변하지 말아요..

지수 지겹다는데….지루하다는데….따분하다는데…

석준 선배는 변한 거 없어요..변한 건 그쪽이지..자기 변한 것에 대
한 변명일 뿐이에요. 사람이 그래요 바로 그것에 반해서 좋아하고
결혼했으면서…바로 그것에 싫증난다 그래요.. 우습죠..

지수 ….(보며)

S# 산책..(어두워졌다)

석준 별 거 아니에요…그저 좀… 권태로왔나부다…일탈이 하고 싶었
나보다 그렇게 생각해요..애들도 한 장난감 오래 갖고 놀다보면 새
장난감 찾잖아요.

지수 석준씨…결혼생활은 애들 장난감 놀이도 아니고 아내가 장난
감도 아니에요.

석준 아 실언했다….그런데 남자는 천방지축 애에서 그리 많이 자라
지 못해요..

지수 …(보며)

석준 한번은 봐줘요…엄중 경고하구요‥ 지금…그럴 수 있는 나이기
도 해요‥ 젊은 날 열정에 대한 향수랄까, 시들어가는 젊음에 대한
아쉬움이랄까 초조감이랄까‥잘은 모르지만 뭐 그런 것들이 있어
요‥‥사랑‥열정…탐익…좋은 거죠‥빠져 있는 동안 다른 거 아무 것
도 중요하지 않고‥‥그런 대목이 인생에 몇차례나 있겠어요‥그래
서 딴 생각이 나는 거에요‥그런 감정들이 그리워서.

지수 ‥‥

석준 익숙함은 나른하고 재미없잖아요.

지수 나는 익숙함을 안정된 평화로 알고 살았어요‥

석준 남자는‥숫컷이에요‥ 종족보전 욕구가 본성자체에 있어요.

지수 사람이에요‥

석준 사람도 자연의 일부죠‥

지수 ‥‥‥

석준 …선배 …착한 사람이잖아요…

지수 ‥ 착한 게 아니라 멍청했었어요…

석준 이 세상에서 제일 어려운 게 용서라고 해요‥ (걸음 멈춰 보며)성
경에도 있죠. 내가 너희 죄를 용서한 것처럼 너도 네 이웃의 죄를
용서해라‥

지수 …(보며)

석준 용서하기 힘든 누군가를 용서하는 게 결국은 나 자신의 이득
이래요 미워하는 감정‥‥‥고역이잖아요?‥용서하면 자기 자신도 해
방되고 평화니까‥‥‥‥

지수 ‥‥‥

석준 용서받아야할 입장보다 낫구요…

지수 석준씨는 누군가한테 상처주지 말고 살아요

석준 아 찔린다 나 무지하게 여러 사람한테 상처 많이 줬는데‥ 그래서 이 갈고 있는 여자들이 셀 수가 없는데‥‥

지수 (걷기 시작)‥‥‥

석준 누구나‥‥ 누군가에게는 상처주고‥‥‥누구로부터는 상처받고 살아요‥‥‥크든 작든‥‥알게 모르게‥‥‥그저‥‥‥그것도 삶의 일부라 생각하면 돼요‥‥

지수 ‥‥‥

S# 빌라 주차장으로 들어오는 준표의 자동차

S# 내려서 승강기로 가는 준표 손에 들려 있는 아이스크림 봉지‥

S# 화영의 거실 주방

화영 (볶음밥 재료 야채 다지고 있는데)

E 일 디보Ⅱ Divo 노래 흘러나오고 있다…그 바람에 현관 전자음 소리는 못 듣고

준표 (들어온다)‥‥‥(아이스크림 봉지 싱크대에 놓고 음악 플레이어로 가 볼륨 줄이고 상의 벗는)

화영 ??어…몰랐네‥

준표 너무 커. 다른 집에서 항의 받겠어.

화영 (나오면서)아이스크림

준표 거기 있잖아‥

화영 (잠깐 돌아보고)아‥(준표 앞으로)볶기만하면 돼. 준비 다 됐어‥ 손만 씻고 나와.

준표 뭔데‥

화영 볶음밥과 계란탕…

준표 연구했네‥

화영 열등감 자극하지 마‥ 초등학교부터 시작하는 사람이야.

준표 알았어 노력이 가상해‥

화영 저녁 먹고 카잘스 연주 듣자‥(허리에 두 손 두르고) 아까 잠깐
나가서 연주 시디 몇 장 샀어. 디비디랑

준표 그러고 살 수 있으면 얼마나 좋을까. 저녁 먹고 사랑하는 사람
과 나란히 앉아 음악이나 들으면서…

화영 한 시간만.

준표 학회지에 보낼 페이퍼 마감이 오십 센치 앞이야. 당장 학생들
발제문도 훑어봐야 하고 7월 세미나에 발표할 논문은 서론 시작하
다 말았어‥ 당장 토요일까지 칼럼 두 꼭지 만들어 보내야 하구

화영 삼십 분만.

준표 삼십 분 따로 쓸 데 있어.

화영 어디?

준표 손 씻고 나올께…(침실로)

화영 …(주방으로 돌아서는)

S# 식탁

　　[볶음밥 떠먹는 준표]

화영 (지켜보고 있는)⋯⋯

준표 비슷하네.

화영 (안도)살았다‥

준표 어떻게 볶음밥을 골랐어.

화영 제일 쉬운 거 같아서‥ 학교 때 실습하는 거 같아‥ 정말 괜찮아?

준표 비슷은 해.

화영 가차없이 말해애 그래야 발전이 있지.

준표 야채가 너무 많아..밥은 좀 되고…

화영 그럼 뭐가 비슷하다는 거야?

준표 볶음밥이기는 해..

화영 (흘기고)

준표 (조금 소리 내어 웃는다)

화영 삼십분 뒤에 써?

준표 경민이 잠깐 보러.

화영 편도선?

준표 아냐..그 녀석이 핸드폰 하나 샀어…

화영 잃어버렸대?

준표 디엠비폰 갖고싶어했었어.

화영 지수 보러 가는 핑계는 아니구?

준표 실없기는

화영 당신 아버님은?

준표 아직 아무 말씀 없으시대..

화영 그냥 넘어가시면 좋겠다..

준표 기다리시는 걸 거야..공 넘겨 노시구..

화영 지수한테 부탁하라니까.

준표 까칠하게 군다니까 그러네. 말 안 먹혀..

S# 은수의 거실

은수 (전화 들고 있는데)

　　[칼국수 먹은 가족들/용덕/진주/경민 과일 먹는 중. 선화는 설거지]

달삼 F 말이 안 먹힌다 야..완전히 저쪽으로 엎어졌어..우리가 때를

놓친 거 같다

은수   망할 자식/ 그런데 당신 어디야?

달삼   F 아 접대 있다고 했잖아..

은수   또 술이냐? 어떻게 허구한날 술이야아아..

S# 룸살롱

달삼   F (마담한테 팔 끼어진 채)일주일 스케줄 미리 바쳐놨는데 왜 그
래애애.(멈추어 서서)누구는 먹고 싶어 먹냐 밤낮 하는 소리지만..

S# 침실

은수   (들어오면서)냄새가 나서 그래..당신 마누라 한번 뜰까? 거기 어
디야..한번 또 해줄게. 엉?

S# 룸살롱

달삼   야야야야 머리 칼 곤두선다..안 그래두 허달삼 마누라 룸살롱
들이닥쳐 술상 엎고 먹살잡이했다는 거 업계에 전설이다. 그냥 허
달삼 마누라 전설 제일장으로 놔두구 제발 거기다 이장 삼장 추가
는 하지 마라 사랑하는 마누라야. 알았어알았어..야야야 손님 기다
려 그만 끊어…아 알았다니까아아…(끊고)세실이

마담   세실이 저기 있네요..

달삼   어어 세실이…오빠 오셨다..이리 와..(세실 다가오고/ 한 팔로 안으
며)얌마 거만하게 굴지 말고오오…

S# 은수 거실

은수   (침실에서 나오며)아예 내가 술집 차리고 나가 앉았든지..술집
에 바치는 돈이 얼마야 대체 하구한날

진주   술집 갖다 바치는 거보다 많이 벌어들인다잖어.

은수   (앉으며)너 왜 앉았어..

24

진주   외숙모가 필요없대애..

선화   다 했어요 형님..

경민   엄마 안 늦는다 그러셨는데..

은수   아직 늦은 거 아닌데 뭘 그래..

경민   여덟 시 될라구 하는데…

은수   아 얘 늬 엄마 좀 놔줘..스트레스가 얼말텐데 실컨 나가 놀라
    그래.

용덕   에미가 실컨 나가 놀면 애는 뭐가 되구.

은수   저 있잖아요오오…환장안하구 미쳐나가잖는 게 다행이지 괜찮
    어요 아버지..

용덕   이제 곧 들어올 거야.. 많이 안 늦을 사람이야..

경민   네에..

    E 현관 벨

은수   경수니?

경수   E 네에..

은수   (딸에게)발딱 일어나

진주   (벌써 일어나고 있다)일어났네요..(문 열고)외삼촌

경수   (들어오며)밥 줘..

선화   금방 돼요오…

경수   너 왜 여기 있어..

은수   (일어나 주방으로)여기 있으면 안되는 애니?(괜히 좀 날카롭다)

경수   ??(큰누나 돌아보고)

용덕   친구들 저녁 약속 갔대..

경수   (예에) 너 괜찮아?

경민 네…

경수 진짜 괜찮은 거야?

경민 뭐 사는 게 다 그렇죠··(하며 일어나고)

경수 짜식 니가 뭘 알아서 사는 게 다 그래··

진주 (이 층으로 가는 경민 따르면서)경민아 우리 게임하까?

경민 안돼요 온라인 수업듣고 시험쳐야 해요··

S# 지수의 마당(밤)

준표 (들어와서/둘러보는)····(대체적으로 불이 꺼져 있고 현관 안에 불만
켜져 있는)·····

(좀 이상하지만 그냥 현관에 다가서는데)···(한 손에 새 핸드폰 박스)

[집 안에서 울리는 경보음 빼액빼액 빼액]

준표 (급히 대문 입구로 달려나가 경비 해제시키고)

[다시 현관으로/ 현관 버튼 누르고 집 안으로]

S# 거실

준표 (들어오는데)

E 벌써 울리고 있는 집 전화

준표 (빠르게 전체 등 켜고 움직여 전화받는다)네에··실수했어요····홍준
풉니다····전화번호

S# 은수의 집 앞

지수 (차 대어져 있고 내려 있고)

[경민과 은수 나온다]

지수 많이 안 늦었지?

경민 (책가방 들고)네··

지수 타··

경민 할아버지 와 계세요.

지수 (언니 보는데)

은수 칼국수 드시러 오셨어.. 경수 아버지 모시러 와 지금 먹고 있고..
안들어올래?

지수 나 보셔야 속만 상하시는데 뭘…그냥 갈래..말씀드려..

은수 그래 그렇게 해 그럼..

S# 지수의 거실

준표 (치워진 사진 진열대 앞에 서서)………(아들과 둘이 찍은 것만 남겨
져 있는)………(냉장고로 가서 물병 꺼내 물 따라 마시고 놓고 거실 창 열
고 발코니로 나가는)

S# 발코니

준표 (나와 발코니 가장자리로 움직이며 핸드폰 꺼내는데)
[지수 차가 대문으로 와 멎는 게 보인다]

준표 ….(핸드폰 도로 주머니에)…

S# 대문 밖
[차에서 내려 준표 차 보는]

지수 ….

경민 (엄마 보는)

지수 (들어가는데)

경민 (따르며)….(엄마 눈치 보는)

S# 거실
[들어오는 모자…]
[준표 거실 창으로 들어오고]

준표 어디 갔었어..

경민   이모네 집에..

준표   같이?

지수   난 저녁 약속 있었어…그런데.. 이러지 말라구

준표   나중에 해..(거실 탁자로 가 핸드폰 집어 들며)경민아..디엠비폰..

준표   개통됐어..니 번호 메모 거기 있고

경민   네..

준표   그래….

경민   (꿈벅하고 이 층으로)

지수   (아들 올라가는 것 기다렸다가)자기 집 아니랬잖아..

준표   무슨 약속.

지수   별걸 다 묻네..무슨 약속이건 무슨 상관이야..(포트로)

준표   애 남의 집에 맡겨놓고 밤 외출 뭐하러 해..

지수   남의 집 아니구 언니네 집이야.(물 포트에)

준표   아무튼 지금은 그럴 때가 아니잖아.

지수   (스위치)언제부터 그렇게 끔찍하게 생각했어.. 갓난쟁이도 아닌
        데 뭘 그래.

준표   차라리 아무 것도 모르는 간난쟁이면 괜찮아. 한창 예민할 나이
        잖아.

지수   내 자식 내가 알아서 챙기고 키워..웃겨어..갑자기 눈물나는 부
        정이네에?

준표   ….(보며)

지수   핸드폰도 그래.. 멀쩡하게 쓰는 거 있는데 왜 오바해? 애 버릇 나
        빠지게?

준표   갖고 싶어 했잖아..

지수 그래봤자 경민이 당신한테 먹은 맘 안 풀어져‥재 당신보다 날 더 닮은 애야 한번 꽁하면 쉽게 안 풀어

준표 아 그래 훌륭한 장점이다

지수 어서 가‥

준표 뭐 당신이 데리고 살면서 철저하게 당신 혼자 자식으로 키우시겠다구? 꿈깨‥아들은 크면 애비 찾어오게 돼 있어‥

지수 (돌아보는)‥‥

준표 지금 어려서 뭘 몰라 그렇지

지수 (오버랩의 기분)가라구우…얘기 길게 안 하구 싶어…

준표 ……(보며)

지수 (녹차 티백 넣고 포트 열어 끓는 김 좀 빼며)…‥‥

준표 밤 외출은 삼가‥

지수 (돌아본다)

준표 애 혼자 있는 것도 싫고 진주네 가 있는 것도 싫어.

지수 참견하지 마. 뭔데 주제넘게 참견이야.

준표 주제넘게라니 말 다했어?

지수 아니 다 안했어‥다 못했어. 더 해? 나 할말 많아‥내가 주제넘다 소리 못할 게 뭐야‥이러는 거 너무 어처구니 없고 가소로와. 당신 애한테 관심없었던 사람이야‥

준표 (오버랩의 기분)도대체 말이 되는 소릴 해. 지 자식한테 관심없는 애비가 천지에 어딨어‥

지수 거기

준표 당신이 있으니까 당신한테 전적으로 맡겨뒀던 거지 무관심해서

지수 (오버랩의 기분)나 여기 있어‥어디 안 갔어…지금까지처럼 전

적으로 맡겨둬. 왜 끼어들어 참견이야?

준표 ·····(노려보는)

지수 (찻잔 들고 침실로 들어가 버린다)

준표 ··········(한동안 서 있다가 현관으로 가다가 되돌아서 경민과 찍은 마지막 사진 집어 들고 빠르게 나간다)·····

S# 침실

지수 (침대에 걸터앉아 차 마시는)······

S# 대문 밖…

준표 (나와서 차에 오르는)

S# 차 안

준표 (사진 옆자리에 놓고 시동 걸고)·····(앞 보며 있다가)····

　　　[부웅 떠서 나가는 자동차…]

S# 경민의 방

경민 (디엠비 핸드폰 들고 친구들 전화번호 입력하고 있는)

　　　E 노크

경민 네에

지수 (문 열고)뭐 해··

경민 전화번호 입력해요··

지수 그래…아빠가 너한테 아마 많이 미안한가봐··

경민 네에…

지수 너 감사합니다 안하드라··

경민 이 정도에 뭘요··

지수 그래두····잊어먹지 말고 해…감사는 그때그때 표현하는 게 좋아··

경민 별로 감사하지 않아요

지수　…..

경민　안할래요..

지수　……할일 없어?

경민　왜요오…숙제 좀 남았어요…예습도 해야하고

지수　해 그럼…(나가려는데)

경민　엄마 같이 자요?

지수　(문 다시 열고)나는 괜찮은데..그러고 싶으면 내려 와..

경민　(전화 만지며)저도 괜찮아요.

지수　…우리 둘다 괜찮으니 좋으네..잘자

경민　(전화 만지며)엄마두요…

S# 거실

지수　(내려오는)……

　　　[전체 등 끄고 침실로]

S# 침실··

지수　(천천히 옷 벗기 시작)…..

S# 지수의 마당(인서트)

　　　[약간 시간 주시고]

S# 지수의 침실…

지수　(옆으로 누워 있다가 일어나 불 켜고 앉아 약병에서 알약 두 개 꺼내
　　　넘긴다)….

S# 화영의 거실

　　　[파블로 카잘스Pablo Casals 무반주 첼로 흘러나오고 있고]

화영　(소파에 엎드려 콘 칩 타코 소스에 찍어 먹고 있다)………(그러다가
　　　문득 상체 일으켜 서재 쪽 보는)

S# 서재

준표 (컴퓨터 두드리다가 끊기고 두드리다가 끊기고/음악이 방해가 된
다/상체 틀어 뭐라고 할까 하다가 참고 다시 두드리는데)

화영 (소스와 칩 들고 들어온다)이것 좀 먹어 봐..맛있어..

준표 (돌아보며)음악 좀 더 줄여주면 좋겠는데

화영 더 줄이라면 끄라는 거지..

준표 책보는 덴 지장 없는데 쓰는 덴 방해돼…

화영 잠깐 쉬어..나가서 꺼줄게..이거 먹어보라고..

준표 과자 종류는 잘 안 먹어..

화영 맛있는데..(소스 찍어서 입에 넣어주며)시도해봐.(무릎에 앉으며)

준표 이건 별거도 아니면서 소린 요란해..

화영 별거 아니면서 소리로 유혹하는 거 같지 않어?

준표 (씹으며)별게 다 유혹이네.

화영 곧 두신데…(목에 팔 감으며)

준표 먼저 자라니까..조금 더 하고.

화영 지수는 잤어?

준표 당신도 곧 적응될 거야.. 자야지 안자고 어떡해..하루 이틀 아
니고.

화영 지수 잠들어 있을 때 침대 들어가고/

준표 거의..

화영 부부생활은…

준표 또 오..(무릎에서 내려놓으려)

화영 그만 자자아아..(얼굴에 제 얼굴 붙이며)

준표 낮에는 밤에 방해 안한다 그리고 밤에는 다음 날 낮에는 가만

놔둬준다 그러고 날더러 어떡하라는 거야..

화영　그만 쉬어어…벌써 다섯 시간 째야..나 책 두권째 들어갔어..

준표　나 망해애애…망하면 좋겠어?

화영　오늘만.

준표　내일 또 오늘만.

화영　지수 별 재미 없었겠다..

준표　이러면 나 작업실 오피스텔로 아예 옮겨버린다.

화영　…(몸 떼고 보는)

준표　일은 하게 놔둬줘야지이..

화영　다섯시간이나 놔둬줬잖아아아..

준표　이건 환갑넘어 낳은 막내딸도 아니고..

화영　우후후후후(목 안고 붙이며)……

S# 은수의 침실

은수　(전화 들고 서서)

　　E 벨 가고 있는

달삼　E (자다가 깨는/ 취했다)예에 여보세요

은수　(빼액)안 들어오니?!!

S# 집 대문 앞에 멈추고 있는 달삼의 차

은수　F 안 들어올 거야?!!

달삼　(잡아주려는 기사 사양하면서 내리는)들어오셨다 이 마귀야..대문
　　이다 대문..

　　E 전화 끊어지고

달삼　(전화 집어넣으며)들어가.

기사　예 사장님.

달삼 내일 6시..

기사 예..

　　[자동으로 열린 대문으로 들어가는 달삼.]

S# 대문 안

달삼 (들어오며)야아 이거 몇시간 자고 공이 맞으면 기적이다.

은수 (현관에서 나오는)어떻게 매일 오늘 나갔다 내일 들어오니 매일

달삼 어 김마담 오랜만이야..요즘 장사 으때.

은수 어이그으으 한동안 뜸했다 그래 한동안..(와서 팔 잡아 안으로)
아니 여서 일곱시에 만나 무슨 술을 날을 넘기면서 먹니이..어으/
어으어으/말해봤자 입만 아픈 거..(하다가)그런데/(멈추며)

달삼 (오버랩의 기분)글쎄 말이야아 자식들이 다아 가정갖구 사는 늠
들이면서 어떻게 퍼질러 앉으면 집에 갈 생각들을 안하는지 모르
겠더라아아(그동안 은수 남편 옷에서 냄새 맡고 있다)....뭐하는 거야..

은수 어떤 년이야.

달삼 뭐가아.

은수 어제도 그제도 오늘도 사흘째 똑같은 향수야. 어느 년이야!!

달삼 (큼큼 제가 맡아보는)

은수 한 기집애만 끼고 놀잖아아아.

달삼 아 있어있어 세실이라구 거어만한 애 하나 있어..(아무렇지도 않
은 척 움직이는데)..

은수 (다짜고짜 공격으로 넘어뜨리고)

달삼 ?? 아 왜 이래애..(넘어진 채)

은수 거어만하면 얼마나 거만한데. 거어만한 게 매력이라 날마다 전
세내서 침 흘리며 노니?

달삼 (땅 짚고 일어나며)동네 사람 깬다 조용해라 마누라.

은수 자알 어리대애? (현관으로 빠르게 움직여 문 열어젖혀 놓고)걸리기만 해..

달삼 어어이 여엄병할.....또 시작이다 또 시작...

은수 어기적거리지 말고 빨랑 들어와!!!..

S# 침실

달삼 (상체 발가벗고 아래는 트렁크 팬티)······

은수 팔 들어봐.

달삼 (양팔 옆으로 들고)

은수 (신체 검사하듯/ 겨드랑이며 어깻죽지며 살펴보고)목/(달삼 목 한쪽으로 눕히고 검사받고)반대편(반대편으로 눕혀주고)돌아서(돌아서 등)...(등 가볍게 갈기고)들어가 씻어...

달삼 낮에 사우나 했는데..

은수 씻으라면 씻어어어..딴 기집애 향수 냄새 풀풀 나는 인간하구 자야겠어?

달삼 하기는 땀두 나기는 났어..(욕실로)

은수 (따라 들어가는)

달삼 왜애애

은수 뭐가아 한두번이야? 마지막 검사 남았잖아아아

달삼 아아아아하아...(은수 먼저 들어가고)정신병이야 정신벼어엉

S# 은수 마당(밤)

F.O

S# 지수 마당 대문 골목(아침)

[나오는 모자..]

지수　잘 갔다 와…

경민　네에 잘 지내세요…

지수　……(보다가)엄마 들어갈께에에

경민　(뒤로 손 흔들어 보이면서)…·

S#　**마당**

지수　(들어와 현관으로 움직이는데/ 그래도 아직은 그렇다)

　　　E 거실 창 열린 사이로 집 전화벨 울리는

지수　(문득 듣고 서둘러 들어간다)

S#　**거실**

지수　(뛰어 들어와 전화기 보고 잠깐/멈칫했다가 받는다)네에…네에 경
　　민이 배웅해 주느라 밖에 있었어요 어머님. 안녕히 주무셨어요?

S#　**홍회장 거실**

홍　　(면도하고 있고)

황　　(옆에 서서/무선)이사 언제 오냐 챙기신다··잠깐 있어라··(전화 남
　　편에게)

홍　　언제 들어와··왜 소식이 없어····그게구 저게구 뭐야···확실하게 말
　　해·· 안들어 온다는 게야?····

S#　**지수 거실**

지수　아니 아니에요 아버님 안들어 간다는 게 아니라 저기요 아버
　　님/·····네···네···네 알겠습니다···네···네····(끊고)········(난감하다)·····(싱
　　크대로 움직여서 핸드폰 집어 들고 단축 누른다)

　　　E 신호 가는

화영　F 왜 찾아··지금 전화 못 받는데··

지수　받아야 한다고 해··

S# 화영 거실

화영 (커피 내리면서)지금 자 얘..새벽 다섯 시까지 일했어..잠든지 세시간이 채 안됐는데 어떻게 깨워...나한테 얘기해..일어나면 전해 주께..

지수 F 그때까지 기다릴 수 없는 일이야.

화영 도대체 무슨 일인데

지수 F 아버님 지금 당장 오라 그러시는데 지금 자서 못 간다 그러래?

화영 기다려..

S# 지수 거실

지수 (더러워 죽겠다)..........(사이 두었다가)

준표 F 여보세요

지수 아버님 부르셔.. 나 금방 출발할테니까 알아서 해..(끊으려)

준표 F 야 야 지수야

S# 화영 침실

준표 나 못 가. 잠 못잤어.....아 가봐야 뻔한 말씀이실텐데 당신이 좀 해결보라니까....당신 혼자 가..나 죽겠다 정말 일은 태산같이 밀려 있고 피곤하기는 하고 나 좀 봐주라 여보..

화영 ??

준표 E (화영 위에)당신이 잘 말씀드려..밤 꼴딱 새고 막 자기 시작해서 혼자 갔다 그리고 제발 합치자는 말씀 좀 마무리짓고 와....아 어떻게 합쳐 합치기는!!

준표 ......여보 지수야

화영 (나간다)

준표 (나가는 화영 돌아보며)유치하게 굴지말고오/당신도 이미 끝났잖아 사진까지 치워버렸으면서 뭘 그래.. 도와줘..도와주라 엉?

S# 지수 거실

지수   아버님께서 내 말 들어주실 거란 자신도 없을뿐더러 도와줄
생각도 없어. 마음대로 해..(끊어버린다)

S# 화영의 침실

준표   ·····(끊어진 전화 접으면서)······(있다가 나간다)

S# 거실

준표   (나와서 창가에 서서 커피 마시는 화영 보며)어떡하지?

화영   (돌아보며)당신 여보가 꼭 같이 가야 한대?

준표   그건 입버릇이

화영   (오버랩의 기분)어쨌든 듣기 안좋네.. 부부관계 끝난 거 아니었어?

준표   ·····

S# 운전하고 있는 지수··

은수   F 어쨌든 진주 아빠 말로는 홍가 이미 루비강을 건넜다니까
끝난 남자 부모 모시러 굳이 들어갈 거 없다는 거야··

지수   내가 들어가고 싶어하는 거 같았어?

은수   F 아 너 마음 약해서 회장님 때문에 어쩌고 했었잖아··

지수   루비강이 아니라 루비콘강이야

S# 은수 거실

은수   아 아무 강이거나아.. 끝났다 돌이킬 수 없다 뜻 아냐.

지수   F 뜻은 제대로 아네

은수   등신 취급해 얘가··

진주   (신문 들고)엄마 루비콘./

은수   (흘기는)조용해. 통화하는데

지수　F (오버랩의 기분)루비콘 강은 나도 건넜어.. 아아무 생각도 미련도 없어..그냥 보고 있으면 하는 짓도 그렇고 하는 말도 그렇고 저 남자가 내 남자였나아 밉살스럽기만 해..내가 지금가지 알고 있던 사람이었나 기만 막혀..

은수　그래 어떡할려고 가는 건데..

S# 운전하는 지수

지수　그냥 암튼...가보는 거야...찾으시니까 가야지 어떡해.

은수　F 전화해..

지수　알았어..(전화 끊고/착잡하다)....

S# 홍회장 골목 대문 앞

　　　[들어와 멎고 내리는 지수..]

S# 정원

지수　(들어오고 있다).....(들어오다가 발견하고)저 왔어요 아버니임..

　　　[홍회장 의자 내놓고 햇볕에 무릎 담요 덮고 앉아 있다가]

홍　　.......(딴 데 보고 있다가 고개 돌려 보는)..........

지수　.......(서둘러 다가와 서며)왜 나와 계세요

홍　　일광욕..

지수　눈 부시지 않으세요?

홍　　(담요 자락에 들어가 있던 선글라스 들어 보이며)아직은 괜찮아..

지수　네에...

홍　　애비는

지수　(사정하듯)밀린 작업하느라 새벽 5시에 들어와 잤어요 아버님. 깨우기가 너무 안됐어서요...

홍　　치/ 대한민국 지가 먹여 살린대?

지수 너무 일이 많아요…(옆 의자에 앉으면서)칼럼 맡은 거 써야죠 논
문 만들어야죠 책 써야죠 강의 준비해서 나가야죠

홍 그래서 요는 뭐야…들어오기 싫다는 게야?

지수 경민이도 그이도 통학 거리가 만만치 않은 건··그이 말이 맞어
요 아버님··경민이 학교 이제 적응돼가는 중인데 전학 시키는 것도

홍 치/

지수 …..(보며)

홍 ……..(먼 데 보며)

지수 제가….좀 더 자주 찾아뵈면 안될까요 아버님?··

홍 …..

지수 제가 틈 날 때마다 와서 아버님 옆에서 뒤시간 씩

홍 (오버랩의 기분)니가 뭐 그리 이쁘다구

지수 이쁘지는 않지만

홍 (오버랩의 기분)그만둬…

지수 ??

홍 하나님 자리도 나 싫으면 안 하면 그만이야··

지수 …..(보며)싫은 게 아니라요

홍 (오버랩의 기분)그 자식은 원래 나 싫어해··싫어했어··

지수 아니에요 아버님

홍 (오버랩의 기분)나두 지눔 좋아 그런 거 아니야··

지수 아버님(무슨 말인가 하려면)

홍 (손 간단히 밖으로 저어 막고 일어선다)

지수 ….(잡아주면/팔목 홍회장이 잡고 현관 쪽으로)…..

홍 나하구 치과나 다니자··

지수　네 아버님‥

S# 거실

황　(마실 것 만들어 들고 움직이다 들어오는 남편 보고)그새 들어오세요?

홍　졸려‥

지수　어머님.(쟁반 주세요)

황　(남편 잡아주고)‥(들어가고)

지수　(주방으로 움직이는데)

홍　E 너 잠깐 있어‥

지수　네에…(주방으로)

S# 주방

지수　(들어오며)저 왔어요‥

가정　어서 오세요‥

지수　(쟁반 놓으며)요즘 당근 드세요? /

가정　당근만 찾으시네요‥딴 건 풀내난다 그러시구‥

지수　네에‥

황　E 에미야아‥

지수　네에‥(쫓아 나간다)

S# 거실

　　[침실 앞에서 봉투 들고 서 있다가 지수 나오자 내민다]

지수　??

홍　용돈 써‥ 그눔 주지 말구 너혼자 써…

지수　감사합니다 아버님‥(받으며)

홍　(돌아서며)침대 왜 안와‥

황　　오후에 온댔어요‥

홍　　(들어가고)

지수　침대 왜요 어머니

황　　흙으로 만든 침대가 건강에 좋다나 어떻다나 천회장이 추천한
　　　다구 당장 바꾸신단다‥

지수　‥‥

황　　그만 돌아가실라나보다 용돈을 다 주시구.(소파로)‥‥

지수　(봉투 내려다보며)

황　　(소파 위 신문 치우면서)뭐라시든‥

지수　안들어와도 된다구요‥ 노여우신가봐요 어머니

황　　그럴 것도 없다‥ 당신 한 대로 받는 거지‥자식이라구 평생 말 한
　　　마디 어디 편안하게 한 양반이냐‥ 애비 즈 아버지한테 정 없다‥

지수　‥‥(보며)

S# 러닝머신 뛰고 있는 지수와 은수‥‥

S# 헬스 휴게실
　　　[주스 잔 놓고 은수는 마시는데]

지수　(핸드폰에 문자 치고 있다)‥‥‥

은수　어디다‥

지수　‥‥(잠깐 보고 계속한다)

S# 서재‥‥‥

준표　(일하는데)

지수　메시지 신호음

준표　(확인)

지수　E 아버님 포기하셨어. 대신 더 자주 찾아 뵙기로 했으니까 없

42

는 틈 억지로라도 내서 자주 찾아뵈어.. 문제는 마음에 있다고 생
각해..

준표 (안도 잠깐 하고 단축 누른다)......어떻게 말씀드렸는데.....고마워
....암튼 고맙다구...당신이 해줄줄 알았었어.(소리 죽여)

S# 휴게실

지수 내가 해준 게 아니라 아버님이 자진 철회하신 거야. 잘못 생각
하지 마. 나 /당신 좋으라구 노력한 거 아무 것도 없으니까.. 고맙
단 소리 할거 없다니까 끊어..(끊어버린다)

은수 망할 자식..그걸 뭐 굳이 알려줘 내버려두지

지수 (전화 주머니에).....

은수 좋아 죽겠나부다 고맙다는 거 보니.

지수 좋겠지..

은수 시궁창에 집어 처널 인간

지수 그럴 것도 없어...전들 어떡하겠어..지 마음이 그렇게 된 걸..

은수 지 마음만 마음이야? 저만 마음 있어?

지수 내 마음도 변했어 언니..이제 괜찮아..내 마음 변하니까 그렇게
죽일 것 같지도 죽을 거 같지도 않아..마음이 그런 건가봐..

은수 아 그래애 얼마나 언제까지 죽자사자 사랑인가 두고보자/너
는 너고 나는 나다/너 잘 살면 나는 너 열두 배 잘살 거다 그러고 살
면 돼애..

지수 (쓴웃음 피이)...

은수 데이트는 어땠어...왜 말 안해..

지수 좋았어...

은수 또 만나기로 했어?

지수 아니…

은수 니 얘기 했니?

지수 바람났다 소리만…

은수 그랬더니

지수 용서해주래…

은수 ….(보며)

지수 용서하라고 설득하더라…나한테 아아무 생각이 없나봐..(쓴웃음으로)그냥 옛날 직장 선배 그 이상도 이하도 아닌 모양이더라..

은수 싱거운 소리 많이 했었다면서

지수 그냥 싱거운 소리였겠지……역시 나는 별로 여자가 아닌가봐..

은수 무슨 그런 얘기가 있어…니가 얼마나 깜찍하게 귀여운데..

지수 후후후후

은수 너는/ 니 마음은 어떤데..

지수 나….나는 내 마음이 어떤지도 잘 모르겠어…나를 여자로 대하면 거북할 거 같기도 하면서 또…..안 그러는 게 좀 섭섭하고 허전하기도 하고…열등감 들기도 하고….그런데 편하기는 하더라.

은수 그게 오히려 낫다..

지수 그런가?

은수 지금 상황에 곰방 남자 하나 잡아 눈맞아 돌아치면 너도 미친년 밖에 안되고 그저 편하게 별 생각없이 만나면서 차츰차츰 가까워지는 게 훨 나.

지수 그런데 언니 나는 미친 사랑이 하고 싶은데?

은수 ??

지수 재들처럼…눈에 아무 것도 안 보이고 완전히 뻥 돌아버린/

44

은수 깨몽해··그 나이에 그 성격에 무슨···

지수 그래두·····궁금해 그런 게 어떤 건가.

은수 아 궁금하다고 마약 해 보니? 그리구 그게 하고싶대서 해질 수 있는 거야?

지수 그러게.

은수 사람 괜찮은 거 같다··너 뻔히 보일 텐데 이상한 수작 안하는 거 보니까··

지수 ·····(시선 내리고 제 생각에)

은수 더러 만나···만나서 차 마시고 밥 먹고 교외도 좀 나가고 그러면서 기분전환 해··뭐 어때··너 자윤데 후린데··

지수 ····

은수 얘./

지수 그만 씻구 가자.

은수 이혼한 거나 진배 없다 그러지 왜··

지수 그런 말을 뭐하러 해··치사하게(일어난다)

은수 (따라 일어나며)뭐가 치사해··

지수 가자구···(나가고)

은수 (따라나가고)

S# 헬스 복도

은수 (따라 나오며)치사할 것도 많다.

지수 (멈추고)언제쯤 괜찮아질까···난 내장이 반은 빠져 달아난 거 같어··

은수 ·····(보며)

지수 그래 괜찮아 그까짓 거 하다가 금방 바람 빠지는 풍선모양 피시시시 쭈그러들어.

은수　(어깨 안으며)시간 좀 더 가야 해..시간이 약이야. 지수야..

지수　(돌아보며)봉사 그만 둘래..

은수　그거조차 안하면

지수　기쁘질 않아..전에는 내가 누군가를 돕는다는 게 정말 기뻤는데...기쁘지 않은 마음으로 하기는 힘든 건가봐 그 일이...내 마음이 만신창이라 나눠줄 마음이 없나봐.

은수　당분간 쉬어 그럼..

지수　(움직이며)시장 보자..

은수　그래.

S# 마트 야채점

　　[카트에 샐러드거리 집어넣고 있는 은수..지수는 바구니 들고 소량]

지수　조금씩 사다 먹지.. 파프리카 금방 무르지 않어?

은수　토깽이 새끼들인지 애들이 많이 먹어어..너무 많었나? 그럼 좀 덜자..(파프리가 몇 개 덜어내며)뭐해 먹을래.

지수　햄버거랑 돈까스 좀 만들어 놔야 해..다 먹었더라..

은수　난 장졸임거리 좀 사구.

S# 정육 코너로 오던 자매

은수　??(걸음 멈추고)얘 저것들 봐라.

지수　(딴짓하다가 보면)

　　[자전거 타던 복장의 준표와 화영 정육점 코너에서 고기 써는 것 기다리고 섰다...]

은수　저것들 진짜..

지수　....(멍하니 보다가 다른 데로 피하자고)언니(하는데 벌써)

46

은수 야아아 이것들 진짜 인간이 아니구나아(둘 놀라서 돌아보고/은수 허리에 팔 올리고 육박해 들어가면서)홍준표 너/ 바빠서 뭐보고 뒤처리할 새도 없다면서 첨년하고 같이 나와 시장 볼 새는 있구나.(지수는 그저 멍하고)

화영 언니

은수 야 이 망할 년아 너 이 짓하고 싶어 친구 남편 뺏어 꿰찼냐?

준표 (한 발 앞으로)왜 이러세요

은수 너 망신 줄려 이런다. 니가 뭐 대학교수? 교수는 무슨 얼어죽을 교수야 이 자식아.

화영 (오버랩의 기분)교양 좀 차려요!!

은수 교오양..미치겠다. 교양있는 년이 그러구 살아? 너 교양 있어? 그게 니 교양이야 이기집애야? 나는 이게 내 교양이다. 어엉?

화영 (오버랩의 기분)상대하지 말고 가. 가자구(준표 팔 잡아끌며)

은수 (오버랩의 기분)어딜 토낄려구 들어 이것들이. 아직 멀었어 야/ (하며 화영 뒷덜미 낚아 질질질 끌다가 저쪽으로 던지고)

준표 ??처혀어엉!!

은수 왜 뭐!! 머리가 그렇게 나쁘냐? 한 동네 살면서 우리가 여기 다니는 거 뻔히 알면서 무슨 똥배짱으로 여긴 나타나 두 화냥년놈들이 같이이이!!누구 염장질러 죽일 일 있어 늬들? 인간이냐? 사람이야? 니가 교수야?

지수 (소리친다)빨리 데리고 나가아!!! 뭘 어물거려 빨리 가지이이!!

S# 화영 보호하고 허둥지둥 매장 빠져나가는 준표

S# 매장

은수 여러분 내 말 들으세요. 방금 저것들요..친구 남편 여편네 친구

랑 눈 맞아서 가정 파탄낸 가정파괴범들이에요·· 한 동네 살면서/
그것도 오도갈데 없는 기집앨 재/ 내동생이

은수   E 부탁해서 내가 집 만들어줘 살렸더니 은혜를 원수로 갚은 아
주 납뿐 기집애에요 저게.

지수   (입 꽉 악물고 고개 다른 데로 틀고)····

S# 마트 자전거 찾는 곳 앞

준표   (자전거 찾아 잡고 올라서)그래서 이게 이 망신이 뭐야. 혼자 보라
니까 왜 기어이 사람 끌어들여 이 수모를 당하게 만드냐 말야!!

화영   (같이 올라)이렇게 부딪힐 확률이 얼마나 된다 그래

준표   이렇게 부딪혔잖아!!! 확률이 무슨 의미가 있어!!

S# 주차장

   [자동차로 앞서 픽픽 걸으며]

지수   언니때매 미치겠어 정말. 그냥 피하고 말면 될 걸 그 소동이 웬
말이야아아!!

은수   피하기는 왜 피해. 뭐 잘못한 게 있어 우리가 피해

지수   똥이 무서워서 피해?

은수   아 그래 똥같은 것들 망신 좀 줬는데 뭘 그래애

지수   망신 열 개 주구 망신 백개 받았어!! 우리 망신은 망신 아냐?

은수   아 상관없어어!!

지수   눈코입 멀쩡하고 달고 친구한테 남편 뺏긴 등신천치 광고를 그
렇게 해야겠어??

은수   뺏긴 사람은 죄없어 야아. 뺏은 년이 튀겨죽일 년이구 넘어간 눔
이 삶어죽일 눔이지!

지수   아우우 진짜아아아!!!··

은수 뭘그래 속이 다 시원언한데 더 못해준 게 분하다 머.

지수 ……

은수 내가 생각 중야 야…저것들 사는 빌라 우편함에 전단지 한 장
씩 집어넣어줄까 어쩔까··처음부터 끝까지 어떤 행위보따리를 한
것들인가 적나라하게 써서··

지수 (그만두고 자동차 문 연다)

은수 (차 뒤에 시장 본 것 처박으면서)더 못한 게 한이다 더 못한 게·· 암
튼 내 눈에 걸리기만 해·· 가만 두나··죽는 날까지 할 거다 죽는 날
까지

    [은수 핸드폰 벨]

은수 (보고 열고)왜애

진주 F 엄마 어디야?

은수 왜애애 젖줘?

진주 F 아빠 들어오셨어··골프 치다 허리 다치셨대·· 엄마 찾어

은수 ?? 아침에 나갈 때도 멀쩡했는데 무슨 허리는

진주 F 엄마 왜 그래 골프치다 삣긋하셨다는데에에

은수 어 그래 알었어 끊어 금방 들어가.(끊고 지수는 이미 타고 있는
자동차로 오른다)

S# 차 안

은수 (타면서 투덜거리는)빨리 가자 바람돌이 허리 고장났나부다.

지수 왜··

은수 어제밤에 아니 오늘 새벽에 한번 메다 꼬났거든·· 새벽골프 나
가는데 징징거리길래 엄살인줄 알었더니 집에 들어와 있대.

지수 왜 또오오

은수 아 사흘 연짱 한 기집애 향수 냄샐 풍기잖어어어

지수 (아우 참/출발한다)....

S# 화영 빌라 거실

화영 (앞서 들어와 돌아보는)

준표 (들어오는)시장본 거 못 갖구 왔어.

화영 괜찮아 배달시키지 뭐..

준표 (침실로 움직이는데)

화영 미안해..마트를 바꾸자..

준표 ....

화영 거기가 식품이 제일 낫거든

준표 어디든 이제 안 따라가..

화영 그럴 거까지 뭐 있어. 같이 시장 보는 것도 남자랑 사는 재미 중에 하나야.. 아침에 넥타이 매 내보내는 재미같은 거

준표 그런 재미는 포기해. 그렇게 한가한 사람도 아닐뿐더러 전혀 엉뚱한 동네로 옮겨앉기 전에는/ 지수랑도 초창기 말고는 시장 보러 다닌 일 없어.

화영 우리는 지금이 초창기잖아. 별거 아닌 일로 그렇게 계속 화내야 해?

준표 어떻게 별거가 아니야. 당신한테 별거는 어떤 일야 대체.

화영 .....(보며)

준표 어떻게 수치심이 없어..난 돌아버리겠는데

화영 난 수치심이라는 게 마비돼 버린 사람이야. 여태 그거 몰랐어? 바람피다 남편 자살시켰는데 누가 날 제대로 봐줬겠어..

준표 사실이 아니잖아.

화영 사실아닌 게 진실이 돼버리기도 하더라구… 돌만 안 맞었어. 당신 처형처럼 머리 뽑으러 달려드는 사람만 없었어. 그 대신 엘에이 여자들 다같이 단체로 쏘아대는 눈총에 온몸이 벌집이 됐었어.

준표 그만해.

화영 부모형제까지 날 비난했어..불쌍한 사람 죽여놓고 잡아 뗀다구. 뻔뻔하다구..

준표 그만해..그만 하자구.. 화내서 미안해..

화영 ……(돌아선다)

준표 씻을게..

화영 (소파로)수치심이 뭔데…난 그런 거 몰라…(앉으면서)

준표 ….(보며)

S# 침실

은수 (들어오며)얼마나 아픈데..

달삼 (옆으로 누워 있다가)아구구구구구구.

은수 누구 소리 들었다 멀쩡하게 나가구는 왜 그래.

달삼 니가 멀쩡한 걸루 우겼지 멀쩡했으면 내가 이렇게 됐냐?

은수 아 이렇게 집으루 들어올 정도는 아니었단 말야아아 그랬으면 공을 어떻게 치러 나가아..

달삼 첫티샷에 시큰 하더니 세컨샷에 뜨끔 써드 샷에 뜨끔뜨끔 /워낙 큰 비지네스라 참구 끝냈지 어우우우우우 결국은 내가 누구 손에 죽지이이이

은수 아 그러게 낙법 좀 배워두라니까 말 안 듣구/ 침 맞읍시다.

달삼 진주가 파스 붙여줬어어어

은수 …..(보며)

달삼　아니면 당신 반대 방향으로 한번 더 던져주든지…

은수　침 안 맞어?

달삼　(엎어지며)올라와 타구 앉어 지압이랑 마사지 좀 해 봐.. 당신이 망가트렸으니까 당신이 고쳐..

S# 지수의 주방

지수　(시장 본 것들 싱크대에 넣다가 멈추고)…………후우우우 (다시 움직이면서 정말 엿 같은 기분이다)……(그러다가 핸드폰 집어 들며 싱크대에 좀 기대듯 서서 단축)………(기다렸다가)어 그래 나야 양숙아‥저기 있지…(움직여 거실 창 열면서)우리 동창 모임 그거 나 내놔야겠어서……아니…그게 아니라 일이 좀 생겨서 시간이 그래졌어…시댁에 갈일도 많아졌고 또…응…별로 안 좋으셔…그래서 나 모임에도 당분간 빠져야할 거 같아 양숙아…응…응‥미안해…애들한테 얘기 좀 잘해 줘……어 그거 내가 느이 집으루 보내주께 응…너 집에 있는 날… 그래 그래애애?

　　　[끊고 소지품 들고 침실로]

S# 침실

지수　(들어와서 소지품 놓고 화장대 서랍에서 노트 한 권 도장 통장 꺼내고 다른 서랍에서 중간 봉투 하나 꺼내 집어넣어 스카치 테이프로 붙여놓고 옷 벗기 시작한다)……(그러다가 문득 궁금해져 핸드백에서 홍회장이 준 봉투 꺼내 내용물 집어내고)????(십만 원짜리 한 다발)……??? 잘못 주셨나봐…

S# 화영 빌라 거실 주방

준표　(씻고 나왔다/ 찻잔 두 개에 뜨거운 물 붓고 있는)………(찻잔 작은 쟁반에 올려 들고 소파에 앉아 있는 화영 쪽으로)………(찻잔 하나 내

민다)‥‥

화영 (받아서 놓고 일어나 주방으로)

준표 (보며)‥‥‥

화영 (얼음 뽑아 깨물어 먹는다)‥‥

준표 ‥‥‥

화영 (컵에 얼음 몇 개 넣고 물 따라 마시면서 소파로)‥‥‥

준표 (보며)‥‥‥

화영 (소파에 걸터앉아 물 마시는)‥‥‥

준표 (제 찻잔에서 티백 건져놓고 걸터앉으며 마시는)‥‥‥‥

화영 ‥‥‥

준표 아버지 집으루는 ‥‥안 들어가도 된대‥‥

화영 (돌아본다)

준표 언제 또 어떻게 나오실지 모르지만 일단은‥‥철회하셨대‥

화영 ‥‥‥(보며)

준표 지수하고 말씀하셨대‥

화영 걔 덕 또 보네‥

준표 그래‥‥아버지 지수한테 약하셔.

화영 한번만 더하면 백번이야‥(일어나며)잘래‥나 방해하지 말고 당신 할 일 해‥(들어가고)

준표 ‥‥‥(보다가 찻잔 들고 침실 앞으로)나 출출한데‥뭐 먹을 거 없어?

화영 F 빵 귀 먹어‥냉동실에 있어‥‥‥

준표 ‥‥‥‥(잠시 침실 문 보다가 서재로)

S# 서재

준표 (들어와 앉으면서 컴퓨터 켜는데)

은수 E 홍준표 너/ 바빠서 뭐보고 뒤처리할 새도 없다면서 첩년하고 같이 나와 시장 볼 새는 있냐? 니가 뭐 대학교수? 교수는 무슨 얼어죽을 교수야 이 자식아.

준표 (눈 깍 찌그려 감는)

지수 E 빨리 데리고 나가아!!! 뭘 어물거려 빨리 가지이이!!

준표 (눈 뜨며)…………

S# 서점

지수 (프랜차이즈 정보라든지 /창업 관련 북 코너에서 책 고르고 있는 중)……

S# 골목 대문 앞

지수 (와서 차에서 내려 집으로/)

[경비가 해제되었습니다…]

지수 (계단에 백과 책 봉지 놓고 호스 끌어내서 나무에 물 주기 시작한다)………

경민 (들어서며)엄마..

지수 어서 와..수고했어..

경민 어디 나갔다 오셨어요?

지수 잠깐 서점에..

경민 (가방 놓으며)옷 갈아 입으세요. 제가 주께요.. 옷 버려요..

지수 주기 시작하면 쭈욱 다 줘야하는데 힘 안 들겠어? 엄마 저녁해야하거든..

경민 해 보께요..

지수 놔둬 엄마가 빨리하고 저녁할게..

경민 냉동시켜논 피자 먹고 말죠 엄마..

지수 ??먹고 싶어?

경민 먹어 치워야죠..냉동실에서 오래된 건 먹기 싫어요….

지수 좋은 생각..그러자..

S# 주방

　　[모자 같이 조각 피자 먹고 있다/ 준표 사 온 것/]

경민 많이 씹어 드세요.. 피자 잘 체하시잖아요.

지수 그러구 있어.. 너두..

경민 네에..

지수 애들 부러워 해?

경민 ??

지수 아빠 사다주신 거..

경민 그럼요 완전 난리였죠..

지수 좋았겠네?

경민 별로요…뭐가 그렇게요….괜히 미안하니까 그러신 건데….미
　　안한 짓 안하고 그런 거 안 사주는 게 훨 낫죠..

지수 그렇게 된 걸 어떡해…아빠라고 속이 좋기만 하겠어 어디..아
　　빠도 힘드실 거야..너도 못 보고…헤어져 살아야 하고….

경민 글쎄요….

지수 아빠랑 살고 싶지는 않어?

경민 아아뇨오? 꿈에도요….

지수 ….(보며)

경민 …….(먹다가 문득)엄마 저랑 살기 싫어요?

지수 ??? 아아니 그게 무슨

경민 그런데 왜 그런 말씀 해요?

지수 아니이 그냥 너한테서 아빠를 치워버린 게 미안해서 혹시나 니
  가 나를 원망스럽게

경민 그런 거 없으니까 다시는 그러지 마세요..

지수 .....(보며)

경민 나한테 뭘 하시겠어요..그 여자한테 맛이 간 아빠가요

지수 ....그래두 너는 너지..아들인데....

경민 ......비오나 봐요...

지수 ?? (빗소리 후둑후둑)맞다 비온다 그랬는데 깜박하고 물줬어..
  엄마는 바본가봐..마당에 물만 주면 비가 와...

경민 (웃고)

S# **지수의 집 전경(밤)**

  [비가 오고 있다…]

S# **지수의 거실**

지수 (거실 창에 서서 비 오는 밖 보면서)..........

  E 집 전화 울리고/ 지수 움직여 스피커폰 작동

지수 네에..

은수 F 비온다..

지수 그러네…

은수 비설겆이 할 거 없어?

지수 없어..

은수 F 좀 올 모양이더라..

지수 그런가봐..

S# **은수 거실**

은수 차 먹으러 가래?

지수　F　형부는 어때..

은수　침 맞혔어…다치긴 다쳤나봐…일찍 재웠어..

지수　F　이제 그만 좀 해.. 그러다 진짜 큰 사고치면 어쩔려구..

은수　차 먹으러 가?

지수　F　언니랑 무슨 재미야..

은수　어디 까페 나가까?

진주　(책 보고 있으면서)케익두 맛있는 집 있어 엄마……..

S#　지수 거실

지수　밤에 경민이 혼자 두지 말래..전남편이

은수　F　아주 꼴값을 떨어요.

지수　우흐흐흐 끊어 언니.

은수　F　끊어..

지수　(끊는다)

S#　은수의 거실

은수　(일어나며)이 녀석 데리러 가야겠는데 늬 아빤 환자구 황기사 나
　　오라면 싫을텐데..

진주　엄마 운전 참 언제까지 하지 말래 점쟁이가..

은수　점쟁이는 무슨

진주　점쟁이한테 들은 소리 아냐?

은수　점 끊은지가 언젠데 재는..(방으로)

S#　침실

은수　(들어와서 자는 남편 침대 위로)여보..

달삼　……..(그냥 자는)

은수　여보 뽀뽀..

달삼 (자면서 입 내밀고)

은수 (쪽 입 맞추고)비와…준구 데리러 가야하는데 황기사 부를까 택시 불러 갈까··

달삼 뽀뽀

은수 (쪽 하고)응?

S# 지수의 거실

지수 (사들고 들어왔던 책 중에 하나 보고 있다)·······

　　　　E 핸드폰 메시지····

지수 (보고 펴면)

석준 E 비가 오네요··차 한잔 같이 하면서 미운 사람과 화해하십시오.

지수 ·······(내려다보며)

　　　　E 거실 유리창 두드리는 소리

지수 ??····(보면)

　　　　[창밖에 화영이 우산 쓰고 있다/평범한 차림//]

지수 ???·····

화영 ·····(보며)

지수 ········(천천히 일어나 창 쪽으로 가 선다)······

화영 ·····(보며)

　　　　[마주 보는 두 여자····]

58

제14회

S# **거실**

[열린 창으로 들어오는 화영/접은 우산 거실 창 밖에 놓고/신발 한 손에 들고]

[우산 썼으나 비 좀 맞아 있는 게 낫고/]

지수 …(화영 들어오자 창문 닫고 화영의 신발 빼내 들고 그대로 현관에 신 놓고 이어서 욕실로 사라진다)

화영 (바바리 벗어서 적당히 식탁 의자에 걸치고 주방으로 가 포트에 물 따라 스위치 누르고 찻잔 준비하는)

지수 (타월 들고 나와 화영 등 뒤에 와 서서)……

화영 (돌아서면)

지수 (내민다)……

화영 (받아서 닦는)……

지수 ……(보며)

화영 마트 사건 뒤에……좀 다퉜어……

지수 ……

화영 싫다는 걸 내가 억지로 데려간 거거든‥‥설마 그렇게 걸릴 줄 어떻게 알았겠니‥매일 보는 시장도 아니고 하필 그 시간이기도 쉽지 않은 일이고‥‥그래‥너무 내 멋대로인 경향이 있지…

지수 ‥‥‥(그저 보며)

화영 (컵 쪽으로 돌아서며)저녁 먹고‥‥그 사람은 공부방으로 들어가고‥‥나는‥할 일이 없는데‥‥어디 가서 목노아 ‥‥ 통곡이라도 하고 싶은데‥‥우습지‥‥왜 니가 보고 싶겠니…

지수 아까는‥(미안했어) 우리 언니는 못 말리는 사람이잖어‥‥

화영 내 탓이야‥(돌아보며)처음부터 이렇게 안 됐어야 했어. 싫다는 사람 억지로 끌고 거기 안갔으면 됐구‥‥내‥사소한 재미를 위한 충동이 원인이야…

지수 ‥‥‥(보며)

화영 그런데 지수야‥‥그 사소한 재미가‥나한테는 정말 필요했고 하고 싶던 일이었어‥‥그래 본 적이 없으니까‥‥늘 부러웠으니까‥‥ 내가 말하는 행복‥‥너는 편안함이랬지‥어쨌든 그건‥‥거창한 거 보다는 사소한데서 오는 충족감들‥‥‥그런 것들이 아닐까‥‥

지수 해보고 싶었던 거 하는데 그렇게 돼서‥‥안됐다‥

화영 도둑질한 벌이지 뭐‥‥왜 남의 걸 훔쳐‥더구나 친구 껄…

지수 되풀이할 거 없는 얘기야‥

화영 그런데 나는 왜 니가 보고 싶을까‥‥(보며)

지수 ‥‥‥‥(보며)

화영 니가 아니고 딴 사람이 나한테는 왜 없니‥괜찮아‥별일 아니야. 그럴 수도 있지‥‥그래줄 사람‥‥

지수 화영아 너 나한테

화영 나 이상한 거 알아..아무리 이상해도 너한테 그거까지야 해달
라겠니…그냥 그렇다는 얘기야..(물 끓고)

지수 (물 부으려)

화영 내가 하께…(찻잔에 물 붓는다)……

지수 ……(보며)

화영 (찻잔 티백 두 개 다 넣었다 뺐다 우리면서)너는 ….스폰지같은 애
잖아…누구의 어떤 사정도 다….사정 있는 사람 입장에서 받아들여
주는 거….

지수 ……(보며)

화영 니 남편이 아닌 다른 유부남이었다면….너 그래줬을 거야..그래
괜찮아…그럴 수 있어.. 너무 아파하지 마…(쟁반 들고 움직이며)그
리고 그랬겠지..그런데 화영아 저쪽 부인을 생각해 봐..니가 물러나
줘…(돌아보며 아니니?)

지수 ……(보며)

S# 거실

[마주 앉아 차 마시는 두 여자..]

화영 ……(마시는)

지수 (마시는)……

화영 비 그쳤니?

지수 조금 가늘어진 거 같아…오기는 와…

화영 잘 안 들린다…

지수 들리는데….

화영 니네 시댁 문제….해결해 줘서 고마워..

지수 나 한 거 없어…

화영 그이는 니가 했다드라..

지수 그렇대도 너 위해서/ 그 사람 위해서 아니야... 나한테도 거북한 일이니까..

화영 김지수니까 할 수 있는 일이야..나 들여놓고 상대해 주는 거..

지수 너 하는 짓도 너만 할 수 있는 걸 거야....이렇게 밀고 들어오는 거...

화영 지금까지 너한테 했던....잔인한 말들....꼭 다 진심은 아니야...

지수 ......

화영 내가 왜 내 뒤틀어진 인생에 대한 분풀이를...하필이면 너한테... ...니가 목표는 아니었지만 결과적으로......그렇게 됐어........나도 .... 아파...

지수 분풀이로 그런 거야?

화영 너 공항에서. 내 머리 보고 얼굴로 눈 똥그랗게 뜨고 머리가 그 게 뭐야..너 같지 않아...몰라 볼 뻔했어..

지수 그래..

화영 나 미쳤어..그동안 아무 것도 못하고 산 거 분풀이하는 거야.. 내 가 그러니까 너....더 이상 트집 안 잡고 내 어깨 안으면서. 그래 실컨 해..마음껏 해...(울음이 차오르듯)

지수 ......(보며)

화영 가운 벗어 던지고 병원 빌딩 옥상에서 ..... 뛰어내리고 싶었던 거 한두 번이 아냐...

지수 ......(보며)

화영 그래 나는...병이 깊었어....다른 사람 따위 알게 뭐냐...너조차도....

지수 혹시 경민이 내려오면....너 왜 안 오느냐고 궁금해서....다퉜다 고 해 뒀어..

화영 ……(보며)

지수 너한테 태도가 나쁠 거야‥다시 안 볼 거라고 해 뒀거든‥

화영 사과하러 왔다 그래야겠구나

지수 ……(보며)

화영 어떠니

지수 ……어떠니‥

화영 밥만 잘 익혀…밥 먹을 때‥주눅 들어….외식 싫어하드구나….너는‥

지수 날마다 나아져가는 중이야…

화영 ……(가만히 보다가 테이블 위의 책들로 시선이)…..뭐 시작해 볼려구?

지수 (책으로 시선)밥 먹여 주는 사람 없으니까‥

화영 생활비 받잖아.

지수 일년 뒤에는 끊어져.

화영 살림만 하다가 쉽겠니?

지수 살림만하는 것도 쉬운 일 아니었어‥

화영 아이템은

지수 막연해‥이제부터 생각해야지

화영 나도 연구해볼게

지수 화영아‥

화영 ??

지수 우리 얘기 좀 우습지 않니? 왜 왔는지 말해‥용건 있을 거 아냐.

화영 보고 싶어 왔댔잖아…그게 용건이었어‥

지수 ……(보며)

화영 너는 내가 두 번 다시 안 보고 싶은 상대겠지만 나는 너한테 그
런 거 없어‥

지수　너도 나 안보고 싶어야 정상이야..

화영　뻔뻔하잖아..

지수　어떡하고 있나 궁금했니? 범죄자 범죄현장 살피러 온 거야?

화영　……(보다가 일어나며)간다……(거실 창으로/문 열고 우산 집어 들이고 문 닫고 현관으로)

지수　(일어나 침실 쪽으로)잠깐 있어 키 갖고 나올게.

화영　괜찮아.

지수　(방으로)비오잖아. 택시 쉽지 않아.

화영　대기 시켜놨어..

지수　(돌아본다)

화영　이게 김지수야…

지수　….

화영　너는 분명….한 부분이 바보야…..

지수　…….

화영　(나간다)

지수　…….(나가는 화영 보며)……….(거실로 움직이며)………(책 보던 소파에 주저앉듯 앉으며)그래 나는 바보야……나도 알아 나 바본 거…..(있다가 옆으로 피시시 누우며)……

S#　화영의 거실

화영　(들어온다/ 우산 구석 우산 통에 집어넣고 바바리 벗으면서 거실로) …..(소파에 바바리 아무렇게나 놓고 서재로 가 문 연다)

S#　서재

화영　(문 열고 보고 있는 위에)

　　　E　자판 두드리는 소리….

화영 .....비와..

준표 .....

화영 비가 오고 있어...

준표 .....(문득)??

화영 비온다구..

준표 알아..아까 알았어...(두드리는)

화영 잘 돼?

준표 .....

화영 화 풀렸어?.....풀렸나부다 그러니까 잘 나가지...

준표 (멈추고 의자 돌리며)누가 화났는데..

화영 (들어서며)화 났었잖아..

준표 그런 적 없는데

화영 (무릎에 앉으며)나 나갔다 왔는데...몰랐지...

준표 어딜...

화영 나가는 것도 들어오는 것도 모르네... 나는 있어도 없어도 상관
없는 사람이네..

준표 집중해 있을 땐 그래..

화영 (내려서며)오늘도 나 혼자 자야겠지.

준표 감자 없어?

화영 있어..

준표 두 세개 쪄줘..굵은 소금하고.

화영 그래...올려놓고 샤워 들어갔다 나오는 동안이면 되겠지..

준표 그동안 될까? 당신 샤워시간 짧던데..

화영 좀 오래 해보지 뭐..

S# 경민의 침실

지수 (문 열고 들여다보면서)왜 밤 인사 떼어먹나 해서..

경민 (기대앉아 보던 책 놓고 침대 내려서 엄마에게)내려가기 귀찮아서
요..그래도 자기 전에 내려갈라고 했었어요..(둘 껴안으며)

지수 어린 아들이 귀찮아 늙은 엄마 발걸음 시켰구나..

경민 으흐흐흐 안녕히 주무세요..

지수 잘 자. 우리 아들..

경민 사랑해요.

지수 사랑해요..

경민 (몸 떼고)늙은 엄마 아니에요..

지수 젊은 엄마도 아니지..

경민 그래도 늙은 엄마는 아니에요.

지수 곧 늙은 엄마 돼.

경민 누구나 늙어요. 저도 늙어요.

지수 너는 아직 하안참 멀었어.. 늙기 전에 얼마나 좋은 날들이 많이
남아 있는데…

경민 (침대로)좋은 날은 무슨 좋은 날이겠어요..지겨운 공부 밖에 없
는데..

지수 공부는 어쩔 수 없는 거고 대학가면 데이트도 하고 좋은 여자 만
나 연애도 할 거두 또 결혼도 해야하고

경민 엄마같은 여자가 찾아지겠어요?

지수 ??

경민 (시트 안으로 들어가며)엄마같은 여자 아니면 결혼 안해요.

지수 엄마 매력없어 경민아.

66

경민 매력이 밥 먹여 줘요? 전 그딴 거 필요없어요‥

지수 그럼 뭐가 필요해

경민 한번 먹은 마음 영원히 안 변하는 사람요‥

지수 ‥‥(보며)

경민 (불 끄며)나도 그럴 거거든요‥

지수 그래‥그 마음 변치말고 굳건하게 지켜

경민 네에…

지수 (나가는)

S# 거실 계단

지수 (내려오다가 중간에서 계단에 앉는)‥‥‥‥‥

S# 침실

지수 (스탠드 켜놓고 옆으로 누워 책 보고 있다)‥‥‥‥(잠시 보다가 이것도 아니고 책장 몇 페이지 넘기고 또 좀 보다가 몇 페이지 넘기면서 돌아눕다가)(옆자리 빈 것에 뭔지 모르게)‥‥‥‥(일어나 앉아 옆자리 보다가 베개 하나 세로로 눕혀놓고 다시 눕는다)‥‥‥(머엉하니)

지수 E 어서 와‥(잠에 취한)몇시야

S# 같은 침실/침대 이불은 잠깐 바꿔주세요‥

준표 (침대로 막 오른 참이다)세시‥

지수 많이 했겠네‥잘 나갔어?

준표 좀 했어‥

지수 말 안 시킬게 빨리 눈 감고 자‥

준표 (지수 허리 안아 붙인다)

지수 왜애‥

준표 뭘 물어어어

지수　안 피곤해?

준표　피곤해도 그건 다른 거거든..

지수　곯아떨어져 자고 싶어서? 나 수면제?

준표　흠흠흠/(가슴에 얼굴 묻으며)맞어..

지수　(마주 안으며)경민이는 교수는 안 시킬래..

S# 현재 침실

지수　E 공부 너무 해야해..

준표　E 말하지 마. 무드 깨져..

지수　E 으흐흐흐흐

지수　(눈 감는다)

S# 서재··

화영　(찐 감자 포크로 자르면서)뭘 덜 익었다 그래··이렇게 잘라지는데

준표　잘라지지도 않으면 생감자지··덜 익었잖어··포크가 포근하게 들어가고 감자 분이 뽀얗게 피어나고 그래야 하는데 이거 봐··서걱하잖어·· 이럼 덜 익은 거야··

화영　생감자도 먹어·· 괜찮아 탈 안나. 그냥 먹어둬.

준표　이럼 제대로 감자 맛이 안나.

화영　그럼 직접 해 먹어··

준표　?? 왜 날카롭게 그래

화영　선수 아니라고 했잖아. 젓가락 찔러보래서 찔렀더니 들어가더라. 그래서 다된 줄 알았지.

준표　그래 됐어···그냥 먹을게 화내지 마··알았어.

화영　지수가 정말 버릇 나쁘게 들여놨어···(나가는)

준표　굵은 소금 달랬는데 왜

68

화영　굵은 거 없어‥

준표　물 줘야지

화영　직접 떠다 먹어‥(나가고)

준표　(픽 웃어버린다)

S# 거실

준표　(나와서 주방으로/물 가지러)

화영　(바닥에 앉아 머리 타월로 닦는)

준표　(물 갖고 움직여 나오면서)열 다섯 살짜리 계집애 같다‥

화영　백스무살짜리 고조할아버지같애‥

준표　(웃으며 들어가고)

화영　……

S# 서재

준표　(물 마시며 의자에 앉으며 컴퓨터 보며)………(이어지는 생각 놓치지
　　않으려 컴퓨터 두드리기 시작하는데)

　　　E 오케스트라/제법 크게

준표　??

S# 거실

화영　(헤르베르트 폰 카라얀Herbert von Karajan 지휘 디브이디 틀어놓고 머
　　리 닦는)……

준표　(문 열고)좀 줄여줘. 방해된다니까.

화영　적응해애‥더 이상 어떻게 줄여어어

준표　……

화영　(볼륨 좀 더 줄이면서)이렇게 들어? 이게 무슨 음악이야. 지렁이들
　　연주하는 거야?

준표   시디 없어? 침실에서 들으면 안돼?

화영   카라얀 볼려구 샀어..

준표   끝내주는 어기짱이다..아 그래 미안해 잘못했어..감자 잘쪘어..
　　　그만해.

화영   ......

준표   (다가와 물컵 놓고 옆에서 안으며)책보면 안돼? 아니 잘시간인
　　　데 그만 자 응? 이건 나중에 나랑 같이 보고.

화영   ....(뿌우 보는)

준표   별걸 다갖구 삐지구 그래 왜..

화영   모자란 사람 만드니까..

준표   내가 언제..

화영   알았어..그만 해..(발딱 일어나 디브이디 끄고 침실로)

준표   ......(돌아보며).....

S# 침실

화영   (화난 채 타월 한 장 베개에 깔고 책 집어 들고 침대로/접어놓은 페이
　　　지 펴 들고 눕는다)

S# 서재

준표   .....(멍하니 앉아서)

지수   E 언니 조용해..그이 서재 있어.

S# 거실/ 서재 앞

은수   (움직이며)일찍 나간다 그랬잖어.

지수   그냥 집에서 한 대..

은수   미치겠다 사람 사는 집에 와서 말 못하는 시늉해야 하니?

지수   누가 하지 말래? 언니 목청 너무 크잖아..

은수　종이랑 연필 갖구 와 필답하자

S# 서재

지수　E 조용하라니까 왜 더 소리 질러어어

은수　E 홍서바앙/ 나 왔는데 잠깐 나와 쉬지 그래애‥

지수　E (질색)언니이이(지수만 소리 죽여서)

준표　‥‥‥‥

F.O

S# 화영의 빈 거실(아침)

S# 침실

준표　(와이셔츠 입어놓고 타이 빼내는데)

화영　(화장대 서랍에서 손수건 꺼내 돌아서다)타이랑 셔츠 딴 거 입어‥
　　내가 주께‥

준표　?? 이게 어때서

화영　책냄새 너무 나‥

준표　훈장이잖아.

화영　훈장이라고 왜 꼭 훈장같이 입어야 해‥(제가 사다놓은 셔츠와 타
　　이 꺼내면서)아직 나이가 있는데 좀 화사하게 가면 안돼?(회색 양복
　　에 회색 셔츠에 옐로나 핑크톤 넥타이/)

준표　내가 무슨 연예인이냐? 그걸 어떻게 입어어

화영　왜 못 입어 요즘 남자들 속옷 패션도 얼마나 화려해졌는데에

준표　아 그래 피부 맛사지도 받으러 다닌다더라. 손톱 손질하는 친
　　구들도 있고/놔둬. 나하고 안 맞아.

화영　안 맞지 않아 시도해 봐‥벗어 빨리(벗기려)

준표　놔둬어 안된다니까아‥학교에서 난리나‥원래 입던 스타일이

제14회　71

있는데 이거 입고 나가면 애들이 당장 사모님 바뀌었냐 그럴 거란 말야.

화영 글쎄 그 김지수 스타일이 난 싫단 말야. 촌스러..

준표 안 튀고 편안해

화영 여자 바뀌었어.. 출근시키는 사람 지수 아니라 나야.

준표 이거 봐

화영 지수 남편 보는 거 같아 싫단 말야. 내 남편이잖아.

준표 누구 남편이든 옷은 내 마음대로 내 취향이야. 지수 중간중간 조언은 했어도 자기 취향 강요 안 했어.

화영 걔가 취향이 뭐 있는데.. 당신하고 걔랑 거기서 거기야..이제야 말이지 당신 옷 입는 거 얼마나 거슬렸는지 알어? 완전 영감탱이란 말야.

준표 옷 얘기가 나왔으니 말인데 당신 옷이야말로 누구 와이프 옷 아니야..생각 좀 해.

화영 정식 와이프 되면 고려해 볼게..

준표 정식 아니긴 마찬가지야.

화영 ??? 나 때문 아니잖아. 호적정리 나 때문에 못 했어?

준표 미안해. 실언이었어..

화영 바꿔 입어.

준표 나는 나대로 지금까지 보여준 이미지가 있어 갑자기 하루아침에 연예인처럼 하고 어떻게 나가아..

화영 마누라 바뀐 거 들통날까봐?

준표 이러고 나가면 종일 찜찜해..

화영 그러니까 바꿔 입어.

준표 당신은 당신 간섭하는 거 그렇게 싫어하면서

화영 알았어‥내가 포기해‥오늘은 포기할게‥그럼 타이만 바꿔‥

준표 ‥‥‥(보며)

화영 (가볍게 키스해 주고)응? 타이는 바꿔줘어. 본전도 못찾으면 자존심 상하잖아아‥

준표 알았어‥‥‥바꿀게‥

S# 은수의 거실

은수 (타월 적신 것 쟁반에 들고 침실로)

S# 침실

달삼 (엎드려 엄살 떨며 침 맞고 있고)

　　　[진주/준구 인상 쓰며 구경하고 있다]

은수 (들어오며)뭣들하고 있어 뭐 구경 났어?

진주 구경났지이 이런 구경을 어디서 해애.

준구 (오버랩의 기분)아빠가 구경하래요. 별로 볼 기회 없는 장면일 거라구요.

은수 아이구우 참 별/ 얼른 나가들‥

진주 아직 괜찮어어어

준구 저두요‥

은수 아 나가아 선생님 침 모시는데 헷갈려어‥

달삼 아/‥‥아아 아픈데요‥

침 거기는 좀 아픈 뎁니다‥

달삼 다 아픈데요 다‥지금이 특히 더 아팠지 아픈 건 다 마찬가지에요

침 글쎄 특히 더 아픈뎁니다

달삼 특히 더 아픈 데 또 있나요?

침   지금부터는 다 특히 더 아픈뎁니다(찌르고)

달삼 아아아아!!

은수 아 좀 조용해애 애들 보는데 챙피하지도 않나 아빠가 돼서는

달삼 아이구우우우 웬수‥ <u>으으으으으</u>(또 찔리고)

S# 용덕의 안방

[아침 먹으며]

경수 집수리 시작 안해요?

용덕 ……

경수 예?

용덕 글쎄 의욕이 안나…

경수 하긴 뭘 해요 그만두세요‥돈들여 봤자 표도 안 날 집./

용덕 스키줄들도 잘 안 맞고/ 봄에는 집수리가 많어‥장마 전에들 고 쳐둘려구‥

선화 새는 건 고쳐야죠 아버지‥

용덕 글쎄 말야‥

선화 저 혼자 있어도 괜찮아요 아버지‥ 다 아버지 아시는 분들일 거 잖어요‥

용덕 그렇기는 해‥

경수 새 일꾼 데리고 올지 어떻게 알어‥

선화 나쁜 사람 그렇게 안 많어‥

경수 그렇게 태평하다가 일 당하는 거야‥얼마나 험한 세상인데 순 진한 소리 하고 있어‥대문도 없이 사는 세상인줄 알어‥

선화 나쁜 일만 생각하고 사는 사람한테 나쁜 일이 찾아온대.나쁜 생각이 나쁜 일을 불른다는데 이이는.

경수　조심해서 손해볼 거 없어…아버지 일 비실 때 해요·· 선화 못 믿
　　　어요 아버지 아무나 보고 햇쭉햇쭉/딴 생각있는 놈 오해하기 딱
　　　좋게··

선화　???

경수　아버지 생신 어떡해요··

용덕　생일은 무슨…이번엔 건너 뛰어··

선화　형님들이 그러시겠어요?

S# 지수의 거실
　　　[스피커폰]

은수　F 선화 고생시키지 말고 밖에서 먹자··

지수　그래 언니··

은수　F 모레 경민이 생일이구··

지수　응…

은수　F 내가 차려주까?··

지수　놔둬어··

S# 은수 안방

은수　지 애비 기억이나 할까?

지수　F 무스은. 자기 생일도 모르는 사람인데··

달삼　경민이 파티 내가 해준다 그래··

은수　니 형부가 경민이 파티 해 준단다··

지수　F 놔둬어··즈 아빠 있는데…형부가 무슨 봉이야?

은수　(야)그것도 없으면 내가 뭐보고 사니. 그 인심 좋은 거 하나로
　　　백가지 흉 덮구 산다 내가.

달삼　암튼 자매는 붙기만 하면 나 씹어··어어이 지겹다 진짜··

지수 F (오버랩의 기분)형부 있어?

S# 지수 거실 주방··

은수 F 침맞고 방콕이다··평계 낌에 쉬고 좋잖아. 마누라 하나는 진
짜 빵짜로 얻었지이이

달삼 F 허 허허허허허허 허허허허허

S# 거실

[모자 현관으로]

경민 오늘 뭐하세요?

지수 은행 가 돈 좀 찾고…할아버지 치과 모시고 가고·· 그 다음엔 몰라··

경민 제 생일은 안할래요··

지수 ?? 왜애?

경민 태어난 게 꼭 좋지만도 않은데요 뭐··

지수 엄마 찔려어·······

경민 아빠한테 하는 말이에요·· 나오지 마세요··

지수 왜애?

경민 전에는 안 그랬는데····나 학교갈 때 엄마 보고 있는 거···마음이
안 좋아요··

지수 (아들 머리 당겨 잠깐 안으며)그럼 안 나갈게··

경민 (나가고)

지수 ·····(잠시 있다가 식탁으로/밥 먹기 시작한다)

S# 어느 치과…

홍 (치료받는 중)······(그라인더로 갈아내고 있다)·····(지수 한 손 꼬옥 붙
잡고 앉아)·····

(의사 잠깐 쉬는 동안)내 며느리야··

76

의사 예 회장님‥

홍 언제 끝나‥

의사 다 됐습니다. 한 오분이면 끝납니다

홍 밥 먹어도 돼?

의사 그럼요 지장 없으십니다‥

홍 빨리 해 그럼‥

의사 예에‥(다시 치료에 들어가는)

지수 ‥‥(지켜보고 있는)

S# 어느 호텔 일식집 테이블

지수 (홍회장 부축해 앉히고 냅킨 둘러주는)‥‥

홍 (엽차 잔 집으려)

지수 (도와주고)

홍 앉어.

지수 네‥(마주 앉고)

홍 (찻잔 내리는데)

지수 저기요 아버님‥전화드릴까하다가 전화로 말씀드리기가 좀 그
래서‥

홍 뭐‥

지수 저번에 저 주신 용돈‥‥잘못 주신 거 아니에요?

홍 뭐 한 일억 쯤 갔어?

지수 아니 그건 아닌데 너무 많아서

홍 너 시집오구 십 년 아냐‥일년에 백만원 쳤어‥

지수 네에‥그런데 십삼년인데요 아버님.

홍 깎어어. 에누리없는 장사가 어딨어‥

지수   네 아버님.

홍   소원이 뭐야..

지수   ??

홍   소원이 뭐냐구..말귀 못 알어들어? 자동차 사줘?

지수   차 있는데요 뭐…

홍   먹을 거 왜 안 줘…이 녀석들 내가 혼내까? (두리번거리며)

지수   이제 금방 들어올 거에요..

홍   주문두 안 받어 왜

지수   들어오시면서 하셨는데..다시 하시겠어요?

홍   했는데 뭘 또 해.. 나 뭐 달랬냐….

지수   도미 머리 졸임

홍   그거 안 먹어..(하는데 밑반찬 나온다)이봐 나 그거 안 먹어.. 소금
     구이 해 소금구이

종업   네 바꿔드리겠습니다.

홍   아냐 가시 바르기 귀찮어. 딴 거 줘..

종업   네 어떤 걸로….

홍   …(잠깐 머엉하다)

지수   치과 다녀오셨는데 아버님 죽같은 거

홍   어 죽줘..전복 죽 줘..

종업   네 회장님…..(물러나는데)

홍   고거 이쁘다..

종업   감사합니다 회장님.

지수   (그냥 웃으며 종업원에게 양해 구하듯 돌아보는데)….

홍   E 소원이 뭐야..

지수 (홍회장 돌아보며)저 소원….아버님 어머님 건강하시고 가족들
　　건강한 것 밖에 없어요‥

홍　　치/ (엽차 잔 드는)

지수 ….(물 마시는 홍 가만히 보며)

S# 화영의 거실

화영 (가구에 마른걸레질하고 있다)………(탁자에 갖다놓은 딸기 한 알씩
　　집어 먹어가며)….(문득 생각나서 걸레 놓고 서재로)

S# 서재‥

화영 (들어와 테이블로 가며)………(시선 고정)
　　[테이블에 건드리다 만 감자…]

화영 (자존심 상해서 감자 그릇 쟁반 집어 들고)

S# 거실 주방

화영 (주방으로 들어와 감자 접시째 싱크대에 쏟아버리고 다시 서재로)

S# 서재

화영 (들어와 켜져 있는 컴퓨터로 인터넷으로/)
　　[감자 삶기/자막 쳐 넣는다….]

S# 학교 강의실 복도‥

준표 (강의실로 움직이는 중/학생들 인사 받으며/)
　　E 메시지 음

준표 (주머니에서 꺼내보면)

화영 E 나 이제 감자 찔 줄 알아. 너무 쉬우네 뭐‥

준표 (피식 웃고 메시지 답 쓰려 하는데)

여학생 (지나가며/친구와 팔 끼고)선생님. 넥타이 튀어요‥

준표 어 엔지야?

다른 여학생   약간요오오 그래도 멋있어요 선생님.

준표   땡큐우…(다시 메시지 답 쓰려 하는데)

　　E 전화벨

준표   (보고)네에..

지수   F 강의 들어가는 중이지. 간단히 할게..아버님께 왜 전화 안드려.

준표   할게..

지수   F 모레 경민이 생일이야..기억하고 있는 것처럼 해줘..

준표   알았어 고마워. 해피버스데이 어떻게 할 거야.. 친구들 부르나?

지수   F 태어난 게 기쁘지 않아서 경민이 싫대..

준표   ….

지수   F 끊어.

준표   장인어른 생신도 곧이잖아.

지수   F 신경쓰지 마..이제 당신 상관없잖아..

　　E 전화 끊어지는….

준표   …..

　　E 메시지 음.

준표   (열어보면)

화영   E 왜 답이 없어? 아직 수업시작 전인데

준표   (답장 모드로)

S# 화영의 거실

　　[탁자 얼룩 세심하게 닦고 있는데]

　　E 문자 신호음

화영   (얼른 열어보면)

준표   E 이제 다시 감자 때문에 삐질 일은 없겠군.. 성공한 감자 먹으러

80

강의 끝나자마자 들어갈께..

화영   (활짝 웃으며 핸드폰 가슴에 붙이는데)

　　　E 현관 벨..

화영   ??.....(현관으로 움직여 보면)

　　　[동하가 보인다]

화영   (문 열어주고 현관으로)나 너 안 반가워.

동하   (여행 가방 들인다)

화영   ??

동하   들어오세요..

엄마   (들어오면서)에미 왔다.....

화영   (보며).....

엄마   (거실로/집 둘러보며)....

화영   이럼 어떡해..이쪽 사정이라는 것도 있잖아.(동하에게)

동하   벌써 오신 걸 어떡해.

화영   돈 줄테니까 호텔로 나가요.

엄마   (소파에 앉으며)그 돈 나주구 물 다오…

화영   (주방으로 움직이며)비행기 값으로 썩일 돈이 어딨어서 와요..한
　　　두푼도 아닌데..

엄마   니 오래비가 냈어…

화영   대책 없기는 마찬가지야..

엄마   장사 좀 되나부더라.(안 보는 채)

화영   (물컵 들고 거실로)뭐하러 와요..

엄마   (대꾸 없이 물 잔 빼내 한꺼번에 비워버린다)

화영   (물 잔 받아들며) 주사 또 맞았어요?

엄마 아냐. 안 했어.

화영 제발 이제 그만 좀 하라니까.

엄마 니가 데리고 있던 최박이 공짜로 해 줬어.

화영 (싫증 나 주방으로)

동하 이용해 먹었다 소리에 그날로 비행기 표 사셨대··

화영 (싱크대에 물컵 넣고 빠르게 움직이며)호텔로 모시고 나가.

동하 나갈 때 나가더라도 숨 좀 돌리구요··너무하잖아··

화영 그 사람이 엄마 보는 거 싫어.

엄마 아무리 내 딸이 웬수삼는 에미지만 에미가 아니라고는 못하는 법이야·· 어떤 사람인지 궁금하기도 하고

화영 엄마한테 보여주기 싫어요

엄마 왜애.

화영 사람 질리게 만들잖아.

엄마 부모형제 팽개치구 들어와 그래 겨우 이거야?

화영 엄마 인생 아니야아··

엄마 다 망해 아무 것도 없어도 그래도 니 아버지 알아주던 서예가야.

화영 이민 바람든 엄마 때문에 망했지…

엄마 나쁜 거··

화영 ····(고개 돌려 외면)

엄마 E 너 남자 보는 눈 없어…한번 실패했으면 됐지 다시는 실패하면 안돼.

화영 글쎄 내 인생이야아아··실패해도 내가 선택하고 실패할테야·· 민서방 엄마가 가라가라해서 갔어 건망증이에요?

엄마 니가 갔지 내가 자갈 물려 묶어줬어?

82

화영 괜찮은 사람인 거처럼 세뇌시킨 거 엄마라구!! 페라리 몇 번 얻어타구 꼴깍 넘어갔잖아!!

엄마 당시는 최고로 성공한 집안이었어./

화영 껍데기만…알맹이는 썩고 있는데··

엄마 누가 그럴 줄 알았어야지이.

동하 끝난 얘기 자꾸 해 뭐에 써요··그만 좀 해요 둘 다··

S# 시간 경과···거실

[셋이 바닥에 앉아서/ 찻잔····흥분 피차 좀 누그러지고]

화영 그 얘긴 생략해 ··그래 나 나쁜 년이야····

동하 되돌려요··지수누나한테 보내 줘.

화영 장난 친 거 아니야··

동하 들어가··

화영 그럴 생각 없어··

동하 ·····(보며)

엄마 (보며)······

화영 지수··상처받을 거 다 받았고····되돌린다고 받아들일 애도 아니야

동하 누나가 그거까지 신경쓸 건 없어··그냥 누나가 저지른 일이나 바로잡으라구··바로잡고 떠나라고··

화영 홍교수는 어떻게 되구·· 공중에 뜨는데·· 그 사람 우스개되는 건데··

동하 어차피 지금 현재 둘다 우스개야···더 날 거 없어요··

화영 ····???(그렇게 말해야겠어)

동하 (안 보는 채)나는 사랑따위 안 믿는지 오래 된 사람이유

엄마 타이틀이 교수라면서.

화영 ....

엄마 교수 월급 얼마나 되는데..

화영 먹고 사는데 지장 없어요.. 자기 집 보조 받아.

엄마 이거 먼저 너 살던 집 십분에 일도 안돼.

화영 결혼하고 삼년도 못 채우고 날아간 집 얘기는 왜해요. 십분에
     일은 무슨..

엄마 적어도 대여섯 배는 돼. 그 집 날리고 살던 집도 이에 비하면 대
     궐이고..

화영 거기서 나 행복하지 않았어. 지금 행복해..더 이상 뭘 바래.. 더 바
     라는 거 없어어어

엄마 로버트 정이라구....너 본 적 있다든데..

화영 ??

엄마 너 만나고 싶어한대..언제 들어오냐구..

화영 .....(보며)..

엄마 그 사람 와이프 성형해주구 저녁 한번 먹었다더라...

화영 그 와이프 성형 중독이었어..그런데

엄마 재작년 겨울에 이혼 했대....

화영 그래서

엄마 비지네스가 엄청나대..너 알거라드라.

화영 그래서 또 팔아먹을려구?!!

엄마 ??말을 해도 꼭

동하 (기막혀서)그 목적으로 오셨어요?

S# 어느 호텔/중급/로비

84

[뒤로 숙박 카드 쓰고 있는 동하와 엄마 보이는데]

화영　동생이 와서 나 지금 나왔는데 아무래도 저녁 먹고 헤어져야

　　　겠어..당신 저녁 어떻게 해결하고 들어와 주면 고맙겠는데..

S# 움직이는 차 안

준표　어디서 해결해. 나 집에 가는 도중인데...어디서 먹을 건데..내

　　　가 그리로 가면 안되나? 동생 한번 봐야 하는 거 아냐?

화영　F 아직 시기상조야./ 내 동생 우리 관계 인정 안해..

준표　……그래..

화영　F 뭐하나 사먹고 들어가..집에 아무 것도 없어..

준표　알았어.. 알아서 할게..

화영　F 끊어..

준표　으응.(전화 끊는)……(한참 있다가 전화 단축)

　　　E 신호 가는

지수　F 네에..

준표　좀 전에 경민이랑 통화했어.. 얘기 해?

지수　F 들었어..

준표　저기.....나 저녁 좀 먹여줘..

S# 지수 주방

지수　.....(저녁 준비 중).....

준표　F 일주일에 한번은 애랑 밥 먹으라면서...오늘 시간이 나...

지수　……

준표　F 응?

지수　모레 볼텐데 이번 주는 생략해. 시간 너무 뺏기잖아.

준표　F 괜찮아. 밥만 먹고 일어나면 돼..

지수   들어가 먹어..

준표   F 밥 없어..약속있대…

지수   여기 그럴 때 밥 먹여주는 집이야?

S# 호텔 근처 갈빗집

　　[갈비 먹고 있는 세 사람…]

엄마   (부지런히 구워서 동하 접시에 놓아주는)……

화영   (제가 집어 먹으며 그러는 엄마 보는)……

동하   아 그냥 둬요. 내가 먹게..

엄마   먹어둬..힘든 일하고 사는데…

동하   엄마나 드세요…

엄마   얘 고기는 원없이 먹고 산다…니 아버지가 워낙 고기 없이 못
　　　사는 양반이라 식습관이 아예 그렇게 굳어놔서 다른 건 못해도 고
　　　기는 먹는다….

동하   건강은 괜찮으신 거에요?

엄마   나보다 건강해..백살 채울 거야..

동하   좋은 일이에요

엄마   너 한번 다녀가아..

동하   그럴 여유가 어딨어요

엄마   늬 형이랑 누랑 보고 싶지도 않아?

동하   그런 거 몰라요….알아는 볼라나…다들 늙었을텐데…

엄마   굶었니? 천천히 먹어.. 체해..(화영에게)

화영   ….(엄마 보며)……

S# 지수의 거실 주방··

지수   (상 차리면서)….

준표   (소파에서 신문 보는)

지수   (문득 돌아보고)물어본다 그러구 못 물어봤어..

준표   뭐.

지수   여기 사진 갖구갔지..

준표   그래..

지수   어디 놨어..

준표   서재에...

지수   ....(움직이는)

준표   왜..

지수   아냐..

준표   사진을 그렇게 치우면 경민이 눈치채잖아..

지수   ...(그냥 움직이는)

준표   재결합한다 그래놓고

지수   .....

준표   못할 때 못하더라도..

지수   누구 얼굴 올깍질 나와서..경민이 때문에 한 장은 남겨둘 수 밖에 없었어..

준표   다 없어져 시원하겠다.. 애 뭐라 안 그래?

지수   너무 알어 탈이야. 뻔한 건 말 안해....

준표   좋겠다..자식이랑 호흡 잘 맞어..

지수   아버님이 용돈 주셨어.

준표   ?? 웬일이셔

지수   많이...

준표   좋겠다...

지수   (경민 방 아래로)경민아아아!!

경민   E 네에에…

  [지수 주방으로 움직이고 사이 두었다가 경민 내려온다]

경민   (소파에서 일어나는 아빠 보고)??

준표   왜 그래 모르는 사람이야? 너랑 저녁 먹으러 왔어.

경민   모레‥(약간은 풀렸다)

준표   모레는 모레구‥

  [둘 식탁으로]

지수   (매운탕 냄비 갖다놓고/밥 뜨러)

준표   (수저로 국물 맛보고)야아아…이 맛이다‥

경민   (떠서 불어서 먹어보고)엄마 환상이에요‥

지수   (밥 뜨며)생선 좀 묵어서 걱정했는데 다행이네‥

준표   뭐야…대구?

지수   ‥‥‥(대답 할까 말까)아구‥ 한참 전에 아버님 댁에서 얻어다 놨
  던 거…

준표   아구가 탕도 좋구나 엄청 시원해애…(나물 종류 집어 먹으면서)
  니 엄마가 나물 솜씨 또 알아줘야지‥

지수   (웃기네)…

경민   나 혼자 먹을 때는 나물 안 하시는데‥내가 나물 안 먹으니까‥

지수   그거두 묵은 거야‥냉장고 비울라구‥(밥공기 놓아주고 앉는다)‥‥
  [다 같이 먹기 시작하는데…마치 굶었던 사람처럼 먹어대는]

준표   ‥‥‥

지수   (먹다가 보는)‥‥‥‥‥

준표   ‥‥‥

88

지수　……

S# 같은 주방

지수　(식탁의 것 싱크대로 옮기면서)가아…

준표　차 줘‥

지수　싫어. 밥만 먹고 간댔잖어‥

준표　……(보며)

지수　뭐 좋아서 밥 줬는줄 알어?

준표　경민이 때문인줄 알어‥

지수　……(움직이고)

준표　(벗어놓은 상의 집어 드는데)

지수　타이 그게 뭐야‥

준표　??

지수　날라리 같아.

준표　구닥다리에서 좀 업그레이드 돼라.

지수　?? 그래애 업그레이드 많이 돼‥

준표　저녁 잘 먹었어…‥고마워‥

지수　(고마워에 잠깐 힐끗 보고 설거지로)……

준표　(나가고)

지수　……(나가고 나서 나간 문 돌아보며)……(설거지로)…(설거지하다가 카세트로)

　　　[현숙의 웃기는 노래]

지수　(다시 설거지로)

　　　[현관 벨]

지수　?? ……(문 열어주고)

은수 (들어오며)왜 왔어?

지수 경민이랑 저녁 먹고 가는 거야..

은수 (으응)명란 왔더라..저녁 먹기 전에 갖구 온다구 왔는데....니가 불렀어?

지수 아니 자기가 .....(카세트 끄고)

은수 바람질은 했어도 자식은 끔찍하다?

지수 못 얻어먹고 사나봐. 전에 없던 감탄사에...허겁지겁....두 공기 먹고 배 뽈록해서 갔어..

은수 형..지가 어디 가면 너한테 얻어먹는 거처럼 얻어먹고 살아..그 기집애 더구나 할줄 아는 게 뭐 있는데.. 전부다 니 반찬 퍼다 먹던 년인데..허겁지겁? ㅎㅎㅎㅎ/(바꿔) 그래 그거보니까 안됐어?

지수 묘하더라.......고소하기도 하고 한심해 뵈기도 하고...

은수 지 구덩이 지가 파구 꼴 조오타

지수 헤어지기는...헤어졌나봐..

은수 ???(얘가 또 무슨 소리야)

지수 가면서 잘먹었다구 고맙다구 하대? 같이 살면서는 한번도 못 들었던 소리야.

은수 같이 살면서는 안해 야. 늬 형부도 맛있다는 소린 해도 고맙단 소린 안해..아니 (그런데) 남편들 진짜 아침저녁 고맙다 그래야 하는 거 아닌가?

지수 따분하고 지루하다 소리만 안해주면 황송하지..

은수 같이 먹었어?

지수 그럼...무슨 대단한 손님이라고 먼저 먹여줘.........(그것도 그거 지만) 혼자 먹으면 더 안 들어가...무슨 맛인지 아무 것도 모르겠어..

은수　내일 월남 쌈 먹으러 가까? 너 그거 좋아하잖어.

S# 화영의 거실

준표　(들어와 가방과 상의 놓고 주방으로 가 냉장고 열다 보면/싱크대 안에 화영이 버린 먹다만 감자 세 알? 네 알?)……(서랍에서 비닐봉지 꺼내 손으로 감자 집어넣어 여미서 놓고 물 따라 마시는데)

화영　(들어온다)안녀어엉

준표　빨리 들어오네..

화영　(옷 벗으며)커피 물 좀 넣어줘..아아 갈비 집 정말 싫어. 옷에 냄새 다 배. 큼큼..큼큼…(테라스로 나가며)질색이야..

준표　(커피포트에 물 넣으며/두 컵은 되게)걸어두면 빠져어어..

화영　(테라스에 빈 옷걸이에 걸고 거실로)두꺼운 옷 아닌게 다행이야 ..두꺼운 건 오래 걸려..(컵에 물 따르는 준표) 영 안 빠지는 것도 있고(주방으로)

준표　동생하고는 뭐..

화영　뭐 이런저런….(뒤에서 안다가)배가 왜 이래?

준표　저녁을 좀 심하게 먹었어..(돌아서며)

화영　뭐 먹었는데

준표　집에 가서..

화영　??

준표　일주일에 한 번은 경민이하고 밥 먹어야 하잖어..

화영　그래서…. 집에 갔어?

준표　저쪽 집

화영　여기는 이쪽 집?

준표　지수네..

화영   셋이 같이?

준표   응…

화영   (떨어져 커피 준비하며)과식할 정도로 맛있었어?

준표   움.

화영   거짓말 좀 해‥ 배가 많이 고팠다고.

준표   당신도 아는 사실인데

화영   아니까 더 싫어.

준표   뭐가

화영   내가 무능한 게 싫어 지수가 잘하는 게 더 싫어.

준표   (웃으며 안는)왜 이렇게 소녀가 돼 가아‥

화영   (부루퉁)그래 나 유치해

준표   그래서 귀여워‥

화영   (빠져나가 커피 필터 뽑으면서)엘에이에서 날아온 소식이야…

준표   ??

화영   어떤 빌리어너한테서 중매가 들어왔대‥

준표   ……(보며)

화영   당신 물러주고 들어와 재혼하래.

준표   약 올리려는 소리?

화영   (돌아보며)아냐 정말‥

준표   ……

화영   약 올라?

준표   (그냥 들어가 버린다)

화영   호/까르르르르르르‥‥갔았다‥

S# 지수의 거실(밤)

92

지수 (어두운 창밖 내다보며 차 마시고 섰다)········(한동안 그러고 있다가
소파로/찻잔 놓고 카세트 틀어놓고 책 집어 든다)

　　[이루의 〈가슴앓이〉]

지수 (책 읽기 시작하다가 머엉해진다)·········(한동안 그 상태이다가 책 놓
고 일어나 거실 창으로/·····창문 열어놓고 눈 감고 밤 공기 심호흡으로 들
이 마시며)········

　　　　　　　　　　　　　　　　　　　　　　　　　　　　F.O

S# 화영의 거실 주방(오후 4시쯤)

화영 (삶은 감자 김 오르는 냄비에서 꺼내 담아들고 서재로)

S# 서재

　　[노크하고 들어오는 화영]

화영 감자··

준표 ···(돌아본다)····

화영 (감자 놓으며)왕소금/(소금 접시도 내놓아주며)

준표 별 생각 없는데··

화영 ····(김새서)

준표 너무 앉아만 있어선지 소화가 좀 더딘 거 같아··나중에 먹을게
두고 나가··

화영 정말 비위맞추기 힘들어 못 살겠다··

준표 (웃으며 컴퓨터로)

화영 (의자 뺑 돌리며)일단 체크는 해봐. 제대로 된 건지 아닌지는 보
라구 이 트집쟁이야.

준표 아 그래 알았어알았어··(포크로 감자 반으로 갈라보고)오오 굿 /

퍼팩트. (화영 보며)대성공..

화영　(준표 코 잡아 흔들면서)미워 죽겠어..

준표　(엉덩이 두드려주면서)이뻐 죽겠어

화영　한 시간만 더하고 드라이브 나가 저녁 먹어..

준표　어..

화영　시간없다 소리 하지 마..나 너무 처박아둔단 생각 안 들어?

준표　그게 있지

화영　저쪽에 살 때는 당신 기다리느라 꼼짝 못하고 처박혀 있었는
　　　데 이게 뭐야..이제는 좀 한번씩은 같이 다녀줘도 되잖아..이게 뭐
　　　야..어떻게 전보다도 오히려 못해..전에는 길에서 나 잡아 싣고 바
　　　다에도 가고 호텔에도 가고 그랬었잖아..

준표　그래 그런데 나 선약이 있어.

화영　??

준표　경민이 생일이야. 저녁 먹기로 했어..

화영　....(보며)

준표　여섯시에 데리러 간다구 약속했어

화영　......

준표　나 다섯시에는 나가서 선물 골라야 해. 뭘 고를지도 아직 생각 못
　　　해놨어.

화영　(조용히)도대체 일주일에 며칠을 보는 거야.

준표　그게

화영　주말 이틀은 또 그쪽이잖아. 그저께 갔다 왔는데 오늘 또 보고
　　　주말 이틀 보태면 일주일에 며칠이 내 차지야.

준표　생일인데 그럼 어떡해..

94

화영 그저께 때우고 왔으면 돼.

준표 애 생일을 어떻게 그런 식으로 때워. 더구나 지금 이 상황에‥

화영 내일이 주말이야 내일 보면 돼.

준표 ‥‥(보며)

화영 나는 뭐야‥ 당신 소속이 어디야‥일주일에 나흘 빼가고 남는 게 뭐야‥그것도 학교 가는 이틀 낮시간 빼고 나머지는 이방에 박혀 있잖아‥나 뭐냐구.

준표 이번 주는 특수한 케이스야.(왜 그래애애)

화영 그럼 다음 주는 다음주 하루 애랑 밥먹고 아니 셋이 밥 먹고 주말 셋이 일박이일이면 다음 주도 다다음주도 내내 사흘이야. 그건 적어?

준표 계산을 할려면 정확하게 해‥통째로가 아니잖아‥주말이래야 시간으로 따지면 만하루 정도고 저녁 먹는 건 두세시간이면 다야‥ 따져보면 일주일에 서른 시간도 안되는 걸 뭘 그렇게 난리야‥

화영 학교도 가잖아.

준표 학교 안가 그럼?

화영 난 당신처럼 시간으로 안 따져져‥‥암튼 저쪽하고 한 번 연결되면 통째로 하루로 생각돼.

준표 당신 그게 잘못된 거야‥

화영 뭘 그렇게 난리야? 나 이렇게 이런 대접 받으려고 머리칼 뽑혀가며 그 수몰 당했어?

이게 당신 사랑이야? 이게 내 사랑에 대한 당신 대답이야?

준표 그럼 날더러 어떡하란 거야

화영 취소해‥약속 취소하고 나랑 나가.

준표 ...(한심해서 보고)

화영 지금 나가..옷 갈아 입을게.(핑 하고 나가버린다)

준표 ......

S# 화영 침실

화영 (거칠게 옷 꺼내 침대에 팽개치고 있다)........

준표 (들어와 보는)....

화영 ......

준표 같이 못 나가..

화영 나가.

준표 애하고 약속이야.

화영 나가.

준표 억지 쓰지 마. 생일은 일년에 하루야..내 입장도 생각해 줘야
지. 중간에 즈 엄마 팽개치고 집나와 이러고 사는 애빌 애가 어떻
게 생각하겠어.

화영 어떻게 생각하든.

준표 그건 나를 사랑한다는 여자 입에서 나올 소리가 아니야.

화영 (휙 돌아보는)

준표 내 고통은 당신 고통이기도 해야지. 그렇게까지 안되면 최소
한 이해하려는 노력은 해 줘야지.

화영 나는 지수가 아니야..!!나는 내 생각밖에 안 해!! 나는 나쁜 년
이야!!!

준표 ....(보며)

S# 지수 거실

은수 어디로 간대?

96

지수 (주방에서 분무기 병에 물 담은 것 들고 침실로 움직이며)몰라..따라가 보면 알겠지..

은수 왜 그리 시큰둥해.

지수 (돌아보며)언니는 그럼 내가 좋겠수?

은수 그럼 애만 내보내든지..

지수 내가 안 나가면 저도 그만둔다잖어. 경민이.

은수 그래서 작정한 거 같으면 그런 얼굴 하지 말어..단순하게 그년 약올린다로 방향틀어 나가.

지수 안 그래도 그 생각도 있어..

은수 (쇼핑백)이거 진주 선물하고....봉투 하나 만들었어..저금하라 그래..(작은 케이크도 들고 왔다)

지수 고마워..케익 냉장고에 넣어 줘..

은수 옷 골라 주께..

지수 고를 옷이나 있어? 용써봤자 김지수가 이화영을 어떻게 당해.

은수 아 그 기집애 입는 옷이 가정부인 옷이니?

지수 나 이제 가정부인 아니잖아.

은수 그래서 그년처럼 입고 싶다고?

지수 있어야 입지..(하며 방으로)

은수 어유우우우(케이크 상자 들고 냉장고로)

S# 침실

지수 (들어와 화장대에 앉아 머리에 물 품고 꽂아놓은 고데기로 머리 만지는).....

은수 (들어오며)미장원에 갔다오지..

지수 ....

은수 메이컵도 받고‥

지수 뭐 선보러 나가?

은수 아 그년한테 신경이 쓰이면‥(지수 등 뒤에서 머리 만지며)

지수 누가.

은수 너어…

지수 내가 지금 개랑 라이벌이야? 다 끝났는데 무슨

은수 아 너 신경쓰이잖아‥옷부터 신경쓰여 그년 들먹인 거 잖어‥

지수 그저 그 인간한테 후줄근하게 보이고 싶지 않을 뿐이야.

은수 그럴려면 기분부터 바꿔‥니 얼굴 표정이 벌써 후줄근해‥

지수 ‥‥‥(거울 속에서 은수 보는)

은수 나 같으면 야 날아가게 차려입고 나가 날아가게 보여주고 들어오겠다‥ 이 여자가 내가 싫증나하면서 살았던 여잔가싶게‥

지수 그렇게 보여서 뭐하게

은수 아 뭐할 거야 없지만 저때문에 맥떨어진 거모양 보여주는 거보다 낫잖어어. 자존심상.

지수 그건 그래‥

은수 너 늙고 젊고 마음 상태에 따른 표정이 얼마나 좌우하는줄 알어? 마음 추욱 처지면 얼굴도 같이 추욱 쳐져. 너 지금 오십대 같아.

지수 (거울 속에서 언니 노려보고)

은수 원래 진실은 아픈 거야 그렇게 볼거 없어‥

지수 이건 어때??

은수 그건 놀랜 토끼구.

지수 (뒤로 주먹으로 언니 엉덩이 갈긴다)

은수 으ㅎㅎㅎㅎ

S# 어느 레스토랑 앞(밤)

S# 레스토랑 안

  [지수 케이크에 촛불 켜고 있는 거 준표 경민 보고 있다‥]

지수 (다 붙이고 나서)노래는 집에 가서 불러주께‥

경민 네 뻘쭘해요‥

준표 (경민 머리 만지며)해피버스데이 마이 썬.

경민 (쑥스럽고)

지수 축하해‥‥

경민 네‥

준표 불 꺼‥

경민 (끄고)

준표 (박수 쳐주고/혼자 치다가 머쓱)

지수 태어난 게 안 좋은 거 같아도‥‥태어난 건 좋은 일이야. 경민아‥‥

준표 (지수 보는)

지수 E 살다보면 그런 생각 들 때도 있어…안 태어났던 게 더 좋았을
  걸‥‥그런‥‥‥

지수 앞으로도 그런 생각 들 때…또 있을지도 몰라‥그래도…그 생각
  은 길게 하지 마‥빨리 지나가게 해‥

경민 네…

지수 엄마 얘기했지?…너랑 아빠가 달라질 건 아무 것도 없다고‥‥

준표 달라질 거 없어‥

경민 앞으로 달라지겠지요‥

준표 안 그래‥그렇게 생각하지 마‥

  [코스 시작.]

지수   (털듯이)밥 먹자. 맛있게 먹자··

경민   네··

지수   경민 아빠 와인 안 시켰어?

준표   안 시켰어··운전해야 하고 들어가 할 일있어서.

지수   나는 마셔도 돼··

준표   그래 그럼··(웨이터 부르고) 와인 주세요··한 잔이면 되지?

지수   음 먹어보고

준표   하우스 와인요··

S# 화영의 거실

화영   (소파에 올라앉아서)·········(혼자 맥주병 비우고 있는 참이다)····

       [저도 모르게 흐르는 눈물/ 휴지 픽 뽑아 눈물 콧물 닦는····]

       E 핸드폰 벨

화영   (집어 들어 보고)······(망설이다가 그냥 놓아버리고)

S# 호텔 남자 화장실 앞

준표   (전화 들고 있다)

       [벨 가는 소리···한참 동안.]

준표   (문자 보내려 버튼 누르는)

준표   E 아직 화내고 있구나···그만 풀고 밥 먹어····오래 안 걸릴 거야··

       8시 전에 들어갈게··(메시지 보내놓고 레스토랑으로 움직이는)

S# 거실

화영   (메시지 확인한 전화 놓고 일어나 움직인다)

S# 욕실

화영   (들어와 거울에 제 얼굴 보고)·········(얼굴 씻기 시작한다)······

S# 호텔 앞(밤)

[발레파킹시킨 준표의 차 와서 멎고 기다리고 있던 세 사람 자동차로‥]

S#   움직이는 차‥

준표   (운전하며)‥‥‥(있다가) 괜찮았어?

지수   ??(창밖 보고 있다가)

준표   저녁‥

지수   (뒤돌아보며) 어땠어?

경민   (뒷좌석에서) 좋았어요‥

지수   (됐지/ 앞 보고 있다가) 선물은 없는 거야?

준표   아 참‥‥(안 포켓에서 봉투 하나 꺼내 지수에게) 도서 상품권으로 했
       어‥‥ 마땅한 게 생각 안나서‥

지수   굉장히 편하네‥직접 줘‥

준표   (뒤로) 경민아‥

경민   (받는다)

지수   성의 문제지‥

준표   ‥‥

지수   하기는 본정신인가 어디‥(중얼거리듯)

준표   (힐끗/ 애 듣는데)‥‥‥

지수   ‥‥‥

준표   그러는 당신은 뭐 했어‥

지수   ‥‥

준표   엉?

경민   백과사전 사 주신대요‥

준표   책이긴 마찬가지네 뭐‥‥‥난 또 뭐 대단한 거 했다구‥‥‥

지수   ‥‥

준표   핸드폰 바꿔줬잖아..

지수   그래 됐어...

경민   지금 오피스텔 가보면 안돼요?

준표   어...어 지금은 좀 그렇다..오늘 거의 밤새야 하는 날이야..

경민   그냥 잠깐 보기만 하구요..오분도 안 걸려요..

지수   그냥 가아... 우리 데려다 줘야 하고 아빠 시간 부서트리지 말어..

경민   알았어요..

      E 준표 핸드폰 울리고

준표   (보고 잠깐 지수 보고)어엉..

화영   F 여덟시 전에 들어올려면 지금 쯤 오고 있어야 해.

준표   그래..출발했어..

화영   F 치즈 케익 하나 사갖고 와..

준표   알았어..

      [그냥 끊어지는 전화]

준표   (핸드폰 처리하는데)

지수   두시간 배급 받아 나왔나 보네

준표   ......(잠깐 보고 말고)

지수   재미 있다...(중얼거리는)

준표   조용해..

지수   내가 시끄러워 지금?...

준표   ??(옆으로 흘겨보는)

S# 화영의 거실

준표   (작은 케이크 상자 하나와 꽃다발 들고 들어온다)......들어왔어어..

      (케이크는 싱크대에 놓고)어디 있어....(찾으며 안으로)

S# 욕실 안··

준표   (문 열고 보면)

화영   (욕조에 거품 풀고 있다)……

준표   나 들어왔다구

화영   그래? (돌아보며)여덟시 안 넘겼어?

준표   아슬아슬하게./

화영   내꺼?

준표   (꽃 주며)미안해··

화영   (받아들고 냄새 맡고)좋다····

준표   빨리 씻고 나와··한 시간만 쉬자··

화영   응 그래··(하면서 손으로 장미 꽃잎 한꺼번에 잡아 뜯어 욕조에 던지
　　　기 시작)

준표   ??········

화영   ···(계속해서)·······왜 안나가··(하면서)

준표   왜 그래··

화영   ??뭐얼···영화에서 못 봤어?··한번 해보고 싶어서··

준표   아직 싱싱한 꽃이야··너무 잔인하잖아··

화영   나 잔인해··눈 하나 깜짝 안하고 사람 얼굴도 찢는데 뭘 이쯤이
　　　야(꽃잎 떼어 던지면서)·······

준표   ····(보며)

S# 지수의 거실

　　[은수가 아까 사 왔던 케이크 촛불에 불붙이고 진주 은수 지수 경민 경
　　수 선화 생일 축하 노래 부르고 있다/]

S# 지수 집 전경(밤)

S# 지수의 거실

지수 (소파에 천장 보고 누워 시집 보다가)······(페이지 넘기고 잠시 더 보

다가 일어나 앉으며 작게 소리 내어 읽는)·····다···· 바람같은 거야····뭘

그렇게 고민하는 거니?····만남의 기쁨이건, 이별의 슬픔이건, 다····

한 순간이야········

사랑이 아무리 깊어도 산들바람이고···

오해가 아무리 커도 비바람이야····

외로움이 아무리 지독해도····· 눈보라일 뿐이야···

폭풍이 아무리 세도 지난 뒤엔 고요하듯····

아무리 지극한 사연도 지난 뒤엔···

쓸쓸한 바람만 맴돌지···

다·····바람이야···· ····

제15회

S# 지수 마당 안

지수   (머리에 챙 넓은 모자 쓰고 잔디에 풀 뽑고 있다‥)‥‥‥

S# 대문 밖

[용덕의 작업 차 와서 멎고 용덕 내리고]

용덕   가.

청년   네 아저씨(자동차 뜨고)

용덕   ‥‥‥‥(한동안 마당의 지수 보고 서 있는)‥‥‥‥‥‥에미야‥

지수   ??(벌떡 일어나 대문으로 /문 열며)아버지(웬일이세요)

S# 대문 안

용덕   (들어서며)뭐하는 거야‥

지수   (그냥 풀 뽑던 자리 돌아보며 웃는)

용덕   혼자서 그걸 다 어떡할려구‥

지수   그냥 보이는대로 조금씩

용덕   (오버랩의 기분)혼자 못해애‥ 놔둬. 내일 식전 내가 우리 사람들 서넛 데리구 와 해주께‥

지수 아직 그럴 정도 아니에요…많이 나오면요‥

용덕 목 마르다‥

지수 네에‥

S# 거실 주방

용덕 (식탁 의자에 앉아 있고)

지수 (오미자 주스 글라스에 얼음 두세 개 넣어 아버지에게)어느 새 더워요‥

용덕 더워‥(컵 들며)너는

지수 (싱크대로)물 마실래요‥(물 준비하는)

용덕 ‥‥‥(그러는 딸 보며)

지수 (물컵 들고 식탁으로)쉬세요?

용덕 움 틈이 났어‥

지수 언니한테는요

용덕 곧장왔어‥(한 모금 마시고)허서방은 출근한다면서

지수 네.

용덕 그게 무슨 짓이야‥ 일하는 사람을

지수 (웃으며)집에서 일 다 봤는데요 뭘‥전화로 하고 직원이 집으로 오고‥

용덕 어디서 그런 인물이 나왔는지를 모르겠어.(은수)

지수 (웃는다)…

용덕 봉사도 그만 됐다면서‥

지수 네에‥

용덕 좀 나아져 가?

지수 그럼요‥하루하루…

용덕 …(가만히 보며)

지수 이제는 집에 없는 게…그렇게까지 이상하지 않아요‥

용덕 (마시는)‥‥

지수 경민이도 무섭다 말 안하구요‥

용덕 (주스 잔 내리며 끄덕끄덕)‥‥‥

지수 지낼만 해요‥

용덕 (주스 잔 들어올리며)벽지 가게 하고 싶댔어?

지수 그냥…뭐 할 게 없나…싶어서…

용덕 ‥‥‥(안 보는 채)

지수 놀고 먹을 수는 없잖아요‥

용덕 (끄덕끄덕)‥‥‥(한 모금 마시고 내리며)그거…이제 더 이상 허서방
신세는 안지는 게 좋아‥

지수 네‥

용덕 살면 얼마나 더 산다구…밥은 먹는데 뭘…

지수 네‥

용덕 사위 자식두 자식이라구 하더라면…어쨌거나 빚이잖어… 너랑
나랑 허서방한테 빚써놓구 앉어 편할 줄 알어?

지수 급한 마음에 그냥 잠깐 그랬었어요 아버지‥지나가는 말처럼
한번 그런 건데 언니가 괜히 아버지까지 마음쓰시게‥

용덕 (아냐) 걔두 지나가는 말루 그런 거야‥

지수 천천히 생각할려구요‥

용덕 그래…급할 거 없어…아부지가 냉면 사주까‥

지수 제가 사드릴께요‥

용덕 아냐 내가 사‥(일어나며)‥나가자‥늬 언니 집에 있나 봐‥

지수   (일어나며)있어요. 점심 먹구 운동가자 그랬어요. 아버지.

S# 냉면집‥

[갈비와 냉면‥]

은수   (갈비 자른 것 아버지에게)드세요‥

용덕   각자 먹어 각자‥

은수   아버지 생신 허서방이 중국집으로

용덕   안한다니까 왜 그래‥

은수   아 왜 안해요오오‥

용덕   내년에 곱빼기로 해.

은수   그런 법이 어딨어요…안하시겠다는 이유를 대 보세요.

용덕   ‥‥

은수   홍서방 빠진자리 지수랑 경민이 보기 마음쓰여 그러시는 거잖어요.

용덕   내년에 해.

은수   지수 마음은 좋겠어요? 앞으로 삼십년 사십년 남아있는 생신도 아닌데요‥

지수   그러지 마시고 해요 아버지‥

은수   이혼이 집안 망신인 놈 툴툴거릴 거구요

용덕   (오버랩의 기분)회장님 댁은 무고하셔?

지수   네에‥

은수   얘 회장님 치과 모시고 다녀요 아버지‥일주일에 두번요.

용덕   (끄덕이고)

은수   뭐하는 짓인지…그 인간은 저 밥 먹을 데 없으면 집에 와 밥 얻어먹고 가구요‥

지수   한번이야.

은수   한번이든 두 번이든.밥 달라고 오는 인간이나 달란다구 주는
애나

용덕   ....

은수   그것들 같이 시장보러 다녀요 아버지..인간들두 아니에요..

용덕   가타부타 할 거 없어...놔버렸으면 그만이야..그저 애비 노릇
만 하면..그나마 고맙다 생각하구 살어...정신 고장나 나가서 그것
도 안하는 애비두 많어..

지수   그건 해요..

용덕   냉면 달라구 해..

은수   여보세요 여기 냉면 주세요오···

S# 헬스

지수   (열심히 근력 키우는 운동/ 코치 받아가며)

은수   (지켜보고 섰으면서 잔소리 중간중간 넣고)

S# 휴게실

은수   (지수와 들어와 앉으며)몸 좀 아플 거다...안 쓰던 근육 건드려
놔서...

지수   언니처럼 격투기나 배우러 다닐까..어째 시원찮어..

은수   기지도 못하는 게 날려고 들어어어?

지수   후후 맞어 언니 나 성룡이처럼 이것저것 막 차던지면서 날고
싶어..

은수   진작에 하자니까아아..넌 꼭 늦더라..진작 배워놨으면 잘 써먹
었지이···

[하는데 은수 전화벨]

은수 잠깐··(전화 꺼내서 보고)네에에?(아주 교양 있게)··아 세실양? 나에요 내가 전화했어요··네 내가 누구냐 하믄요 세실양 나 허달삼 사장 와이픈데요 다름이 아니라 요즘 우리 그이가 거길 자주가는 모양인데

지수 ??

은수 E 세실 양한테 정식으로 부탁할 게 있어서요···저기요··우선 우리 그이 술 좀 많이 안 먹게 세실양이 신경 좀 써줘요··왜 있잖아 요··어지간히 마신 뒤에 보리차로 빛깔내서 따로 한 병 갖다 놓고 술 대신 쓴다든지

은수 아니면 눈치 못 채게 에··에···네··맞어요 바로 그거요···세실양 머리 좋으네요···네··네 그리구요 또 하나 부탁은··혹시 수상한 이차나 그런 눈치가 있거든··예?·········(한참 듣다가)그래요?····호호호호호 정말요?····그런데 그건 소문이 너무 과장돼 났구나아아 그 정도는 아닌데····고마워요···네에 고마워요 그럼 잘 부탁해요오오오?(끊는 다)요 거 보통내기 아니다·· 거만하다더니 진짜 거만한데?

지수 ??

은수 아 연짱 한 기집애 향수우우···전기 철조망 쳐놓는 거야··

지수 멕혀?

은수 그 바닥에 내 소문이 너무 무시무시하게 나서 허달삼 꼬임에 넘어갈 아가씨 아무도 없으니까 걱정말란다.

지수 그 아가씨가 그래?

은수 왜 전화했는지도 알고 무슨 뜻인지도 아는데 죄송하지만 허 사장 제 취향 아니래··

지수 그렇게 말해?

110

은수 ???

지수 왜··

은수 이것들 벌써 판 깔고 노는 거 아냐?

지수 ??

S# 지수 운전하는 차 안

은수 여러 말 말고 술집 바꿔··서울에 술집이 하나야?? 하나 정해놓
고 거기만 다니는 이유가 뭐야··

S# 달삼 사무실

달삼 아 또 왜 그러는 건데에에··· 야야 그 집이 제일 서비스가 좋아.
거기다 나한테는 특별히 반값이란 말야··싸고 서비스 질 좋은데 딴
델 왜 가니··장삿군이 남는 장사 놔두구 바가지 씌우는데 왜 다녀
····뭐?····??아니 당신···아 그래 걔한테 뭐란 거야 또오!!

S# 지수 자동차

은수 내가 뭐란 건 안 중요해 중요한 건 그 기집애 뭘 믿고 그렇게 건
방져 당신 벌써 그 기집애한테 상투 잡힌 거 아냐?

S# 달삼 사무실

달삼 아으아으아으으으으으으!!!! 이 여편네/····(듣다가)아 니가 나 판
벌리게 해 줬냐 엉? 강남 바닥에 소문 어떻게 나 있는 줄 알어? 허사
장 옆에 가지 마라 허사장 옆에 갔다가는 그 마누라한테 뼈도 못추
린다아아아!!나 별 볼일 없어야아. 당신 공이 커어··덕분에 서울 서
는 빙수 한 그릇 못먹는다 알어? 내가 누군지 모르는 저어어어 지방
구석에나 가면 모를까

은수 F (오버랩의 기분)요즘 부쩍 지방으로 뛰는 거 그럼 그래서야?

달삼 야 이!! 어이그 정말 욕나가게 만들지 말고 끊어 이 여편네야 나

바뻐!!(끊어지는 전화)

S# 차 안

은수 아양 안 떨고 벅벅거리는 거 보니까 지금 현재는 괜찮은 거 같다….아양 떨면서 얼렁뚱땅할 땐 탈난 거거든…(문득 돌아보며)뭐 생각하니..

지수 잠깐 마트 들리자..

은수 나도 과일 사야 해..근데 왜 이리가.

지수 …..

은수 엉?

지수 마트 바꿔야지 뭘 물어어

은수 왜애..

지수 ?? 치맨가봐. 그 망신을 당하고 거길 또 가자는 거야?

은수 ……물건이 거기가 제일 좋은데..

지수 누가 그 난리 처 노래?

은수 암튼 여러 가지로 그 기집애가 손해 끼친다..

지수 …..

은수 조용하니?

지수 조용해..

S# 화영의 거실

[둘 다 바닥에 앉아서]

화영 (약간 격앙된 상태)난 아직도 엄마가 진짜 날 낳은 생몬지 아니면 어디서 데려온 자식인지 의심해. 아직도 다 안 믿어. 백일 사진 돌 사진 있어도 안 믿어

화모 이런 매친 거 봤나. 그럼 병원 기록 찾아봐 이것아. 똑똑한 것이

112

왜 그건 안 찾아보고 귀신 씻나락 까먹는 소리야.

화영 안 찾아봤는지 알어? 오자마자 한 게 그건데!!

화모 ???(입 벌리고)

화영 그 병원 없어졌어! 기록 찾을 수 없어.

화모 얘 좀 봐라 동하야‥(동하 그냥 고개 꺾고 앉아 있고)

동하 ‥‥‥

화모 (달래듯)이것아 니 오래비 언니들이 다 너 낳은 걸 봤는데 무슨 소리야.

화영 그런데 왜 나만 싫어했어‥

화모 사람 그만 잡어 너. 열손가락 깨물어 안 아픈 게 없는 법인데‥

화영 (오버랩의 기분)엄마는 다른 자식만 아픈 사람야‥ 다른 자식들 만 애달프고 안쓰럽고 다른 자식들만 대단하고 나같은 건 썩거나 곯거나 아아무 상관없는 사람이야

화모 (좀 올라서)그래애애‥니 덕 많이 봤다 우리 모두우/ 모두다 빌어 먹게도 운이 안 따라줘 니덕보고 살 수 밖에 없었어‥(다시 눙쳐서)그 래 그랬다고 이렇게 포악을 떨어야겠어? 다 피붙이고 형젠데/누가 널더러 잘나래? 잘난 년 좀 뜯어먹고 살았기로 뭘 그렇게 유세야. 앵벌이? 너 그게 부모한테 할 소리야 이 망할 것아?

화영 앵벌이였으니까‥

화모 신세지고 사는 니 오래비 언니들이 더 불쌍해 이것아. 엇쩌면 그 렇게 인색하고 못돼 먹었어.

화영 ??

화모 E 뭘 그렇게 대단히 한 게 있다구…

화영 엄마아!!

동하　(오버랩의 기분)누나한테 그러는 거 아니에요..엄마가 그런 생
각이니까 누나 힘들게 한 거란 말이에요…

화모　(좀 눅어서)힘들었던 걸 누가 몰라.알어 안다구.

동하　그만해요..누나도 그만하구…길게 해봤자 결론 안 날 일을 갖
구 뭘 길게 그래…원래 받는 사람은 주는 사람이 기대하는 만큼 고
마워 안해..그게 인간이야..

화모　왜 안 고마워 해..다 고마워 해.(눈물 찍어내며)

화영　(일어나며)고마워 안 해도 돼요.. 나한테 관심만 끊어주면 내가
고마워하면서 살께요.. 가요.

화모　들어오면…보고 갈란다.

화영　??엄마 왔다는 말 안했어..봐서 뭐할 건데..왜 봐.

화모　결정을 봐야 들어갈 거 아냐.

화영　무슨 결정.

화모　뛰쳐나와 고작 첩노릇이야?

화영　???(발끈해서 보는)….

S#　**엄마가 투숙한 호텔 현관 앞**
　　[준표의 차 와서 멎고 준표 발레파킹 맡기고 화영에게]

준표　웬….(호텔 보며) 뭐야..아직 저녁 먹을 시간도 아닌데..

화영　들어가..(앞서 들어가고)

준표　??(따라 들어가는)

S#　**로비**

화영　(들어와서 로비 한켠에서 기다리고)

준표　(다가오는)

화영　(넥타이 손봐 주면서)엄마 오셨어..

준표 ??

화영 며칠 됐어..말 안하고 그냥 보낼려고 했는데 기어이 당신 봐야
      겠대..

준표 ......

화영 안 보고 싶어?

준표 ....

화영 안 볼래?

준표 어디 계셔..

화영 (한 팔에 손 대면서)뭐라 그러든지 한귀로 듣고 한귀로 흘려..

준표 .....(보며)

화영 죽어도 안 들어간다고 못 박아놨어..아마 그건 포기했을 거야..

준표 접때 얘기했던 그

화영 엄마가 갖고 온 얘기야..

준표 ....알았어..

S# 로비 라운지 구석 자리로 준표 앞에서 들어오는 화영..

화모 (콤팩트 꺼내 화장 고치고 있다가 올려다보는)....

준표 (허리 굽혀 목례.)

화모 (콤팩트 핸드백에 넣는)...

준표 (화영 보고)

화영 앉아요..

     [둘 나란히 앉는다....]

준표 ....(앉아서 엄마 문득 보면)

화모 (빤히 보고 있다)

준표 (얼른 시선 내린다)

화모 내 딸하고 사는 사람이니 이제부터 자네라고 하겠네‥

준표 네‥그러십시오.

화모 자네 내딸을 뭘로 보고 손을 댔나…

준표 ??

화영 엄마‥

화모 지수는 나도 아는 앨세‥자네 지수 남편이라면서‥

화영 생략해요.

화모 아내 친구랑 사고치는 남자 저질 중에도 저질이야.

화영 엄마.

화모 그렇다치고 그래서…… 자네가 우리 딸한테 뭘 해 줄 수 있나.

화영 신경쓰지 말아.(준표)

화모 애 얼마든지 멋진 새출발 할 수 있는 조건이야‥그건 알고 있나?

준표 …예‥

화모 지금 사는 집‥그것조차도 셋방이라면서.

준표 전셉니다

화모 세는 세 아닌가.

준표 네‥

화모 언제 돈 모아 집 살 거고 언제 사는 거 모양 살릴 셈이야‥

준표 (고개 돌려 화영 보면)

화영 (아예 고개 틀어 딴 데로)‥‥

준표 그건 ‥‥지금 사는 집은 임시고 집은…가질려면 가질 수 있을 정
도는 됩니다‥

화모 집도 집 나름이지‥

화영 엄마 정말 이럴 거에요?

화모   얘 사치한 아이야..미국서 잘쓰고 살았어. 바빠서 입지도 쓰지
      도 못할 것들 사들이면서 지말로는 그것도 못하면 스트레스로 돌
      것같다고 했지만 스트레스는 핑계고 워낙 사치벽에 낭비벽이 있는
      애야..

화영   나 여기 와 티셔츠 한 장 안 샀어.

화모   그런데도 안 돌고 용케 버틴다

화영   ??

화모   선생 월급으로 감당할 수 있겠나?

준표   분수에..... 잘 맞춰주리라 믿습니다..

화모   미국에 기회 많은 애야.. 여기저기 기다리는 병원도 많고 아예
      병원 차려줄테니 새로 개업하라는 스폰서도 있어..솜씨가 예술이
      거든.

화모   E 타고난 미적 감각에 손 끝에 신끼가 붙어있는 애라 누구도
      우리 화영이 못 따라가 감히 견줄 사람이 없어. 그렇게 유능하고

화모   실력있는 애를 혼인신고도 못하고 남에 손가락질 받는 처지로
      만들어 처박아두는 자네는 도대체 뭔가..

화영   (오버랩의 기분)두 번 다시 가운 안 입어요.

화모   글쎄 나도 너 멀쩡하게 잘된 수술 트집잡아 수우하는 미친 여
      편네들한테 시달리는 거 신물 나. 그러니까 평생 여왕처럼 살려줄
      사람하고 재혼해..로버트 정 재력이면

화영   (오버랩의 기분)엄마 나..... 소리 질러요 소리지를 거야..(두 주먹
      쥐고 나직이)

화모   (얼른 주변 살펴보면서)다 했어..더 안 남았어..

준표   ...(탁자 내려다보며).....

S# 화영의 빌라

화영 (빠른 걸음으로 들어와 곧장 침실로)

S# 침실

화영 (들어와 핸드백 아무렇게나 던져놓고 그대로 침대에 엎어진다)....

준표 (들어와서 보며).......(보다가 상의 벗어놓고 침대로 올라 화영 한 팔로 안고)....

화영 ......

준표 ......

화영 .....

준표 괜찮아...

화영 .....

준표 누구나 내 마음에 드는 부모를 가질 수는 없어..

화영 그냥.....내버려둬 줘.....자기 할 일 해....그냥 놔둬 줘....

준표 ....(머리 만지려)

화영 (손 떼어낸다)......

준표 ......

화영 나중에...해달랄 때..

준표 ......

화영 .....

준표 (일어나 벗어놓은 상의 집어 들고 나간다).....

화영 .....

S# 거실 주방

준표 (나와서 주방으로)...(상의 의자에 걸쳐놓고 냉장고 열어 물 꺼내 따라서 마시면서)........

S# 지수의 거실

　　[싱크대 위에 시장 본 봉지 올려져 있고]

지수　(식탁에서 야채 다듬으며)….

지수　E 이세상에 온 것도 바람처럼 온다고….이 육신을 버리는 것도 바람처럼 사라지는거야

　　　　가을바람 불어 곱게 물든 잎을 떨어뜨리 듯 덧 없는 바람불어 모든 사연을 공허하게 하지‥어차피 바람뿐인걸 군이 무얼 아파하며 번민하니 결국 잡히지 않는게 삶인걸 애써 무얼 집착하니 다 바람이야

　　　　E 핸드폰 메시지./

지수　(일어나 싱크대의 전화 보면)

석준　E 어떻게 지내시는지요‥

지수　…(메시지에서 통화 버튼으로/)….

　　　　E 벨 가는 소리

석준　F 예 선배 석준입니다‥

지수　바람처럼 살다 갈려고 노력하고 있는 중이에요‥

S# 화실

　　[물감 묻은 작업복에/ 캔버스와 붓 내려놓으면서]

석준　바람이요?

지수　E 어떤 스님이 쓴 신데 우리가 다 바람이래요. 다 바람인데 집착할 게 뭐가 있냐구요‥ 내 상황에 위로가 많이 돼서 외워뒀어요‥

석준　아 좋아요‥뭐든지 위로가 되는 게 있으면 열심히 매달리세요.

지수　F 어떻게 지내요?

석준　괜히 아까운 물감만 낭비하고 있어요‥생전 처음 붓질하는 거 같

아요··아무래도 자리 옮긴 몸살 좀 더 앓아야할 거 같아요. 꼬마도
잘 있죠?

지수 F 잘 있어요··모르죠 겉으로는 아무 표 안 나는데 워낙 애 늙은
이라

S# 지수 거실

지수 잘 모르겠어요··

석준 F 엄마 닮아 속이 깊은가봐요.

지수 서로 눈치보면서 아닌 척 하기도 쉽진 않네요.

석준 F 꼬마 위해서도 어서 마음 정리하세요·· 아이가 불안해요··

지수 ······

석준 F 선배··

지수 그럴려고 해요··고마워요 걱정해줘서··

S# 석준 화실

석준 시간 괜찮을 때 연락해요·· 언제라도 오케이니까··

지수 F 그럴께요··

석준 생각보다 목소리가 좋아 다행이에요··

S# 지수 거실 주방

지수 작업 열심히 하세요.

석준 F 네에··열심히 살자구요··

지수 들어가세요··

석준 F 예에··

지수 (전화 끊으며)·······(있다가 야채 다듬던 곳으로 움직이는데)

경민 (들어오며)다녀왔습니다아···

지수 엉 어서 와아···

E　집 전화 울리는

경민　제가 받을께요··

지수　응 받어··

경민　네에…네….지금 막 왔어요.(지수 돌아보는)

S# 준표 서재

준표　그래 그런데 오늘 아빠 못 가겠는데……아니 일이 밀려서…많이 밀려서….괜찮아?··정말 괜찮아?….

S# 지수 거실 주방

경민　네 괜찮아요 신경쓰지 마세요··네··네…네··(끊으며)아빠 오늘 안 오신대요··

지수　왜··

경민　일이 많이 밀리셨대요.

지수　그래두 오시라 그러지 왜··너 너무 아무렇지도 않은 척 그래주기 시작하면 앞으로 편하게 약속 빼 먹고 그런다?

경민　꼭 반갑지도 않은데요 뭐…

지수　??

경민　마음이 불편해요

지수　왜 불편해··

경민　엄마 아빠도 불편하잖어요

지수　…

경민　(이 층으로 움직이며)…..

지수　엄마가 아빠한테 전화할까?

경민　(돌아보는)

지수　약속 지키라구

경민 (좀 성난 것처럼)하지 마세요… 뭐하러 그래요..

지수 …..(그냥 보고)

경민 …(올라가 버리고)

지수 (핸드폰 집어 들고 찍으려다가 그만두고)……

S# 서재

준표 (책 보고 있다가 신경이 쓰여 놓고 나간다)

S# 거실

준표 (나오는데)

화영 (실내복으로 갈아입고 나오는 참이다)

준표 안 잤어?

화영 (주방으로 가며)챙피해 아는 척 하지 마..

준표 뭐가아..

화영 밥 먹을 거지?

준표 아무 거나 시켜먹지 뭐. 당신 마음도 그런데 밥 시키기 미안해…

화영 우리 엄마…..(물 꺼내며)

준표 이런 엄마도 있고 저런 엄마도 있어. 신경쓰지 마….

화영 …..(물 따르면서)나하고는 전생에 원수가 만났나봐..다른 형제
들하고는 잘 지내..모두들 비위 잘 맞추니까…비위 잘 맞춰가며 엄
마 앞장세워 나만 골탕먹이지..

준표 어쩔 수 없었을 거라고 이해하고 잊어버려…

화영 (물컵 내리면서)로버트 정이라구… 그 와이프 성형 몇차례 해줬
었어..그러다 어느 핸 가 저녁 초대받아 간 적 있었구.. 대단하게 해
놓고 살드군.. 능력있는 남편하고 사는 여자 /솔직히 부러웠었어
..여자는 그저 그런 수다쟁이에 품위도 없고 성형으로 만들어진 미

인이었거든....이혼했대.....

준표 평생 여왕처럼 살게 해줄 사람이면 내가 부모라도 솔깃하겠다....

화영 다시는 안 속아.. 한 번 해봤으면 됐어....(상가 식당 책자 꺼내면서)뭐 먹을래..

준표 아무 거나..

화영 비빔밥 한번 시켜 볼까?

준표 마음대로..

화영 (책장 넘기다가 문득)경민이네 가야 하는 날 아냐??

준표 못 간다고 연락했어..

화영 지수가 그러래? 뭐라면서 못 간댔어?

준표 경민이랑 통화했어. 일이 밀렸댔어..

화영 나 혼자 두고 가기가 그래서?..

준표 음...그런 셈이지.

화영 (준표 쪽으로 움직여 나가 마주 선다)안아 줘..(나직하게)

준표 (안아주고)....

화영 (마주 안고 붙으면서)오늘은 그냥 나만 보면서 놀아줘...

준표 .....(그냥 보며/할 일 많은데)

　　　E 서재에서 준표 핸드폰

화영 내가 받을게..

준표 (잡으며)누군지 알고..

S# 서재

준표 (들어와 받는다)..나야..

지수 F 어느 새 약속 뭉개버려?

준표 경민이랑 얘기했어

지수   F 알어 괜찮대..그런데 괜찮지 않아. 화났단 말야..

준표   좀 봐줄때도 있어라.. 이래갖고 내가 무슨 일을 하겠니.

지수   F 그건 당신 사정이야..

S# 지수 주방

지수   약속했으면 지켜야잖아.

준표   F 그보다 더 대단한 약속도 못지켰는데 그 정도 약속 못 지키
      는 게 대수야?

지수   그 보다 더한 약속은 이미 깨졌고 이제 제일 중요한 약속은 경
      민이랑 약속이야..

화영   F 지수야..수요일 저녁 먹는 약속은 없는 걸로 하자.

지수   니가 훼방놨니?

화영   F 너무하잖아 주말 같이 보내는 걸로 충분해. 만 스물 네시간
      이야. 그것도 부족해서

지수   너 빠져 니가 뭔데 끼어들어.

S# 준표 서재

화영   나한테 우선권 있어

지수   F 자식보다도 니가 먼저라구?

화영   그만하면 충분하단 소리야.

지수   F 애 아빠 바꿔.

S# 지수 거실

화영   F 이제 니꺼 아냐..손났으면 깨끗하게 좀 굴어.

지수   내가 깨끗하잖은 게 뭔데!!!

화영   F 너 너무 불러대!! 작정한 거처럼 왜 이래 정말..

지수   아직 법적으로 나랑 부부야.

S# 준표 서재‥

지수   F 너 아무 것도 아냐!!

화영   그래애 이빠진 칼 얼마든지 휘둘러. 딱하다 너 그거 밖에 내세
       울 게 없지? (전화 탁 끊으면서 위 부분 움켜쥐고 주저앉는다)

준표   ‥‥왜 그래‥

화영   몰라… 위가…아으으으으‥‥잡아 뜯는 거 처럼‥
       E 다시 울리는 벨

준표   (돌아보는데)

화영   (아파하면서)받지 마. 받으면 죽일 거야.

S# 지수의 거실

지수   ‥‥(전화 들고 서서)‥‥‥
       [계속 가던 벨이 어느 순간 죽어버린다]

지수   ‥‥‥(기막히고 약 오르고)‥‥‥

S# 거실

화영   (위 부분에 손 대고 비지땀 흘리면서 나오는/ 준표 한 팔 잡고 몸 실
       리고)아으 진통제 진통제 좀‥

준표   어 가만 있어…가만 있어‥(급히 침실로 들어가 약병 들고 나와 그
       동안 주저앉은 화영 앞에 놓고 물 가지러)

화영   (약병 뚜껑 열다가 약이 바닥에 다 흐트러져 떨어지고/ 그 중에 두
       알 집어 입에 넣고 그냥 넘기려)‥‥‥

준표   (물 갖다 먹여주고)‥‥‥

화영   나 병원 가야 해… 위경련이야… 당신 옷 입어‥나 바바리 바바리‥

준표   그래/ 그래그래‥

S# 경민의 방

지수　(문 열고 서서)아빠랑 얘기했어.

경민　??어어이 참…전화하시지 말라니까‥

지수　왜애.

경민　자존심 상해요

지수　아빤데 뭘‥ 되게 바쁘신가봐.

경민　그 얘긴 아빠가 했단 말이에요‥ 뭐하러 사정해요 치사하게

지수　사정 안했어.

경민　전화하신 게 벌써 사정하신 거나 다름없어요‥

지수　아빠한테 누가 자존심 세워.

경민　엄마 자존심이요‥

지수　….

경민　제 자존심이 아니구요‥

지수　……미안해‥엄마 잘못했어‥

경민　……

지수　(문 닫는다)

S#　거실 주방

지수　(계단 내려오며)이 죄를 다 어떻게 받을래애…

　　E 대문 벨

지수　(인터폰 보면)

　　[안기사]

지수　네에

안기사　F 회장님 오셨습니다‥

지수　(문 열리는 버튼 누르고 후닥닥 나간다)

S#　마당

지수　(현관에서 나오면서)아버님 어머님 오셨어요..

황　애비 있지?

지수　아니 저 나갔는데요.

황　집에 있는 날 아니야

지수　네 잠깐 바람 쐬러 자전거 타구

홍　(오버랩의 기분)얼른 들어오라 그래...저어기 만두 먹으러 가자..

지수　...(당황)네에...저기 아버님 즈이들만 가면 안될까요? 운동부족
이라 몸이 무겁다고 자전거 타고

홍　(오버랩의 기분) 불러어..

지수　네에..

S# 이동 중인 준표의 자동차 안

　　E 전화벨 울리고

준표　(보고)못간다 그랬잖아..

지수　F 아버님 오셔서 만두 먹으러 가자셔. 자전거 타고 운동 나갔댔
어..빨리 들어오라시는데 어떡할 거야.

준표　왜 운동 나갔대..약속 나갔다 그러지이..

지수　F 잠깐 계시다 가시니까 그러실 줄 알구

준표　(오버랩의 기분) 나 못가. 전화 안 받는다 그래.(끊어서 전원 꺼버리
며)아버지 오셔서 찾으신대

화영　(옆에 기대앉아서 아파하면서)못살겠다 정말...서류 정리해애..

준표　(돌아보는).....

S# 마당

지수　(총총 나오면서)전화를 꺼놨네요 자전거 타면서는 전화 안 받
어요..

홍   치/ 잘난 척은 지깟게 뭐라구.

지수   만두 얼궈논 거 있는데요 아버님..제가 얼른 끓여드리면

황   이북 만두가 자시고 싶단다.. 어떡하실래요 애비 빼고라도 가시
     겠어요?

홍   어딜 가..

황   만두 자시러요..

홍   저어기 삼청동에 우동 잘하는 집 있어..(대문으로 움직이며)

지수   아버님 즈이들은.

황   (막듯이)이러다 결국은 집으루 들어가실 게야..아무 말씀 안 하
     시면 그냥 가만 있거라..

지수   .....(따르며)

S# 응급실

   [링거 맞고 있는 화영..]

준표   (옆에 서서 보고 있는데)

응급실 레지나 인턴   E 이화영 환자 보호자분!!

준표   (이화영이라는 소리에 고개 돌린다)...

화영   당신 찾어.

준표   예 예에..(그쪽으로)

의사   (차트 보며)남편이세요?

준표   아 예 그건 아니고

의사   ??

화영   ??

준표   E 예...맞아요..맞습니다..

의사   E 위경련이라고 하셨다는데

128

준표　아 저 저 사람 자신이 의사에요··증세로 봐서

의사　(오버랩의 기분)뭐 과도하게 신경 쓸 일이 있거나 스트레스가 있
　　었나요?

준표　예. 신경도 예민한 편이고

의사　(오버랩의 기분)이런 일 자주 있습니까?

준표　자주는 아니고…처음……환자한테 직접··

화영　E (침대에서)일년에 한번이나 두 번쯤 해요.

준표　(돌아보고/의사도)

화영　위경련 맞아요··내가 알아요… 당신 왜 그렇게 더듬어 바보같이
　　이이!!!(신경질)

준표　……(머쓱해서)…

S# 화영의 거실

화영　(들어오며 있는 대로 올라 거칠게 바바리 벗어 집어 던지면서)몇살
　　짜리야 지능이 몇이야 남편이냐고 묻는데 그 대답도 제대로 못해
　　서 사람 우습게 만들어? 남편이 아니면 뭐야··

준표　(따라 들어왔다)남편이라고 했어··

화영　그건 아니구가 뭐야··그래놓고 남편이라면 응급실 사람들 눈
　　치 못채?

준표　그게 뭐가 그렇게 중요해. 자격지심 가질 게 뭐야

화영　도대체 당신 머릿속엔 내가 뭘로 입력돼 있어.

준표　내 여자/ 아직 아내로는 실감 안나.

화영　아내는 아직 김지수지 그래

준표　솔직히 말해서 그래··그게 잘못이냐? 같이 살기 시작한 게 얼
　　마나 됐다고 이 난리야.사람은 습관의 동물이야··오래 익숙한 습관

에서 벗어나는 데는 그만한 시간이 필요해. 나는 그렇게 순발력이 좋은 사람이 못돼.

화영 순발력 문제가 아니라 당신 마음 상태가 아직 확실하지 않은 게 문제야

준표 누가 뭐라든 어떻게 보든 마음대로 하라 그래. 그게 무슨 큰 대수냐 말야.

화영 갑자기 왜 그렇게 배짱이 커졌어? 자기 부모 무섭고 학교 무서워 이혼도 못하는 사람이?

준표 당신 무엇도 상관없이 그저 나하고 있기만 하면 된다던 사람 아니었어?

화영 그래서 언제까지 양다리 걸치기를 견디란 말야‥당신은 한 순간도 두 다리 다 나한테 건너온 적이 없는 사람이야. 내가 적극적으로 나서지 않았으면 당신 아직도 지수랑 살면서 나는 사이사이 들르는 여자로 놔뒀을 거란 말야.

준표 그렇게라도 영원하고 싶다던 사람이 누구였는데/

화영 차라리 그때는 그렇게라도 하는 열망이 있었어. 지금이 그때보다 난 줄 알어? 남의 남자면서 내 남잔게 내 남자면서 남의 남잔거보다 훨씬 덜 멍청하단 말야.

준표 남의 남자가 어디있어!! 지수랑 내가 뭘 하는데.

화영 아직 내 남편 아니라면서

준표 기억의 습관이라고 했잖아. 더할래?

화영 ‥‥‥‥‥그만해‥(마음이 찢어져 고개 꺾고 두 주먹 쥐고)

준표 ???또 아파? 다시 아파?

화영 (고개 세차게 흔드는)‥‥‥아냐‥‥그런 거 아냐‥

준표   (다가들어 뒤에서 안는다)·····

화영   ·····(고개 뒤로 하면서)·······

준표   (뺨에 목에 부드러운 키스하기 시작한다)

화영   (잠시 두었다가 돌아서며 안는다)

S# **마트(다른 마튼데 역시 또 지수 은수가 바꾼 마트와 겹친다)**

준표   (죽 코너에서 죽들 서너 개 바구니에 담는데)

진주   이모부.

준표   ?? 어 어 진주야

진주   시장도 보러 다니세요?(지나치게 호의적일 필요 없음)

준표   아니 저··저기 속탈이 나서··

진주   네에에···

준표   학교 잘 다니지?

진주   그럼요

준표   그래 그럼··

진주   좋으세요?

준표   ??

진주   이모부가 그러실 줄은 몰랐어요

준표   ·····(보며 할 말이 없다)

진주   정말 너무너무 실망이에요(하고 저 갈 길로)

준표   ·····(선 채로)

S# **지수의 주방**

    [만두 먹다가 멈추고 아들 보는]

지수   ·········

경민   (보며)······

지수　엄마…아마 힘들 거 같아….

경민　(보다가)……(먹는)….(그럴 줄 알았어)

지수　원래 ··엄마 맹꽁이잖아··하나만 알고 둘은 모르는 답답이구···

경민　아빠도……지금은 희망이 안 보여요….할아버지 댁에 가 있으면
　　　서 핸드폰 시계를 얼마나 자주 보시는지 아세요?

지수　……(보며)

경민　우리한테는 신경 거의 안 써요··신경이 다른 데로 가 있어요···혼
　　　자 정원에 나가셔서 작은 소리로 전화하시구요….여러 번 봤어요···

지수　나두 알어··

경민　바람이 나면 그런 거에요?

지수　글쎄 엄마는 그래본 적이 없으니까···

경민　죽을 때까지 이혼해주지 마세요··

지수　??

경민　그럼 결국 언젠가는 헤어질 거에요·· 정식 결혼 못하면 아빠 꼬
　　　신 여자··꽝이잖아요··

지수　…..(보며)

경민　그런 여자는 잘되게 해주면 안돼요···엄마가 이혼 안해주면 오
　　　래 못갈 거에요··

지수　그런채로 평생 가는 사람들도 있어··

경민　(보는)···

지수　세 사람 다한테 비극이지….엄마는 그러고 싶지는 않어··

경민　엄마가 물러나주게요?

지수　물러나는 게 아니라 정리해 주는 거지.

경민　안돼요 절대로 해주지 말아요. 그럼 엄마가 지는 거에요··지지

마세요

지수   먹어.. 불어..

경민   아빠도 골탕 좀 먹어야 해요.. 이런 법이 어디 있어요.. 나쁜 사
람이에요.. 오늘 안 오셨죠? 이런 일 이제 오늘만이 아닐 거에요..이
러기 시작해서 점점....상관없어지실 거에요...저는 알아요.

지수   그럴 아빠는 아니야..

경민   안 믿어요..엄마도 그럴 아빠는 아닌 걸로 믿었다가 이렇게 됐
잖어요..

지수   부부는 정이 없어지면 남남이지만 부부자식은 안 그런 거야

경민   아 엉터리 아빠도 많대요..벌써 시작하잖아요.

지수   나이스하게 괜찮다 그래놓고 왜 화내? 그럼 안된다 그러지..

경민   올라가 생각하니까 점점 더 화가 나요..

지수   (보며).....

경민   뭐든지 아빠 마음대로에요..아빠는 그래도 되는 거에요?

지수   나 아빠 아니야. 아빠한테 직접 말해..

경민   (먹기 시작).....

지수   엄마는 이제 아빠한테 화내는 것도 그만했으면 좋겠어.....

경민   왜요..

지수   유치해서 싫어.....그런데 언제쯤 니 아빠한테 화가 안날까 ....모
르겠어.....

경민   (보며)....

S# 화영의 거실 주방

준표   (전자레인지 작동시켜 놓고 앞에 서서 기다리는)

[끝난 신호음 들리고 전자레인지 열고 죽 꺼내다가 뜨거워 행주로 싸

서 꺼낸다/준비해놓은 대접에 죽 옮겨 담고/간장 종지 놓여진 쟁반에
죽 대접 옮겨 들고 침실로]

S# 침실

준표 (들어와 사이드에 놓고 잠든 화영 흔든다)....일어나...그만 자....죽
먹어 엉?

화영 (부시시 일어난다).....깜박했어..

준표 잘했어..자...(베개 받쳐 일어나 앉게 해주고 쟁반 놓아주며)아직
뜨거우니까 안데도록 조심해 먹어..

화영 당신은

준표 (숟가락 주며)어 짜장면 시켰어 올 때 됐어..

화영 비빔밥 먹으려다 이렇게 됐지?

준표 먹어..

화영 아 짜증난다...

준표 또오..

화영 엄마 호텔비 내줘야 해..

준표 알았어..

화영 암튼 도움 안 돼..

준표 얼마나 될 거라구..(화영 흐트러진 머리칼 올려주는)

화영 구질구질해...

준표 괜찮다니까아

화영 이건 내가 원했던 삶이 아니야..

준표 또 아파 그러지 마..

화영 (입 꾹 다물고 울음 터진다)이혼 수속 해. 내 꼴이 이게 뭐야...

준표 ....(가만히 보며)

134

화영　당신 집 모르게 둘이 끝내도 되잖아··

준표　·····

화영　하기 싫어?

준표　시간을 줘.

화영　얼마나··

준표　좀 줘.

화영　얼마나아!!

준표　····(보며)

F.O

S# 호텔 레스토랑

화영　(끼고 있던 다이아몬드 반지 빼서 밀어놓으며)갖고 가 팔아 써요··

화모　(집어 들어 자기 손가락에 끼면서)너 위해서야···혼인신고도 못하
　　고 자식도 없고 어느 날 어느 시에 낙동강 오리알 될지 몰라··남자는
　　자식 따라 가게 돼있어··너는 유리할 게 하나도 없어··사랑?··언제까
　　지 사랑일 건데·· 너 미스테익 하는 거야. 마지막 기회 놓친 거 머잖
　　아 알겠지···그때 발굴러야 소용없어

화영　아이 가질 거야.

화모　똑똑하게 굴어··이혼도 안한 놈 애는 낳아서 어떡할 건데. 그냥
　　좀 더 살아·· 살다가 생각 바껴 들어와··

화영　이혼 그렇게 단순하지 않아··상속 문제도 있고 그래서 좀 미룬
　　거야··자기 아버지가 아시면 다 날아간대··

화모　??상속받을 게 있어? 얼마나 되는데?

화영　건강 별로 안 좋으시대··

화모　······(그렇다면 얘기가 다르다/그런데)감떨어질 때 기다리다 목

제15회　135

부러진다.. 병원 들어가 오늘 낼 하는 거 아니면 어느 하세월일지 누가 알아. 고랑고랑하면서 십년 갈 수도 있어..

화영 그래서 부모 모르게 해치우랬어..

화모 한대?

화영 …한대..

화모 그래 그럼 아이는 무조건 낳아..자식이 힘이야..그래야/ 그래 놓고 너 챙길 거 확실히 챙겨.

화영 …..(보는)

화모 나중일 어떻게 알아..마누라 친구하고 바람 난 놈 또 딴 짓 안 한다는 보장있어?

화영 한 밑천 챙길라고 아이 갖겠다는 거 아니야.

화모 고상한 척 하지 마.. 어쨌든 마지막은 돈이야.

화영 …(싫증 나 찻잔 들어 마시는데)

준표 (들어온다)좀 늦었습니다..

화모 (화창하게)어서 오게.. 덕분에 우리 모녀 이 얘기 저 얘기하면서 오히려 좋았어..앉게..

준표 …네..

화모 도오저히 말이 안통해서 내가 그만 포기했네.. 자식이기는 부모 없어…죽어도 사랑으로 살아보겠다니 더 이상 할말이 없구면..

준표 …(예에)

화모 얘가 원래 겉만 야멸차고 독하지 속은 여리디 여려.

화영 엄마

화모 참….불쌍한 아이네…머리 좋아 어려운 공부한 걸로 결국은 다 아즈 시집 존 일만 시키다가 망한 애 아닌가..

136

화영 그만해요.

화모 아버님이 뭘 하시나?

S# 석준의 화실

지수 (브라질 아부틸론 화분/빨간 초롱꽃을 닮은/꽃 핀 것/내밀며)딱히 좋은 생각이 안나서…

석준 (받아든다)

지수 그냥 꽃이 이뻐서….너무 크게 자라서 화분용은 아니에요‥ 이 미터삼미터씩 큰대요

석준 하하 한번 키워보죠 뭐‥이름이 뭐에요‥

지수 아브틸론….꽃집에서 물어봤어요.

석준 혹시 꽃말도 물어봤어요?

지수 물어보고 괜히 물어봤다 그랬어요‥

석준 ??뭔데요

지수 당신을 버리지 않겠습니다‥래요‥

석준 하하하‥ 딱 지수선배네요…

지수 그래서 괜히 물어봤다 그런 거에요‥(석준이 들고 있는 화분 빼내 적당한 자리 찾아 움직이며)바보가 바보같은 꽃 고른 거 같아서‥

석준 그게 왜 바보에요.

지수 (자리에 놓으며)보다가 누구 마당있는 사람줘 옮겨 살게 해 줘요.

석준 마당 없어요?

지수 있어요

석준 그럼 선배가 데려가면 되겠네요.

지수 그러죠 뭐 바보가 바보 데려가죠‥(싱크대로/손 씻으려)

석준 당신을 버리지 않겠습니다‥좋아요‥당신이 나를 버려도 나는

당신을 버리지 않겠습니다면 더 좋겠는데··

지수   (손 씻으며)그런 바보 안되고 싶어서 버렸어요··

석준   ??

지수   (핸드백 있는 곳으로 움직이며)집에서 내 보낸지 좀 돼요··

석준   (타월 집어주면서 보는)

지수   (받아서 닦으며)그 여자 집에 가 살아요··

석준   ····(보며)

지수   생각했던 것보다 정리정돈이 잘 돼 있네요··어수선할 줄 알았는데··

석준   허둥지둥 좀 치웠죠··오라고 해 놓고····살림 차린지 얼마 안돼아직 먼지는 별로 안 쌓였어요··이제 좀 지나봐요··한심할 거에요 어지르는 천재거든요··

지수   청소해주는 사람 안와요?

석준   일주일에 하루 아줌마 와요··

지수   나 취직할까봐 청소 아줌마··

석준   하하·· 그 아줌마 그만둔다면 일순위로 해두죠··

지수   (보자기 풀면서)샌드위치 몇 개 만들어 왔어요··제일 자신있는게 샌드위치라서···

석준   (접시 있는 곳으로)파스타 만들어 낼려고 했는데 나는 제일 자신있는 게 파스타라서.

지수   (갖다 주는 두 개의 접시에 샌드위치 꺼내 놓으면서)먹어보고 품평해줘요··사무실 많은 데 샌드위치 가게는 어떨까 생각 중이니까··

석준   ·····(보고)

지수   마실 거 준비 안 했다··

석준 (식탁으로 접시 옮기면서)콜라 있고 커피도 돼요··

지수 콜라 할래요··

석준 좋습니다··(콜라 꺼내고 컵 두 개준비)

지수 (샌드위치에 함께 갖고 온 예쁜 프린트 냅킨 꺼내 식탁으로)·····

　　　[마주 앉는 두 사람]

석준 (샌드위치 집으며)샌드위치 가게 생각해요?

지수 안하는 생각이 없어요. 곰탕을 해볼까 샌드위칠 해 볼까 닭강
　　　정을 해볼까··

석준 다 먹는 거네요

지수 주부 십삼 년에 남은 게 자신있는 음식 몇가지 뿐이에요.(샌드
　　　위치 집으며)

석준 ·······(보며)

S# 시간 경과 /석준 화실

　　　[커피 잔 놓고]

지수 안할 거에요····안할래요···

석준 ·····(보며)

지수 (안 보는 채)내 성격으로 우선···되지도 않을 일일뿐더러····더
　　　구나····그냥 그야말로 스치는 바람이었다 자위하고 넘어가기에
　　　는·······

석준 죄질이 나빠요?

지수 (웃는다)딱 맞는 말이네··죄질이 나빠요···내 친구에요 상대가··

석준 ·······(굳어서 보는)

지수 ····(커피 마시는)

석준 ········(시선 내리고)

지수 .....(커피 마시는)

석준 바깥 나라에는….그런 일 드물지 않아요..

지수 여기도 꽤 있대요..

석준 더구나 상처가..크겠군요….두 사람한테서 당한 일이니..

지수 (웃으며)온 몸이 몽땅 상처덩어리에요…

석준 (보며).....

지수 그런데… 스님 시가 그러네요…어차피 바람뿐인걸 굳이 무얼 아파하며 번민하냐구… 결국 잡히지 않는 게 삶이니 집착할 게 뭐냐구…..

석준 스님 말씀 틀린 거 아니지만 우리 속인들한테는 어려운 일이에요..

지수 남편 바람에 다친 마음을 스님 바람에 위로받고 ..우스워요….

석준 화해하고 용서하랬던 거…취소해요..

지수 .....(보며)

석준 알지도 못하면서 잘난 체 했어요.

지수 고마웠어요..마음써주는 거..

석준 화해 불가능하고 용서 불가능하고…그런데 잊어요…아니 잊으려는 노력보다는 무관심해지는 노력을 해요..

지수 잊어져야 무관심해지는 거 아니에요?

석준 그것도 맞는 말이에요..(웃으며) 이런 땐 세월이 약이겠지요가 제일 확실한 답이에요. 그저 세월아네월아 니가 내 약이다 빨리빨리 지나가다오 그래요..

지수 (고개 좀 돌리며 웃는다)….

석준 바람 쐬러 안 갈래요? 아 이것도 바람이네

지수 들어가야 해요..아이 빈집에 들어오게 하기 /집에 있을 줄 알
    어요..

석준 그럼 커피나 좀 더 해요..아직 안 식었어요..(따라주는)

지수 ······(따라주는 커피 보며)결혼 안해요?

석준 해야죠.. 밥 해 먹기 귀찮아서라도..

지수 밥해 먹는 거 면하자고 하는 게 결혼이면 곤란하잖아요.

석준 하하 사실은 밥해 먹는 거 면하자고 결혼해서 그 몇십 배 더 귀
    찮을 거 생각하면 노땡큐에요. ..속박이 싫어요....야자 비위 받아주
    는 데도 소질 없고.

지수 뭐얼 잘 받아줄 거 같은데…

석준 겉보기랑 달라요 얼마나 에곤데요…

지수 예술가니까…

석준 하하 부끄럽습니다아아아…

S# 공항으로 가는 대교의 차량들/동하 자동차

S# 차 안

동하 (운전하면서)누나랑은 어떡하고 가시는 거에요..

화모 죽어도 살아보겠다니 어떡해…손 들었다..

동하 ???(손 들면 어떡해)

화모 지수가 은근히 결혼을 잘 했더라..잘했으면 뭐해 맹추같이…
    걔가 원래 맹추야…

동하 착한 사람이에요. 누나가 벼락맞을 짓이에요..

화모 동업이기는 하지만 홍교수 집안이 사료업체로 첫째둘젠가보더
    라....너 알고 있었어?

동하 그게 뭘 중요해요.

화모　이혼 신고 빨리 하고 혼인신고 마치라고 딱 부러지게 얘기했다‥

동하　？？(돌아보는)

화모　늘쩡거릴 일이 아니야‥한달있다 내가 다시 온다 그랬어. 그때 도 미적거리고 있으면 니 누나 데려간다고‥

동하　그래서 뭐래요.

화모　하겠대…그러니까 내가 가지 어림이나 있어?

동하　그래서 누나가 기어이 친구 남편 뺏어 사는 여편네가 되게 놔 둔다는 거에요?

화모　어떡해애애애…그게 지 팔자면 할 수 없는 거야아아아

동하　……(엄마 보며 말문이 막히고)……

S#　화영의 거실

[화영 먼저 들어와 거실 소파에 앉아서]

화영　…………

준표　(상당한 시간 후에 들어온다)……‥

화영　(돌아본다)

준표　(서재로)……

화영　……(보며)

S#　서재

지수　(가방 처리하고 옷 벗어 의자 등에 걸쳐놓고 도로 나간다)

S#　거실 주방

준표　(나와서 주방으로/포트에 물 붓고 스위치 누르고 찻잔 준비)……

화영　너무 표난다‥‥

준표　……

화영　엄마로서는 당연한 거 아냐‥딸이 소속이 없는 상태로 사는 거

어느 엄마가 좋아라 해..

준표 .....

화영 나 역시 마찬가지고..

준표 알아.....

화영 안다면서 계속 골내고 있잖아..

준표 얘기했잖아..갑자기 목 졸리는 거 같아 답답하다구.

화영 ......(보는)

준표 처음에 얘기해 놓은 게 있는데/애한테....최소한 반년이나 일년
......시간을 뒀다가 정리했으면 좋겠다는 거야..지금 당장 정리한다
면 애가 어떻게 생각하겠어. 즈 아빠 순 거짓말쟁이 사깃군으로 볼
거 거아냐.

화영 자식이 참 대단하기는 대단하군.. 이래서 자식없으면 허당이
라 그러는구나..그래서 나도 아이 낳을려고 해.(일어나 침실로)

준표 ?? ....(주방에서 나오며)뭐라구?

화영 ??(돌아본다)

준표 아일 낳아?

화영 왜 그렇게 놀래?

준표 ......(보며)

화영 아직 낳을 수 있어.. 확률이 젊을 때보다 떨어지는 건 사실이지
만 불가능한 거 아냐..몸상태 좋대..

준표 그래서 낳겠다구?

화영 생기면 낳지 안 낳아?

준표 하지 마.

화영 ?? 뭐?

준표　그건 하지 마‥

화영　‥‥‥(보며)

준표　자식 더 필요없어‥ 하나면 충분해. 더 안 원해.

화영　‥‥‥

준표　내 인생 복잡하게 만들지 마‥ 경민이한테 그런 짓 못해.

화영　당신한테는 당신 자신과 경민이 밖에는 없구나.

준표　화영이

화영　나는 뭔데‥사랑하는 사람 아이 낳고 싶은 거 너무도 당연한 거
　　야. 당연한 권리고.

준표　(오버랩의 기분)아이는 낳아서 뭐해. 우리 나이가 몇인데

화영　아직 젊어. 모두 장수하는 세상이라 지금 낳아도 손주까지 너끈
　　히 볼 수 있어‥

준표　우리 둘이 간단하고 심플하게 둘이 즐기면서 살면 돼

화영　지수한테 돌아갈 생각이면 그렇다고 해‥‥

준표　‥‥‥(본다)

화영　아니면 그만하고‥

준표　‥‥‥(외면하며)‥‥‥

화영　나는 당신과 연결돼 있는 끈이 없어‥‥당신과 끝까지 못살더라
　　도 자식은 하나 가져야겠어‥ 세상에 태어났던 흔적은 있어야할 거
　　아냐‥말리지 마‥ 내 권리야‥(방으로)

준표　‥‥‥‥‥

S# 은수의 거실

지수　(은수와 함께 샐러드거리 다듬으며/은수는 양상추 겉껍질 벗겨내고
　　지수는 샐러리 다듬고)너무 많지 않아?

144

은수 준구가 밤낮 동꼬가 찢어져서 작정하고 멕이는 거야··그으렇게 말 안듣더니 요샌 한밤중에도 내려와 찾아다 먹어··진주는 원래 샐러드 귀신이고···

지수 그냥···이혼하면 좋겠어···

은수 ??

지수 집도 너무 크고 관리도 힘들고 집만 차고 앉았으면 뭐해··

은수 ·······

지수 세무사 사무실에 들려 알아봤어·· 집 받으면 배우자 기초공제 빼고 나머지 증여세 내야하고 ····그거 일년 안에 팔면 양도소득세 또 내야하는데 그게 우리 집 지었을 때 때랑 땅 값이 많이 올랐잖아 그 오른 땅값으로 양도소득세 내야 하나봐····세금 두 번 내면 남는 것도 없겠어····

은수 ·····

지수 왜 암말 안해?

은수 세금도 세금이지만 홍가가 해주겠어? 그렇게 되면 다 뽀록 나야하는데?

지수 그게 문제야··

은수 급할 거 없어·· 뭘 할지도 결정 안해 놓고 집만 덜렁 팔아서 뭐 ····돈이 돈이니? 차라리 부동산 깔고 앉았는 게 낫지···

지수 ······그래도 돈을 좀 쥐었으면 좋겠어··

은수 뭘 할건지나 생각해둬···많은 돈 드는 거 아니면 니 형부가 뭐 이자 받겠니?

지수 그러다 말어 먹으면

은수 그땐 집팔아 갚구··

지수 아버지 형부 신세 그만지래··

은수 비밀로 해애···

지수 언니같은 언니가 있어서·····참 고마워··

은수 내가 다 망쳤다면서···

지수 얼마나 힘이 되는지 모를 거야··

은수 내가 무슨 힘이 있니··다 바람돌이 덕분이지··

지수 ····

은수 아 청승떨지 말구 얼른 가 애 밥해줘어?··

지수 잔치 국수 먹고 싶대···가서 고기만 볶으면 돼··

S# 골목

　　[은수 집에서 제 집으로 오고 있는 지수···]

S# 마당에서 와이셔츠 바람으로 경민과 놀고 있는 경수/뭐하고 노나··줄넘기를 하나··

S# 마당

지수 (들어오며)왔니?

경수 저녁 얻어 먹으러 왔어요··

지수 웬일로 시간이 났어··

경수 선화 병원에 가는데 굳이 쫓아가야한대서 회사서 일찍 나왔어요··

지수 병원에 왜··

경수 뭐····됐다나봐··

지수 ???·····애기?

경수 예. 누나들 소원 풀었어요··

지수 어머 애 잘했다아아·· 아버지 아셔?

146

경수 그럼…병원에서 나오면서 바로 알려드렸지..

지수 (좋아하며 현관으로)

S# 거실 주방

지수 (들어오며)올케 축하해.. 소식 들었어..

선화 (고기 다지다가)네에..

지수 얼마나 됐대?

선화 만 두달요…

지수 그럼 미리 알았을텐데…말 안 했구나..

선화 테스트에는 그런데 그래도 병원에서 확실한 말 듣기까지는요

지수 이쁘다…욕해 줬더니 협조 좀 했나부지?

선화 그냥 될래니까 되더라구요..협조 별로 안 했어요. 형님..

지수 그게 깍쟁이야 그런데 왜 언니한텐 안 알려? 모르든데?

선화 저이가 하겠죠 뭐.

S# 은수의 거실

은수 그래요 아버지이? 아이구우우 장한 일 했네…열살 때 체한 게 쑥
   내려가네요 아부지…네…네 <u>으ㅎㅎㅎㅎ</u>

S# 지수 식탁

   [넷이 잔치국수 먹는]

경수 참 아버지 모레 부산에 일하러 가신대요..삼박 사일요..

지수 ??

선화 부산 해운회사 회장님 댁 일 하러 가셔야 한 대요..

경수 부러 잡으신 거 같아..생신 안하실려고…

선화 아무리..어떻게 딱 생신 맞춰 일거리 잡냐 그러시던데?

경수 동하형 왔었다면서…

지수 (잠깐 보고)···응

경수 동하형은··정상이에요···속상해 죽을라고 해··

지수 하지 마··(경민이)

경수 계속 애써 본댔어··소주 한잔 했어

지수 국수 더 줘?

경민 쬐끔만요

지수 (일어나려)

선화 제가 해요··(일어나며)

S# 빌라 주차장··

동하 그렇게 끝내··

화영 ·····(보며)

동하 엄마 흥분하셔서 가셨어··

화영 (고개 옆으로)

동하 누나 제대로 결혼신고하고 산대도 행복하기 어려워·····우리 엄마 중간중간 누나 모르게 홍교수한테 손 내밀 테고 그것도 한 두 번이지 누가 좋달 거야·· 사랑은 세월가면 흐미해지는 거 당연지사고 그 사람 지수누나 버리고 누나 선택했던 거 후회 안하라는 법 없어··

화영 ·······

동하 그냥 정리하고 들어가서 엘에이 말고 뉴욕이나 어디 멀찌감치 가서 미국식 이름으로 바꾸고 집하고 연끊고 혼자 살아···아예 연을 끊어··어디 있는지 모르게 하고 살아···지겨우니까······얼마든지 잘 살수 있어··그러다 새사람 만나면 새 출발 하면 되잖아··

화영 ·····

148

동하 진심으로 사랑한다면 …그 사람 놔줘….그 사람가지 우리 식구들한테 말려들게 만들지 말고 깨끗하게. 지수 누나한테 백배사죄하고 돌려줘…그래서 우리 마지막 자존심이나 지킵시다….이건 누가 뭐래도…아무리 재주넘기를 골천번을 해도…아니야…아닌 건 아닌 거야..

화영 너도 늙나부다..잔소리가 많어..

동하 나 누나 잡어신구 한강으로 뛰어들어 끝내구 말까?

화영 ……

동하 잘난 사람이 도대체 왜 이래..왜 이렇게 됐어..

화영 동하야..

동하 (오버랩의 기분)이런 자학은 하는 게 아니야…자학을 할려면 차라리 죽어버려 다른 사람한테 못할 짓은 왜 해..

화영 자학 아니야…

동하 그럼 뭐야

화영 낭떠러지에 나무 가지 잡고 매달린 거야…나도…..한번 여자로 여자처럼 살아볼 거야..

동하 금방 부러지게 돼 있는 나무가지 붙잡고 꿀 받아 먹고 있는 거야?

화영 아래서는 독사가 기다리고 있고?

동하 ……..(보며)…

화영 떨어져 독사한테 물려죽을게..

동하 ……

화영 (획 돌아서서 승강기 입구로)

동하 ……..

S# 거실

화영 (들어와 음악 틀고 주방으로/끓는 물에 스파게티 집어넣는다)‥‥

S# 서재

준표 (기대어 앉아 고개 젖히고 눈 감고)

　　[음악 들리고……]

S# 지하 주차장

S# 동하 차 안

동하 ‥‥‥‥(앞 보며 한참 동안 있다가 부룽 출발해 빠져나간다)

S# 홍회장 집 골목으로 들어오는 동하의 자동차(어둡기 시작)

S# 홍회장 대문 앞에서 멎는 동하의 차

동하 ‥(차에서 내려 집 대문을 보며)‥‥‥‥(벨 누른다)

　　[적당한 사이 두었다가…]

가정 F 누구세요오오‥

동하 예…홍준표 교수님 일로 회장님 면담 좀 하러 왔습니다…(하고 대
답 기다리는)‥‥

제16회

S# **홍회장 집 전경(밤)**

S# **거실**

홍　(가만히 동하 보는)……

동하　….(보며)

황　(황당해서 동하 보는)…..

홍　(시선은 동하에게)안기사 불러…

황　불렀어요..

안　(허둥지둥 들어와)부르셨습니까..

홍　앉어..

안　좋습니다 회장님.

홍　앉어.

안　(궁둥이만 걸치고 앉고)

황　(메모판 안기사 앞으로 밀어놓는다 시선은 동하에게/안기사는 영문
　모르는 채 펜 뽑아들고 회장 보고)

홍　(나직이)틀림없는 사실이겠지..

동하　예..

홍　……자네 누이라면서

동하　예.

홍　자네 누이 일을 왜 나한테 와서 고해바쳐..

동하　? ?

홍　누이하고 웬수지간이야?

동하　그렇지 않습니다..

홍　(오버랩의 기분)그런데

동하　지수 누나 저 어렸을 때부터 본 착한 사람입니다..

홍　지수누나가 누구야

황　경민에미요.

홍　어..

동하　제 누이가 하는 짓은 사람의 도리가 아닙니다 회장님 아니시면 바로잡을 사람이 없습니다. 홍교수..지수누나한테 돌려보내야합니다..

홍　누이 이름이 뭐라고?

동하　..이…화영입니다..

홍　메모해.

안　예 회장님.(메모하며)

홍　몇살이야

동하　마흔됐습니다.

홍　젊지두 않구면

동하　예

홍　미국에서 뭐..무슨 의사?

동하 성형외괍니다..엘에이에서요..

홍 로스앤젤레스(안기사 그때마다 메모)

동하 예.

홍 자네 여기 온 거 누가 알어..

동하 아는 사람 없습니다.

홍 나한테 바라는 게 뭐야..

동하 ?? 말씀드렸습니다..바로잡아 주십시오..

홍 돈 필요해서 온 거 아니야?

동하 …(쓰게 웃으면서)제…누나 죄짓고 사는 거 못 보겠고…그런 누나 두고 볼 수 없는 제… 자존심입니다 회장님…돈 아닙니다..

홍 ……(보면서)

동하 드릴 말씀 다 드렸습니다…바로잡아 주실 것으로 믿고 물러가 겠습니다..(일어나며) 만나주셔서 감사합니다.(목례하는)

홍 전화번호 남겨 놔..

동하 예…(안기사가 내미는 메모에 쓰고 황에게)실례가 많았습니다.. 안녕히 계십시오..

황 .....

동하 (현관으로)

홍 .....

황 ....

안 (눈치 보고)

S# 홍회장 정원

동하 (나오고 있다/ 중간에 잠깐 멈춰 서서 후우우우 숨 내쉬고 다시 움직 이는)

S# 거실

홍   ·····(뿌우우)·····

황   ·····(영감 보며)·····

홍   창자 빠진 눔·····

황   창자가 빠졌네요··

홍   ··········치/

황   그만 나가보게··

안   예 사모님.(일어나는데)

홍   (안 보는 채)소실장·····

안   예···

홍   잠깐 오라 그래···

안   예 회장님···(인사하고 나간다/ 메모는 그대로 두고)········

황   답답이 같으니라구·····아줌마··

가정 예에에(쟁반 들고 달려 나오고)···(찻잔 거두어 들어가는)

황   ···애들····불러요?

홍   놔둬···

황   ·····(보며)

홍   입 다물구 있어····(일어나 침실로)

황   (일어나서 들어가는 영감 보며)·····

S# 거실

화영 (음악 틀어놓고 책 보고 있다)·····

S# 서재

준표 (자판 두드리다 문득 속이 거북하다·····멈추고 배 좀 만지다가 일어
     난다)

154

S# 거실

준표　(문 열고)소화제 좀 줘…

화영　??(돌아본다)

준표　소화제 좀 달라구.

화영　일어난 김에 움직여 찾아다 먹어…

준표　……

화영　먹자마자 책상에 붙어 앉았으니까 그래…좀 움직여…

준표　(침실로)

화영　……(책 보는)

준표　(맞는 사이 두었다 알약 들고 나와 주방으로/물 따라 약 먹고 컵 싱
　　크대에/주방에서 서재로)

화영　산책할까?

준표　(돌아보는)….

화영　밤이야..낮보다는 편할 거 아냐…

준표　……

화영　싫어?

준표　갈등하는 거야..

화영　별 걸 다 갈등해…(발딱 일어나 침실)잠깐 있어.

준표　삼십분 만이야..(서재로)

S# 서재

준표　(들어와 컴퓨터 문서 저장하는데)

　　E 핸드폰 메시지.

준표　(열어보면)

지수　E 내일 잠깐 만나. 할 얘기가 있어..

S# 지수의 거실

지수 (가계부 쓰던 참)

[메시지 들어오고]

지수 (보면)

준표 E 알았어..나가면서 들를게..

지수 (핸드폰 닫는데)

E 집 전화 울린다

지수 (받는다)네에..

혜정 F 지수야 나야..

지수 어 혜정아 잘 있었어? 어때?

혜정 F 날마다 조금씩 나아져 그런데 너 왜 동창 모임에 안나오니..

지수 으응 집안에 좀 일이 있어서.

혜정 F 나쁜 일이야?

지수 아니 아버님 치과 모시고 다니고 시댁 일이 좀 많아졌어..

혜정 F 화영이 기집애는 잘 있니?

지수 잘 있어..

혜정 F 걔 아주 정착하는 거 아니야?

지수 글쎄 거의 그런 분위기야..

혜정 F 그럼 애 우리가 어디서 좋은 남자하나 찾아 재혼 시켜야겠
다..친구 좋은 게 뭐야..

지수 응 그거 신경 안써도 돼. 내가 벌써 좋은 남자 묶어줬어..

혜정 F 어머 그래애? 어떤 남잔데?

지수 좋은 남자..(시선이 뜨면서)

S# 은수의 침실

156

은수 (남편 옷 시중)어이그 구천년 만이다 구천년

달삼 뻥좀 치지 마라 어떻게 구천년이냐. 아직 사십밖에 못살았
       는데··

은수 전전전전전전전전전전전

달삼 ??왜 그래··혀가 꼬여? 마비됐어?

은수 전전전 생까지 합쳐 구천년이다.

달삼 그럴까?

은수 ??

달삼 정말 우리가 전전전전전전 아득한 전생서부터 쭈욱 부분 걸가?

은수 당신 약삭빠른 계산 법 모를 줄 알구? 중간중간 오늘도 늦겠지
       하는 날 느닷없이 일찍 들어와 설레발 처 간 맞추는 거.

달삼 그래··그게 맞는 게 확실해··우리는 구천년 전부터 짝궁이다 (아
       내 허리 안고)아니면 이렇게 천생연분에 이렇게 속속들이 꿰뚫을
       수가 있냐 피차. 저녁 뭐 해 놨어

은수 아 귀찮게 밥 두 번 했잖아·· 고추장찌개 (돌아서며)

달삼 (엉덩이 때리며)과연 전전전전전전 구천년 전부터 내 와이프다
       ··딱 그거 먹고 싶었거든.(따라 나가는)

S# **거실 주방**
       [두 사람 움직이면서]

달삼 진주는

은수 그거 요새 데이트 하는 거 같아.

달삼 좋지이이

은수 어떤 녀석인지 알지도 못하면서 덮어놓고 좋대.

달삼 어떤 녀석인지 알자고 하는 게 데이트야.

은수 살아봐야 아는 게 남자니까 말이지..

달삼 (반찬 집어 먹으며)건 여자도 마찬가지야.

은수 (가스레인지 불 끄며)나 닮았으면 그것도 허당일텐데..

달삼 일단 당신은 안 닮았지..일단 고등학교 졸업하고 대학 졸업도
하게 돼 있으니까

은수 (찌개 옮겨놓으며 흘기는)태어난 환경이 달라아..나는 대학 갈 형
편이 못됐잖아.

달삼 대학갈 형편 못되면 고등학교 졸업도 전에 애 갖냐?

은수 누가 그렇게 만든 건데/어으 지금같았으면 성폭행으로 고소했
어어어

달삼 아으 아으으으 맛있다..

은수 여보. 경수 처 애기 가졌대.(밥 뜨며)

달삼 어..간만에 굳 뉴스다.

은수 아버지 좋으신가봐....뭐얼 걱정 안 했어 하시면서도 좋아하시는
얼굴이 보이드라..

달삼 오셨었어?

은수 아 전화로오.(밥 놓아준다)

달삼 당신 이제 투시까지 해?

은수 지수 (의자 앉으며)이혼하고 싶대..

달삼 갑자기 왜(먹으며)

은수 불안한가봐···/세무사 사무실 가 알어봤대..이혼 위자료로 집 받
아 파는 거보다 증여로 받아서 파는 게 유리하단대..

달삼 어느 새 다 했대? 그 여자 정부로 놔두고 골탕먹인다드니

은수 애가 독하질 못하잖어....사는 걱정도 되고 치사한 것도 싫고 그

렇겠지

달삼　회장님 치매 더 심해지시기까지 그냥 기다리는 게 상수야..

은수　팔은 안으로 굽는다는데 설마 그러시기야 하겠어?

달삼　무슨 소리야..깐깐한 폭군으로 소문 난 양반인데....실수로 회
　　　사 손실끼친 건 봐줘도 여자 스캔들에는 가차없이 목 날렸던 분인
　　　데 당신 자식이라고 용납하실 거 같아?

은수　우리가 알게 뭐야

달삼　답답하기는/ 홍서방이 받아야 경민이가 받는다니까아

은수　그렇지 참…

달삼　뽀뽀

은수　구추장 찌개 먹던 입으로(흘기면서도 응답하는)

S#　**지수 거실**

지수　(책 무릎에 놓고 골똘한 생각에)……

S#　**아이스크림 가게가 있는 거리**

　　　[팔 끼고 느릿느릿 걸어오는 준표와 화영.]

화영　(아이스크림 가게 좀 지나는데)아이스크림.

준표　웅 그래..(가게로)

S#　**가게**

　　　[둘 들어오는데 먼저 온 경민이 또래 모자/아이의 지시에 따라 아이스
　　　크림 퍼지고 있다]

다른 종업원　뭐 드릴까요.

화영　아 네..(팔 긴 채 그쪽으로 가서 용량 주문하고 아이스크림 종류 서
　　　너 개 말한다/직접 쓰세요)

　　　[종업원 푸기 시작하는데]

화영   당신 먹고 싶은 거 없어?

준표   난 상관없어.

아이   E 안녕하세요.

준표   ??(화영도)

아이   저 경민이 친구 종혁이에요‥

준표   (아아. 입만)

아이   엄마 경민이 아빠.

엄마   네에 경민이 부모님이시군요. 안녕하세요‥종혁이 엄마에요

준표   예 안녕하십니까.

엄마   경민이랑 초등학교 같이 다녔어요‥중학교 올라가서는 반이 다
　　　　르지?

아이   (시선 화영에게)네‥

종업   다 됐습니다‥

엄마   아…그럼‥

준표   예‥

엄마   E (아이 데리고 카드 들고 계산하러 저쪽으로/작은 소리로)경민이
　　　　엄마 미인시다아

아이   E 저 아줌마 경민이 엄마 아니야‥

　　　　[준표/화영/]

엄마   E 그게 무슨 소리야.

아이   E 경민이 엄마 저렇게 안 생기셨어‥내가 경민이 엄마를 몰라?

엄마   (준표 쪽 돌아보고)

준표   (화끈화끈)

화영   (태연하게 다른 종류 하나 더 추가시키고)

160

S# 가게 밖

준표 (나오면서 투덜거리는/좀 빠른 걸음)제발 나 좀 끌고 나오지 마.

화영 이 바닥은 도대체 왜 이리 좁은 거야..

준표 한 동네 다 여기서 조기잖아. 한두 해 살았어? 육년쨌데..

화영 그렇다고 이 동네 살면서 다른 동네까지 아이스크림 사러 갈 순 없잖아.

준표 아이스크림만 문제야?

화영 알았어 짜증 좀 내지 마..

준표 .....

화영 돌겠어 정말.. 옴짝 달싹을 할 수가 없으니.. 무슨 지뢰밭에 사는 것도 아니고

준표 지뢰밭이라고 생각하고 살아..그러니까 둘이 나올 생각은 포기해..

화영 폭탄만 피하면 되는 줄 알았더니 애 친구까지 걸리적거려.

준표 그러니까 죄짓고 살지 말란 거야

화영 (멈추고 보는)???

준표 죄 아냐?

화영 당신이 그렇게 말하면 나는 뭐가 돼

준표 떳떳할 수 없는 게 벌써 죄잖아

화영 당신은 너무 고지식한 거야 정직한 거야 말주변이 없는 거야.

준표 왜 이렇게 자주 삐걱거리니..

화영 괜찮아..신혼 부부 원래 한동안은 그러는 법야..

준표 (픽 웃는다)

화영 (손잡다가)왜 이렇게 끈끈해...

준표   진땀났어..

화영   소심하기는…(목에 두른 스카프 자락으로 닦아주는)

준표   ….(그러는 화영 보며)…….

S# 홍회장 침실

[흙침대 들어와 있습니다]

홍   (침실 의자에 앉아)무슨 말인지 알어들었어?

소실장   예 회장님. (메모지 들고)

홍   내일까지 보고해.

소   알겠습니다.

홍   극비야..

소   예….

홍   가봐.

소   예회장님 편히 쉬십시오..(목례하고 나가는)

홍   …..(뿌우우우)….(있다가 혼잣말)정신 나간 눔….(일어나 침대로 오른다)……

황   (들어온다)목욕 안하세요?

홍   놔둬..

황   물 식어요.

홍   ….(뿌우우)

황   침대에 전기 넣어요?

홍   말 시키지 말어어…

황   알었어요..(도로 나가고)

홍   ……..(생각하는)……

S# 지수의 거실

[김혜림의 〈이 사람〉이 흘러나오고 있는데]

지수 (식탁 의자에 앉아 있는)·············(노래를 듣고 있는 건 아니고 제
생각에 빠져 있는)······

　　E 오븐 타이머 종료 신호음

지수 ·····(미처 못 듣고 잠시 그대로 있다가)??(문득 일어나 오븐으로 가
타이머 체크하고 장갑 끼고 쿠키 팬 꺼내 싱크대 위로/준비해놓은 접시
에 쿠키 세 개 꺼내 놓고 우유 한 잔 따라 들고 이 층 계단으로)

S# 경민의 방

[해피 온라인 교육 강의 진행 중이다/ 중1 지금 과정이거나 조금 앞선
과정]

경민 (듣고 있다)·····(노크 소리에)네에(화면 보며)

지수 (쟁반 들고 들어와 테이블에 내놓는다)

경민 (컴퓨터 화면 보며)······(쿠키 한 손으로 집어 먹는·······)

지수 ·······(잠시 아들 지켜보다가 머리 한번 쓸어주고 조용히 나간다)····

S# 거실

지수 (움직이며 아직 노래하고 있는 카세트 끄고 쟁반 놓고 주방 벽전화
기 스피커폰으로/단축 누른다)

　　E 전화벨 가는 소리

은수 F 네에에··

지수 뭐해애··

은수 F 늬 형부랑 술 한잔 하구 있어·· 왜··

지수 아니야··끊어··

은수 F 올래?

달삼 F 처제 와아··

지수   아니에요 형부···언니 끊어 (끊고)·······(뿌우 있다가 부채 찾아 쿠키 팬 위에 부채질하기 시작하면서)·····

F.O

S# 다음 날 오전/마당

[대문 밖에 세워져 있는 준표 차가 보이면 더 좋고]

S# 발코니

지수   (찻잔 내려다보며)·····

준표   (보며)·······왜 생각이 바뀌었어····

지수   어차피 그만 살 거····정리하는 게 ····깨끗하다 싶어··(안 보는 채)

준표   경민이랑 약속은.

지수   지키지 못할 약속인 거····애도 알어·· 다 아는 거짓말로 ···우스워··

준표   (보며)····

지수   대학 입학 때까지도····우습고····그래서 얻는 게 뭐야···정말 불타는 복수심이나 해결안되는 집착이라면 모를까······나 그렇게까지 그런 거 없어····정리하는 게 나도 빨리 편해지고 안정되는 길이고····무엇보다····앞으로 살아나갈 계획을 할 수가 없어····

준표   (딴 쪽으로 고개 돌리며)······

지수   (마시는)·····

준표   ········

지수   뭐해··

준표   (고개 되돌리며 탁자로 시선)완전히···떠났구나··

지수   ·········(보며/완전히 떠났다 대답할 수 없고 아니다도 못하겠고)

준표   나는······부모님께 나는····나는 완전 끝일 텐데······

지수   그래서····그거 때문에 ·····내가 꼭 당신 보호할 의무도 그럴 애

164

정도 안 남아 있지만…그래도 경민이 아빠니까…방법을 생각해
봤어…

준표 무슨 방법이 있는데…이혼하고 집 팔고 끝내는데 어떻게 내가
살아남을 방법이 있어..아버지 걸핏하면 들리시는데

지수 집은 놔두고 대신 당신 주식 처분해서 집 값만큼 나 주면/ 증여
세 내고 내가 당신한테 전세값 조금 주고 이 집에서 계속 사는 방법
이 있어….생각해보니까 주식이 있더라..

준표 ….(보는)

지수 그럼 내가 그냥 살면서……그렇게 해주면 이혼해줄께..

준표 내가 언제 이혼해달라고 쫓아다녔어? 무슨 조건부야..

지수 …..(보는)

준표 뭘하며 살 건데 무슨 계획을 세울 수가 없어..

지수 먹고 살아야잖어…..겁나…

준표 조침증은 암튼..얼마나 됐다고……생활비 보조 받는 거 다 써..
그럼 되잖아..

지수 돈 더 받아낼려고 이러는 거 같어?

준표 겁난다면서..결국 돈이잖아..

지수 살아갈 일이 불안하다는 거지 돈 더 챙길려는 거 아냐.

준표 그런데 왜 잘난 척은 하니..

지수 …..(보며)

준표 잘나지도 못했으면서 그냥

지수 (오버랩의 기분)더러운 밥 안 얻어먹고 내 힘으로 벌어 깨끗한
밥 먹고 살라고..

준표 …..(보는)

지수 그렇게 해줘..

준표 아버지 나 주식 그대로 갖고 있나 틈틈이 체크시키셔.. 도 거
거 아니래도 손해 감수하면서 지금 주식 처분하기 싫어..때가 아니
야....

지수 손해볼 건 없잖아

준표 눈앞에 보이는 이익을 포기해야하는데 손해 아냐?

지수 내 앞에서 돈 손해…그거 따지고 싶어?

준표 ……(보는)

지수 누구는 이십년이 허산데…

준표 나도 마찬가지야..

지수 내가 무너뜨린 거 아니야..

준표 두번만 더하면 천 번이야

지수 ……(보며)

준표 어디 아퍼?

지수 …왜..

준표 그래 보여

지수 누구 좋으라구 아퍼/……

준표 (일어나며)간다

지수 대답 안하고 가?

준표 어디서 누가 처들어 와?(발코니 떠나는)

지수 ……

S# 대문 밖

준표 (나와서 자동차로)….

S# 차 안

166

준표   (오르고)‥‥‥‥(잠시 있다가 부릉 뜨고)

S# 발코니

지수   ‥‥‥‥(있다가 일어나 찻잔 챙겨들고 거실 열린 문으로)

S# 거실

지수   (들어와 싱크대에 찻잔 넣는데)

　　　　E 핸드폰 벨

지수   (식탁에 전화 집어서 보고)네에‥

석준   F 잠깐 시간 좀 낼 수 없어요?

지수   왜요‥

석준   F 어디 보여줄 데가 있어서요‥

지수   ‥‥

석준   F 곰탕집 낼 데요. 동네 근처로 갈테니까 내 차로 움직여요. 어
　　　　디로 가면 돼요‥

지수   ‥‥‥‥

석준   F 망설이지 말아요‥이 사람 순수합니다아‥

S# 동네 거리

지수   (걸어 나오다가 석준 차 발견하고 그리로)

석준   (차에서 내려 문 열어주고 타는 것 도와준다)

S# 석준 차 안

지수   (먼저 타고 석준 타는 것 기다렸다가)뭘 보여줄려구요.

석준   곰탕집 자리요.(벨트 매며)

지수   (벨트 매며)나 곰탕집 못해요‥그냥 몇 가지 중에 하나 예로 든
　　　　거지‥

석준   곰탕 어울리지도 않아요‥(출발하는)

지수　샌드위치 가게요?

석준　아니에요 생각나는 데가 한군데 있어서요··지수 선배 거기 갖다
　　　노면 아주 잘 어울릴 거 같아요··

지수　궁금해요 어딘데요

석준　북 까페요··

지수　·····(보며)

석준　왜요··

지수　그거····돈 별로 상관없는 사람 취미생활로 할 수 있는 거라든데····

석준　아 우리 지금 가는 데는 제법 재미있게 되는 집이래요····커피도
　　　아주 좋구요··

지수　시설비 많이 들 거에요··

석준　글쎄요 시설비는 좀

지수　능력 없어요. 괜한 짓이에요

석준　그럼 가서 커피 마셔요. 분위기 아주 좋아요··조용하고···돈 들
　　　여 인테리어 한 표 전혀 안 나는데(하는데 오버랩의 기분)

　　　[지수 핸드폰 벨]

지수　잠깐요··어머니 저에요····

황　　F 밖이냐?

지수　네. 지금 어디 좀

황　　F (오버랩의 기분)볼일 접고 이리 와라····

지수　?? 네 그런데 무슨 일

황　　F 아버님 부르시는데 무슨 일을 왜 물어··

지수　네에···

　　　E 끊어지는 전화··

지수　(끊으며)….

S# **거리를 달리는 준표의 자동차**

　　　E　전화벨

S#　**차 안··**

준표　(전화받는다)네 어머니··

황　　F　집으로 오너라··

준표　？저 강의 나가는 중이에요

황　　F　휴강하고 와.

준표　어머니

황　　F　강의가 문제가 아니야··(끊어지고)

준표　？？……

S#　**홍회장의 골목으로 들어와 멎는 준표의 자동차**

준표　(내리는데)

　　　[택시 와서 멎고]

지수　(내린다)……(보며)….

준표　무슨 일이야··

지수　몰라··

S#　**정원**

　　　[들어오는 부부]

　　　[정원사 인사하고]

　　　[적당히 대답하고]

S#　**거실**

　　　[들어오는 두 사람…]

가정　(탁자 훔치다가 돌아보고)…..(어이구머니나/표정으로)

지수   아버님 편찮으세요?

가정   아이구 아니에요..(하고 안방으로 움직이며 괜히 잠깐 준표에게 눈총)

    [노크하고]

황   E 왜 그래요..

가정   경민엄마 아빠 왔에요..

    [대답 없고]

가정   (주방으로).....

S# 침실

홍   (침대에서 두 다리 내리고 있는)

황   (머리 간추려주려)

홍   (손 쳐 떨구고)

황   (얇은 가디건 입히려)

홍   (밀어내고 문으로)

S# 거실

홍   (나와서 소파로 움직이는)

준표   (등에 대고)무슨 일이에요 아버지..

황   (홍 뒤따라 나와)앉어..(하고 소파로)....

둘   (소파로 가 앉는다)

준표   .....(아버지 보며)....

지수   .....(시부 보며)....

준표   아버지

홍   (시선 들어 보며 나직이)쓸개빠진 녀석...

준표   ??

170

홍　　E (준표 위에)너는 왜 그렇게 시건방져..

지수　??

준표　아버지 무슨 말씀이신지 뭣 때문에 그러시는지

황　　(오버랩의 기분)너 딴살림차려 나갔다면서

준표　??

지수　??…그 그걸 어떻게/

준표　(아내 돌아보는)

지수　아니 그걸 어떻게

홍　　세식구 지금 당장 여기루 들어와..

준표　…..(보며)

지수　…..(시부 보며)

홍　　토달지 말어..여기 와 살어..

준표　….(시선 내리고)

지수　…..(시선 내리고)

홍　　그 기집애 내가 알어 처리할테니까 그리 알아.

준표　그건 안됩니다 아버지

홍　　(멀거니 보는)….

준표　(차분하게)실망시켜 드려 죄송합니다. 그러나 이미 이 사람하고 합의 하에 제가 따로 나간 거고 그 사람에 대한 책임도 있습니다.. 이 시점에서 아버지 개입하셔서 그 사람 처리하시는 거 제가 원치 않습니다…

황　　(오버랩의 기분)준표야

준표　제 나이도 사십이 넘었습니다.

홍　　(오버랩의 기분)부모 앞에서 나이 자랑 해?

준표 어쩔 수 없이 이 상황이 됐어요..

홍 어쩔 수 없이가 뭐야..그걸 핑계라고 대는 거야?

준표 이 사람도 저 더 이상 원치 않아요 아버지..

홍 자식을 어떡하구.

준표 이해 시켰어요. 적응해 가는 중이구요.

홍 나를 이해시켜봐

준표 ....

홍 그럼 너만 들어와..경민이하구..

지수 죄송합니다 아버님.(눈물 가득 차서)저.....그거는 할 수가 없어
요..용서해 주세요...

황 어지간하면 참구 넘어가지 나간다구 나가게 내버려 둬?

준표 이 사람이 내쫓았어요 어머니 제가 나간 게 아니에요.

홍 (앞에 놓아두었던 보고 서류 한꺼번에 집어 얼굴로 날린다 나직하
게)여편네 친구랑 그 짓하는 놈 너 사람새끼야..?

준표 .....

홍 뭐 보고 빠졌어..그 기집애 돈 돈밖에 모르는 집 돈밖에 모르는
딸년이야.. 돈보고 결혼했다가 그 집안 망하니까 남자 바꿔탈라고
엉? 또 다른 놈한테 달라붙어 온 엘에이를 추문으로 도배를 하고....
그 바람에 남편이라는 작자 빌딩 꼭대기서 떨어져 죽었다더라.. 거
기 다 있어 다...

준표 그건 오해에요 아버지

홍 체

준표 그런 여자 아니에요 보시면 아실 거에요

홍 나가..

172

준표	말씀 좀 드려어..(지수에게)
지수	아버님
홍	(오버랩의 기분/지수에게)칠뜨기이..뭐 할말 있어..
지수	....
홍	나가 꼴두 보기 싫어......부르기 전에는 보이지 마..
준표	.....
지수	......
홍	너두..
황	일어나..
준표	(일어나고)
지수	(일어나고)..죄송합니다 아버님 어머님..
황	(며느리에게)의논 한 마디 없이 너도 잘한 거 없다..
지수	.....
황	(아들에게)말씀 들어..들어와 살어.
준표	(그냥 나가고)..
황	너래도 들어와. 지가 어쩌겠니
지수	어머님 즈이 더 못 살아요..저이가 살재도 제가....싫고...저이도 그럴 생각 없는 사람이에요.....
황	그렇게 될 때가지 너는 뭐했어
홍	그러니 칠뜨기지..(일어나며)
지수	....
홍	(창 쪽으로 가 서서).......
황	가거라..
지수	(목례하고/등 돌린 시부에게도 목례하고)...(움직이는데)

홍   나 죽기 전에 이혼 안돼…

지수   (돌아보는)

홍   조금만 참어…머잖았으니……

지수   ……(보다가 나간다)

S# 정원

지수   (나오고)

준표   (정원 중간쯤에서 기다리고 섰다가 다가오자)어떻게 된 거야..

지수   …(그냥 움직인다)

준표   누가 한 짓이야..

지수   내가 어떻게 알어..

준표   당신 언니 아냐?

지수   몰라아…물어 보께..

준표   ……(멈춰 서서 보는)

S# 대문 밖

준표   (나오면서)노래 나오겠다..

지수   (멈추고 보는)

준표   손 안대고 코플었으니…

지수   (그냥 무시하고 걷는)

준표   어디 가 안 타고

지수   ….(그냥 걷는)

준표   안타?

지수   (그냥 걷는)

   [준표 차에 올라 쌔앵 지수 지나쳐 간다.]

지수   ……(그냥 걸으며)……(걷다가 멈춰 핸드폰 꺼낸다)

174

S# 은수 마당

　　　[전화벨]

　　　[건조대에 자잘한 빨래 널다가 받는다.]

은수　엉 왜··

지수　F 언니야?

은수　그래 나야··

지수　F 언니가 우리 아버님께 고해바쳤어?

은수　얘가 무슨 소릴 하는 거야··내가 뭐얼

지수　F 됐어 끊어··

은수　내가 뭐얼···

지수　F 아버님이 우리 일 아셨어···

은수　(입 벌어지고)도도도도대체 어떻게 아신 거야.

지수　F 마음 아파 죽겠어··

S# 골목

지수　옛날엔 날 제대로 쳐다도 안보시다가 언제부턴가 차츰차츰 ···
　　　지금은 이뻐하시는데····

은수　F 그래서 뭐라셔 홍가 죽이셨니?

지수　날더러 칠뜨기라셔····

은수　F 시어머님은

지수　들어가 전화하께 끊어···(끊어서 들고 몇 걸음 걷다가 문득 서서 단
　　　축 누른다)

　　　[벨 둬 번 가고]

경수　F 네에 김경수 핸드폰입니다··

지수　경수야 너 회장님께 경민이 할아버님께 니 자형일 알려드렸어?

S# 소규모 무역 회사 사무실

경수   ?? 무슨 홍두깨에요. 누나

지수   F 아니면 됐어

경수   회장님이 아셨어요?

지수   F 그래애

경수   누가 했는지 나대신 해줘 엄청 고맙네··

　　　[전화 끊어지고]

경수   ····(생각하다 문득)·······

　　　[번호 찾아 연결한다]

S# 동하의 방

동하   (네 활개 벌리고 자고 있는)

　　　[전화벨]

동하   (자면서 전화 더듬어 찾아서 배터리 빼 치운다)·····

S# 오피스텔

준표   (들어와 상의 벗어 싱글베드에 던지고 컴퓨터 의자에 몸 던지듯 앉
　　　아 두 손 머리칼 속으로 집어넣고)········

S# 화영의 거실

화영   (올리브 병 들고 앉아 하나씩 먹으면서 일 디보 디브이디 보고 있
　　　다)······

S# 오피스텔

준표   (기대어 앉아 고개 뒤로 젖히고 눈 감고)·······

S# 지수 골목

　　　[택시 와서 맞고 지수 내려 경비 풀려 하다 보면]

　　　[마당 안 계단에 앉아 있는 경민···]

지수 ??(급히 들어간다)

S# 마당

지수 (거의 뛰듯이 들어오며)왜…왜 벌써 왔어. 아퍼? 편도선 부었어?

경민 (일어나 돌아서 계단으로)…

지수 경민아

경민 배 아프고 설사해요…

지수 약 먹자

경민 (현관으로)학교에서 먹었어요.(전자 키 누르고 들어가는)

지수 (따르며)설사는 멎었어?

경민 네……

S# 거실

지수 (따라 들어오며)여러 번 했어? 왜 그렇게 기운이 없어··(올라가
    려는 아들 잡으며)올라가지 마··엄마 보리차 데워줄게. 설사하면 물
    마셔야 해 응?(하고 움직이려는데)

경민 (엄마 안고 얼굴 묻고 달라붙는다)…

지수 ??……왜애애….기분이 나빠?

경민 아빠가… 다른 아줌마랑 손 잡고 같이 다닌대요오(울면서)종혁
    이가 즈 엄마랑 같이 아이스크림 가게에서 봤대요…

지수 ………(주저앉겠는)

경민 으응 응응응응

지수 (안으면서 머리에 손)…….

경민 응응응으응

지수 울지 마….왜 울어··

경민 (몸 떼며 올려다보며)이제 소문 다 날 거란 말이에요··

지수 어떡해 할 수 없지‥

경민 (떨어지려 하며)엄마는 학교 안 다니니까 그렇죠오

지수 (잡으며)저기…종혁이 한테 부탁하지 왜 소문 내지 말라고

경민 소문 안낸다고 약속은 했지만 그걸 어떻게 믿어요오‥애들이 입
이 얼마나 싼데요오

지수 ‥‥

경민 ‥(퉁퉁퉁 올라가 버린다)

지수 ‥‥‥‥

S# 침실

지수 (옷 갈아입다가 맥 빠져 침대에 구겨져 앉는)‥‥‥‥‥‥(있다가 핸드백
당겨 전화 꺼내 단축)‥‥‥

　　　　E 벨 가고‥‥‥한참 만에

준표 F 왜 또 뭐야…통쾌하다 소리 안 해도 돼‥처형이랑 축배 들지 왜
벌써 들고 있냐?

지수 (오버랩의 기분)언니 그런 적 없대/ 알지도 못하고 때려잡지 마.
우리 집 식구는 아냐. 확인했어.(침착하게/ 감정은 빼고)

준표 F 그럼 누구야 누가 그랬어.

지수 누구든 난 그거 안 중요해‥

S# 오피스텔

준표 그럼 뭐가 중요해서 전화 했어.

지수 F 주식 처분해 줘. 이사해야겠어

준표 야!! 너야 말로 돈 밖에 없냐? 이 상황에 돈 내라고 전화했어?

지수 F (오른다)그 기집애랑 손잡고 아이스크림 가게서 경민이 친구
봤다면서!!

178

준표   ....

지수   F 경민이 조퇴하고 와서 목노아 울어!! 병났어 설사해!!

S# 침실

지수   그게 애비라는 사람이 할 짓이니? 한 동네잖아..우리 여기서 꽤

　　　　살았어. 언제든 아는 사람이 볼 가능성 같은 건 전혀 염두에 없어?

　　　　그러고도 애비야? 아빠야? 좀 참으면 안돼? 조심해 주면 안돼?

준표   F 그래 미안해..잘못했어.

지수   어디서 두 것들이 손잡고 자꾸 거리로 기어나와 뻔뻔스럽게에!!

S# 오피스텔

준표   야 그럼 감방살이 해야해?

지수   F 당연하지

준표   뭐?

지수   F 아직도 뭐가 잘못된 건지 몰라? 그럼 진짜 감방살이 시켜주

　　　　까? 아예 들어가 살래? 육개월 안에만 고소하면 된다드라

준표   ....(눈 감으며)

지수   F 좋게 얘기할려고 했어..이사 갈래.. 돈 내놔..

준표   아버지한테 달래..내 꺼 못 건드려..

지수   F 뭐 이런 인간이 다 있어어어

준표   나 거지야.. 주식 팔아먹고 살아야 해..집도 못 줘..알아서 챙겨..

　　　　(전원 꺼버리고 벌떡 일어나 창으로)

S# 침실

지수   ......(끊어진 전화 보며 기가 막혀 기가 막혀)......... (다시 단축)

　　　　[전원이 꺼져 있어]

지수   ....(후우우우 후우우우우 숨 내쉬면서 침대에 걸터앉아).......

은수   E 어뎠니이..

지수   (고개 돌아가고)

은수   (들어오며)누군지 알았어?

지수   아니..

은수   경수 녀석도 안했다더라

지수   ....

은수   (보며)

S# 주방 식탁

지수   (포트의 물 붓고 포트 싱크대로 갖다놓고 앉는)........

은수   .....그래서

지수   (찻물 우리며)당장 들어오라셔

은수   홍가 그런대?

지수   홍가도 나도 싫댔어..

은수   (찻물 우리기 시작)홍가 싫대애?

지수   끝난 거라니까...그 기집애 카바하느라 바쁘더라...

은수   .....(보며)그래서

지수   둘 다...쫓겨났어..눈에 보이지 말라셔...돌아가시기 전에는 이혼 못한대....불려가기 직전에 홍가랑 애기했는데...집 말고 주식 팔아 달라구 그럼 이혼해 준다구...

은수   홍가 그래 즈 아버지한테 뭐래.

지수   (한숨 섞어)열심히 화영이 덮어어..나랑 합의한 거고 그 기집애 버릴 수 없으니 개입하시지 말라고...

은수   납쁜 자식

지수   그나마 좀 낫더라..거기서 찍 소리 못하고 아버님 하라는대로 하겠습니다 그럼 정말 비겁한 인간이잖아..사랑은 사랑이더라..

은수 그렇게 우유부단한 물건이/어떻게 즈 아버지한테 반항할 줄은 아니.

지수 나랑 결혼할 때도 그랬잖아...사랑은 사랑이야..

은수 그래서

지수 어느 새 엘에이에 화영이 기집애 조사 시켜노셨더라구.

은수 ??

지수 완전히....돈밖에 목적이 없는 애로 ··그렇게 왔나봐···남편 자살도 화영이 책임이고....화영이도 억울하긴 하겠어··

은수 알게 뭐니. 그게 사실일지··우리가 아는 건 그 기집애 말이잖아··

지수 (오버랩의 기분)그런데 우리 경민이 어떡해 언니··

은수 ?

지수 (연결 한 손 이마로 올라가면서)지 친구가 홍가랑 그 기집앨 아이스크림 가게서 봤단대···그 소리듣고 설사병 나서 조퇴했어··애가···이제 소문 다 날텐데 어떡하냐고 엉엉 울어어어···

은수 진짜 미친 것들이다··이것들을 그냥·· 아이구우우우우/홍가 그거 저능 아냐? 마트에서 그 망신을 당하고도 정신 못 차리고 또 나와 돌아다닌대?

지수 이사해야겠어서 전화했는데 못 주겠대··집도 안 준대··아버님한테서 받으래··

은수 ???

지수 그 인간은 자기 아버지한테 꽈바친 거 언닌 줄 알어

은수 뭐어어어???어차피 이렇게 될 거면 내가 했을 걸 기회 놓쳐 분해 죽겠는데 나래?허 허흥흥흥흥 그래 내가 했다 그래. 내가 했어.

지수   ?? 진짜?

은수   어으어으 이런 맹꽁이

S# 지수의 집 전경(밤)

S# 주방 거실

경민   (죽 먹고 있다)……

지수   죽을 자주 먹네……

경민   ……

지수   아프지 마…엄마…속 상해…

경민   ……

지수   엄마 …미안하다는 말 밖에는…할말이 없어…

경민   ……

지수   미안해……

경민   ……

지수   그리고…어차피……시간 지나면서 소문은 나게 돼있어……세상에
      영원한 비밀은 없거든…그냥…뭐 할 수 없지……사실인데……그럴 순
      없을까?

경민   뭐 어쩌겠어요··

지수   기 죽지 마…니 잘못 아냐··

경민   내가 재수가 없는 애라서 그런 거래요··

지수   ?? 누가 그래?

경민   저번에 말했던 친구 외할머니가 그러셨대요…내 친구가 재수
      없는 자식이라 부모 헤어지게 만들었다고

지수   그 할머니 틀렸어 경민아 그런 거 아니야·· 니가 무슨 상관이야
      아빠가 다른 사람 좋아져 나간 건데…재수 없으면 그건 엄마지 왜

182

너야.

경민　그래도 그럴지도 모른다는 생각이 들어요

지수　아니라니까아??.....살다보면 다른 사람 좋아질 수 ...그래 있대
　　　...있나봐....그래서는 안되는 거지만 안되는 줄 알면서도 어쩔 수
　　　없이 실수하게 되는 게 사람이고....사람은 신이 아니니까 실수해··

경민　누구나 다 그런 건 아니잖아요··

지수　누구나..... 다는 아니야········

경민　신경쓰지 마세요···

지수　경민아

경민　(배 아프다/)

지수　??

경민　(배 잡고 안방 침실로 뛰어 들어간다)

지수　········(무너지고)

S#　화영 거실

화영　(들어오는 준표 맞으며 안고 가벼운 키스)··

준표　(움직이는)

화영　들어오기 싫은 거 억지로 들어왔어?

준표　(침실로)그냥 계속하게 놔두지··기어이 끌어들일 게 뭐야··

화영　(따르며)벌써 권태?

S#　침실

준표　(옷 벗고)

화영　(옷 받으며)응?

준표　본업이 뭔지 모르겠어.

화영　으ㅎㅎㅎㅎㅎㅎ 저녁 차릴게 옷 자기가 걸어(나가고)

준표   (나가는 화영 보고 있다가 넥타이 푸는)

S# 식탁

화영   (와인 따르면서)한번 태워먹고 다시 튀긴 거야..(돈까스)난 진 짜 요리는 빵점이야..꼭 두세 번 실패해야 비슷하게 맞춰져..

준표   튀김음식 부담스러...건강에도 안 좋다 그리고(썰면서)

화영   그런데 튀긴 음식이 맛있으니 골 아프지? 어쩌다 한번은 괜찮 아. 너무 건강건강 웰빙웰빙 웃겨...절에 있는 스님들도 갈 때 되면 다 가드라.. 딴 사람들 앓는 병 다 앓고... 들어..

준표   (와인 글라스 들고)촛불 켜는 거 참 좋아한다

화영   (부딪치며)제 몸을 태우면서 흔들리는 거....웅....좋아... 아로마 향 초야 냄새...좋지?

준표   나 둔감해..(술잔 그냥 놓으며)

화영   강의 잘했어? 저번에 녹화했다는 거 참 언제 방송해?

준표   몰라..

화영   알아다 준다 그래놓구선/ 잘하다간 놓치겠다..

준표   뭐 대수야..별 거도 아냐..

화영   배고팠나봐..

준표   종일 굶었어.

화영   어머 왜?

준표   그냥

화영   그냥이 어딨어...점심 먹을 새도 없이 바빴어?

준표   바빴어

화영   잠깐..당신 왜 나 안 처다봐?

준표   밥 먹잖아.....배고프다니까..

184

화영   ⋯⋯무슨 일 있어?

준표   없어.

화영   그런데 왜 나랑 눈 안맞춰. 들어와서 쭈욱 그랬어‥

준표   (포크 나이프 놓고 술잔 들면서)정말 다시는 같이 나가지 말자‥

화영   ⋯⋯(보는)

준표   (한 모금 마시고 내리며)아이스크림 가게서 만났던 경민이 친구 ⋯‥경민이 설사 해서 조퇴하고 와 대성통곡했대⋯⋯

화영   ⋯⋯(술잔 집어 마신다)

준표   애엄마 난리도 아니야‥이사간다고 당장 돈 내놓으래‥

화영   줘‥줘서 이사시켜‥

준표   ⋯⋯(보는)

화영   걸리작거려 못살겠어 진짜‥옴치고 뛸 수가 없잖아‥

준표   우리가 가는 게 나아‥

화영   ?? 왜 우리가 가?

준표   한두푼 아니야

화영   집 팔아 가면 되잖아‥

준표   집이 그렇게 빨리 팔려? 그리고 집 싫대 현찰로 내래‥세금관계가 그게 더 유리한가봐⋯‥그 돈이 어디 있어⋯ 우리가 가는 게 나아‥

화영   나 싫어‥

준표   ??

화영   이 집 마음에 들어. 더 넓은 데로 옮길 거 아니면 여기 살어‥이사가는 건 보통 일인 줄 알어?

준표   옮길려고 했었잖아.

화영   그건 그때야. 지금은 그렇게 숨을 필요 없어졌는데 뭘.

준표 아이 위해서

화영 당신 자식 때문에 내가 이 짐 끌고 피해줘야 해?

준표 내 자식이야. 나 애비야. 우리가 애한테 얼마나 나쁜 짓 한 건지
      전혀 아무 감각도 없어?

화영 자식 안 낳아봐서 나 그거 모른대‥ 그래서 하나 낳아 볼려 그런
      다니까.

준표 ……(보며)

화영 정 떨어진다구‥

준표 그래…

화영 지 팔짜야…저한테 차례 온 일은 지가 감당하는 거지 어쩌겠어
      ‥‥할렘에서 마약쟁이 부모 밑에서 태어나서도 성공한 사람 많어‥
      너무 그렇게 오바하지 말고 지수가 맡았으니 지수한테 맡겨둬‥

준표 경민이 아줌마아줌마 하던 애야. 가엽고 미안한 생각 안들어?

화영 당신 머릿속이 싫어. 반 이상이 지수랑 애한테 가 있잖아.

준표 ……(보며)

화영 딴 얘기하면서 편안하게 밥 좀 먹으면 안돼? (벌떡 일어나 나가
      며)짜증나 죽겠어 정말‥

준표 ……

S# 은수의 거실(밤)

은수 어디이?

달삼 F 위치추적 손 났냐?

은수 아직 사무실이라 수상해서…언제쩍처럼 딴 핸드폰 만들어 사무
      실에 두고 엉뚱한 볼일 보고 있는 거 아냐?

진주 (티브이 보고 있고)

186

S# 달삼 사무실

달삼 딴 핸드폰 만들면 사형이랬잖어어어…마누라 손에 죽어 신문에 나기 싫어 그 짓 않은지 수삼년이다‥

은수 F 세실이한테 안 가?

달삼 세실이구 네실이구 용인 거 설계 변경해야 해‥

은수 F 보일러 쟁이 몇십년에 왜 걸핏하면 변경이야아아

달삼 임마 건물 설계가 왕창 바뀌었는데 그럼 어떡하냐. 열두시 전에 들어가면 잘들어간다‥

은수 F 홍회장님 자기 아들 바람나 나간 거 아셨어‥

달삼 ???….아 왜 그랬어어어

S# 은수 거실

진주 ??(엄마 보고 있고)

은수 ??

달삼 F 하아 나 참 그러지 말지이 기어이 그거까지 해치우면 어떡해 애애

은수 미치겠네 아 나 아냐아아‥

달삼 F 야 너 아니면

은수 (오버랩의 기분) 진짜 나 아냐아아아!!!

S# 준표 서재

준표 (컴퓨터 켜놓고 화면 멍하니 바라보며)……

S# 침실

화영 (기대어 앉아)……‥

S# 지수의 발코니

지수 (혼자 앉아서)……

S# 지수의 거실

[켜져 있는 티브이 화면에 패널로 출연한 준표가 나오고 있다]

준표 그와같은 유혈 참극의 경우 독자와 시청자의 알 권리를 위한 보도의 의무라는 것과 사건 자체가 가진 선정성이라든가 모방범죄 유발에 대한 우려 항상 충돌할 수 밖에 없는데요 이번 사건 역시 미국 언론/국내 언론 모두 너무 알 권리 쪽에 치우친 보도를 했던 건 사실입니다..또 이번 사건같은 경우 범인이 스스로의 행동을 정당화하는 동영상 메시지 등을 보도할 때는 그것을 과연 (지수 들어온다)

지수 (티브이 보는 위에)

준표 E 어느 정도 수준까지 공개하느냐 자체가 중요한 이슌데 방송사나 신문사에서 내부 기준에 의한 심도있는 토론을 통해 가이드라인을 마련하지 못했던 것 같습니다…

준표 또 이 경우 유가족도 또다른 피해잔데 범인을 이해하기 위한 방법이라는 구실로 미국 언론에 편승해서

지수 (티브이 꺼버리고 침실로)

E 집 전화벨

지수 (되돌아와 받는다)네에..

경수 F 누나 그거요 동하형이에요..

지수 ??

S# 동하 가게 앞

경수 방금 만나 얘기 들었어요.. …저번에 소주 마실 때…회장님 댁은 어디냐구 지나가는 말처럼 그랬었거든요……만약을 위해 미리 알아뒀었나봐요. 동네 근처 부동산 가 알아보면……동하형 자기 누나

188

그냥 놔둘 수 없대……누나한테 많이 미안하다고 전해달래요…

S# 지수 거실

지수 그래 알었어……그래…아버지께 암말 마 너……응…응…(전화 끊는)………

F.O

S# 종합 병원 로비

지수 (총총히 걸어 들어와 방은 뛰면서 승강기 쪽으로)

S# 입원실 복도

[승강기에서 내려 복도 총총/]

S# 입원실 앞

[문 지키고 있는 남자/]

지수 (걸음 멈추고 남자 보면)

남자 실례지만 누구시죠?

지수 저 며느린데요‥

남자 잠깐만 기다려 주십시오.(하고 방으로)

지수 ‥‥‥(기다리고 있는데)

준표 (급하게 와 서서)왜 안들어가고 있어.(들어가려)

남자 (나오면서)잠깐 안됩니다.

준표 ??

남자 들어가십시오.(지수에게 문 열어주고)

지수 (들어가고)

준표 (따라 들어가려는데 제지 당한다)왜 그래요.

남자 누구십니까.

준표 아들이에요 아들.

남자   아 저기..아드님은 들여놓지 말라셨습니다..

준표   ??

남자   방금 며느님 오셨다고 말씀드리는데....아들은 출입금지라고 ...회장님께서 직접....

준표   ......(멍하니 보며)

남자   죄송합니다.

준표   (손 잠깐 들어 보이고 승강기 쪽으로 걷는)........

S# 승강기 기다리면서

준표   .....

S# 입원실 안/(물론 특실)

   [주사 맞고 있는]

홍   .....(눈 찌그려 감고)......

황   전화했었니?(영감 발치에서 발 주무르며)

지수   치과 모시고 가는 날이라...아줌마가.....

황   그날 밤에 갑자기 기운이 떨어지셔서....병원 그렇게 싫어하는 양반이 당신 스스로 입원하자 그러시더라...

지수   ....애비....왔어요 어머님...제가 연락했어요....밖에 있어요..

황   ......

지수   아버님....

홍   .....

지수   .....(밖에 나와 있는 회장 손등에 제 손 얹으면서).......죄송해요 아버님...

홍   ....

지수   정말 죄송합니다..

190

홍   칠뜨기…

지수   네에…

홍   (일어나려 하며)물 줘..

지수   (도와서 일어나 앉게)

황   (준비해놓은 포트에서 물 따라 지수에게)

지수   (홍 입에 대어준다)

홍   (몇 모금 마시고 고개 돌린다/조금 흘리고)

지수   (컵 떼고 입가 닦아주는)

홍   (손 치우는)……

황   도로 누으시겠어요?

홍   테레비 틀어…

지수   (얼른 티브이 틀고/정오 근처 시간)….

황   (침대 상반신 올려주고)

지수   (편히 눕도록 손 보고)…..

홍   (기대어 앉는다)

황   준표 밖에 있대요..

홍   그게 누구야…(티브이로 시선 준 채)

황   …..

지수   들어오라고 하세요 아버님

홍   …..(입 꾸욱 다물고)……

S# 로비 음료수 파는 데서 컵 하나 받아들고 현관 입구에 가까운 쪽으로 옮
     겨오는 준표…

     [빈 자리 찾아 앉으며 마신다……제대로 앉지도 못하고 의자 끝에 걸친
     형국/]

S# 병실

홍   ……(티브이 보면서 있다가 뜬금없이)꽃 중에 꽃은 장미야…

지수   ….(보고)

황   (뭔가 하다가 돌아보고)

지수   네 아버님..

홍   (머엉하니 지수 돌아보는)……

지수   ..(조금 다가서며)뭐 필요하세요

홍   (고개 돌리며)주사 노러 왜 안와..

황   지금 맞고 있잖아요..

홍   (주사 꽂힌 팔 돌아보고)……우움….(기대면서 눈 감는)……너 가
      ……꼴보기 싫여…

지수   ……

홍   칠뜨기 보기 싫어/(눈 흡뜨며)가아..

지수   네 아버님..네에에..

S# 로비 승강기에서 내리는 지수

    [맥없이 걸어 나오는]

S# 준표 있는 곳

준표   (나오고 있는 지수 보고 의자에서 일어난다)

S# 병원 주차장

준표   (지수 따르면서)언제 들어오셨대..

지수   그날 밤 늦게..

준표   더 나빠지셨대?

지수   특별히 그렇게 보이는 소견은 없대..

준표   왜 들어오신 거야..

지수   (멈추고 보며)갑자기 기운을 못차리셔서··아버님 스스로 병원가
      자 그러셨대··

준표   ·····(보며)

지수   기운 차리고 정신차려야 한다구····비싼 주사 전부다 놔 달라 그
      러신대··

준표   정신은···

지수   (아니지만)괜찮으셔··맑으셔··

준표   ····

지수   (걷기 시작)

준표   (따르며)내 얘기는 ···안하셔?

지수   ·····

준표   아무 말씀도 안하셨어?

지수   안하셨어. 나도 보기 싫으시대 칠뜨기라 그래서 나온 거야···

준표   그래도 당신은 들여놓기는 하시잖아.

지수   이게 뭐니···왜 이렇게 만들어 놔아아···

준표   후우우우우 (딴 데로 고개 틀며)·····

지수   (보며)·····(있다가 다시 걸으며)우리 집 식구 아니야···화영이 동생
      이 그랬대··

준표   ??(멈추고)

지수   (돌아보며)우리 집 식구한테 뒤집어 씌우지 마··

준표   화영이 동생

지수   있어···오뎅 바하는 애··

준표   ·····(보며)

지수   당신이 하고 있는 짓이 그런 거야···(제 자동차 열고 오른다)····(부

웅 뜨는 자동차)

준표 ……

S# 카페

화영 …………(보면서)

소실장 회장님 강력한 권고십니다…조용히 떠나 주신다면 그에 상응
하는 조치….해 드리겠다고 하십니다…

화영 조용히 못 떠나겠다면요?

소 떠나시는게 이여사한테도 이득입니다··회장님 절대 용납 안 하
실 분이고

화영 (오버랩의 기분)미성년자들 아니에요.

소 (오버랩의 기분)지금 여기서 정리하는 게 두 분 다를 위해 최선
입니다.

화영 우리를 위한 최선은 우리가 판단하는 거에요. 제 삼자한테 우
리 최선 판단시킬 만큼 모자란 사람들 아니에요.

소 엘에이에서 이여사에 대한 평판 그다지 좋지를 않드군요··

화영 ?

소 이미 알고 계십니다.

화영 ….(보며)

소 재벌 준재벌에도 못 미치는 기업이지만 두분 회장님 모두 회사
이미지를 가장 중요시하는 분들이십니다. 홍교수가 그냥 평범한
사람도 아니고 그 학계에서는 방송에 패널리스트로 아 어제도 방
송에 나가셨던데요··보셨습니까?

화영 그런데 관심없어요.

소 잘못 스캔들이 될 염려가 충분히 되는 일입니다. 그걸 방지하

194

자는 회장님 뜻

화영 (오버랩의 기분)길게 얘기할 거 없어요. 간단하게 나더러 사라지라는 거 아니에요?

소 예…그에 상응하는 조치는

화영 얼마나 줄 건데요 한 백억 쯤 주신대요?

소 ……(보는)

화영 나….술 팔고 몸 팔다 온 사람 아니에요··

소 알고 있습니다.

화영 모욕하지 마세요.(자리 차고 일어나 나가는)

S# 빌라 거실

화영 (들어오면서 핸드백 있는 힘껏 날려버리고)·····(옷 벗어 패대기 마구 치는/한 번 두 번 세 번)

　　E 현관 벨

화영 (휘익 돌아보는)··········누구세요··

동하 E 나야…

화영 뭔데…또 무슨 말 할려구··나 너 안 보고 싶어. 가아··(격앙 억제하고)

동하 E 그럼…여기서 얘기하고 가지

화영 (현관으로)니 녀석 말 듣기 싫다니까. 너 뻔하잖아··

S# 현관 밖

화영 E 돌려주고 들어가라는 거··

동하 내가…. 홍교수 집안에 알려드렸어··

S# 현관 안

동하 E 홍교수가 아직 누나한테 얘기 안했나본데…그 사람 자기 아

버지한테 까이기 직전이래…여러사람 골병들이지 말고 그만 깨끗

이 손 털라구‥

화영　‥‥‥‥

동하　E 갑니다‥‥‥

화영　‥‥‥‥‥

제17회

S# 화영 빌라 전경(밤)

S# 화영의 거실

화영 (소파에 걸터앉아 시선 바닥으로)·········(우두커니)·········(그러고

있다가 시선과 고개 옆으로)·········(어느 순간 일어나 서성거리기 시작

한다)·········(그러다가 소파로 가 옆으로 피시시/천장으로 몸 뒤집고)

·········(있다가 벌떡 일어나 핸드폰 집어 든다)

S# 지수 주방

　　E 핸드폰 벨

지수 (저녁 준비하다가 보고 잠시 망설이다가 못 받을 게 뭐야)네에‥

화영 F 니 시댁에 니가 동화 보냈니?

지수 너 차암 유치한 아이구나. 어떻게 그런 생각을 해?

화영 F 개가 뭣 때문에 그런 짓을 해.

지수 얘‥니가 한 짓이 그런 짓이야‥

S# 화영의 거실

화영 개가 거길 어떻게 알아서 가!!

지수　F 서울에 김서방만 갖고도 찾을라면 찾는다더라. 끊어.(끊기는)

화영　.....

　　　E 현관 전자음.

화영　(고개 현관 쪽으로 돌아가고)

준표　(들어온다)...

화영　(일어나 앉는다)....

준표　(상의 벗으며)잘 지냈어?

화영　어디서 오는 거야..

준표　(아무 일 없는 듯 가장)오피스텔..

화영　일 했어?

준표　그럼..

화영　많이 했어?

준표　좀 .. 배고파..

화영　밥 안 했어..밥할 기분 아니었어.

준표　....??

화영　당신 왜 말 안 해..나 빼돌리고 도대체 무슨 일을 꾸미는 거야.

준표　뭐야 도대체/

화영　(오버랩의 기분)당신 부모님 우리 일 아셨다는데 당신은 모르는
　　　 일이야?...

준표　.....어떻게 알았어..

화영　소실장이라는 사람 만났어..

준표　.....(보며)

화영　당신 아버지 내 뒷조사까지 끝내 쥐고 있대..조용히 사라지래...
　　　 사라져 주는 대가 준대. 백억쯤이면 생각해본댔어.

준표 신경쓰지 마.

화영 어떻게에!!(신경을 안 써)아무 것도 모르고 있다가 느닷없이 불
     려나가 몸 팔던 여자 취급당하고 왔는데!! 당신도 알고 지수도 알
     고 다같이 아는 일/ 나만 모르고 있다가 똥물 뒤집어 쓰고 들어왔는
     데에!!

준표 말해 좋을 거 없어서 말 안했어.

화영 도대체 무슨 음모를 꾸미고 있는 거야

준표 음모는 무슨

화영 거짓말하지 마. 나 떨어버리고 끝내려는 거 아냐!!

준표 아버지 희망이야.

화영 (오버랩의 기분) 그렇게 굉장한 아버진줄 몰랐어…뭐 이름있는
     기업도 아니잖아..난 그런 회사가 있는 줄도 몰랐어…

준표 굉장할 거 없어. 하나도 굉장하지 않아.

화영 굉장하지도 않으면서 굉장한 흉내는 왜 내. 내가 술 따르다 왔어?
     술따르다 왔으면 이렇게 취급해도 되는 거야?

준표 (조금 올라서)그건 아버지 방식이고 당신이 감수할 수 밖에 없는
     당신 몫이야. 당신 자존심 상채기 나 아픈 거 아는데/당신은 우리 부
     모님 황당하신 것도 이해해야 하고 한심한 자식 꼴 된 내 입장도 헤
     아려줘야 해..나한테는 이혼 불가에 아버지 댁으로 들어오라는 거
     까지만 말씀하셨어. 당신한테 사람 보낼 건 예상 못했어…

화영 그래서.

준표 애 엄마랑 합의 본 일이고 다시 합치는 건 불가능하다고 했어./

화영 지수는…

준표 그쪽도 다른 생각 없어..아버지 제안 거절했어. 이거 당신 동생

이 만든 일이야. 그 친구는 도대체 무슨 상관이라고 끼어든 거야..

화영 웃기는 의협심.. 이런 식으로 살기에는 내가 너무 아깝다는 생각이었을 거고 지수한테 한 짓이 말이 안된다였겠지...단순하고 우직한 애야..

준표 그날 밤에 입원하셨대....나 병실에 못 들어가. 덕분에 새됐어.

(상의 들고 들어가려)

화영 (잡으며)나....사라져 줘?

준표 .....(보는)

화영 그래줬으면 하는 생각 있으면 말해.

준표 장난해?

화영 유언장 바꾸실지 모른다면서.

준표 그렇게 되면 김 빠져? 그럼 나 떨어내 버릴 수도 있어?당신 돈 중요한 사람이잖아..

화영 장난해?!!!

준표 당신이 먼저 걸었어..

화영 에드워드8세...후회했대..

준표 왕관 팽개친 거 아냐.. 좋아하는 여자와 같이 밥 먹고 살 수 있으면 돼....밥은 먹을 수 있어...카메라 바꾸고 싶을 때 바꿀 수도 있고...

화영 나 사랑해?

준표 천하 죽일 놈 돼서 나 여기 왜 와 있어..(들어가며)

화영 대답해.(따라붙으며)사랑하냐 말야!!

S# 지수의 거실

은수 (저녁 상 차리는 지수/지수 움직이는 것 보며)노인네 건강 알 수 없어..어느 날 어느 시에 어떻게 될지 하늘만 아는 거지....병원에 들어

200

가셨다는 게 아무래도 좀 그렇다··

지수　·····

은수　위자료 해결 안된 채 이 상태로 덜컥 돌아가시기라도 하면 어
　　　떡하니···느이 시어머니는 뭐 별로 미덥질 않고··

지수　무슨 그런 걱정을 해··

은수　당연히 걱정할 일이야.

지수　그렇게까지 나쁜 인간 아냐.

은수　하나님 믿듯 믿다 그꼴 되구두···진짜 너는 어떻게 학습이 안되
　　　는 애니.

지수　동하가 그랬대··

은수　??

지수　화영이 동생 동하··

은수　걔가 뭘 ····??? 걔가 뽀록 낸 거야?

지수　······

은수　아니 걔 무슨 생각으로··

지수　지 누이··그렇게 사는 거 싫었겠지··

은수　·······잘했다···그 녀석 쓸만하네······아니 하기는 잘 한 일이다만
　　　위자료나 챙기거든 하지이이···

지수　쫓겨나 로비에서 기다리다 나 쫓아오면서··자기 얘기 뭐라구
　　　안 하시드냐 그러는데··딱하더라··

은수　쌤통이야.

지수　(계단 쪽으로)경민아아아····

은수　사돈어른 어떻게 되시기 전에 챙길 거 빨리 챙겨놔 너···

지수　밥 안먹어어?

은수 내 말 허투루 듣지 말구우우. 시집 식구를 어떻게 믿니‥더구나
　　　정신 깜박깜박 하는 노인네에 시어머니는 무슨 생각을 하고 사는
　　　양반인지 도무지 속을 알 수가 없는 분인데에‥ 당장 죽일 놈 살릴
　　　놈 해도 결국은 핏줄이야 자식인데 어떡할 거야.

지수 얘 화장실 들어가 있나봐‥ (계단으로)

은수 누가 뭐래도 며느리는 남이라고…정신 똑바로 차려어. 이혼한
　　　며느리 결국은 찬밥이야아아 (지수 그냥 올라가고)

S# 화영의 거실

　　　[소파에 준표 기대어 누워 있고 화영 소파에 붙어 앉아 보며…]

화영 서로한테 정직하기…싫증나면 누구든 먼저 싫증난 사람이 싫
　　　증났다고 말하기‥

준표 ‥‥‥‥

화영 그럼‥‥아무 것도 따지지 말고‥‥그대로 안녕하기‥

준표 ‥‥(보며)

화영 싫증나서는 아니지만‥‥생각이 달라져서‥‥끝내고 싶어도 마찬
　　　가지‥

준표 언제쯤이 될 거 같아‥

화영 ‥‥(보며)

준표 언제까지나 이렇게 지금처럼 살 수 있을 거라고 생각하는 거 아
　　　니겠지‥

화영 이미 조금씩 달라져가고 있어…

준표 안녕 하는 일은 만들지 말자‥

화영 ‥‥(보며)

준표 그런 일은 없어야지…무슨 코미디도 아니고…

화영　....(보며)

준표　그렇게 되면 그야말로 잠자리 재미보다가 처자식 버린 미친 놈 밖에 안돼..

화영　.....(보며)

준표　우리 피차한테 그런 의미로 끝날 수는 없잖아..

화영　(손 준표 얼굴에)사랑해..

준표　나는 싫증나는데 오래 걸린다 그랬지...적어도 앞으로 이십 년은 걸릴 거야..그럼 다 산 건데 그때 또 무슨 다른 꿈을 꾸겠어..

화영　싫증나도 참는다구.

준표　그 나이에 싫증낼 기운이나 있겠어?

화영　(웃으며 가슴에 엎드린다)

준표　(안으면서)잘 늙어 가자구...그런데 진짜 배고파...

S#　지수의 주방

　　[경민과 같이 저녁 먹는 지수....]

지수　(눈치 보는) 뭐 골났어?

경민　??아니에요..

지수　너무 조용하니까 이상하다.

경민　할 얘기가 없어요.

지수　학교에서 뭐 또 기분 상했어?

경민　아뇨..

지수　소문 난 거 같아?

경민　종혁이가...걱정하지 말래요...남자대 남자로 약속 지킨다고/..

지수　어 멋있다 걔.

경민　(수저 놓는)

지수 왜..

경민 배불러요..내일 할아버지 댁에 갈려면 숙제 좀 미리 해 놔야죠 ..올라가요..

지수 할아버지 댁에....안 가도 될 거 같아..

경민 ??(돌아본다)

지수 할아버지 병원에 계셔..

경민 편찮으세요?

지수 많이는 아니고 조금..내일 병원으로 잠깐 찾아 뵙고 오자..

경민 아빠랑 같이요?

지수 아빠는 아빠가 알어서 하시겠지..

경민 ....(보며)

지수 치사해..엄마가 전화하기..

경민 그래요 그럼....(움직이다가)그런데 엄마 병원에 안 가있어도 돼요?

지수 어..할머니 계시잖어.

경민 할머니 계셔도 병원에 계시면 엄마 쭈욱

지수 (오버랩의 기분)조용히 쉬셔야 한다구..할머니 혼자 계신대..아무래도 사람이 있으면 쓸데없는 소리가 많아지니까..

경민 네에...(계단으로)

지수 (올라가는 것 보고 있다가 상 치우기 시작하다)

S# 은수네 거실

은수 (과일 내면서)아 한번 아니고 세 번이나 만났으면 걔 아버지가 뭐 하는 누군지는 알고 있어야 할 거 아냐.

진주 데이트 세 번에 무스은..그딴 거 알고 싶을 만큼 관심없어..

은수　그런데 뭐하러 세 번씩이나 만나.

은수　지가 얘기 안 하는데 내가 물어? 그럼 내가 저한테 엄청 관심 있는 줄 안단 말야아.

달삼　그래도 뭐하는 집 아들인지 정도는 알아야 하는 거 아니냐?

은수　(오버랩의 기분)내 말이이

진주　아 누가 결혼한대? 엄마아빠는 결혼할 것도 아닌데 뭘 오바해.

은수　안 할 때 안하더라도 그건 알아놓고 만나든지 어쩌든지 해야지 너/그리고 만나다가 결혼하고 싶어져 결혼한다 그랬는데 걔 아버지가 천하에 바람돌이라든지 그럼 그때 어떡할 거야.

진주　걔 아버지랑 결혼하는 거 아닌데 뭐.

은수　얘가얘가

준구　놔두세요··원래 그런 얘기 처음부터 안해요··저는 뭐 하는 줄 아세요? 저도 여자친구한테 우리 집 뭐하는지 절대 말 안해요.

은수　너 여자친구 있어?

준구　같이 재수하는 학원친구들 있지 그럼 없어요?

은수　공부하러 학원가서 너어

달삼　아 있는 게 당연하지 당신은. 준구가 뭐 수도하러 학원가냐? 같이 빵도 사먹고 우동 짜장면 만두도 먹고 얘기도 하고 그런 친구가 있어야 그래도 숨구멍이 티지 덮어놓고 쥐잡듯 왜 그래애

준구　아빠(주먹 내밀고)아빠

달삼　(아들과 주먹 부딪히고)

은수　그래 왜 얘기 안해.

준구　우리 집 부잔줄 알구. 들러붙을까봐요.

은수　어이구우 의심쟁이.

진주 그런 애들 있어 엄마. 난 그냥 아빠 설비회사 부장이라 그러는
데 뭘‥꼭 말해야 할 때는‥

은수 부장님 그만 먹어?

달삼 부장님‥씹기 귀찮아‥‥녹차나 좀 주지‥

은수 (일어나며)그래도 암튼 다음에 만나거든 뭐하는 집 아들인지
는 알아와.(주방으로) 엄마 아버지 사이는 좋은지 형제는 몇인지‥
아버지 여자 문제는 어떤지

진주 아니라니까아아(오버랩의 기분)

달삼 아 길게 말할 거 없어. 니 마음대로 꾸며대‥‥

은수 자알 가르친다아‥

S# 발코니(밤)

지수 (녹차 잔 들고 나와 발코니 끝으로 나서서‥천천히 마시며)‥‥‥

S# 화영 주방 거실‥

　[배달된 짜장면과 볶음밥/잡채 하나/]

화영 (준표 볶음밥 좀 덜어내면서/저는 짜장면)기름 깨끗한 거 쓰나봐‥
괜찮다.

준표 (그냥 먹는)

화영 내 꺼 좀 줘?

준표 나중에.

화영 이혼 못 한다구?

준표 (잠깐 보고)어떻게 해‥

화영 하면‥

준표 못해‥‥건강도 나쁘신데‥‥처음부터 얘기 한 거잖아‥

화영 유언장 ‥바꾸신대?

준표 말씀 없으셨어…시간을 버시겠다는 걸 거야…결국은 …그걸로 딜을 하시겠지‥

화영 지수랑 합치는 조건과 상속/ 정말 그러실까?…

준표 각오는 해 둬얄 거야…지수 때도 그러셨었으니까….(그래도 좀 있어)‥삼년 전에 주식 일부…주셨어….오 년 전부터 생활비 보조 받았구…

화영 주식….많아?

준표 (보는)

화영 (웃으며 얼른)카메라 바꿀 정도는 돼?

준표 걱정 돼?‥

화영 (웃으며)현실적인 문제니까….

준표 김치가 이상하게 익는 거 같아‥

화영 어 좀 이상하지?(김치 집으며)

S# 발코니

지수 (빈 찻잔 내려다보며)……

F.O

S# 병원 입원실 복도

S# 입원실 앞

[기다리고 섰는 준표 지수 경민.]

남자 (입원실에서 나와)저기 그냥 가시랍니다‥

준표 손자 왔다고 말씀드리세요.

남자 (오버랩의 기분)지금 중요한 면담 중이시라 아무도 만날 수 없으십니다‥

준표 그럼 면담 끝나실 때까지 기다릴 테니까(하는데)

황   (입원실에서 나온다)

셋   (황 보는데)

황   아버지 바쁘셔..(하고 앞서 움직이는)

　　　[세 식구 엄마 보며…..]

S# 병원 휴게실

준표   (엄마에게 의자 빼주며)누가 와 있는 거에요..

황   (앉으며)강변호사에 회계사에/…. 증인으로 백박사 노박사 불러 모아 놓고(준표 앉는다)/유언장 무효시키고 아버지 꺼 전부다 경민이한테 증여하는 거 의논 중이셔.

준표   ???(보며)……

황   처자식 팽개친 말종/….부모 재산 받을 자격 없다신다..경민 에미 밀어내고 들러붙은…. 여우/아버지가 여우라셔…여우 좋은 일 못시키고….

　　　[경민과 지수는 떨어진 자리에서 주스 마시면서 둘이 얘기하고 있고]

황   E (이쪽 자리에서 보이는 모자 위에)아버지 안 닮고 어디서 배운 버릇이야.도대체 무슨 마음으로 집에서 나가 딴 데가 옷벗구 자 드럽게..

준표   ……..

황   더구나 에미친구라니 귀신이 들린 거야? 그래놓고 헤어지잔다고 올타꾸나 뛰어나가? 어떤 여자가 그걸 참아. 누가 그 꼴 보고 계속 살겠대…

준표   ……

황   장한 일 저질렀다…여기서 더 여러 말 말고 에미랑 합쳐. 끝까지 말 안 들으면 내 몫까지 경민이한테 넘기고 한푼도 없게 만들라셔..

준표　??(보는)

황　그러마고 했어.

준표　(시선 내리며)마음대로 하세요..

황　?? (마음대로 해?)

준표　(눈물 돌아나며)그게..... 그렇게까지 죽을 죄에요?(보며)어쩌다가 그렇게 됐어요..그럴 수도 있더라구요..이 세상에서 저만 그런 거 아니에요.. 완벽하지 못해서 죄송해요 그렇지만.... 다른 집에서도 외도한 아들한테 이렇게까지 가혹하게 하나요?

황　그러게 눌 자리보고 다릴 뻗었어야지 (안타까와서)

준표　(오버랩의 기분)수습할려고 했었어요. 에미가 여지를 안줬어요 이삿짐 트럭 불러 짐 실어 내친 거 그 사람이에요.

황　그짐 도로 실어 들였으면 될 거 아냐. 순한 사람 마음 다치면 돌리기 힘든 것도 몰랐어?

　여러 말 말고 도로 들어 가.

준표　·······안 들어가요···지수도 저도····되돌릴 수 없어요·· 상관없어요··번번이 재산 갖고 협박하시는 거 정말 싫습니다·· 그거 없어도····· 살아요. 됐어요····(일어나 나간다)

황　······(보며)

[지수 경민 저쪽에서 나가는 준표 보고······]

지수　(일어나 시모 쪽으로/ 경민도 따라오고)

황　에미 좀 앉고 경민이 아빠한테 가 봐라··

경민　(따라가기 싫지만 나가고)네에··

지수　(아들 나가는 것 보다가 시모 보고 앉는)·····(보는)

황   덮고 넘어가라.

지수   ⋯⋯

황   에미야⋯.

지수   (오버랩의 기분)그냥 바람이 아니에요 어머니..

황   짐 실어 내 쫓았다면서

지수   (오버랩의 기분)덮고 끝내려고⋯. 잘해보자고 여행 갔었어요.
        그런데 거기서도 그쪽에 전화했어요..정리할 생각 없는 사람이었
        어요..

황   비틀거리면 잡아줘야 하는 게 부부고 엎어지면 일으켜 줘야하
        는 게 부부야..편안하고 좋을 때만 부부냐? 그런 법이 어디 있어..

지수   ⋯⋯

황   니가 결혼을 어떻게 했는데⋯준표가 너를 어떻게 우리 집안에
        들여놨는데⋯

지수   네(알아요)..

황   불러들여..

지수   ⋯.

황   알았어?

지수   ⋯생각⋯⋯해 보겠어요⋯.

황   (보며)⋯⋯

S# 병원 로비

        [경민 의자에 앉아 고개 꺾고 앉아 있고 준표 저쪽 판매대에서 음료수
        두 개 들고 와 경민에게 하나 내민다⋯⋯]

경민   (아버지 보고 그냥 일어나 저쪽으로 가 앉는다)

준표   ⋯⋯⋯⋯(그러는 아들 보다가)⋯⋯(아들 쪽으로)⋯⋯

경민　……

준표　아빠가 잘못했어….

경민　…….

준표　아이스크림 집에서 니 친구

경민　(일어나 아까 앉았던 자리로 가 앉는)……

준표　……(보면서)…(있는데)

경민　(일어난다/ 승강기 쪽에서 나오고 있는 지수 보며 그쪽으로)

준표　(보며)…..

경민　(엄마 손잡는다)

지수　(출입구 쪽으로 움직이는)….

준표　……(따른다)…..

S#　주차장으로 오는 세 식구…

준표　(문 열어주고)

지수　(경민이 태우고 타려는데)

준표　(운전대 옆에서 문 연 채)운전…..

지수　(본다)

준표　당신이 하면 좋겠어…

지수　왜…..

준표　(지수 쪽으로)당신이 해….(키 주고)

지수　…..(보다가 받아들고 운전대로)

준표　(운전석 옆으로 오르고)

S#　차 안

지수　(오르고 시동 걸며 보면)

준표　(기대서 눈 감고)…..

지수　왜 그래.

준표　아냐..

지수　아파?

준표　아니라니까..

지수　(벨트 매며)그럼 왜 그래..

준표　그냥 운전하기 싫어…질문 좀 하지 마..

지수　(힐끗 보고/출발한다)

S# 달리는 자동차

지수　(운전하며 준표 잠깐 돌아보고)

준표　….(눈 감은 채)

경민　(창밖 보며)

S# 지수의 집 골목으로 들어오는 자동차

S# 대문 앞

　　　[자동차 멎고 지수 경민 내린다…]

지수　인사 해..

경민　(그냥 들어가고/경비 해제)

지수　…..(잠시 보다가 들어간다)

S# 차 안

준표　(눈 감고 기댄 채)…………

S# 거실

지수　(경민 따라 들어오며)그래도 인사는 해야지.. 아빠데에

경민　(냉장고에서 물병 꺼내 따르면서)엄마도 드려요?

지수　……(그냥 보는)

경민　(물 마시면서 이 층으로)

지수 (시선이 따르고)………(그러다가 침실로 움직이는데)

　　[현관 신호음]

지수 (멈춰서 보면)

준표 (준표 들어온다)….

지수 왜..

준표 (그냥 소파 쪽으로 움직여 긴 의자에 눕는다/한 팔로 눈께 덮고)

지수 ……집 잘못 찾아 들어왔어…

준표 …..

지수 보기 싫어.. 일어나..

준표 어머니 뭐라셨어..

지수 당신도 나도 불가능한 일 하라구.

준표 다른 얘기는

지수 없었어..

준표 (일어나며 안 보는 채)옷 갈아입어..잠깐 쉬었다 갈게..

지수 여기 당신 휴게실 아니야..

준표 (일어나 주방으로)너무 그러지 마라…속이 안 좋아 그래…

지수 …..(보며)

준표 좀…..메슥거려… (포트에 물병 물 부어 스위치 누르고)

지수 ….(보다가 침실로)

준표 ………(있다가 녹차 꺼내고 머그잔 두 개 꺼내는)

S# 지수의 방

지수 (옷 바꿔 입는)

　　E 핸드폰 전화벨

지수 (꺼내서 보고 받는다)네 아버지..

용덕　F 회장님 입원하셨다면서‥

지수　네

용덕　F 병원이야?

지수　아니에요 집이에요 다녀왔어요…

S#　도배 중인 어떤 집 안

용덕　많이 힘들어 하셔?

지수　F 아니 크게 그러신 건 아니고

용덕　(오버랩의 기분)경수 놈이랑 진주 에미 얘기 들었어‥감출 거 없어‥

지수　F 네에‥

용덕　그래 뭐라셔‥

지수　F 괜씸해 하시죠 뭐‥

용덕　당연하지‥ 합가하자 그러신다면서‥

지수　F 아버지 그건 둘 다 불가능한 일이에요‥

용덕　‥‥‥

지수　F 아버지

용덕　그래 알었어…알어서 해…무슨 말을 더 하겠어…아버지 더 말
　　　안해‥

S#　지수의 방

지수　네에…네 아버지 들어가세요…네 …네 잘 먹어요‥네에(끊는다)

S#　거실 주방

준표　(끓는 물 찻잔 두 개에 따르는)……(한 컵에 티백 담갔다 뺐다 하면
　　　서)………(티백 빼서 싱크대에 넣고 얼음 빼 컵에 담는다)……(컵 흔드
　　　는데)

지수　(나온다)

214

준표 (돌아보고 머그잔 집어 들고 지수에게 가 내민다)

지수 ……(보다가 받는다)

준표 경민이가….눈도 안 맞춘다…

지수 지금은 ….그런가봐…(티백 담갔다 뺐다 하며 싱크대로)……

준표 나를 …피해…

지수 ……기다려 줘‥

준표 (한 모금 마시고)….정말 정리할 생각이었어‥그날 전화한 건

지수 (오버랩의 기분)무슨 소용이야… 끝낸다고 해 놓고 당신은 그날 그 순간까지 걜 안 놓고 있었어. 아니면 아니라고 말해 봐‥

준표 그 전화가 없었으면 우리…이렇게 안됐을까?

지수 안됐지…나는 먼저 약속을 깨지는 않으니까…

준표 …누구 탓을 하겠어‥시작부터가 내 잘못인 걸…

지수 그게 진심이면 그나마 다행이고…

준표 아버지…….

지수 ….시간 지나면 누그러지실 거야‥우리 때도 그러셨잖아….자식인데 어쩌시겠어‥

준표 주식 처분해서 당신 통장에 넣어줄게…먼저 꺼하고 합쳐서 신고하라 그럴테니까 증여세 내…….

지수 ??(보는)싫다더니‥

준표 치사하게 굴어 미안해‥감정나 한 소리지 본심 아니었어…내가 어떻게 당신한테 그런 짓을 해‥그럴 생각 없었어…

지수 …..(보며)

준표 경민이가…무섭다….나중에….즈 엄마한테 어떡했냐 따지면 대답할 말이 없을 거 같아‥

지수 집은..

준표 당분간 그냥 살아… 아버지 드나드실텐데…이혼도 못하는 거
      잖아…

지수 그쪽이 이사갈래?

준표 그렇게 해볼게…

지수 생활비는

준표 보조 받는 거….설마 끊으실까..당신이랑 경민이 앞으로 주시
      겠지…

지수 ……

준표 (쓴웃음)모두 다 경민이한테 넘어간단다..

지수 ???

준표 그 처리하시느라 사람들 불러모으신 거래..

지수 옛날에도 그러셨다가 바꾸셨잖아…

준표 생전에 증여한 재산은 그것으로 끝이야..유언장처럼 번복할
      수 없어..

지수 …..(보는)

지수 ……(보며)

준표 신세 많이 졌고…오랜 세월 고마웠었고….회복될 수 없는 상처
      준 거…..정말..진심으로 미안해…내가 모자란 탓이야….

지수 경민이가 있어서…그나마 지난 세월이 몽땅 다 낭비로만 안 끝
      난 거…..하늘에 감사해.. 여자로서는 이십년이 낭비였지만….엄마
      로 십 삼 년 행복했으니까….

준표 너무 많이 미워하지 마라..

지수 미워하는 동안은………그래도 남은 게 있는 거겠지……곧……별 생

각 없어지겠지··

준표   ·····(보는)

지수   ······(보는)

준표   간다····

지수   ·····가···

준표   (현관으로)······

지수   그게 뭐라구····그게 뭐 그렇게 엄청나게 굉장한 거라구·····

준표   (잠깐 멈추었다가 다시 움직이는데)

지수   차암······딱하고 한심하다···

준표   (다시 좀 멈추었다가 나간다)

지수   ·······(나간 현관 보며)

S#   마당

준표   (나와서 대문으로)·······

S#   대문 밖

준표   (차에 올라 뜨고)

S#   거리를 달리는 준표의 자동차

S#   운전하는 준표····

S#   탄천 변으로 들어오는 준표의 자동차···

S#   차 안의 준표/멈춘······

준표   ·······

S#   지수의 거실

지수   (혼자 앉아서)······

S#   화영의 거실

　　[음식 도우미 부인과 화영. 싱크대에 그만그만한 밀폐 용기들/ 그 위에

일일이 메모가 한 장씩 붙어 있다. 갈비/멸치조림/콩자반, 조갯국/콩나물국/소고기 뭇국/연근조림. 우엉조림/장조림··기타/보자기에 싸 들고 왔습니다··]

도우미 (깔끔한 중년 부인)갈비는 한번 드실 만큼 씩 나누어서 냉동 칸에 넣어두시고/국도 냉동 시켰다가 그때그때 꺼내 드세요·· 국 세 가지 끓였고 밑반찬 서너가지 만들어 봤어요. 밑반찬은 냉동하 실 거 없고요 (김치통 작은 거 하나 중간치 하나)김치는 작은 통 먼저 드세요··입맛에 맞으실지 모르겠네요.

화영 장 보신 계산서 주세요··

도우미 아 네···(자기 지갑에서 슈퍼 장 본 영수증 든 봉투 꺼내 내놓으며) 밀폐 그릇도 샀는데요··

화영 (봉투에서 꺼내 영수증들 보며)그러라고 했잖아요.

도우미 그릇은 다음 장 볼 때 한 벌 더 사야겠고요. 그래야 비운 거랑 바꿔가며

화영 (오버랩의 기분)그렇게 하세요··이거 계산기 있어야겠네요.우리 계산기 없는데

도우미 (웃으며)거기 봉투 거죽에

화영 (보면/합계가 적혀 있는)여기 수고비 합치면 되는 거죠?

도우미 예에··

화영 (들고 나온 돈 세어서 일당과 식재료 용기값/글쎄··· 십삼만 원쯤? 준다)여있어요. 잔돈은 필요 없어요

도우미 예에··(받아 지갑에 넣으며)어떠신지 드셔 보시고 전화 주세요.

화영 네 그러죠··

도우미 그럼··(보자기 챙기고)

화영   (냉장고에 넣기 시작한다)····

도우미   사모님 안녕히 계세요··

화영   안녕히 가세요··(일하면서)

　　[도우미 나가고 잠시 있다가]

　　[현관 전자음.]

화영   ??

준표   (들어온다)

화영   (일손 놓고 현관으로)어땠어? 입원실에 들어갔어?

준표   (상의 벗으며)못 들어갔어.

화영   이상하다 못 들어가고 그냥 온 거 치고는 시간이 긴데?

준표   누구야··

화영   ??

준표   어떤 아주머니 나오던데

화영   (옷 받으며)아···반찬 도우미···도저히 반찬에는 천부적으로 재
　　능이 없어서 가사 도우미 소개하는 데 부탁해서 한 사람 소개 받았
　　어. 먹어보고 괜찮으면 계속하고 아니면 또 바꿔봐야지 뭐···조미료
　　안쓰고 하는 순전히 가정식으로 하는 한정식 집 찬모가 알바이트
　　로 하는 거래···

준표   (타이 풀면서 침실로)

화영   (따르면서)밥해 놓고 앉아서 당신 눈치보기도 보통 스트레스
　　아니야··생각하다가 해결책을 찾았지··

S# 침실

화영   (따라 들어오며)잘했지.

준표   잘했어.

화영   기분 별로구나··뭘 그래. 각오하고 알고 간거면서. 분명 병실에
    못 들어 갈 거라면서 갔잖아··지수랑 경민이는 들어갔어?

준표   못 들어갔어.

화영   ??

준표   ·····

화영   오늘은 그 집 식구들도 안 보신대?

준표   아버지가 중요한 볼일 보고 계셔서···(와이셔츠 단추 풀면서)

화영   ?? 무슨?

준표   옷 좀 갈아입고···

화영   ····(보며)

S# 거실

　　　[소파에 나란히 걸터앉아서···]

준표   ····(바닥 보며)

화영   (준표 옆으로 보며)·····

준표   ······

화영   ???

준표   (일어나 주방으로 움직이면서)당신한테 있는 그대로 얘기할게··

화영   (일어나며)당연히 그래야지··

준표   ········(냉장고에서 물병 꺼낸다)

화영   (주방 쪽으로 움직이며)당연히 그래야지··있는 그대로··

준표   (물 따르면서)어머니가 나오셔서 잠깐 ···어머니한테 들었어···(물
    마시는)····

화영   ·········(기다리다가)명 짧으면 기다리다 벌써 죽었다.

준표   (물컵 놓으며)병원 닥터 두 분 증인으로 입회시키고 변호사 회

계사와 함께 재산 처리 의논 중이시라고··

화영   유언장 바꾸는 거?

준표   상속이 아닌 증여로 아버지 지분 전부다 경민이한테 넘기신대.

화영   ???

준표   애 엄마랑 도로 합치라는 말 안 듣고 버티면 어머니 몫까지 경
민이한테 넘긴단다··

화영   ······(보며)

준표   ····(바닥 보며)

화영   그래서·····뭐랬어

준표   (보며)되돌릴 수 없댔어···재산으로 협박당하는 거 정말 불쾌해.

화영   지수만 살판났네··

준표   그 사람 마음대로 건드릴 수 있는 거 아니야. 나랑 공동 친권자
니까 내 동의 없이는 일원한장 못 건드려.

화영   어쨌든 경민이가 언제까지나 미성년으로 있는 건 아니고 애가
가여운 즈 엄마 편이지 당신 편이겠어?

준표   그러거나 말거나.

화영   카메라만 바꿀 수 있으면?

준표   그래··그렇게 생각하고 살자.

화영   위자료는 안줘도 되겠네.

준표   (보는)

화영   줄 필요 없잖아. 몽땅 다 그쪽으로 넘어가는데.

준표   벌써····· 줬어··

화영   ???

준표   경민이한테는 아버지가 하시는 일이고 애엄마한테는 내가 할

일이야. 약속한 게 있고..

화영 ·······그래 됐어. 그것도 됐어. 그럼 끝난 거야? 집 내놓고 이사가
기로 했어?

준표 당분간 그대로 살기로 했어.

화영 위자료 줬다면서

준표 주식 처분해서.

화영 그럼 주식 처분해 주고 집도 주고 그런 거야?

준표 집은 아니야..아버지 수시로 드나드시는 집이야. 당신 돌아가
시기 전에 이혼 못한다 그러시는데 딴 데로 가게 못해..

화영 도대체 무슨 소릴 하는 거야..당신 앞으로 돌아오는 거 한푼도
없고 당신은 지수한테 줄 거 다 줬는데 왜 집도

준표 (오버랩의 기분)아버지 건강이 안 좋으셔.

화영 아버지한테 받는 거 아무 것도 없는데 아들은 여전히 아들 노릇
해야 해?

준표 그럼 받는 거 아무 것도 없으니 아들 노릇 그만두고 애 엄마랑
애 내쫓고 이혼합니다 해야 해?

화영 이혼합니다 보고할 건 뭐 있어.. 당신 이미 당신 아버지 자식
아니야. 세상에 어떤 아버지가 무슨 금치산자도 아닌 아들 건너 뛰
어 손자한테 몽땅 다 넘기는 법이 어딨어.

준표 (주방에서 거실로 나오며)아버지한테는 바로 내가 금치산자야.
처자식 버리고 뛰쳐나온 놈 재산 받을 자격 없다신대.

화영 (따라 움직이며)그래 당신 아버지한테 자식이 아닌데 당신 혼자
자식 노릇 뭐하러 하냐 말야

준표 하자는 나한테 있는 거잖아..원인제공은 내가 했어.

222

화영 아무 소리도 안 들려. 이사가라 그래‥.

준표 ‥‥‥(보는)

화영 그리고 당장 이혼수속 해.

준표 ‥‥‥(보며)

화영 집도 줘버린 거 아냐?

준표 ‥‥

화영 줬어?

준표 아니야.

화영 우리 아이 태어나면 어떻게 되는 거야.

준표 아니 더 이상 필요없댔잖어‥

화영 (느닷없이 따귀 갈겨버린다)

준표 ??

화영 그 말 한번만 더 해‥나는 낳을 거야‥이 달에도 안되면 나랑 병
원 가. 난 이상 없다니까 당신 체크 해.(침실로)

준표 ‥‥‥(그저 보며)

화영 (침실로 들어가다 되돌아보며)당신 부모님께 말씀드려‥ 우리 아
이한테 아이가 생기면 어떻게 되는 거냐구.

준표 ‥‥‥

화영 (들어가 버린다)‥‥‥

준표 ‥‥‥‥

S# 침실

화영 (침대에 오르면서 휴지 뽑아 얼굴에 대고)‥‥‥

준표 (문께 나타나 보며)‥‥‥‥(보다가 다가와 침대로 뒤에서 안는)

화영 (그냥 우는)

준표   ⋯⋯(안고서)⋯⋯

S# 침실

화영   (기대어 앉아서)⋯⋯

S# 서재

준표   (카메라 장비들 꺼내 놓고 묵묵히 닦아주고 있는)⋯⋯

S# 침실

화영   (천장 보고 누워서)⋯⋯

S# 서재

준표   (카메라 만지면서)⋯⋯

S# 지수의 주방 거실

　　[같이 비빔국수 먹으면서]

지수   (눈치 보다가)아빠한테 그러지 마⋯

경민   ⋯⋯

지수   섭섭하신가봐⋯⋯눈도 안 맞추고⋯피하고⋯그랬다면서

경민   ⋯⋯

지수   니 마음 알지만 ⋯아빠 일부러 너한테 나쁘게 할려고 그런 거
　　아니잖아⋯

경민   ⋯⋯

지수   사람은 대부분 ⋯그렇게 강하지 못해⋯살다보면 피할 수 없는
　　유혹도 많고⋯⋯빠져서는 안되는 함정에 빠지기도 해⋯

경민   ⋯⋯

지수   아빠 나쁜 사람 아닌 거 너도 알면서⋯⋯아빤데⋯⋯잘못은 했지만
　　그래도 아빤데에에

경민   ⋯⋯

224

지수 어쩔 수 없잖아. 이미 벌어진 일인데··

경민 아직도 사랑하세요?

지수 (보며)·····

경민 엄마는 이런데 아빠는 아니잖아요··

지수 사랑해서가 아니라······아빠랑 함께 한 세월이 기니까····그리고 네 아빠니까····엄마랑 아빠는 헤어져도 너랑 아빠는 잘 지내기를 바래···그래서 그래··

경민 제가 알아서 해요··

지수 ······(보며)

경민 신경쓰지 마세요.

지수 아빠는 전혀 아무 것도 후회 안할 거 같아?

경민 후회할 일을 왜 만들어요.

지수 후회할 일 조금도 안하고 살기는 아마······힘든가봐··

경민 ·····

지수 살다보면은····

경민 ·····

지수 엄마가 무능해서 그래···꼭 아빠 혼자 다 잘못한 거 아닐지도 몰라.

경민 어쨌든 아빠는 우리를 무시했어요····그리고 버렸어요··(수저 놓고 일어나 움직인다)

지수 그만 먹어?

경민 다 먹었어요··(이층으로)

지수 (보며)······

　　E 전화 메시지

지수 (일어나 본다)

은수 E 아직 병원이니?

지수 (전화 연결)

S# 은수의 거실

    E 핸드폰 벨 울리고

은수 (주방에서 설거지하다가 받는다)응 그래..

지수 F 집에 왔어..

은수 왔으면 전활하지 얘는 궁금해 죽겠는데…어떻게 됐어.

지수 F 뭐가

은수 홍가 오늘은 들여노셨어?

지수 F 세식구 다 못들어가고 그냥 왔어.

은수 ?? 왜 너랑 경민이두 까였어?

지수 F 아냐 다른 손님들 있어서…

은수 어 문병객이 있었나부지?

지수 F 응.

은수 홍가는 제 갈길로 가구?

지수 F 그럼.

S# 지수의 거실

은수 F 운동 가자?

지수 아냐 할 일 많어.

은수 F 뭐할 건데..

S# 은수 주방

지수 F 이것저것..끊어..

은수 (끊어진 전화)왜 이렇게 매가리가 없어 또..

226

진주　(이 층에서 뛰어 내려오며)엄마 나 나가아..

은수　제대로 조사해 와아..(하다가)얘 너 그렇게 입고 나가는 거야?

진주　(아무렇게나 입고)뭐어.

은수　데이트라면서어어..

진주　데이트가 뭐 별거야?

은수　(딸 잡아당기면서)아무리 그래두 너무하잖어. 구멍난 바지에 그 게 뭐야아아 너무 성의 없어어

진주　(엄마 팔 떼어내며)여태도 이러고 만났어어. 그냥 나 편한대로 보 여줘서 싫으면 말고 그래도 좋으면 계속 만나는 거고 그러는 거지. 옷 입는 거 까지 신경쓰기 싫어..

은수　편하게 입는 것도 분수가 있지 굳이 거지 패션으로 너덜너덜 이 게 뭐야아아.

진주　됐네요 어마마마..갖다올게

은수　니 맘에 칠십점은 된다면서어어

진주　팔십 점 짜리 나타나면 그날로 바꿔 치울 건데 뭐어..(나간다)

은수　니 이모처럼 오십점 짜리 백점으로 속지나 말어라...(도로 주방으로)

S# 지수의 거실 주방

지수　(설거지하면서)……

　　　E 집 전화 울리고

지수　(받는다)네에….아 네에….네 지금 집에 없는데요.. 핸드폰으로 해보세요. 아 그래요….급한 일인가요?….알았어요 내가 한번 찾아 볼께요..네..네에…(끊고 핸드폰으로 바꿔서 단축으로)

　　　F 벨 가는 소리

화영　F 네에…

지수   경민 아빠 거기 있지‥

화영   F 그래‥

S# 화영의 침실

지수   F (화영 엎어져 있다가 일어나는)신문사에서 칼럼 원고 못 받았
다고 연락 왔어‥ 전해 줘‥

화영   그래 알았어‥그런데 너‥‥위자료 받을 거 받았으면 이혼수속
해야 하는 거 아니니?

지수   F 경민아빠랑 내가 알아서 할 일이고 니가 끼어들 얘기 아니
야‥(끊어 버린다)‥‥‥

화영   (끊어진 전화 보며)‥‥‥‥

　　　[화영 침대에서 바닥으로 내려선다]

S# 서재

준표   (컴퓨터 켜놓고 바라보며 앉아 있는)

화영   (들어오며)신문사에서 원고독촉 왔대‥지수가 전화했어‥

준표   금방 보내면 돼‥한번 훑어보면 끝나‥

화영   (등 뒤에 와서 목 안는)

준표   원고가 형편없어‥시간 있으면 다 날려버리고 다시 쓰고 싶어‥‥

화영   그럼 그렇게 해.

준표   시간이 없어.

화영   형편없으면 얼마나 형편없겠어‥당신만큼 썼겠지.

준표   아냐‥‥횡설수설 /약 먹고 쓴 거 같아‥

화영   (의자 돌려놓고)마음 불편하게 해 미안해‥‥아버지한테 미움받
게 만들어 미안해‥이 상황에도 여전히 아버지한테 꼼짝 못하는 거
이해 안되고 불만이지만/당신이 못하겠으면 기다릴게‥‥‥

228

화영 E 당신 사랑한 거…당신이 물려받을 재산이 있어서도 아니었고 보는 것만으로도 황홀하게 잘 생겨서도 아니었어‥

화영 왜 그랬는지 아직도 몰라‥그저 그랬어. 그래졌어‥자석에 잡아당겨지듯 그렇게 당신한테……홀렸어…(준표 얼굴에 한 손 올리며)괜찮아… 이렇게 살면 돼‥벌만큼 벌어봤고 쓸 만큼 써봤어……그저 우리 둘이……어디 손 벌리고 다니지 않을 정도면 돼‥

준표 (화영 허리에 두 손)그럴 정도는 아니야.

화영 반찬 해오는 도우미랑 청소하는 도우미 일주일에 한 두 번 불러도 돼?

준표 돼‥ 그런 거도 못할 만큼 어렵지는 않아.

화영 그럼 그렇게 살아…경제적인 건 나는 몰라‥당신 알아서 해……당신 자체가 욕심난 거지…당신 배경이 욕심났던 거 아니니까 상관없어‥

준표 (안아 붙이고)……

화영 (준표 머리 만지며)상관없어……아무 상관없어‥

준표 ……

화영 ……

F.O

S# 학교 강의실 건물에서 나와 빠른 걸음으로 움직이는 준표‥

S# 근처 카페‥

지수 (앉아서 차 마시고 있는)

준표 (들어와 지수 앞으로)

지수 (올려다보고)…

준표 웬일이야 여기까지…

지수 앉어..

준표 (앉으며)할 얘기 있으면 내가 집으로 가도 되는데..

지수 경민이 신경쓰여서...

준표 그 녀석은 언제쯤 아는 척 해 준대..

지수 차 시켜...

준표 녹차 주세요..

종업원 E 네에..

준표 주말에 아버지께..다녀 왔어?

지수 다녀왔어..

준표 어떠셔..

지수 별로 안 좋으셔..

준표 정신?....

지수 그렇지는 않은 거 같은데.....거의 아무 말씀도 안하셔...기분이 안 좋으셔....우울증처럼 보여...어머니 걱정이 많으셔...

준표 .....나 안 갔다고 어머니 뭐라고 안하셔?

지수 아니..

준표 완전히 제외됐구나..그래도 경민이는 반가와 하실텐데 아버지.

지수 옆에 앉혀는 두시는데...말씀을 통 안 하시니까 경민이도 불편 해 하고....

준표 (녹차 와서 놓여지고/따르면서)....강의 이십분 남았어..

지수 통장 확인해 봤어 들어왔더라..

준표 그래..

지수 (핸드백 당겨 통장 도장 봉투와 생활비 봉투 꺼내 놓으며)하나는 어 머님 주신 생활비 반 나눈 거고 하나는...지난 번에 뺏은 통장이야..

230

준표 ???

지수 나 이러는 거 푼수댁이 같지만…나도 알아 나 푼수 없는 거…그렇지만…. 허무하고 기운 빠질 거야··돈은 없는 거보다 있는 게 좋고 적은 거보다 많은 게 좋은 건데……집 한 채 값이면 됐어…더 욕심 안 부릴래··

준표 경민이 꺼 당신 혼자 마음대로 못 건드려··그거 내 동의 있어야 되는 거야··

지수 ?그거 믿고 이러는 건 줄 알어?

준표 아니 이 혹시··

지수 당신 누구하고 십 몇 년 산 거야··나 그렇게 치사했어?

준표 어쨌든 나는 수입이 있는 사람이고 배당금도 얼마쯤 나오지만 당신은

지수 당신이 날린 걸 생각해봐….그거 생각해서 내 놓는 건데 어쩌면 사람을 그렇게 취급해··

준표 날린 거라고 생각 안 해··내 자식한테 갔는데 뭘…

지수 ……(보다가)싫어? 싫으면 그만 두고(봉투에 손)

준표 아냐…싫다는 게 아니라 너무 의외라서……

지수 ……(보며)

준표 돈이라는 게 그렇잖아··

지수 그냥 당신이 안됐어서야. 내가 참아줬으면 그런 일 안 당했어도 되는데 미안한 마음도 있고

준표 그래 고마워… 고마워….

지수 …..(보며)

준표 ….(차 마시는)

지수 그리고 이건….이혼신고 서류야…(다른 봉투 하나 내놓는다)

준표 …….(보는)

지수 내가 써야하는 난은 다 메꿨어‥도장도 찍고…당신 칸만 메꿔서 신고하면 돼. 이제 나 할 일은 다 했어‥

준표 …….(보며)

지수 걔…위자료 받았으니 이혼수속 하라드라……맞는 말이야…해 줘‥

준표 …….(보며)

지수 선택했으면 선택한 사람으로 해야할 일 해…우물거리면서…. 힘들게 하지 말고…

준표 그 걱정까지 할 건 없잖아‥

지수 걱정하는 거 아니라 그렇다는 얘기야…

준표 아버지는

지수 설마 그거까지 조사하시겠어?

준표 조살 하시든 안하시든….내가 알어서 할께….

지수 할 얘기 다 했어‥

준표 ……

지수 우리가…이렇게 끝날 줄 정말….장난으로도 생각해 본 적 없는데…..한치 앞을 모르는 게 사람 일이라더니….(고개 옆으로 틀고)….

준표 ….(탁자 보며)

지수 (고개 앞으로)하기는…서로. 좋은 사람들끼리 사는 게 정답일지도 모르지…

준표 미안해‥

지수 그래도 마무리 애 안 먹이고 잘 해 줘서 고마워…..안해주면 어쩌겠어…죽인다고 칼 들고 쫓아다닐 수도 없고….바람나 헤어지면서 사람 아니게 구는 남자들 많다든데···안 그래서····다행이야.

준표   (이혼 신고서 봉투와 나머지 봉투 집어 들면서)이혼신고

지수   ····(보며)

준표   나중에 하는 걸로 알아··

지수   어쨌든 나는 처리할 거 처리 한 거야··

준표   그래 알었어··

지수   ······(고개 꺾고)·········(울음이 나오려)·····

준표   ········(보며······마찬가지가 되고)

지수   ·······(눈물 투두두둑)

준표   (고개 꺾으며)········(눈물 안 나올까)

지수   ·······(손수건 꺼내 닦는)·····

준표   ······(보며)········

지수   (챙겨들고 일어나며)가께··

준표   (일어나며)같이 나가··

S# **카페 앞**

    [나오는 두 사람···]

지수   차 저쪽에 세워뒀어··

준표   그래 그럼··

지수   (걸어가고)

준표   ·······(보면서)

    [등 보이며 걸어가는 지수]

    [보고 있는 준표·········]

S# **화영의 거실/발코니**

화영   (세탁물 널고 있는데)

E 현관 벨··

화영 ??(거실로)

S# 거실

[화면에 사십 대 부인과 삼십 대 여인··]

화영 ??누구세요··

사십대 E 네에 이집 주인인데 잠시 얘기할 게 있어서요··

화영 (문 열어주고 현관으로/문 열고)아 네에··안녕하세요

사십 잠깐 좀 들어가야겠어요··

화영 네 들어오세요··

[여자들 들어온다··]

사십 (안으로 들어오면서 살림들 훑어보는)····

화영 뭐 차는···

삼십 차 필요없어요··잠깐 얘기만 하고 가면 되니까··

화영 ??그럼 그러세요 그런데 댁은 누구세요?

삼십 이 빌라 입주자 대표로 왔어요··

화영 네에··(애매한 채)암튼 앉으세요··

[세 여자 앉는다···]

사십 잘 해 놓고 사네요··

화영 네 뭐

삼십 본론을 말하자면 이 집 비워주셔야겠어요··

화영 ??? 집주인 아니잖아요

삼십 이 사모님 워낙 점잖으셔서 내가 대신 얘기하는 거에요··우리 빌라가 원래 사회적인 신분으로보나 뭘로 보나 댁들같은 사람이 살 데가 아니에요

화영   무슨 뜻이죠?

사십   (오버랩의 기분)저기이 내가 처음에 집을 줄 때는 부분 줄 알고…
      직업도 대학교수라 그래서 줬는데 알고 보니까 뭐냐

삼십   불륜관계요··

화영   여보세요

삼십   친구 남편이라면서요.

화영   ····(대꾸 못하고)

사십   ***호 사모님이 마트에서 보셨대요·· 내가 그동안 미국에 있
      는 아들한테 가 있느라 몰랐는데 빌라 입주자들끼리

화영   더 안해도 알겠어요. 욧점은 집 비우고 나가라는 거 아니에요.

삼십   그렇죠.

화영   계약기간 동안에는 일방적으로 내보낼 수 없는 걸로 아는데요.

사십   글쎄 법이 그런 건 아는데

삼십   그래서 못 나가겠다구요?

화영   당신 조용해?

삼십   ?

화영   집 주인도 아니면서 왜 시끄럽게 굴어. 나 이 사모님하고 얘기
      하면 돼··

삼십   여보세요

화영   당신 남편 뺏었어? 아니잖아··

삼십   왜 반말이에요!!

화영   어리잖아·· 나보다 열 살은 어리게 생겼는데 어디 와 건방지게
      까불어!!

삼십   ???(입만 뻐끔뻐끔)

E 화영의 핸드폰 벨

화영 잠깐만요 사모님··(전화받는)네 여보세요··전데요. 누구시죠?
····???··

삼십 (분해서)까분대요 나보고 까분대요 사모님 기막혀 아우 기막혀

화영 조용해. 전화 중이잖아··

삼십 뭐 이런 여편네가 있어어어

사십 (삼십 대 여자 잡아 앉히며)아우 애기 엄마 참어 참어··

화영 네···네···두 시간만 시간을 주세요···네·····네 그러죠··(전화 끊
고)얘기 더 남았어요?

S# 미장원에서 머리하고 있는 긴장한 화영····

S# 근처 서점

[지수와 경민/책 고르고 있다···서로 의논해가면서····]

[지수 핸드폰 울리고]

지수 (보고)엄마 전화 받고 오께··

경민 네··

지수 여기 꼼짝 말고 있어 찾아다니게 만들지 말고

경민 네에··

지수 (움직이면서)네에··

석준 F 전화 괜찮아요?

지수 괜찮아요··경민이랑 서점에 나왔어요··잘 지내요?

S# 화실

석준 (그리던 그림 앞에서 붓 빨면서)내가 할말 먼저 하면 어떡해요··
잘 지내요 잘 지내요?··으으음 한 닷새 경주가서 친구 만나고 놀다
왔어요··전화할까 하다가 너무 자주 찾으면 귀찮아할까봐 참았죠

236

....아 괜찮으면 먼저 얘기했던 북 까페 어떤가 싶어 전화했는데 아들하고 나왔다니 안되겠네요… 주말엔 뭐해요 ....아 역시 아들하고 같이....아들은 당할 수가 없죠. 영순원데 하하··

S# 서점 밖··

지수 편안한 상황이 아니라 신경이 쓰여요…말수도 줄어들고 자꾸 눈치보게 만들고 여러 가지 그러네요…

S# 화실

석준 시간이 필요한 일이에요··너무 걱정스럽게 생각하지 말고 또 너무 표나게 눈치도 보지 말아요··아이한테 이제는 어쩔 수 없는 일이다 기정사실로 빨리 받아들이게 하는 게 나아요. 엄마가 자꾸 눈치 살피면서 안절부절 못하는 시간이 길어질수록 아이도 기정 사실로 받아들이는 게 그만큼 늦어질 거에요.......아니 경험이 있어서가 아니라 그럴 거 같아서 하는 말이에요 맞는 건지 틀리는 건지는 모릅니다 하하……언제 샌드위치 한번 먹여줘요····

S# 빌라 앞

화영 (머리 제대로 하고 옷 품위 있게 입고 빌라 현관으로 나와서 대기 중인 차 앞으로)

비서 (앞자리에 있다가 빠르게 내려 뒷 좌석 문 열어준다)·······

화영 감사합니다··(타고)

[뜨는 자동차…]

S# 거리를 달리는 자동차…

S# 차 안··

화영 어디로 가는 건가요…

비서 댁으로 모시라는 지시 받았습니다··

화영 알았어요…(하고 차창 밖 보는)

S# 홍회장 집 골목으로 들어오는 자동차··

S# 대문 앞

[차 멎고 청년 비서가 열어주는 문으로 화영 내리고/]

[대문 알아서 정원사가 열어주고]

화영 (돌아보며)들어가면 되나요?

비서 아 예··(화영 앞서 움직이며)들어오십시오.

화영 (따라 들어간다)

S# 정원

화영 (따라 들어오면서 집도 좀 보고)·······

S# 거실

비서 (앞서 들어오고 화영 따라 들어오는)

가정부 (주방에서 빠끔 내다보고는 나오는)

비서 회장님께 이화영 씨

가정 있어봐요··회장님 주무시러 들어가셨는데····(조심스럽게 노크)

황 (문 열고 나온다)

비서 (목례하고)·····

황 (화영 본다)

화영 (목례 정중하게)······

황 지금 막 잠드셨어요··길게는 안 주무시니까 잠시 기다리지··저리가요··(소파로)

화영 (따르고)

황 장비서는 이제 그만 들어가도 되겠네요··

청년 알겠습니다····(목례하고 나가고)

238

황   (앉으며)앉아요..

화영   ·····(앉는다)

황   (차분하게 보는데)······

화영   ······

가정   사모님 차는

황   뭘로 들겠어요

화영   아무 거나···그냥 물이면

황   물 가져 와요..

가정   예에..

황   왜 불려 왔는지 알아요?

화영   짐작은···

황   집으로 불러들이고 싶지는 않은데 회장님 거동이 아직 불편하
        셔서 별수 없었어요. 굳이 보시겠다고는 하시고··

화영   네에.. 말씀 낮추세요 어머님

황   어머님이라는 소리는···· 경민에미만 할 수 있는 말이에요··

화영   인정을 하시든 안하시든····현재 홍교수와 살고 있는 사람이
        에요··

황   참으로 당돌하군···부른다고 주저없이 온 것도 그렇고····

화영   부르시는데····· 제가 어떻게 감히 못 온다고 할 수가 있겠어요.

황   ·······(가만히 보면서)·······(있다가 일어나며)기다려요··· 일어나시
        면 모시고 나오지··

화영   (일어나며)네에··

황   (침실로 들어가 버리고)

화영   (앉는데)

가정   (물 갖다놓으며 흘끈거리는)

화영   ....

S# **교수실**

준표   (책상 위 한 손으로 정리하다가 문득 죽은 전화 살리고 잠깐/ 메시지 신호음)

   [열어보면]

화영   F 당신 아버님이 보자고 하신대서 지금 당신 집으로 출발해··

준표   ??.......(이건 또 무슨 일이야/단축 누른다)

   E 전원이 꺼져 있어··

   [다시 한번]

   E 전원이 꺼져 있어··

준표   (서둘러 책들 집어 들고 문으로)

S# **건물 밖**

준표   (반은 뛰듯이 서둘러 나오고 있다. 학생들 인사하고 대충 답례하고)

S# **주차장 자동차로 오르는 준표**

S# **차 안**

   [출발하면서 이어폰으로 핸드폰 건다··]

   E 전화벨 가는 소리

가정   F 네에에··

준표   어머니 좀 바꿔 주세요··

가정   F 사모님 지금 방에 계신데요··

준표   나오시라고 하세요···아니 저 아주머니··거기 혹시 여자 손님 다녀 갔어요?

S# **거실**

240

가정 여기 있어요… 아니 온지 얼마 안돼요··회장님 기다리시다가 졸립다구 들어가서 지금 주무세요··깨시면 모시고 나오신다고 사모님도 방에 계시구요···잠깐요···받아요··(전화)

화영 여보세요··

S# 차 안

준표 무슨 소릴 들을 거라고 거긴 가··

화영 F 피할 이유도 없잖아. 보자고 하신다는데 어떻게 나는 볼일 없다 그래.

준표 내가 갈게··

화영 F 오지 마·· 나 혼자 겪을테니까 집에 가 있어.

준표 당신 아무 말이나 해서 아버지 어머니 기절시킬까봐 그래.

화영 F 걱정하지 마. 알아서 할게···끊을께(끊어지는)

준표 ·······(난감 당혹/자동차 속력 올린다)

S# 거실

화영 (기다리고 앉아 있는)··········

　　　[가정부만 자기 볼일 보러 지나가고]

S# 같은 거실/시간 경과

　　　[기다리고 있는 화영····]

S# 같은 거실

　　　[기다리는 화영]

S# 침실

　　　[침대에서 일어나 앉아 갈아입혀 주는 대로]

홍 ·····(뿌우우우)

황 (머리 빗겨주고)·····

홍   ······왔다구?

황   한시간 가까이 기다리고 있어요···오늘 따라 왜 그렇게 길게 주
무세요··

홍   (일어나 선다)

황   정신 드셨어요?

홍   ·····(뿌우우/입 조금 내밀고)

황   잠 다 깨셨냐구요··

홍   아까아까 다 깼어··(문으로)

황   (따르는)

홍   (문득 돌아보며)어떻게 생겼어··

황   반반해요···

홍   치/

S# 거실

[나오는 부부]

화영 (문소리에 얼른 일어나 소파 밖으로 빠져나간 뒤 선다)

홍   (소파 쪽으로 /안 보면서)·······

[홍 앉고 황 선 채]

황   인삼차 좀 드려요?

홍   (화영 본다)······(뿌우우)

화영 (목례하는)

홍   ·········(보며)

화영 ·········

제18회

S# 홍회장의 거실

　　[앉아 있는 세 사람··]

홍　　(떨리는 손으로 인삼차 잔 들어 마시는)

황　　(옆에서 작은 수건 한 장 들고 아슬아슬 지켜보고)

화영　····(가만히 보면서)····

홍　　(덜그럭 찻잔 놓으며)소실장 보고 받았어.(나직이/ 침착하게)···(시
　　　선 들어 보면서)조건···들어보지도 않고 거절했다는데····욕심이 과하
　　　면 못 써····

화영　무슨 말씀이신지···

황　　(오버랩의 기분)섭섭치 않게 해준다면 말 듣고 물러나지 욕심
　　　부려 좋을 거 없다는 말이에요.

화영　(무슨 말인가 하려는데)

홍　　(오버랩의 기분)헛다리 긁었어······

화영　(보는)····

홍　　백날···천날····그 녀석한테 붙어 있어도 쥐뿔두 생길 거 없어··벌

써 처리할 거 다 처리했어..그 인물...쥐꼬리만한 월급에....몇푼 안

되는 배당금 받어 먹구 살어야 해..

화영　......

홍　나....경민에미 같은 며느리도 십 년 가깝게 몰라라 하면서 지켜

본 사람이야.. 나무랄 데 없어...아주 쓸만해..

화영　......

홍　그 자리에 감히....들어와 앉는다구?....치/

화영　......

홍　더구나.......경민에미 친구라구? 그게 무슨 버러지만도 못한 짓

꺼리들이야.. 늬들 버러지야? 지렁이야?

화영　죄송합니다

홍　지 여편네 눈에서 피눈물 빼구 어린 자식 눕도 나 몰라라.... 그

놈도 자네도 /사람 아니야.....사람 아닌 것들끼리 붙어서 어디 얼마

나 잘 사나 어디 보자구....

화영　......

홍　아들은 없어도 며느리는 나 죽고 나서도 경민에미니까 그리 알

고 헛꿈은 그만 깨..

화영　(가만히 보면서)

황　아직 안 늦었어요. 지금이라도 물러나 주면

화영　(오버랩의 기분)(시선 내린 채)저를 어떻게 생각하고 계신지 소

실장 만났을 때 충분히 알았어요..그렇게 생각하실 수도 있지만 그

건 저한테 모욕입니다.

홍　치

화영　돈은 저도 벌만큼 벌어봤고 만질 만큼 만져 봤어요. 지금이라

244

도 돌아가면 충분히 쓰고 남을 만큼 벌 자신도 있는 사람이구요.

홍　그럼 그렇게 하지 왜 여기서 남의 집안 망치고 앉었어‥

화영　경민 엄마와 홍교수는 이미 이혼에 따른 위자료까지 주고 받 았고 여기서 제가 물러날 특별한 이유가 없어요‥ 아버님 재산 행방 은 저와 홍교수한테 조금도 문제가 안된다는 거 말씀드려요‥

홍　……(보는)

황　(영감 보며)

화영　저를 잘 봐주시기 기대 안하겠어요‥경민엄마도 팔년이나 모 르는 척 하셨다는데…저는 더구나 언제쯤 아는 척 해 주실까요‥괜 찮아요…그렇게 살겠어요‥

홍　치

화영　말씀 다하셨으면 그만 일어나도 되겠죠‥

홍　…(뿌우우우 찻잔 집어 들고 조금 떨고 있다가 냅다 팽개치면서)어 디서 이런 요물이 기어들었어‥

황　(얼른 닦아주고)

홍　건방진 것/ 천하에 배워먹지 못한 것/

황　진정하세요‥

홍　내가 네 똥창까지 알고 있어‥

화영　(일어나면서)알고 계시다는 것 저도 알고 있어요‥ 알고 계신 게 다 진실은 아니지만 구차스런 변명은 안하겠어요‥어차피 믿어주 시지 않을 테니까요‥

홍　(올려다보는)‥‥‥

화영　건강도 나쁘시다는데 죄송합니다‥

황　(오버랩의 기분)그만 입 다물고 어서 가요.(준표 들어온다/급하게)

황   E (준표 소파 쪽으로)무릎꿇고 앉아 죽여달래도

황   시원찮을 판국에 어디서 따박따박 말대답이야.

화영   말대답이 아니라(준표 화영 팔 잡는다/뿌리치며)제가 할 말 한 거
뿐이에요.

준표   조용해.

화영   저 꽃뱀 아니에요..

준표   화영이

화영   (오버랩의 기분)인간이 할 짓 아니라는 건 괜찮아. 버려지도 괜찮
아. 그런데 돈 빨아낼려고 달라붙은 사기꾼 취급은 못 참아.

준표   그만해애.

화영   제가 그런 거 같으면 이제라도 한 몫 챙겨 떠나요. 그런데 전 안
가요. 이 사람 붙잡고 자식 낳고 살면서

홍   ??(보는)

화영   죽는 날까지 안 놀 거에요..

황   어서 못나가겠니?

홍   아니야(오버랩의 기분)……뒤..뒤 봐……

황   (돌아보고)뭘 낳아?

화영   ……

홍   자식을 낳아?

화영   네..

홍   치/낳아..열이래도 낳아…

화영   ……(보는)

홍   요망한 것 데리고 빨리 나가 너 이눔.(조용히)

준표   (화영 팔 잡는다)

246

화영　(뿌리치고 현관으로)

홍　너 이눔 자식….(탁자 내려다보며)

준표　(돌아보고 화영은 멈추고)

홍　내가 죽었대도….오지 마….

준표　…..(보며)

홍　발 끊어..

준표　….(보며)

홍　(일어나고)

황　(부축하고)….

화영　(나가고)

　　　[홍과 황 침실로 움직이는…]

홍　(준표 옆 스치다가 멈추고 돌아보는)

준표　….(고개 떨구고)

홍　(주먹으로 한쪽 귀뺨을 갈기는데 빗맞는다)………

준표　…..

홍　(부들부들 떨며 노려보다가 침실로)

준표　……

S#　정원

화영　(나오다가 중간에 서 있는)………

준표　(현관에서 나와 화영 손목 잡아 움직이려)

화영　(그 가슴에 얼굴 묻고)……

준표　………..

S#　홍회장 침실

황　(남편에게 약 먹이고 있다)…….

홍   침대 전기 넣어…

황   (침대 전기장판 전원 켜고)……누우실래요?

홍   아니야..베개..(등에 넣으라고)

황   (등에 넣어주고 홍 기대어 앉는)

홍   불여우야…

황   (이불 만지다가 돌아보는)

홍   강원도에 눈 왔대?

황   지금 눈 올 철 아니에요..

홍   정월에 눈이 안오면 은제 와.

황   이제 유월 돼요..

홍   치/헛소리하구 자빠졌어..(미끄러져 눕는)

황   좀 쉬세요..(다독여주는데)

홍   출근해야지(도로 일어나며)

황   저녁 때 다 됐는데 무슨 출근이에요..

홍   (멍하니 아내 보는)

황   ….(안쓰러워 보면서)…..

S# 어느 카페

화영   ……(조용히 차 마시는)

준표   …….(보며)

화영   ……..(찻잔 내려다보며)

준표   나랑 먼저 얘기하지.

화영   강의 중이었잖아. 전화 꺼놔서 문자 보낸 거야..

준표   다른 날로 미루던지

화영   내가 어떻게 그래..(그리고) 그래야할 이유는 뭐야…미성년자

도 아니고....당신하고 같이 보자는 거 아닌데 ··혼자라고 못 갈 거
있어?

준표 .....아버지를 아니까 하는 말이야..

화영 좋은 소리 들으러 간 거 아니니까 상관없어.. 나도 할말 했고...

준표 ....(보며)

화영 (마시고 내리며)오히려 편해..아예 무시하고 모르는 척 하는 거
보다는 그런 관심이라도 암튼 관심이라는 뜻이니까 좋아.. 보시기
는 했잖어..확인시켜 드렸으니 이제 당신 집에서 일단 나 유령 아
니야..

준표 (찻잔 드는)....

화영 왜 나는 모두들 그렇게 색안경을 끼고 볼까...평생동안 그게 의
문이야...있는 그대로 안 봐줘. 언제나 그래...동료 의사랑 차 한잔만
마셔도 이상한 관계로 봐...파티 가 누군가하고 이삼분만 얘기하면
이화영 누구누구한테 꼬리친다 소문 나버려.. 움직이는 데마다 나
쁜 소리가 따라 붙어..

준표 화려해서 그래..

화영 그런 소리 들을 짓 한 거 없는데....당신하고 관계 말고는 나쁜
짓 한 것도 없는데.... 그래....죽은 사람 좋아하지 않았던 건 미안한
일이었지.........무능해서 싫었고 나약해서 경멸했었어..그 사람 우
울증 가여워하지 않았고 도와주려는 노력도 거의 안했어....그러
고 보니 많이 나쁘네...그래..나쁘기는 하네...

준표 마음에 담아두지 마. 아버지 원래 완고한 분이야..당신 생각이
한번 결정되면 어떤 경우에도 수정이 어려운 양반이고 사랑도 순
수함도 안 믿으셔. 지수가 힘들었던 것도 친정이 어려운 집안이었

기 때문이야....어려운 친정 살리자는 계산 속으로 나 물고 늘어진 다고 생각하셨지....그런 분이셔...

화영 지수 받아들이는데 팔년 걸렸으면 나는 이십사년쯤 걸리겠다··

준표 (쓴웃음)그때까지 못 사셔··

화영 빌라 내놓고 이사 가래··

준표 누가··

화영 집 주인이 그러지 누구겠어.

준표 아직 기한 멀었는데 왜

화영 불륜관계 남녀 축출이래··빌라 이미지 나빠진다구··

준표 .....(보며)

화영 마트에서 당신 전처 언니 소동피는 거 본 사람이 있대··입주자 대표라는 어린 여편네랑 집주인 다녀 갔어··

준표 비워준다 그랬어?

화영 못비워준댔지·· 계약기간까지는 못 나간다구.

준표 후우우우····

화영 머리 아프지

준표 아프네·····(찻잔 집어 드는)

화영 ····(보며)

S# 어느 삼계탕집

　　[부글부글 끓는 삼계탕 마지막으로 선화 앞에 놓여지고]

용덕 야 너 닭껍질은 먹지 마·· 닭살 애기 나오면 안돼··

선화 네에··

은수 아이구 아버지 다 쓸데없는 소리에요.

용덕 그만큼 조심스러워야 한단 소리니까 해로울 거 없어.

은수 그렇게 가리다간 먹을 거 없어 괜찮아 올케. 막 먹어. 엄마 영양이 좋아야 건강한 애기 나와 응?

선화 네에..

준구 (나타나며)엄마..

은수 어 어서와라…빨리 먹고 가..(자기 자리 내어주며)이거 엄마 꺼 먹어..

준구 할아버지 안녕하세요? 외숙모 축하합니다(선화 적당히 대답) 어떻게 여기까지 오셨어요?

은수 할아버지 삼계탕 드신대서..

준구 삼계탕 자주 드신다 그러세요 할아버지. 할아버지 덕에 저도 영양 보충 좀 하게요.

용덕 으흐흐흐 그래그래..

준구 이모는 안 오셨어요?

선화 (일어나며)형님..

지수 으응…(들어오며)아버지..

은수 경민이는

지수 집에 있겠대..숙제 한대. 하나 포장해가면 돼..

준구 이리 앉으세요

지수 응 고마워. 준구야. 잘돼 가지?

준구 잘돼간다면 엄마 기대하실 거고 잘돼가는 거 없다면 엄마한테 꿀밤 먹을 거고 그저 그래요 이모.

은수 여기 삼계탕 둘 더 주세요(대답 돌아오고)데리고 오지이이

지수 밥값 계산해줄 형부는

은수 어디 들어가 미팅 중이랜다. 내돈 낼 생각하니 분해 죽겠어.

용덕 분하면 내가 내애

은수 아버지가 내면 더 분해요오오

　　[조금씩 웃고/]

　　E 선화 핸드폰 벨

선화 왜 안 와요‥(받아서)

S# 사무실

경수 못 가겠어‥삼십분 뒤에 회의 잡혔어‥먹고 아버지모시고들어

　　가……응…‥누나들은…알았어.

　　　아 몰라 해봐야 알지 언제 끝날지 어떻게 아니…‥뻔한 질문인

　　줄 알면서 괜히 말시킬라고 그러는 거잖아……아 그래 짜증 나 있

　　어…그래‥그래…‥괜찮아 미안해 할 거 없이 맛있는 거 많이 먹고 들

　　어가…응…‥아냐 다 된 계약이 틀어져서 그래…‥뭐 먹고 싶은 거 없

　　어?…‥말해애 사갖고 들어갈게‥

S# 삼계탕집

선화 (옆으로 돌아앉아 조심스러운 통화)지금 생각나는 거 없으니까

　　생각나면 전화할께…‥네…응…‥응(끊는다)

은수 못온대?

선화 회의한대요…

　　[삼계탕 두 개 더 나오고]

은수 (비켜주면서)조심하세요

종업 네에‥

용덕 맛있다 아주 맛있어‥

지수 선화가 삼계탕 먹고 싶댔어?

선화 네에

용덕 (펄쩍)아니이 나야 나..

은수 아이구 아버지 벌써 눈치채고 있었어요.. 가만 계세요.

용덕 <u>으ㅎㅎㅎㅎㅎ</u>

　　　[적당한 웃음]

S# 근처 카페··

은수 (찻잔 띄워들고)???

지수 ...(시선 내리고)

용덕 ......(탁자 보며)

은수 (찻잔 놓으며)얘 때문에 내가 미쳐어어..그걸 왜 도로 줘 얄짤없이 챙기지이..

지수 언니

은수 아니 아무 능력도 비전도 없는 게 뭐 잘났다고 폼 잡아.

지수 폼 잡은 게 아니라

은수 폼이지 그게 뭐야. 지가 지손으로 건네 준 건데 그걸 왜 도로 토해놓냐 말야 토해노라 소리도 안하는데에··

지수 그 사람 돈 못벌어어 전임이래야 세금 떼고 나면 얼마 안남아. 원고 쓰는 거 보탠대봤자 몇푼 안되고 책도 써봤자 별로 안 팔리는 거야. 배당금 나오는 거 있지만 그건 만약을 위해서

은수 그깐 인간 걱정을 글쎄 니가 왜해. 니 걱정이 태산인데··너 집 한 채 값 받았대야 언젠가는 비워줘야 하는 거잖아. 그럼 집 사고 세금 내고 얼만 남는다고/ 너는 어떻게 살 건데 너는/

지수 열심히 살면 돼. 살아지겠지

은수 이런 맹꽁이같으니라구 어이구우우 내가 정말 속이 터져서. 너 그 인간은 얼마나 되는지 모르지만 배당 받는 주식도 있잖어어··

지수 안 많어어어

은수 어쨌든 그 인간이 너보다 난데 무슨 오지랖이야.

지수 아버님 살아계신 동안에는 아마 생활비는 주실 거야...

은수 천치

용덕 (오버랩의 기분)됐어. 잘했어..

은수 ??

지수 .....(아버지 보며)

용덕 니 마음이 그렇게 하라고 시켜서 한 거면 잘한 거야..

은수 아버지

용덕 암말 마...너는 너고 얘는 얘야...지가 그러고 싶어했다는데 왜
그래..야박스런 마음은 좋은 게 아니야...너도 좀 배워..

은수 ???(나더러 야박하다니)

용덕 잘했어..잘했어그래

지수 협박해서 뺏은 거 거든요... 처음부터 집하고 일년 생활비만 달
라 그랬으니까

은수 (오버랩의 기분)집 값이나 알아보고 받은 거야?

용덕 그만 해(오버랩의 기분)

지수 (오버랩의 기분)집값 충분히 돼..걱정마

은수 .....(보며)

지수 언니도 좀 잘했다 소리 좀 해라 밤낮 잘못했다 소리만 하지 말
고... 밤낮 등신 취급해 왜....

은수 ??

지수 헤어졌어도 나는 원수는 못 되겠드라.. 미워하는 것도 기운이 있
어야 하는 건가봐..

선화 (홈패션 부속품 산 봉투들 들고 들어온다)

용덕 빠진 거 없이 다 샀어?

선화 네에..

은수 뭐 마실래 뭐 시원한 거 마셔라

선화 배불러서 아무 것도 못 먹겠어요. 형님 물 (지수 물컵 집으며)한
모금만 마실께요

지수 그래..마셔..

S# 은수의 집 앞에 와서 멎는 지수 자동차(어두워지고 있는)

S# 차 안..

은수 니 집으로 갈까?

지수 왜..

은수 허서방 보나마나 늦을 거고 심심해서

지수 내 신경 안 긁을 거면…

은수 ??

지수 등신 취급 안할 거면….

은수 (가볍게 흘기고 차 문 열며)옷 갈아입고 봐서.

지수 마음대로 해..

은수 (내리고)

　　[지수 차 출발]

S# 거실

지수 (들어오며)경민아아 엄마 왔어어어…(들고 들어온 삼계 포장 봉
투. 계단 앞으로)오분 있다 내려 와아아(싱크대로 움직이는데)

경민 (계단으로 나타나며)저녁 안 먹어도 돼요.

지수 ??왜애?

경민 (내려오면서)조금 전에 피자 데워먹었어요.

지수 좀 기다리지이.. 배고팠구나.. 미안해. 할아버지랑 차 한잔 마시
느라구

경민 (말없이 엄마 껴안고 붙는다)….

지수 …..무슨 일 있어?

경민 아뇨

지수 그럼…

경민 그냥요..

지수 ……(머리 만져주면서)정말 안 먹어도 돼?

경민 (끄덕이고)

지수 그럼 자기 전에 우유나 마시자..

경민 우유 지금 주세요..

지수 어 그래.(둘 주방으로/우유 준비하며)뭐하는 중이었어?

경민 온라인 시험쳤어요.

지수 잘 쳤어?

경민 그냥요..

지수 (우유 작은 쟁반에 받쳐 내밀며)너 그냥요 하는 건 잘 쳤다는 대답
인 거 알아..

경민 (우유 컵만 집어 들며)공부하기 싫어요.

지수 ??

경민 그렇지만 저까지 말썽피면 엄마 더 속상하니까 하기는 해요..

지수 ……

경민 (계단으로)…..

지수 ……(보며)………

S# 주방 거실

지수 (옷 갈아입었고 포장해 온 것 냉장고에 넣고 물 한 잔 따라 들고 거실 창 쪽으로 나간다)

S# 발코니

지수 (나와 발코니 끝으로 움직여 밤 풍경 보면서 천천히 물 마시는)……

준표 E 신세 많이 졌고…오랜 세월 고마웠었고….

S# 앞 씬

준표 회복될 수 없는 상처 준 거…….정말 ··진심으로 미안해…내가 모자란 탓이야….

지수 경민이가 있어서…그나마 지난 세월이 몽땅 다 낭비로만 안 끝난 거…….하늘에 감사해·· 여자로서는 이십년이 낭비였지만….엄마로 십 삼 년 행복했으니까….

준표 너무 많이 미워하지 마라··

지수 미워하는 동안은………그래도 남은 게 있는 거겠지…..

S# 발코니

지수 E (현재의 지수 위에)곧……별 생각 없어지겠지··

지수 (천천히 물 마시면서)….

S# 앞 씬

준표 (이혼 신고서 봉투와 나머지 봉투 집어 들면서)이혼신고

지수 ….(보며)

준표 나중에 하는 걸로 알아··

지수 어쨌든 나는 처리할 거 처리 한 거야··

준표 그래 알었어··

지수 ……(고개 꺾고)………(울음이 나오려)…..

준표   ········(보며······마찬가지가 되고)

지수   ·······(눈물 투두두둑)

준표   (고개 꺾으며)········(눈물 안 나올까)

지수   ·······(손수건 꺼내 닦는)·····

준표   ······(보며)········

S# 발코니···

지수   ······(멍하니)······(그렁그렁해지는 눈물)·········

        E 대문 여닫히는 소리

지수   (돌아보고)

은수   (현관으로 들어오는)····

지수   나 여기 있어···

은수   (와인 한 병과 안주거리 들고 올라오면서)경민이 먹였어?

지수   기다리다 배고팠나봐··피자 먹었대··

은수   쯧쯧··· (병 들어 보이며)한잔 하자··

지수   좋아··

S# 거실 주방··

지수   (글라스 꺼내들고)어디서 해.

은수   편한 자리서 하자··(안주 접시 만들며)

지수   (소파로)····

은수   (안주와 마개 열린 와인 들고 소파로)

지수   (도로 싱크대로)

은수   왜

지수   냅킨··

은수   (앉으며 따른다)······

258

지수 (소파로)

은수 들어.

지수 (글라스 들고)

은수 김지수 새출발에 찬란한 영광있기를/(부딪치고)

지수 (픽 웃어버리고)

둘 (한 모금씩 마신다)

은수 안 죽어줘 고맙다. 워낙 맹꽁이라 죽을 줄 알았어/

지수 (좀 웃으며)맹꽁이면서 은근히 질기잖아.. 그게....죽을 일일까? 죽을 만큼 고통스러우면 죽어야하는 걸까?....인간으로 태어나기가 그렇게 어려운 일이라는데 그걸 어떻게 내 마음대로 해..

은수 그래서 자살이 죄 중에서도 제일 큰 죄라잖니.

지수 부탁 있어...

은수 ??뭐.

지수 이제.... 화영이나 경민 아빠 어디서 또 부딪히게 되더라도 그냥 피하고 말아줘.

은수 내가 왜.

지수 그만큼 해줬으면 됐어....

은수 죽는 날까지 할거야.

지수 하지 마...이제 완전히 끝났는데 뭘 더 할 게 있어..

은수 (그냥 마시는)

지수 내 자존심이야....더 이상 하지 마..

은수 .....(보는)

지수 (글라스 내려다보면서)그래도....이십년...긴 세월이야....자식 낳고 함께 잘 살았잖아...이렇게 됐다고 그 역사 다...쓰레기통에 버려

없앨 필요가 어딨어. 그런다고 없어지는 것도 아니고……그렇게 생각할래…그래…만나서 사랑하고 결혼하고 아이 낳고 안락하게 잘 살았으니 감사하자……술주정뱅이 노름쟁이 손찌검하는 사람 아니었던 거도 고맙고…남의 집 담장 넘는 남자 아니었으니 고맙고

은수 얘!!

지수 깜짝이야

은수 무슨 풀 뜯어먹고 방귀꾸는 소리야아

지수 그렇게 불운했을 수도 있잖아‥ 그렇게 불행한 여자들도 많잖어 언니.

은수 어으어으어으 내가 말을 말어야지

지수 (마시는)……

은수 이러니 내가 등신 취급하지이

지수 그런데 언니….이상하지….지금도….보면 완전히 남같지가 않다….

은수 ….(보며)

지수 이제 내꺼 아닌 남잔데….그런데도 아직….내 꺼 같애…내꺼 남 줘 놓고 아직도 마주하고 보면 내 꺼같은 이게……뭘까‥

은수 아 별거 아냐…한 이불 덮고 산 부부 드러운 정 찌꺼기겠지. 마셔

지수 (부딪치고 마시는)……∴

S# 화영의 거실

화영 (누워서)…….(한 손 이마에 올리고)

S# 서재

준표 (기대어 앉아서 노트북 화면 보며)……….(있다가 문득 신경 쓰여 고개가 거실 쪽으로)……..(일어난다)

S# 거실

준표 (나와서 보고)뭐해…

화영 (팔 내리며)왜..

준표 뭐 하느라 조용한가 해서…

화영 너무 피곤해…..자고 싶은데 잠은 안 오고…… 적군들에 둘러싸여 혼자 갇혀있는 거 같아…

준표 (다가들어 소파에 걸터앉는)……(팔 잡아 내리고)

화영 (눈 감고)……

준표 나 있어…내가 같이 있는데 왜 그래..

화영 (한 손으로 눈 덮으며 울음 터뜨린다)이사가.. 우리 알아보는 사람 없는데로 멀리 가자….(준표 화영 일으켜 안는다/안겨서 소리 내어 울음 터진다)

준표 …….

F.O

S# 화영의 거실 주방

　　[아침 먹는 두 사람…]

화영 반찬 괜찮아?

준표 음 좋아..

화영 도우미 바꿀 필요 없어?

준표 아니 바꾸지 마.. 일단 간이 좋아..조미료 안 쓴 거 같고.

화영 됐네 그럼…(하다가 수저 놓고 빠르게 일어나 나간다)

준표 왜애

화영 아냐 먹어..

S# 화장실

화영 (급히 들어오는)

S# 주방

준표 (먹다가 싱크대에 놓여 있는 신문 집어 펴 들고 보면서 먹는)‥‥‥‥

S# 화장실

화영 (거울 보며‥‥‥좌절감)‥‥‥‥(손 씻는다)

S# 거실 주방

화영 (나와 움직이며) 왜 경민이 하나만 낳았어?

준표 ??

화영 얼마든지 더 낳을 수 있었을텐데…지수가 힘들어 해서 하나로 끝냈다 그러든데 그게 맞어? (앉는)

준표 입덧도 유난하고 빈혈도 있는데다가 많이 붓고 출산 가까워서 임신중독증으로 거의 위험할 뻔 했었어… 경민이 세 살 때 두 번째 아이 있었는데 고생하다가 자연유산 되고…정신적으로 힘든 때였거든. 본인도 힘들어했지만 보는 나도 그래서 하나로 끝내자 그랬어‥

화영 수술했어?

준표 아니 애 엄마가‥‥(하다가 보는)‥‥

화영 괜찮아‥‥아직 불임은 아냐‥

준표 화영이

화영 다시는 하지 말랬지‥

준표 ‥‥‥(보는)

화영 정 싫다면 낳아서 내 자식만으로 키울게…그럼 되지?

준표 무슨 말 안 되는 소리야.

화영 그러니까 말 안되는 소리하게 하지 마 여자는 사랑하지 않는 남자아이는 낳고 싶어 안해‥

준표　.....

화영　여자는 엄마가 돼야 비로소 여자로 완성되는 거야.. 몰라?

준표　.....(그냥 먹기 시작하는)

화영　나한테 경민이 위해 희생해 달라는 요구까진 하지 마.

준표　알았어...밥 먹어...

화영　.....(보며)

S# 발코니

지수　(찻잔 내는데)

달삼　처제 창업 가이드 부지런히 보고 있다면서..

지수　(앉으며)네에..

달삼　그래 뭐 생각하고 있는 있어?

지수　아직...뭘 해야 좋을지 모르겠어요..아무 경험도 없이...자신도 없구요.

은수　우선 아파트 하나 잡아 놓는 게 어떠냔다. 집은 있어야 하잖아. 계산 좀 맞춰봤어?

지수　세금 먼저 내야지..

은수　얼마나 나올 거 같대.

지수　몰라 경민아빠가 세무사한테 맡겼나봐..연락 오면 내면 돼..

달삼　뭘 해 볼 건지 얼마 정도 갖고 시작할 건지 먼저 결정해야 자릴 찾아보지.그건 내가 해주께..샌드위치 얘기했다면서

지수　그거야....밤낮 만들던 거니까...그런데 그거 갖고 되겠어요?

달삼　아냐아 직장인 많은 빌딩가 코너같은 장소 잡아서 하면 그것 도 꽤 괜찮을 수 있어.먹는 장사 맛 좋고 묏 좋으면 오케이야..

은수　샌드위치 맛이 뭐 좋아봤자 그맛이 그맛이고 하는데도 많은데

될까?

지수 글쎄 말야.

은수 당신 어디 괜찮은 프랜차이즈 하나 뚫을 수 없을까? 매상 신경 안 쓰고 관리 큰 신경 쓸 필요 없고

달삼 (오버랩의 기분)좋기는 그게 좋은데 그것도 까다로와‥일단 가 게 자리/ 심사 통과해야하고 시설비도 보통 드는 게 아니거든‥프 랜차이즈들 요소요소 이미 다 들어가 앉았고 형성되는 신도시에나 가능할까‥

은수 그런 데까지 어떻게 나가아… 애 키우면서 출퇴근하면서.

달삼 암튼 일단 품목을 정해 처제‥그래야 장솔 고르지‥

은수 너랑 나랑 소줏 집이나 할까?

달삼 아 쓸데없는 소리 말어. 지금 농담타임이야?

은수 나 술집하면 잘 할 거 같은데. 애교만점 섹시만점 서비스로(남 아 있다)

달삼 엎어치기 둘러머치기로 남자들 갈비 작살내 당신은 구치소 들 어 앉았고 나는 병원비에 합의금 들고 헐레벌떡 쫓아다니게 만들 래? 사흘이 멀거다 사흘

지수 (웃어버리고)

달삼 (일어나면서)암튼 급할 거 없어 처제.초조하게 생각하지 말고 천천히 연구해 보자구. 나도 다각도로 생각해보고 알아볼 테니까 나한테 맡기고 우선 아파트나 하나 잡아 봐. 집은 잡아 놓고 남는 거 에서 반 정도만 자본금으로 집어 넣는다구 생각하라구.

지수 (같이 일어나서)그런데 형부 나 크게는 못해요‥조끔만 갖고 …잘못했다가 털어먹으면 어떡해요. 어디 한 한 장쯤 갖고.

은수   그거갖고 뭘 해애.. 구멍가게 할래?

지수   구멍가게같은 샌드위치 가게

은수   또 샌드위치야? 결국 샌드위치 하겠구나

달삼   (시계 보며)여보 나 나가야 해.

은수   나가..

달삼   처제 힘내.(주먹 보이며)우리가 있잖아

지수   네에..

둘   (발코니 나가는)

지수   (찻잔 챙기는데)

   [집 안에서 울리는 전화벨]

지수   (거실 쪽 보고)

S# 거실

지수   (들어와 받는)네에…네…어머님…네 알겠어요..네..(끊고 침실로
   급히 움직이는데)

은수   (거실로 들여다보며)찻잔 치우래?

지수   응 언니 좀 치워줘. 나 아버님께 가야 해..부르신대….

은수   치과 가시는 날 아니잖어..

지수   E 응..

S# 침실

지수   (옷 꺼내다 서둘러 머리 손질하고 핸드백 챙기고 옷 다시 만지는데)

은수   (들어오며)참 그렇다 이혼한 부모 불러댈 때마다 허겁지겁 쫓
   아가야하구..그런데 왜 부르시는 걸까.

지수   모르지..

은수   그래도 어떡하니 부르시면 득달같이 달려가야지. 누가 알어?

니 앞으로도 한 재산 뚝 떼어주실지

지수 언니 참 돈 좋아해..

은수 돈 싫은 사람 나와보라 그래라 어이구

S# 홍회장 골목

[지수의 차 들어와 대문 앞에 멎고]

[지수 차에서 내려 대문 벨 누른다]

S# 홍회장 침실

[목욕한 남편 얼굴에 스킨 발라주고 있는 황..]

황 에미 왔나봐요..

홍 ……(눈 감고 바르는 대로)

황 무슨 말을 할려구요..

홍 (바르는 손 치우는)

황 내가 보기에는 개들 틀렸어요…에미도 바꿀 마음이 아닌 것 같구요..

홍 알어….

황 그런 왜 부른 거에요..

홍 보고 싶어서…

황 ….(보며)

지수 E 어머님. 저 왔어요..

황 오냐..나가신다..

홍 (일어나며)늙은이 냄새 안나?

황 안나요..좋은 냄새 나요..

홍 치/

S# 거실

266

[부부 나온다/팔 잡고··]

지수   (목례)저 왔습니다 아버님··

황   팔 빌려 드려라. 니 팔을 더 좋아하시니··

지수   (팔 내밀고)

홍   (씨익)질투해··

황   어이구··(움직이는 두 사람 보며)차 뭐 드실래요··

홍   그눔으 차 지긋지긋해. 아무 거나 줘··

황   (주방으로)

[홍회장 앉히는 지수····]

홍   앉어··

지수   네····(앉고)

홍   내가····그 물건 불러서 봤어··

지수   ???

홍   으떻게 생긴 게 준표 놈 혼을 빼먹는지 한번은 봐야할 거 같아서··

지수   ···네에···

홍   자식 낳구 끝까지 살아보겠대···

지수   ····

홍   얘기 시켜봤는데···말하는 거하구 생긴 거하구···보통내기가 아니야···너 못 당하겠어···

지수   네에··

홍   작정하면 어떤 사내라도 홀리게 생기기는 했더라··· 으떻게 그런 걸 친구라구 옆에 뒀어··그러니 칠푼이지··

지수   ·······

황   (차 쟁반 들고 나오고)

지수 (거들며 앉고)....

홍 에미야..

지수 네에..

홍 그눔 내가 거지 만들었어.....한푼도 안 줘..

지수 ......

홍 처자식 내버리구...사랑인지 개콘지 쫓아 나간 눔..사랑만 먹구 어디 한번 살아보라구 해...체/

지수 ......

홍 나랑 일광욕하자....

지수 네 아버님..

홍 일광욕하구 밥 먹구 가...(일어나며)

지수 (일어나며)

홍 라이방 갖구 나와..

황 나가세요 갖구 나갈께요...

홍 우움..

S# 정원으로 나오는 둘....

　　[사이 좀 두었다가]

홍 그 자식은 알거지를 만들어야 하는데......그래야 제대로 벌을 주 는 건데.....(멈추고)너도 그랬으면 좋겠지?

지수 아니에요 아버님...그렇게까지 생각 안해요..

홍 ??

지수 애 아빤데요... 애 아빠가 괜찮아야 경민이도 좋죠 아버님..

홍 치/ 그러니 칠뜨기 소릴 들어..

지수 .....

홍　(움직이며)어떻게 사람이 분이 읍서…모자라니까 그렇지··

지수　분은 있어요 아버님…

홍　(멈추고 보는)

지수　(갑자기 울음 차오르면서)얼마나 분한데요····칠뜨기도 분은 있
어요 아버님····

홍　········(보다가 움직이며)괜찮아 칠뜨기가 좋아···

지수　·····

S# 정원

[선글라스 쓰고 기대어 앉아 졸고 있는 /한 손 지수 손잡고]

홍　·······

지수　·····(하염없이 지켜보면서)······(측은한)·········

S# 아파트 부동산에서 나오고 있는 화영…

[부동산 남자와 함께····]

화영　어느 쪽이에요?

남자　저기 차로 가야하는데요

화영　차 안 갖고 나왔는데요.

남자　아 그럼 잠깐 계시지요 제 차로 가시죠··

화영　그러세요··(남자 차 가지러 아웃되는데)

　　E 핸드폰 벨

화영　응 나야…아파트 보러 다니고 있어…지금 사는데 만한 거·····

S# 학교 연구실

준표　저기 한 열평 쯤 넓혀도 돼. 그렇게 찾아봐······살 수는 없어···살
수 있어도 먼저 집 처분하면서 사야지 안 그럼 일가구 이 주택이야
·····응····당신이 알아서 해 내가 뭐 아나··집주인한테는 얘기했어?

금방 빼줄 수는 있대?

S# 부동산 앞

화영 그럴 여유는 없나봐‥어쨌든 집 비라고 해서 비는 거니까 우리한테 맞춰서 해내라고 했어. 나는 누구한테 집 보여주는 것도 하기 싫고 잘나고 품위있는 주민들이 모아서라도 해결하라고‥몰라 그건 그쪽 사정이야 내가 알게 뭐야‥(부동산 차 온다)어 끊어야 해. 집 보러 가야 해‥응‥(끊고 자동차 뒷자리로)

S# 차 안

화영 (타면서)아까 그 오십육평짜리 보고 싶은데요‥

부동산 아 그러세요? 그럼 사십평대 보시고 그것도 보시죠.

화영 아니 사십평대는 볼 거 없겠어요.

부동 예 알겠습니다.

　　E 화영의 전화벨 울린다

화영 네에‥

언니 F 얘 화영아 나야‥

화영 ??‥

언니 F 나쁜 기집애 어쩌면 전화 한통 없이 너 그럴 수가 있는 거야 이 기집애야.

화영 무슨 일이야‥

언니 F 니 형부랑 나랑 다다음 토요일에 들어간다‥시부모님 이장 해야한대서 그 일도 볼겸 겸사겸사 들어갈 일이 생겼어. 늬집에는 잘 데 없다면서.

화영 (싫증 나는)잘데 없어.

언니 F 얘 늬 형부 친구가 정수기 사업을 시작하는데 같이 하자 그래

270

서 우리 그만 보따리 싸갖고 들어갈까 하는데 니 생각은(하는데)

화영 내 생각이 왜 필요해…나한테 그런 얘기 하지 마‥끊어.(전화 건

전지 뽑아 핸드백에 처넣듯 하고)………

S# 홍회장 거실

[마주 앉아 찻잔 놓고]

황 (차 더 따르면서)보통내기가 아니더라‥ 그런 애가 들러붙었으

니 니가 무슨 수로 당해…

지수 ……

황 첫째는 중심 못 잡고 비틀거린 애비가 한심하지만 그런 친구를

가까이 한 너두 잘한 거 없다.

지수 네에‥

황 내 남편 단속 내가 해야지 누가 대신 해주는 일도 아니고 쯔쯔

쯔쯔……

지수 ……

황 어찌됐거나…‥아들 편 들어 며느리 외면하는 시집은 아닐테니

그나마 복이다 생각하구 살어라…

지수 ……

황 끝내 안 돌아오고 그러고 살면 어쩌겠니 늬 아버님 돌아가실 때

까지는 경민이나 잘 키우고 있다가…돌아가시거든 정리하고 너도

새 출발해…

지수 ……(보며)

황 아직 나이가 있는데…‥애만 바라보고 살 수는 없는 일 아니냐‥

지수 어머니 저는…‥아무 생각도 없어요‥

황 지금이야 그렇겠지…누가 지금 그러라는 거냐?

지수 .....

황 원래 사람이…지가 갖고 있는 복을 복인줄 모르는 법이란다..그런 거야…

지수 .....

S# 정원을 걸어 나오는 지수…

S# 대문 앞

지수 (나와서 보면 지수의 차 대신 시어머니 차가 서 있다/ 떵해서 두리번 거리는데)

안기사 (안에서 달려 나와서 키 내밀면서)사모님 차 갖고 가시랍니다.. 사모님 혼자 차 타실 일 없으시다구…

지수 .....(보며)

안기사 젊은 사모님 차는 아주머니 시장 보는 차로 쓰시겠다구요…

지수 .....네…알았어요….(내미는 키 받으며)그런데…큰 차 한번도 안 해 봐서.....

안기사 금방 익숙하게 됩니다.. 타십시오 제가 몇가지 가르쳐 드리겠습니다..

지수 ….(입 꾸욱 다물고 운전대로 가다가 멈추고 집 보면서)……….

S# 운전하고 있는 지수

지수 (줄줄줄 울면서)정말 나쁜 자식이야 언니….이제 겨우 아버님 어머님 나 알아주시고 인정하시는데…그 인간이 미친 짓 안 했으면 얼마나 좋아..

은수 F 이미 미쳤는데 그 소린 해서 뭐해애… 그렇게 미친 건 정신병 원에서도 못 고치는 건 데에..

지수 도대체 뭐에 홀려서 저 망하고 나 망할 짓을 했을까. 도대체 무

슨 생각으로 그랬는지 그 인간 머릿속에 한번 들어가 봤으면 좋
겠어

S# 은수 침실··

[침대 이불 바꾸던 중··한 손으로 만지면서]

은수 즈 집 부엌에서 그짓하는 놈이 환장한 거지 환장한 게 그저 아
무 생각 없었지이. 아 이제 관심 꺼·· 그리구 늬 시부모한테도 너무
감동 먹어서 그럴 거 없어. 그렇다구 평생 시부모하구 살 수도 없는
거고 트집을 잡자면 그따위 아들자식 둔 잘못도 가볍지 않어 애··

S# 지수 차 안

은수 F 그리고 애 지수야. 지금 초장이니까 그 양반들이 그러시는
거야··결국은 아들 편이라니까아? 경민이한테 몽땅 다 넘긴다는
것도 넘겨야 넘기는 거지 두고 볼 일이고 설마 몽땅 다겠니?

지수 아니야 알거지 만들고 싶다 그러셨어··

은수 F /그저 말 안 듣는 아들 괘씸해서 하시는 말씀이야··순진하기
는···어디 쯤이야? 헬스에서 만나?

지수 집에 갈래···할 일 많어 운동 혼자 가··

은수 F 그래 그럼 들어와··

지수 (전화 끊고 손 뻗혀 휴지 뽑아 눈물 닦는)·····

S# 화영의 빌라 거실

화영 (들어와 핸드백 놓고 겉옷 벗어 아무렇게나 처리하고 핸드폰 꺼내
서 배터리 끼우고 전원 켜면서 주방으로 가 물 한 잔 따라 마시고 컵 놓고
통화 상태/신호음 들리면 번호 114 누르고)······네 저 전화번호를 바꾸
고 싶은데 어디로 연결하면 되죠?···네 ···네 감사합니다. (일단 끊고
버튼 찍고 시키는대로 다시 버튼 찍고/)네··이 번호를 바꾸고 싶어서

요‥‥이유요 스토커 때문에 괴로워서요‥네‥네‥

S# 지수의 거실

지수 (청소기 밀고 있다)‥‥‥‥(창문 활짝 열어놓고)‥‥‥(땀 닦으면서)

S# 욕실 청소하고 있는 지수

S# 마당에 물 주고 있는 지수‥

경민 (들어온다)

지수 (물 잠깐 멈추고)어 아들 왔어?

경민 (들어오며)엄마 차는 어디 가고 왜 우리 자리에 남에 차가 있
어요?

지수 남에 차 아니고 엄마 찬데?

경민 차 사셨어요?

지수 아냐‥할머니가 할머니 차 타라고 주셔서 갖고 왔어‥엄마 차는
할아버지 댁에 놓고

경민 어쩐지‥

지수 뭐가

경민 어디서 봤던 거 같았어요‥운전하기 힘들지 않아요?

지수 응 좀 벅차‥그런데 금방 익숙해진대‥‥책보고 공부 열심히 할
거야‥

경민 고장나면 수리비 많이 나오고 세금도 비쌀텐데‥‥

지수 어머 그 생각을 안했네‥‥

경민 조심해서 타고 다니세요‥차가 커서 엄마 여기저기 부대고 다
닐까 걱정돼요‥(집으로)

지수 그래 조심하께에‥‥‥(잠시 보다가)어 그런데 경민아‥

경민 (돌아보고)

지수　고장나면 엄마가 고쳐야 하지만 세금은 할아버지가 내실 걸?

　　　고지서가 할아버지 댁으로 갈 거니까.. 차 주인 할아버지거든..

경민　잘됐네요

지수　엄마 얌체지..

경민　(그냥 좀 웃고 들어간다)…

지수　……(잠시 뿌우 보다가 물 뿌리는)…….

S# 주방

지수　(저녁 준비하면서)…….(소파에 앉아 만화책 보고 있는 아들 잠깐씩

　　　신경 쓰인다)

경민　……

지수　숙제 없어?

경민　가벼워요(책 보며)

지수　……경민아..

경민　….

지수　대답 안해?

경민　네(보는)

지수　뿌우하고 다니지 말어..엄마 마음 쓰여..

경민　별로 안 그러는데요..

지수　뭐얼…엄마는 다 보이는데..

경민　별로 아니에요. 너무 예민하게 그러지 마세요..

지수　그래 엄마가 괜히 예민한 걸지도 몰라…그런데 엄마가 잘못한

　　　게 있으니까….그러니까 자꾸 눈치가 보여..

경민　엄마는 왜 아빠 잘못까지 엄마 잘못이라 그러세요./

지수　엄마 잘못도 있어. 아빠를 확실하게 못 붙잡아둔 건 엄마 잘못

이거든.

경민 확실하게 뭐 나무에 묶어놔요? 그런 게 어디 있어요..

지수 .....(보는)

경민 제가 기분 나쁜 건 아빠지 엄마 아니에요..저를 버린 건 아빠지
엄마가 아니구요..

지수 언제까지 그럴 건데..

경민 모르겠어요..(하는데)

준표 (과일 들고 들어온다)

지수 (돌아보고)

경민 (그래도 일어나 꾸벅)

준표 내려와 있었구나...

경민 ....

준표 (과일 들고 싱크대로)당신 차 수리 들어갔어?

지수 어머님이랑 차 바꿨어..바꾸자구 하셔서..

준표 .....(보는)

지수 참 무심하다 자기 어머니 차도 못 알아봐.

준표 밤낮 차고에만 들어있던 걸 어떻게 알아./

지수 수목원 갈 때 타고 갔었어

준표 똑같은 차가 한두대야? 남버 기억해둔 것도 아니고 암튼 횡재
했네..안 그래도 가을 쯤 바꿔줄까 했었는데..(하며 경민에게)

지수 ??(저녁 준비로)

준표 (경민 옆에 앉으며)재미있어?

경민 네

준표 (옆에 있는 같은 만화/시리즈)첫번째 뭐야..밥 되기 전에 나도 좀

보자.

경민　아빠는 재미 없을 거에요

준표　(첫 권 찾으며)재미있는 건 재미 있더라…학교 생활은 어때‥

경민　좋아요.

준표　새로 친해진 친구는 없어?

경민　없어요.

준표　아 저번에 얘기한 그 여자 친구는 참 어때

경민　??

준표　너보다 크다는 여학생. 자꾸 신경쓰여 죽겠다던 학생 말야‥

경민　흥미를 잃었어요.

준표　왜.

경민　그냥요(만화로)

준표　……(보며)

S# 식탁

　　[저녁 먹고 있는 세 식구‥]

준표　(역시 또 아주 잘 먹고)……

지수　……(먹다가 보는)‥…

준표　(열심히 먹는)…

지수　굶고 살아?

준표　??

지수　이상해 졌어.…

준표　뭐가‥

지수　너무 급하게 먹는 거.…상스러워…안 그러더니‥

준표　별 트집을 다 잡어…맛있으니까 그렇지…배가 고팠어‥

지수 한달에 두 번 쯤은 경민이 데리고 나가 외식해‥

준표 ??

지수 밥집 아줌마같아‥

준표 외식 싫어하잖아

지수 내가 알게 뭐야‥

준표 (먹으며)맛있게 먹자‥초치지 말어‥

지수 ‥‥‥(보며)

S# 거실

지수 (싱크대 쪽에 서서 찻잔 들고)뭘할지 결정하면 형부가 장소랑 물
     색해 준댔어‥

준표 (식탁에/ 찻잔)하기는 뭘해‥살림만 하던 사람이‥

지수 ??

준표 그냥 애나 키우고 살어‥막강한 아버지가 빽인데 뭘 걱정해‥그
     러다 돈만 날릴텐데

지수 재수없는 소린 왜 해‥

준표 그러기가 첩경이란 말야‥그게 쉬운 일인줄 알어? 혼자 된 아주
     머니들 창업 대부분 음식 장산데 뭐 뭐할려구‥

지수 뭘하든 웬 관심이야? 그리구 혼자된 아주머니들 창업 왜 그렇게
     무시해?

준표 내가 언제

지수 말투가 그렇잖아‥음식 장사면 뭐 뭐가 어떻다는 거야.

준표 ??그거 할 거야?

지수 그래‥나도 누구처럼 감자탕이나 삼겹살로 대박 터뜨려 볼 거
     야 왜.

준표　하지 마..

지수　??

준표　사람들이 알면 뭐랄 거야. 당신이 먹고 살려고 음식 장사 한다
　　　면 나 욕 바가지로 먹는단 말야.

지수　???…괜히 그러는 거야 어디 모자란 거야..아니면 철판때기야.

준표　(일어나며)암튼 난 반대야.

지수　당신 허락 구한 적 없어. 착각하지 마.. 나 당신하고 아무 상
　　　관없는 사람이야. 발가벗고 거리로 나가 춤을 추면 무슨 상관이야..

준표　………(보다가)당신은 상관없는지 몰라도 나는 상관있어..

지수　…..무슨 상관

준표　오랫동안 내 와이프였었고 내 자식의 엄마고 그리고……

지수　………(보며 기다리는)

준표　죽는 날까지 내 인생에 한 부분일 사람이니까..

지수　(기막히는)

준표　헤어졌다고 꼭 원수가 될 건 없잖아…

지수　어쩌면 그렇게 화영이 기집애하고 똑같니. 그래 왜 둘이 놀아
　　　났는지 알겠다. 뻔뻔한 것도 똑 같고 멋있는 척 하는 것도 똑같다..

준표　…..사랑하면서…… 미워할 수도 있고 미우면서 사랑할 수도 있
　　　어.. 당신을 싫증나 했다고 사랑하지 않았던 건 아니야..

지수　………대학교수의 궤변이니?

준표　나한테…… 기회를 주었으면….좋았어..

지수　차라리 모르는 여자였으면 그랬어!!

준표　……그래서 나도 포기했어..(상의 집어 들고)잘먹여줘 고마워….
　　　…(나간다)

지수   ....

S# 마당

준표   (현관으로 나와 마당으로 빠르게 움직이다가 잠깐 멈추어 서서)……
……(있다가 대문으로 /보통 걸음으로)

S# 지수의 거실

지수   (그 자리 그대로 서 있다가 한 손 이마로 올라가면서 싱크대로 돌아
서고)

S# 대문 밖 준표의 자동차……

[잠시 두었다가 부웅 뜨는 차··]

한참 두었다가

F.O

S# 석준의 화실

석준   (정신없이 어질러진 화실 치우느라 허둥지둥·· 문득 느끼고 물감 묻
은 겉옷 벗어 치우고 조끼 러닝 위에 다른 옷 걸치고 단추 채우다가 깜짝
놀라 그리던 중인 누드 캔버스 위에 광목천 씌우는)……

E 현관 벨

석준   네··네에에 잠깐만요오오····(단추 마저 채우며 머리 만지며 문으
로 가 열어준다)어서 오십시오··

지수   (도시락 찬합 들고 들어온다)····

석준   사람 당황시켰어요 선배··봐서라고 얘기하고는 이러는 법이
어디 있어요.

지수   작업할 거라 그랬잖아요

석준   도착 오분 전이다 그럼 당황하죠오. 자고 일어난 자리도 정리
안했는데·· 그냥 딴데는 볼 생각 말고 요만큼 만 보세요 요마안큼

만.(식탁에 놓는 도시락)그런데 그거 뭐에요.

지수 밥해왔어요. 내세울 게 이거 밖에 없어요.

석준 난 나가서 초밥 먹자 그럴까 했는데

지수 (보자기 풀면서) 너무 기대는 하지 마요……

석준 (서둘러 물과 컵 준비하고 포크 꺼내면서)야 이거 어떡하죠 포크
랑 나무 젓가락 밖에 없는데··

지수 포크로 먹으면 돼요··

석준 (갖고 오며)거의 시켜 먹으니까요/ 시켜 먹으면서 나무 젓가락 쌔
벼 놨다 라면 먹고 하하

지수 (웃으며)국그릇 있어야 하는데

석준 아 굿그릇/(플라스틱 공기 두 개. 챙겨 내며)이거 어지간히 갖춰
놔야지 안되겠는데요? 폼이 안 서서··

지수 (마호병에 든 것 국 공기에 따르면서)남자 혼자 사는 게 그렇죠
뭐··너무 깔끔하게 갖출 거 갖춰놓고 사는 것도 좀 그럴 거 같아···
성질 나쁜 사람.

석준 하하하하

지수 앉아요.

석준 네에.(덥석 앉고)

지수 (찬합 한 개씩 내려놓는다.)

석준 ····(그러는 지수 보며)······

S# 같은 식탁

석준 (먹으면서)완전히 집 밥 먹는 거 같아요··사먹는 밥은 뭔지 모
르게 사먹는 밥이거든요.

지수 장아찌 좋아해요?(채 썬 장아찌를 자주 먹는 석준/)

석준 (한 젓가락 집으며) 어렸을 때 많이 먹었어요,

지수 짜요..

석준 (계란 말이 썬 것 얼른 입에 넣으며)이럼 돼요… 후후후후

지수 ……(보며)

석준 왜요

지수 나는 전생에도 전생에도 밥순이였나봐…내가 한 밥 맛있게 먹
   는 거 보면 마음이 좋아요..

석준 우리 어머니가 그러셨는데..새끼들이 잘 먹는 거보면 엄마 배
   가 부르다고…

지수 (끄덕이고)

석준 (문득)설마 지금 우리 엄마 비슷한 마음인 거 아니에요?

지수 (조금 소리 내어 웃는데)

   E 비시식 털썩

석준 ?

   [덮었던 천 미끄러져 누드화가 드러나 있고]

지수 ?

석준 (놀라서 후닥탁 일어나 도로 덮으려 하면서)어어이 어어이…. 안
   보여주고 싶었는데…

지수 누드 많이 보는데 뭐…내가 그렇게 촌스럽나?

석준 아니 민망해 할까봐요..

지수 모델…있어요?

석준 (덮고 식탁으로)있죠오…

지수 젊은 여자…. 아닌 거 같아요..

석준 오십대 아주머니에요..

282

지수   ???

석준   완성되면 제대로 보고 느낌 얘기해 줘요. 김선배 평으로 성공인
지 실팬지 가늠할 테니까··

지수   처연할 거 같아··

석준   노리는 게 그거에요···추해서 얼굴 돌리면 실패고요.

지수   (보며)

S# 북카페

[석준 안내받아 들어오는 지수···사방 둘러보면서/]

석준   (카운터에 있거나 차 나르는 사람에게)잠깐 조용히 구경 좀 할께
요··(조용히)

여자   네 그러세요···

[둘러보는 지수와 석준/ 서너 커트/책 읽고 있는 사람들 몇 /혼자 앉아
풍경 보며 조용히 있는 사람도··]

S# 같은 카페···

[차 마시면서]

지수   (제 생각에 빠져 있는)······

석준   ·····(보며)

지수   ······

석준   (차 마시며 시선 창밖으로)·····

지수   ·····(석준 보는)······

석준   (고개 앞으로 돌리는 것 보고)

지수   ·····(얼른 시선 깔고)······

석준   (좀 기대어 앉으며 찻잔 든 채 실내 둘러보는)·······(그러다가 지수
보면)

지수   ……(여전히)

석준   (마시며 보는)……

지수   ……(있다가 문득 느끼고 석준 보며 찻잔 집어 든다)

석준   (얼른 마시며 시선 피하는)……

지수   여기….너무 좋은데….말하기는 좀 조심스러워요…

석준   방해 안될 정도로 나직히 얘기하면 괜찮아요…더러 얘기들도
해요‥봐요…(조용히 얘기하고 있는 손님 테이블)

지수   (돌아보고)……(고개 되돌리면서)그래도 거북해요…내 얘기 다 들
을 거 같고…

석준   나가요 그럼‥

지수   마시구요‥

S# 카페 밖

　　[나오면서….]

석준   무슨 생각을 그렇게 열심히 했나 알면 안돼요?

지수   …(그냥 좀 웃고)……

석준   안되면 말구요‥

지수   내가 왜 석준씨하고 이런 데 앉아있을까……그랬어요‥별로 궁
금해하지도 않았던 사람인데‥

석준   아 괜히 물었다

지수   아직도 제대로 실감 안나요‥언제쯤 제대로 될려는지….

석준   아마….꽤 갈 거에요….그런대로 놔둬요….그렇게 지내다 보면
…그런대로 지낼만해 질 거에요‥

지수   ……

석준   (멈추며)아 참….언젠가 선배 모델 한번 해 줘요.

지수 ????

석준 왜 그래요‥

지수 날 뭐에 쓰게요‥

석준 모델로 쓰게요.

지수 말도 안돼‥어디 아픈가봐.

석준 흠흠흠흠‥

지수 사람 왜 놀려요

석준 전혀……놀린 거 아니에요‥옛날옛날부터…아득한 옛날부터 갖고 있던 생각이에요‥이십대 때부터

지수 그때라면 차라리 모르겠다.

석준 그때는 입도 뻥긋 못했죠…일편단심한테 혼날까봐‥

지수 그래서‥혼자됐다고 무시하는 거에요?

석준 누구 허락 받을 일 없으니까 부탁이 좀 쉽죠.

지수 무시한다는 뜻이다‥(걷기 시작하며)

석준 흠흠흠흠.(따르며)

지수 옷 벗고요?

석준 그럼 더 좋고

지수 (멈추고)????(째리는)

석준 하하 농담이에요 농담.

지수 열등감 자극하지 말아요. 나 농담 잘 못 알아들어요. (걷기 시작)

석준 (팔 잡으며)지수 선배‥

지수 ‥‥(팔 잡히고)‥

석준 (얼른 팔 놓으며)미안해요‥잘못했어요…

지수 ……

S# 화실 근처 주차장

   [석준의 자동차 주차되고 있고]

석준 (먼저 내려 지수에게 손 내밀고)

지수 (잠깐 망설이다가 손잡고 내린다)

석준 잠깐 있어요..내가 빼주께요.(하고 키 맡기는 곳으로 뛰어가 키 받
   아들고 지수의 자동차로 올라 나가기 좋게 차 빼주는)

지수 ……(그걸 지켜보면서)…‥

S# 지수의 골목으로 들어오고 있는 자동차…

S# 운전하는 지수

지수 (앞 보고)??

S# 대문 앞에 택시에서 내리고 있는 화영‥

화영 잠깐 기다려 주세요.

기사 E 에에에

화영 (대문에 붙은 경비 박스 기웃이 보고 가방에서 봉투 꺼내다가 차 소
   리에 돌아본다)

   [지수 자동차 자리에 대어지고 있는 자동차…]

   [내리는 지수…]

지수 (차 문 잠그고 대문 앞으로)…‥(가만히 보는)

화영 집이 비어서 (봉투 들어 보이며)집어넣고 갈려구‥

지수 뭔데‥

화영 편지‥(도로 넣으며)필요 없게 됐네…차 바꿨어?

지수 …‥(경비가 해제되었습니다/경비 풀고)할말 있으면 하고 가‥

화영 (보는)…‥

S# 발코니

[옷 안 갈아입은 채 마주 앉은 둘. 찻잔 생략]

[두 사람…]

화영 (시선 내리고)….

지수 (보며)…..

화영 전화로 하기 보다 편지가 날 거 같아서…..(보며)너 나 안 보고 싶
어하는 거 당연하고…이 시간에 집 비지 않았을까 해서

지수 그래 뭔데…(차분하게)

화영 우리….이사가..

지수 …..(보며)

화영 가까운 데서 피차 불편한 것도 불편한 거지만 빌라 사람들이 난
리도 아니다. 빌라 품위에 문제 있다고 떠나래..

지수 …..

화영 마트에서 우리 당하는 거 입주자 중에 누군가가 봤다나봐..

지수 …..

화영 뭐…그거 아니고라도 옮겨야할 이유는 또 있어…우리 집 식구들
한테서 숨어야 하는 거..아 나 전화번호 바꿨어…그 사람 전화 잘 꺼놓
고 혹시라도 급한 연락있으면 하라고 (봉투 꺼내 놓으며)여기 새 번호
적어놨어..

지수 …..(봉투 보며)

화영 아무 한테도 가르쳐 주지 말고 너 혼자만 알고 있어..

지수 별 걱정을 다 한다..

화영 (웃으며)늬 언니 무서워서..

지수 ….(보며)

화영 동하한테도….또 엄마 앞세워 나타날까봐 그래..

지수 알려면 모르겠니? 학교가 있는데‥

화영 어느 학콘지 모르니까

지수 동하 애 할아버지 댁까지 찾아냈는데…그거 못 하겠어?

화영 …그렇구나…쓸데없는 짓이구나…그래도 …아무튼 당분간만 이래도……

지수 ……

화영 지수야…

지수 ……(보는)

화영 ……(보며)너한테 ……이렇게 못할 짓 하고……그래 놓고도 너를 잃은 게……나한테 얼마나 큰 상실인지……너 아마 모를 거란 말 하면 ……너 믿을까?

지수 ……뭐 하자는 거야 너‥

화영 너를 좋아했다구……

지수 …(가만히 보며)너 나 좋아한 거 아니야…내가 필요했을 뿐이야…

화영 ………그래……간다‥(일어나 나가는)

지수 ……(보며)………

S# 빌라 앞

    [이삿짐 트럭 박스형 대형/준표 차 세워져 있고/]

준표 (나와 서서 핸드폰)도대체 어디로 사라진 거야‥짐 사 싣고 출발해야 하는데(하다가 들어오는 택시 보고 전화 끊고 택시 문 열어주려/ 내리는 화영)뭐야아아

화영 잠깐 볼일 있었어. 가자‥(준표 차로)

준표 출발합시다아

기사 (운전대에서)예에‥먼저 출발하십쇼.

준표   (제 차로)

S# 근처 거리

　[달리는 준표 차와 따르는 이삿짐…차‥]

S# 지수 거실

지수   (옷 갈아입고 싱크대 앞에 서서 조용히 차 마시는)‥‥‥‥

제19회

S# 지수의 마당

S# 지수의 거실

지수 (긴 소파에 천장 보고 누워서 눈 감고)‥‥‥

　　　[탁자에 마시던 와인과 와인 글라스…와인 조금 남아서……‥]

지수 (천천히 일어나 와인 조금 더 따르면서)

지수 E 어차피 바람뿐인걸 굳이 무얼 아파하며 번민하니 결국 잡히
지 않는게 삶인걸 애써 무얼 집착하니 다 바람이야 (비우고 놓고 다
시 따라놓고 글라스 바라보며)‥‥‥(사이 두었다가 고개 조금 들며)바람
처럼 가벼운 걸음으로 ‥‥‥바람처럼 살다가는 게 좋아

　　　E 현관문 전자음 신호

지수 (고개 돌려보면)

은수 (들어오며)주차장에 큰 차 서 있는 거 훨씬 흐뭇해…?? 뭐하고 있
는 거야?

지수 술 마셔‥

은수 ??? 데이트 나가서 뭐 사건 있었어?‥

290

지수   (글라스 집어 드는데)

은수   (앉으며)잤어? 자고 들어왔어?

지수   생각하는 거 하구는(마시려)

은수   (와인 잔 뺏으며)그런데 왜 이래..좀 있으면 경민이 오고 저녁해
야 하는데..

지수   그 인간들 이사간대..

은수   ??

지수   이사간다고 왔더라

은수   홍가가?

지수   화영이 기집애.. 빌라에서 비워달라고 했대.

은수   어디로 간대.

지수   몰라.

은수   ……(보다가)걔네들 이사간다는데 왜 술 퍼먹어..섭섭해?

지수   훔훔….

은수   ….(보는)

지수   사람 참 어렵다 언니야…..아직도 뭐 남아 있는 게 있었던지 이
사간다 그러는데 새삼스럽게 아 이제 정말 끝이구나…그런 생각
이 들더라….언제는 정말 끝이 아니었나..여행가 전화질 했던 거 보
고 이제 진짜 끝이다 뛰쳐나왔고……짐 실어 내보내고 이제 끝났
다 그랬었고…..돈 챙기고 혼인신고 서류 넘겨주면서 또/ 이제야말
로 끝났구나 했는데…….이사간다 소리듣고 다시 그렇더라….끝이
구나….

은수   …..

지수   끝이 아니기를 바라는 게 있었나?……그건 아닌데….. 돌아오기

기다리고 있나?…아닌데…절대 안 받을 건데……

은수 (뺏어놓은 와인 벌컥벌컥 비운다)….

지수 이 마음이 뭐지?….

은수 난 모른다. 너도 모르는 니 마음을 내가 어찌 알겠냐..

지수 마음이라는 거 정말 어렵네… 뭘까…가까운데 살 때는 부부
       는 아니지만 그래도 뭔가 …..영 생판 …..아무 상관없는….그런 사람은
       아니었었나?……통째로 화영이 넌 꺼는 아니라는 생각이 있었나? 그
       런가?

은수 그런가부지.

지수 이제야말로 통째로 다 넘어간 거 같아….이제 진짜 끝난 거 같
       어….웃겨….웃기지 않어?

은수 나는……(와인 따른다)……나는 잡은 고기 놓친 거 같다..

지수 ….(보는)

은수 언제 간다든.

지수 안 물어봤어..곧이겠지..그러니까 왔겠지

은수 가기 전에 마지막으로 한판 더 벌려볼까?

지수 (흘기며)그만 하랬잖어.

은수 가만 있어봐 이 기집애 그냥 보내기 너무 섭섭하다.(핸드폰 주머
       니에서 꺼내며)

지수 왜애.

은수 송별회 해준다 그럴려구

지수 전화번호 바꿨대 소용없어.

은수 ??

지수 즈 친정식구들두 성가스럽구

은수　이 기집애 핑계 낌에 아예 꼭꼭 숨어라 머리카락 보일라?

지수　그런가봐.

은수　어디로 가는가나 물어보지이이·· 아무 것도 모르구 앉었기 허전하잖아아.

지수　(와인 글라스 집어 들며)마음이 어렵다···(벌컥벌컥 마시는)

은수　(마시는 것 뺏으며)경민이 와·····그만 해애···

지수　·····

S#　아파트 광장을 자전거 타고 들어오고 있는

준표　(햄버거와 콜라 봉지 매달고)······(자전거 끌고 입구로)

S#　아파트 거실

　　[큰 짐들은 자리 잡고 있지만 거실에 산처럼 쌓여 있는 짐들··]

화영　(주방에서 부엌살림들 대충 싱크대에 우선 집어넣기만 하는 작업하고 있다가 지쳐서 허리 잡고 푸우우 숨 내쉬고 엉금엉금 기듯이 짐 피해서 움직여 나와 소파에 널부러진다. 천장 보면서)······

　　[발코니 창문은 열려 있고····커튼은 아직 안 달렸고····]

　　[현관문 열리는 소리]

화영　(상체 일으키고 보면)

준표　(자전거 끌고 들어와 발코니로)

화영　(도로 널부러지고)

준표　(햄버거 봉지 들고 들어오며)힘들지.

화영　죽겠어어··

준표　우우우 정말 죽겠다···(소파로)일어나 밥먹자···

화영　으으으으으(한 손 이마로)

준표　(잡아 일으키면서)화영이 혼 난다아아아

화영 우선 잠자고 밥 먹어야하니까 침실 잠자리부터 만들어야하고 주방 정리해야하고 그 다음에는

준표 내 작업실..

화영 당신 작업실은 당신 혼자 침실은 우리 둘이 주방은 내차지

준표 옷 정리는

화영 당신껀 당신이 내껀 내가 걸기

준표 (햄버거 봉지 열면서)대충 해놓고 내일 도우미 아주머니 두어 사람 불러서 정리해.

화영 콜라 먼저 줘..

준표 (콜라 주고)

화영 (뚜껑 열고 벌컥벌컥 마시고)카아아

준표 하하하하 소주 먹어?

화영 이상해...힘은 드는데 기분은 괜찮아.

준표 괜찮으면 됐어

화영 이제야 뭔가 제대로 시작되는 느낌이야. 이제야 당신이 온전히 내 차지가 된 거 같은 기분.

준표 .....(보며 햄버거 하나 꺼내준다)

화영 (받으며)이럴 줄 알았으면 진작 이사할 걸.. 거리라는 것도 감정과 상당히 많은 관계가 있는 거 같아. 이제야 지수 모자한테서 당신을 떼어내 온 거 같아..

준표 (자기 햄버거 꺼내며)어디 달나라 쯤으로 온 거 같다.

화영 한시간이면 상당한 거리야. 이제는 설마 어디서 그 마귀아줌마랑 부딪힐 일 없겠지. 경민이 학교 친구 볼 일 없을 거고. 이제부턴 마음놓고 함께 시장 보러 다녀도 되고 산책해도 되고 쇼핑 다녀도

돼. 알아보는 사람 있을까 조마조마 안 해도 되잖아.

준표 그래‥

화영 누워서 생각하니까 굉장한 해방감이야‥ 진작 이사할 걸.

준표 먹어…먹고 기운 내서 마저 정리하자‥난 침대 세팅만 도와주
고 작업실 만들러 들어간다.

화영 (제 햄버거 내밀고)

준표 (웃으며 한 입 베어 물고 자기 햄버거 내밀고)

화영 (베어 물려다 햄버거 우물거리는 준표 입에 달라붙는다)

준표 (밀어내면서)아 이 음식 먹는데에에‥

화영 까르르르르르

S# 지수의 마당(밤)

S# 거실 주방

지수 (침실에서 얼떨떨해서 나와 이 층으로)경민아아아 경민아아…(계
단으로)

S# 경민의 방

지수 경민이 화났니?(문 열어보면)

　　　[경민이 없고.]

지수 ??(서둘러 내려가는)

S# 거실

지수 (내려와서 두리번거리면서 핸드폰 찾는데 없다‥ 집 전화로 경민이
핸드폰 단축)

　　　E 전화벨 가는 소리

경민 F 네에 엄마.

지수 너 어디 게임방에 있어?

S# 은수의 거실

경민 (옆에 진주 경민이 하던 게임기 빼내 가고)이모네요. 엄마 주무시
는 거 깨우지 말고 이모네서 저녁 먹자고 하셔서 같이 왔어요.

은수 (저녁 준비하며)일어났으면 와서 밥 먹으라 그래.

경민 이모가 오셔서 저녁 드시래요.

S# 지수 거실

지수 안 들어온 줄 알고 놀랬잖어어 메모라도 써 놓고 가지이‥

경민 F 싱크대에 메모 써놨는데 못 보셨죠 뭐.

지수 (돌아보고)어 그래. 저기 있는 거 같다‥저녁은 먹었어?

경민 F 아직이요‥ 다 됐으니까 오시래요.

지수 응 엄마…아무 거나 요기할테니까 너 먹고 와‥‥

경민 F 안 오세요?

지수 안 갈래. 아무 거나 먹을게.

경민 F 네에‥

지수 끊어.

경민 F 네에‥

지수 (끊고 싱크대로 움직여 냉장고에서 찬물 따라 벌컥벌컥 마시고 내
린 뒤 소파로 가서 탁자 아래 두었던 프랜차이즈 신문 꺼내서 펴든다)…
………(통째로 들고 페이지 한 장 넘기고 잠시 보다가 신문 가슴에 얹으며
소파에 길게 눕는다……머엉하니)

F.O

S# 어느 샌드위치 가게‥(며칠 후)

[지수 자매 샌드위치 진열장 보면서‥‥]

은수 (중얼거리듯 샌드위치 종류 읊는다)참치…햄에그…조건 터키‥‥조

건뭐냐 치즈랑 햄이구나…조건 야채고…

지수   조용해…

은수   ??(했다가)저기 터키랑 샐몬 하나씩 주세요..갖고 갈 거에요..

점원   네에..

지수   (돈 꺼내려)

은수   (밀어내고 자기가 계산하려)

S# 가게 앞

　　　[둘 나오면서]

은수   샌드위치가 거기서 거기지 뭐…못 먹어봤던 거 있어?

지수   거기서 거기지만 맛은 다 틀리거든. 빵은 어떤 걸 쓰느냐에 따
　　　라서도 틀리고

은수   나는 비엘티가 젤 맛있는데..거기께 제일 낫잖니 왜? 소공동에
　　　있는 그 호텔 거기가 어디니 아우 왜 생각이 안나니

지수   거기 꺼 좋아..그 대신 아주 비싸. 그런 거 만들어 팔 수 없어.

S# 주차장

　　　[둘 안전벨트 매면서]

은수   오늘 또 샌드위치로 저녁 먹으라 그럼 우리 애들 짜증낼텐데…
　　　사흘 째 아냐..

지수   그러게…(웃으며)

S# 화영의 거실(짐 정리 끝났고 가구는 먼저 쓰던 것 그대로)

준표   (침실에서 나오며)뭐 할 거야.

화영   (따라 나오며)커텐 달러 올 거고 옷 정리 마저 하고 오후에는 어
　　　디 잠깐 나갔다올 거고

준표   어디

화영 비밀.

준표 시간 없으니까 비밀 알아내기는 저녁에 하고 가방.

화영 어(빠르게 서재로 들어가 가방 들고 나와 내밀며 가볍게 키스하고)

준표 (답 키스 해주고)

화영 다녀 오세요··

준표 (웃어 보이고 현관으로)

화영 사랑해

준표 나두···(구둣주걱 집어 신고)

화영 (문 닫히기 전에 손 한번 더 흔들어주고)

준표 (답례하며 아웃)

화영 (옷 방으로 들어간다)

S# 옷방

화영 (들어와서 주머니에 넣어져 있던 핸드백 한 손에 두 개씩 들고 나간다)

S# 거실

화영 (나와서 탁자에서 주머니들 벗기면 악어 명품 가방 색색으로)···(탁
자에 하나씩 내놓는)·······

S# 다른 샌드위치 가게···

　　　[샌드위치 접시 보면서·····]

은수 보기만 해도 징그럽다····

지수 (웃으며)··커피나 마셔. 점심 먹어야 하잖어··

은수 이거 싸주시면 좋겠는데요··

종업원 ??(다가와)

은수 (샌드위치 접시 들어 내밀며)이거요··너무 맛있게 생겼어요. 애
들 갖다 줄려구요.

종업 네에 (웃으며 갖고 가고)

은수 (중얼거리는) 맛없게 생겼어.

지수 들어어어…

은수 홍가 전화 안 했어?

지수 아니..

은수 ….(보다가) 너래도 해보라니까 왜애..어느 쪽으로 가는지 궁금하
　　　　잖어어

지수 난 안 궁금하다니까?

은수 궁금하면서…내가 이렇게 궁금한데 거짓말도 잘한다..

지수 ?? (그냥 보는)

은수 망할 놈 이살 가면 보고는 해야할 거 아냐..

지수 (커피 잔 들다가) 아니 그게 그렇게 꼭 궁금할 게 뭐야 진짜

은수 야 알어야 그 방향으로 눈 흘기고 살지이이..

지수 (무시하고 마시는)

은수 알려면 뭐 못 알아낼 거 같어서? 홍가 학교서부터 사람 붙여 노
　　　　면 야식은 죽 먹기다…

지수 하지 마.

은수 그야말로 전단지 하나 만들어 우편함에 한 장 씩 꽂아주면 또
　　　　이사가야지 뭐. 평생 이사만 가다 말게 해줄 수도 있어. 즈들이 설마
　　　　아파트 아니면 빌라겠지 단독으로는 못 갔을 거고..

지수 하지 마..

은수 학교에 홍가 조교수 승진 물 건너 가게 만들고 전임 재계약도
　　　　빠갤 수 있어. 작정만 하면 못할 짓이 어딨어. 내가 워낙 빼어난 인품
　　　　이라 이 악물고 참고 있는 거지.

지수 딴 얘기 해.

은수 딴 얘기 할 거 없다. 며칠동안 내애내 머리 속에서 이것들 도대체 어디로 가나만 뱅뱅뱅뱅 돌아다니구 있어‥

지수 ‥‥

은수 진짜 잡은 고기 놓친 거 같다니까? 이따만큼 큰 고기이이‥

지수 (한심하게 보는)‥‥

S# 지수 운전하는 차 안

은수 이러다가 진짜 나 영 운전대 잡기 싫을 거 같아. 엄청 편해‥

지수 하기 싫음 하지 마‥무슨 걱정이야‥

은수 너 사업 시작하면 야 기사로 써먹을 수도 없잖아.

지수 하나 붙여달라면 되잖아.

은수 낭비야‥게다가 기사 쓰면 사모님 체면 보전해야지 얼마나 불편한데‥

지수 그럼 해애‥

은수 아직 날짜 안됐어.

지수 무슨 날짜?

은수 아 이것아 바비큐 파티 한 날 그 년놈 적발하고 새벽에 그냥 두둘겨 패주고 나오다 차 박고 음주운전으로 걸렸잖아아아

지수 ???

은수 면허정지 아직 안 풀렸다구우

지수 ‥‥(보며)

은수 앞 봐 앞.

지수 ‥‥(고개 앞으로)

은수 늬 형부 말고 아무도 몰라‥진주는 점쟁이가 운전하지 말래서

안하는 줄 알고 있고…

지수 ……(앞 보며)술 먹었었어?

은수 엄청 먹었지‥그년 물 들이키듯 하는데 질 수 있냐?

지수 그러다 다치기라도 하면 어쩔려구우우!! 돌았어 진짜‥

은수 아 돌지 안돌아 그 지경에? 완전 뻥 돌았었는데…

지수 ……(입 꾹 다물고)

은수 참 악몽이다 …튀겨죽일년…

지수 ……(입 꾹 다문 채)

S# 화영의 거실

[세련된 중고 명품 가게 여직원 카메라로 화영이 내놓은 핸드백 하나
씩 세팅해놓고 디지털카메라로 찍고 있는 중이다…전체/ 옆면/ 눕혀
놓고/]

화영 (팔짱 낀 채 보고 서 있는)

다른 직원 (감정하는/ 다른 핸드백 요모조모 보고 있다)……

화영 거의 신품이에요 볼 것도 없어요‥

다른 그래도 체크는 해야 됩니다.

화영 커피 드실래요?

여직원 네 한잔 주세요‥

화영 (주방으로 가며)시계도 몇 개 있어요‥ 너무 후려깎으면 안 내 놓
고요…백은 거의 제 값 나오는데 시계는 억울하더라구요‥

남자 그런 편이죠…구매자 만나는 것도 빽만큼 쉽지는 않구요‥

　　E 현관 벨

화영 (현관으로)누구세요오오

남자 E 커텐 설치하러 왔습니다아아

화영   네에··(현관으로)

S# 어느 레스토랑

[들어서는 지수 자매···]

지수   (앞서서 찾고)

석준   (창가에서 신문 보고 있다/ 말끔하게 차려입고)

지수   저기 있어··

은수   (보고)?? 우리 십분 전인데··

지수   (앞서 움직이는)

은수   (지수 잡으며)얘.(너무 멋있다)

지수   조용해··점잖게 굴어··

은수   (흘기고)

지수   석준씨··

석준   (깜짝 놀라 일어나며)아... 미안해요 몰랐어요··

지수   언니요··

석준   처음 뵙겠습니다··박석준입니다··

은수   (자연스레 손 내밀면서)지수 언니에요···반가와요··

석준   아 네··(손잡으며)반갑습니다·· 앉으십쇼. 앉아요 선배··

[자매 앉는]

은수   석준씨 좀 볼려고 몇날 며칠을 졸랐는지 몰라요··혼자된 동생
이 새 남자를 만난다는데

지수   언니

은수   (연결)언니로서 무관심할 수는 없어서요··

석준   아 네에

은수   한번 실패면 충분하지 두 번 실패는

지수 언니 왜 그래‥(좀 뾰족하게)

은수 ?? 아니 이 물론 현재 그냥 편안한 옛날 직장 선후배로 그 이상도 이하도 아니라는 거 알고 있지만 그래도 남녀 관계라는 건 알 수가 없는 거니까

지수 언니이이

은수 아 그래 알았어. 그냥 돌다리도 두둘겨 보자 그런 뜻으로

지수 그것도 아니야‥

은수 아니야?

지수 신경쓰지 말아요 석준씨…우리 언니

석준 (오버랩의 기분) 괜찮아요 선배야말로 신경쓰지 말아요‥

지수 ??(황당해서 언니 보는)

은수 신경쓰지 말래잖아‥왜 오바하고 그래…얘가 원래 오바끼가 있어요‥

지수 ???

석준 하하하하

은수 결벽증 오바끼 아냐?

S# 같은 자리

　　[식사하면서]

은수 글쎄 우리 집 입맛으로는 지수 샌드위치가 어느 가게 샌드위치보다 맛있다는 품평인데 팔이 안으로 굽는 평가 믿고 과연 뛰어들어야하나 좀 그러네요‥

석준 지수선배 샌드위치 맛있습니다. 그 뒤에 다른 샌드위치 먹을 때마다 선배 꺼 생각해요.

은수 언제 / 벌써 샌드위치 시식시켰니?

지수 아니 저번에 처음 화실 구경 갈 때

은수 얌전한 강아지 부뚜막에 먼저 올라간다더라.

지수 언니.

은수 고만 불러어어어?

지수 (난처해서 석준 보고)

석준 장소만 잘 잡으면 괜찮을 거에요..

은수 장소는 애 형부가 열심히 찾고 있어요.

석준 샌드위치 값이 의외로 쎄죠 왜..

은수 그래서 딴 데 보다 좀 싸게 할려구요..아침에는 아메리칸 커피 서비스까지 덧붙이구요.

석준 그거 좋죠 아침에는 대개 투고죠.... 그렇게 하는데 있어요.

은수 떼돈 벌자고 하는 거 아니니까요..그거 안하면 밥 못먹을 정도 는 아닌데도 ..자꾸 뭘 하고 싶대서요....오로지 남편이라는 인간 해 바라기만 하다가 해가 그만 딴 데로 가버린 바람에 해바라기 목이 꺾여서

지수 (오버랩의 기분)딴 얘기할 거 없어?

은수 ??(잠깐 지수 보고)전시회 준비 중이신가요?

석준 아 네 아직 한참 멀었습니다..

은수 빠리에 오래 계셨다 그러든데 빠리에서 전시회는

석준 손바닥만한 화랑에서 두 번 했었습니다..

은수 결과는

석준 뭐 별로 신통치 않았습니다..

은수 그럼 경제적인 문제는

지수 언니이

은수　얘는 왜 입을 못 열게 해애애

석준　하하…그럭저럭 물감 사 쓸 정도는 됩니다··

은수　결혼은 아직 안하셨다면서요

석준　네··

은수　독신주의세요? 사십이 넘게 생겼는데

지수　(미치겠다)

석준　하하 네에····

S#　주차장으로 들어오는 자매

지수　미치겠어 진짜·· 깜박한 내가 멍충이지 어이구우우(차로 가면서)

은수　뭘 깜박했는데에

지수　(돌아보며)잔칫집하고 초상집에는 데려가면 안되는 사람인 거

은수　야 잔칫집도 초상집도 아니었잖아아

지수　엇쩜 그렇게 아무 생각이 없어 언니인··

은수　애 말하는 것 좀 봐 내가 뇌가 없냐?

지수　입만 열면 거북한 소리잖아아··

은수　정작 본인은 아무렇지도 않던데 왜 니가 난리야.

지수　아 몰라. 말 안 해··(운전대로 타버리고)

은수　말은 안해도 태워는 가라 애···(하며 올라탄다)

S#　차 안··

은수　(벨트 빼면서)그런데 쟤 기분 나쁘다

지수　??

은수　너무 잘 빠졌잖니? 저렇게 잘 빠진 애가 왜 아직 미혼이야? 수상
　　하잖어?

지수　무슨 말이 하고 싶은데

은수   니 차례 올 때까지 어떻게 남어 있냐 말야‥그런 물건은 마땅히
          의심해야 해‥커밍아웃해야 하는 동성애잘 수도 있어.

지수   (보며 어이구 참)

은수   그런 냄새는 안나든데⋯언제 날잡아 우리 허서방한테 좀 보라
          그래야겠다.

지수   그만두셔 엉? 그만 둬.(출발)

은수   화영이 년 붙여주까?

지수   ?? 엽기야 암튼

은수   화냥년이잖어어어.

지수   걔 안 그래‥너무 매도하지 마‥

은수   ???

지수   ⋯(운전하면서)

S# **어느 요리 선생 집‥**

   [주부 네다섯 명 속에 끼어서 기초 양념 만드는 법 배우고 있는 중인
   화영‥]

S# **마트/ 화영이 메다꽂았던/**

   [장 보고 있는 자매‥]

은수   그년 이사가니까 허전하면서 좋은 것도 있다‥ 이 마트 도로 다
          녀도 되는 거‥

지수   ⋯⋯(못 들은 척)

은수   아직도 삐져 있어?

지수   석달 열흘 삐져 있을 거야‥

은수   뽀뽀‥

지수   내가 형분줄 알어?

306

은수   (웃어버리고 물건 고르는데)……

주부   저기요….

은수   ??네‥

주부   안녕하세요‥

은수   네 안녕하세요‥

주부   저기 그때 그 사람들 우리 빌라에서 내 쫓았어요‥

은수   ??(지수도 ??)어머머머 그러셨군요오오 벌써 내 쫓았군요……
        아이고 고맙습니다 그러셨군요.

주부   그 날 제가 봤잖아요오‥엇쩌면 그렇게 대애단하세요오오? 우
        리 빌라에서 모두들 그 구경 못한 걸 아주 통탄해 마지 않어요‥

은수   오호호호 뭘요오오…(지수 벌써 저쪽으로 빠지고 있는데)

은수   E 오호호호호 그러세요? 그러죠 뭐. 먹고 하는 일 없어 심심한
        데 그럼 그런 일이나 청부 받아 돈벌이 좀 할까요?

지수   ???(멈춰 서며)

은수   E 그런데 그것들 어디로 갔는지는 혹시 아시나요?

S# 은수의 집 앞

      [들어와 멎는 자동차‥]

      [둘 내리고 트렁크 열고 시장 보따리 둘 다 각각 챙겨 내리고 트렁크
      닫고]

은수   들어왔다 안 갈래?

지수   싫어.(뒷좌석 열고 제 시장 보따리 집어넣는)

은수   내가 오늘 일진이 별로 안 좋은 거 같다.

지수   내 일진이 나쁜 거지 언니 일진 나쁠 거 뭐 있어.

은수   아 그래 됐어‥가…(대문으로)참 공도 없다 몇날 며칠 발품 팔고

끌려 다니면서 샌드위치 말만 들어도 메슥거리게 애썼구먼

지수　마트도 거기 가지 말쟀잖아/ 기어이 끌고 가서는 또 다시 망신

당하면서 오호호호호호 아주 무슨 영웅인줄 알어‥

은수　아 너 비겁하게 피했잖어 너 못 봤어.

지수　못 보기는‥눈 감았어 그 아주머니?

은수　그래그래 모든 게 내탓이다 그래‥잘못했어 뭐든지 다 잘못했

어 안들어왔다 갈 거야?

지수　싫어어 싫다니까?(하고 운전대로 타려는데)

　　　[전화벨]

지수　(전화 꺼내 보고 얼른 받는)네 아버지‥

용덕　F 얼른 와‥아부지 늬집 왔어‥

지수　???(얼른 돌아보면)

　　　[지수 대문 앞에 서 있는 선화와 용덕/지수 시각으로]

지수　어머나 아버지 오셨어‥(서둘러 운전대로)

은수　(그쪽 보며)웬 모자는 쓰셨니?

S#　**지수 대문 앞**

　　　[급히 와서 멎는 자동차/ 급히 내리면서]

지수　웬일이세요.

용덕　풀 뽑으러‥

지수　(뒷좌석에서 시장 본 것 꺼내며)아우 참 괜찮다니까아아‥

용덕　얼른 대문 열어‥(지수 집 선화가 받고)

지수　(경비 풀러 종종 움직이며)오래 기다리셨어요?

용덕　방금. 허탕치고 가는가 했더니 늬들 들어오더라‥저게 바꾼 차야?

지수　네.(경비가 해제되었습니다)

용덕   좋다‥

   [들어가는 세 사람‥]

지수   전화 걸고 오시지이‥

용덕   말릴까봐‥‥‥경비 거는 생각은 안하고 없으면 그냥 들어와 할 일 하자 그랬어…(벌써 풀 보고 쭈그려 앉으며)‥‥‥(연장 들고 왔고/선화 비닐 주머니에서 장갑 꺼내 아버지에게)

지수   ‥‥‥(그러는 아버지 보며)‥‥‥쉬시는 날이에요?

용덕   (장갑 끼며)움‥‥‥

S# 거실 주방

선화   (시장 본 것 냉장고에 넣으면서)얼마동안 쉬실라나봐요‥전화하시는 거 들었는데…

지수   어디 편찮으신 거 아냐?

선화   편찮으신데 없대요‥안그래도 그이가 여쭤봤어요‥그냥 좀 일 거리가 마음에 안 들어 그러신대요.

지수   아버지 그러시기 어려운데 정말 마음에 안드는 일인가부다‥

선화   하루 종일 집 치우세요‥‥‥구석구석 쓸고 닦고 물청소까지 다 하세요‥아무리 하지 마시라 그래도 안 들으세요‥내일은 지붕 공사 하러 사람들 온대요‥쉬시는 동안 집수리 하실 건가봐요‥

지수   그것도 괜찮지‥

선화   저 풀 뽑으러 나가요 형님.

지수   아버지 뭐 시원한 거 한잔 갖다 드려‥

선화   아 참 네에‥(도로)

S# 침실

   [들어와 옷 갈아입기 시작하는데]

E 전화벨/핸드폰

지수 (보고 받는다)네..

준표 F 나야..

지수 알어..

준표 F 별일 없지?

지수 없어..

S# 연구실

준표 나 이사했어......아주 멀찌기/ 멀리 옮겼어..이제 경민이 학교 친구 만날 염려도 없고....편할 거야..

지수 F 우리 위해서 그런 거야?

준표 그 이유도 있지이

지수 F 그러지 마..빌라에서 쫓겨났다면서...

준표 누가 그래..

지수 F 누가 그러든..

준표 저녁 먹으러 가는 날이야...

지수 F 데리고 나가 먹어..그러랬잖어.

준표 외식 싫어하는 거 뻔히 알면서

지수 F 나랑 상관없잖아..당신 밥 해주고 앉었던 내 꼴 우스워. 이제부터는 밖에서 먹어 진짜...

준표 그녀석 나하고는 말하기도 싫어하는데 어떻게 그래애애. 그래도 당신이 있어야 좀 낫지이이........좀 봐주라 엉?....밥만 먹고 오잖어...

지수 F 아버지 잔디 풀 뽑으러 오셨어..저녁 드시고 가시게 해야지 그냥 가시라 그래?

S# 침실

준표 F 그럼 처음부터 그렇다 그러지…

지수 집에서 밥해주기 싫은 것도 사실이야.

준표 F 알았어 그래‥나중에 전화할게‥

지수 (끊는다)‥‥‥‥

S# 마당

지수 (나오는데)

은수 (어느 결에 와서)아우우우 아부지 하지 마세요오오오(아버지 뒤
에서 안아 일으키면서)뭘 아버지가 이런 거까지 하세요오오.이거
지수 집도 아니에요‥홍가 집 마당 풀은 뭐하러 뽑아요 하지 마세요.

용덕 그렇다구 어떻게 내버려 둬어‥금방 잡초밭 되는 거얼

은수 그러거나 말거나요 올케 올케도 하지 마 일어나.

용덕 그럼 못서. 못쓰는 거야.

은수 아 홍가랑 그년 와서 뽑으라게 놔둬요 글쎄에에‥

용덕 <u>쯔쯔쯔쯔</u>

지수 도우미 불러 해결하게요 아버지‥

용덕 놔둬‥작정하고 왔으니까 뽑을 만큼 뽑아주고 갈 거야‥ 늬들
들어가‥선화 너도 들어가…(도로 앉으며)

은수 미치겠다…너 모자 갖구 나와‥

지수 ‥‥(보는)

은수 아 빨리이이?

S# 운전면허 시험장 건물 전경

S# 필기시험장

[필기시험 치르고 있는 사람들 중에 끼어 시험 치고 있는 화영…]

S# 중고 자동차 매장

  [딜러 설명 들으면서 자동차 둘러보고 있는 화영…]

S# 지수의 거실

은수 (어기적거리며 들어오는)아구구구구 이게 무슨 팔짜에 없는 중
  노동이냐아아..울 아버지 작은 딸 이뻐하다가 큰 딸 죽이겠네에에
  ..아이고 죽겠다 아이고 (아무 데나 퍼지르고 앉아 무릎 뒤 주무르고 다
  리 두드리며)아이고 아부지 나 죽겠어요오오오

용덕 (욕실에서 다리랑 군데군데 씻고 나오며/타월 들고)동네 떠나가
  겠다..엄살은 암튼…

은수 무슨 고집이세요오오 사람 써 해준다는데에에…

지수 (마당에서 들어오며)아부지 저녁 뭐해 드려요.

용덕 아 필요없어. 약속있어

은수 (일어나며)무슨 약속이요?

용덕 선화나 멕여보내.. 나는 옛날 친구들하고 모임있어..

은수 누구요

용덕 아 옛날 같이 일하러 다니던 친구들..오랜만에 보자구 내가 저
  녁 산댔어..다들 나온대..

은수 몇분이나요

용덕 별걸 다 물어 나까지 넷이야..

은수 저랑 집에 가요 경비 드릴께요.

용덕 돈자랑 그만해..아부지 있어.

은수 아 해장국에 소주 그러지 마시구 갈비드시라구요. 지수야 니가
  먼저 드려.

용덕 필요없다니까..얘는 왜 안들어와.

지수   뒤처리해요 아버지··

　　E 전화벨

지수   (주머니에서 꺼내 받는)

용덕   (한편)물이나 줘.

은수   네···(움직이고)

지수   네에

준표   F 저녁 드시고 가신대?

지수   아니

준표   F 그럼 가도 되겠네.

지수   나가서 먹으라니까··경민이 아직 안왔어. 전화하라 그러께··

준표   F 알았어··학교 있어··

지수   (끊으며)누가 궁금하대나··

용덕   뭐야··(물 받아 마시고 돌아보는)

지수   경민애비요··경민이랑 저녁먹는 날이거든요··자꾸 집에 와 먹
　　　는대서요··

용덕   ·····

지수   내가 보고싶어하는 줄 알어요··뻔뻔하기는

용덕   (웅얼거리는)오겠다면 오라지 뭘···볼멘 소리 해··

지수   ??

은수   뭐가 이쁘다구요.

용덕   ·····잠바 줘··

은수   (얼른 집어주고)

지수   (총총히 침실로)

용덕   (입으면서)옆에서 쓸데없는 풀무질 좀 하지 마··

은수   ??

용덕   애 애빈데…뭘 그렇게까지 야박스럴 거 있어..

은수   아버지(하는데)

용덕   (현관으로)

지수   (침실에서 나오며)아부지 이거(봉투에 넣은 것)

용덕   쓸데없이 뭐 일당 줘?

지수   그게 아니라

용덕   (나가고)

S# 마당

용덕   (나오며)나 먼저 간다..

선화   (풀 뽑은 거 모아서 비닐봉지에 담는 중)네에..아버님 늦으세요?

용덕   아냐 그렇게 안 늦어..

       [두 딸 아버지 따라 나오고]

용덕   (대문으로)

경민   (들어온다)할아버지

용덕   어 경민이 오는구나…

경민   (굽벅)안녕하셨어요?

용덕   그러엄 나야 느을 안녕하지..

지수   풀 뽑아주고 가시는 길이야.. 약속 있으시대

경민   네에 안녕히 가세요 할아버지..

용덕   오냐 파이팅.

경민   네에..

S# 대문 안팎

용덕   나오지 마 나올 거 없어. 나오지 마..(나가고)

314

[자매 그래도 나가고‥]

[가는 아버지 잠시 보다가]

은수 약주 드시거든 버스 타지 말고 택시 타세요‥

용덕 (손 들어 보이고)

은수 아버지 뒷모습만 보면 왜 이렇게 언짢은지 몰라‥

지수 ‥‥‥(그냥 보며)

은수 간다‥

지수 가게?

은수 가지 그럼 뭐해‥ 아부지이이이‥(하고 달려가 아버지 팔 끼고 가는)

지수 ‥‥‥‥(보며)

S# 거실

지수 (들어와 보고 계단으로)

S# 경민의 방

　　　E 노크

경민 (옷 갈아입으며)네에‥

지수 아빠 니 전화 기다리셔‥ 저녁 먹는 날이잖아‥

경민 못 오신대요?

지수 아니 나가서 먹으라구‥

경민 엄마두요?

지수 아니

경민 둘이서는 싫어요.

지수 경민아

경민 할 얘기도 없는데요 뭐‥‥‥안 먹어도 된다 그러세요‥

지수 ‥‥‥(보며)

S# 지수 골목 마당(밤)

   [준표 자동차 서고 준표 전화하면서 내려 집으로]

준표   엉 저녁만 먹고 금방 갈게… 도착했어…좀 늦었어…애들 페이
    퍼 보느라구 학교서 늦게 나왔어..아니 가는 시간 계산해 줘야지
    멀어졌잖아…응…응 그래 미안해…응(끊고 들어간다)

S# 마당

준표   (들어와서 서둘러 현관으로/키 번호 누르는데 안 먹힌다…다시 한번
    시도/역시 안 먹히고/…벨 누른다)

선화   안녕하세요?(현관문 열고)

준표   아..안녕하세요

S# 거실 주방

준표   (들어온다)….

지수   (준비하며 모르는 척)…..

준표   비밀 남버….

지수   바꿨어…

준표   …..(잠시 보다가 상의 벗어 걸쳐놓으면서)좀 늦었어..

지수   시간도 못댈 거면서 …..

준표   멀었어?

지수   경민이 불러.(선화에게)

선화   경민아아아아

S# 식탁

   [앉는 경민과 준표.]

선화   저는 나중에 먹을께요 형님..(이 층 쪽으로)

지수   왜 그래 이리 와아..

선화 아니에요 어려워요..나중에요..(이 층으로)

지수 (나머지 상에 갖다놓고 앉는).....

준표 (찌개 떠먹는).....먹자..

경민 (수저 들고)

  [셋이 밥만 먹는 시간 좀 두었다가]

지수 이럴 거면 차라리 안 만나는 게 낫겠다..부자가 똑 같아..

준표 분위기가 그렇잖아..

지수 ....

준표 경민아..

경민 네..

준표 아빠한테 유감많은 거 아는데...이제 그만 좀 봐주라...엄마도
  거북하시다잖어.

경민 .....

준표 아 참..아빠랑 서커스 구경 가자...

경민 (엄마 돌아본다)

지수 왜 엄마는 봐..

경민 엄마 같이 가요?

준표 엄마가 싫달 걸.

지수 둘이 가..

경민 생각해 보구요..

지수 생각하지 말고 가..보기 힘든 거라 그러더라..

경민 ...

준표 가자...

경민 네..

준표   나중에 딴말하기 없기야..

경민   네..

준표   굴비가 좀 말랐다..오래 군 거 아냐?

지수   ?? 늦어져서 한번 더 뎁혀서 그래.

준표   미안해..

S# 마당(밤)

　　　[나오는 준표와 경민....]

준표   (마당 가운데서 멈춰 서며)경민아...

경민   네..(안 보며)

준표   아빠가 이 세상에서 제일 무서운 사람이 누구게...

경민   (보는)...

준표   그래 알아 아빠 큰 실수했어..니가 어른되기 전에는 도저히 이
　　　해하기 어려운 짓을 했어....그래서 할아버지 할머니한테도 불효가
　　　됐고 엄마한테는 평생 죄인되고 그랬어..

경민   .....

준표   그런데...그건 그거고...그건 세월한테 맡기고..너랑 나랑은....
　　　그냥 아버지와 아들로서 좀 잘 지낼 수 없을까?....

경민   (보는)

준표   엄마 문제 따로 떼어놓고 말야. 너하고 나 둘만의 관계로...그것
　　　도 가능하다고 생각하는데...

경민   그런데 어떤 아줌마에요?

준표   ??

경민   혹시 아빠 ...제자에요?

준표   어 아냐 그렇지 않아..

경민   그럼 교수에요?

준표   아냐..

경민   궁금해요..

준표   (경민 머리에 손대려)

경민   (피해서 빠져나가며)가세요..

준표   그래...전화하께...토요일로 티켓 만든다..

경민   네...

준표   (나가서 돌아보면)

경민   (들어가고 있다)

준표   .....(보며).....(있다가 착잡하게 제 자동차로 오르는)

S# 은수의 집 앞

   [집 앞을 지나가는 준표의 차와 엇갈려 택시 한 대가 와서 멎는다]

남자   (허름한 옷차림의 달삼 또래 남자/ 뒷자리에서 작은 가방 하나 꺼내
       고 차 안에 대고)내려....내려 빨리..

S# 은수의 거실

   [저녁 먹고 참외 먹으면서 수다 떠는 중인 모녀..]

은수   그러니까아아...인물보고 결혼했다간 인물값하는 거 때문에 멍
       잡고 돈 좋아 돈보고 결혼했다가는 돈만 있지 사람들은 형편무인
       지경일 수도 있는 거고(하는데)

   [대문 벨 소리.]

   [모녀 돌아보고]

진주   (인터폰으로)누구세요?

남자   ...(고개 푹 숙인 채)예 좀 나와 보세요..

진주   누구신데요?

남자   저기…심부름 왔습니다‥

진주   (대문 열어주고 현관으로 나간다)‥‥

은수   (무심하게 참외 아작거리고 먹는)

S# 은수 마당

진주   (나오는데 열린 대문으로 택시 휘익 떠나고 일곱 살짜리 여자아이
         아아아앙 울음 터뜨린다)???(서둘러 대문으로)

S# 대문 앞

진주   얘 너 누구니‥(아아아아아아앙아아아아앙)울지 마 울지 말고 말해.
         너 누구야 누구냐구

아이   으으으응 응응응응‥‥

진주   뚝 ‥뚜우우욱‥안 그치면 언니 화낸다아? 그쳐 딱 그쳐‥

아이   (울음 참으면서 진주 보는)

진주   아저씨 어디 갔어‥ 대문 벨 누른 아저씨 어디 갔어 응?

아이   택시이

진주   택시 타고 갔어?(끄덕)그 아저씨가 너 여기 놓고 갔어?(끄덕)
         그 아저씨가 뭐라면서 너 데려 왔어…

아이   아빠 집이래‥

진주   ?? 여기가?(끄덕)여기가 니 아빠 집이래?(끄덕)그 아저씨는 누
         군데‥

아이   아빠 아니래‥

진주   엄마는 니 엄마는 어디 있는데‥

아이   히이이이잉.아아아아앙앙앙앙

은수   E 뭐야 너어‥‥

진주   (돌아보고 얼른)울지 마 울지 마 애. 저 아줌마 무서워 너 뚝 뚝 그

쳐. 그쳐어어어

은수 (오며)뭐야아 웬 애야?

진주 우리 집이 얘 아빠 집이래..

은수 ???

진주 황당하네..진짠 거 같으면 내 동생이잖어..

은수 아 집 잘못 찾아온 거야./ 그런데 아까 그 남잔 어디갔어.

진주 택시타고 토꼈대.

은수 ??? 애만 여기 놓고?

진주 웅

은수 원 살다살다 별....얘. 너 어디서 왔니 늬 엄마 어딨어..

아이 와아아아아아아..

진주 엄마 얘기 묻지 마 엄마/ 엄마 소리만 하면 대성통곡이야..

은수 (소리 높여 우는 아이 보며)......별일이다아...이게 무슨 일이야
대체에에..

S# 지수의 거실 주방

[식탁에 마주 앉아 차 마시는]

선화 (찻잔 들고 무안하게 웃으며)애기 가지면서 훨씬 좋아졌어요..짜
증도 덜 피우고 투덜거리는 것도 줄어들고요.

지수 애기가 투덜이 약이었구나..

선화 퇴근할 때는 꼭 먹고 싶은 거 없냐 물어요..

지수 홈패션은 벌이가 괜찮아?

선화 용돈벌이는 되고도 남아요. 어떤 달은 백만원 넘기도 하는데요?

지수 그래애? 그런데 이제 애기 키울려면 그것도 못하겠다?

선화 조금씩 하죠 뭐..아버님 정 하겠으면 먼지나고 애기한테 해로

울 테니까 미싱 아버님 방에 갖다 놓고 아버님 방에서 하라구요··

지수　그래··그래도 되지 뭐··

선화　형님은 샌드위치 가게 하실 생각이라면서요?

지수　응···생각 중이야

선화　애기 없으면 제가 도와드려도 되는데··

지수　(그래)식구가 돕는 게 좋은데··

선화　호호 아버님요 아버님이 애기 보신다고 절더러 나가 도와 드리래요··

지수　??안돼애애애

선화　까르르르르르

S# 거실

　　　[아이 데려다 앉혀놓고 가방에서 아이 옷가지 꺼내 놓는]

은수　·····(중얼거리는)····뭐야 이런 때 편지 한 장은 있어야 하는 거 아냐?

진주　(그동안 아이 자세히 관찰하고 있다가)그런데 엄마 얘 아빠 닮은 거 같아··

은수　??

진주　쌍꺼풀 포옥 진 눈하고 입하고

은수　그런 일은 있을 수가 없어 얘·· 그리고 쌍거풀은 나도 있다. 너만 주어다 키운 애라 없지.

진주　나두 있어어 내가 왜 없다 그래?

은수　가만/ 여기 뭔가 있다/(가방 옆 주머니에서 봉투 하나 꺼내면서)·····

진주　??(일어나 옆으로 가서 같이 보는)

은수　(알맹이 꺼내 보는)사장님 딸이에요······어떻게 해서든지 내 힘으로 끝까지 키우려했는데······

322

진주 (엄마 잠깐 보고 이어 읽는다) 능력이 없어서 이렇게 됐어요‥학

교 갈 나이도 됐고 사실은 저 결혼해요‥(엄마 눈치 보고 다시 읽는다)

사모님이 아무리 무서운 분이래도 사장님이 설마 해결하실 거라고

믿어요‥구박하지 마시고 잘 키워주세요 아정 엄마가‥쟤 이름 아정

이네‥

은수 너 성은 뭐니‥‥(아이 그냥 보고)이름이 뭐야.

아이 지‥‥아정‥‥

은수 허아정 아니잖어

진주 엄마 이름은 엄마 이름 몰라?

아이 지 현자‥‥

지수 (엄마 보는/ 엄마 성이네)

은수 ‥‥‥‥(있다가 집 전화 집어 든다)

S# 건축 현장에서 자동차로 부지런히 걸어 나오면서‥밤입니다

달삼 밤이 아홉이래도 스케줄 맞추란 말야. 우리 때문에 공기 늦어

졌다 태클걸리면 피널티 무는 거 몰라? 공사비 십프로 다운 이십프

로 다운

책임자 (오버랩의 기분)걱정마십시오 사장님. 바짝 서두르면 충분히

맞출 수 있습니다.

달삼 남 스물네시간을 서른 시간처럼(하는데)

　E 오버랩의 기분/핸드폰 울리고 보고

달삼 어 마누라 왜

은수 F 어디야

달삼 어딘 거 왜 물어 현장이야.

은수 F 지금 곧장 집으로 들어와.

달삼 들어가긴 야 곧장 강남 넘어가 접대해야(하는데)

은수 F (오버랩의 기분) 접대구 대접이구 걷어치구 들어와 집에 당신 딸/얘 너 몇 살이니(물어보고) 일곱 살 짜리 당신 딸 와 있단 말야.

달삼 자다 일어났어? 꿈꿨냐? 꿈이야 꿈꿈··진정해.

은수 F 꿈아닌 현실이야 당신 판박이야 들어와 애 보고 얘기하자구··

달삼 ???뭐야 진짜루 내 딸이 나타났단 말야?

은수 F 그래··이 인간아아아!!

달삼 야 묶어버린지가 언젠데

은수 (오버랩의 기분)묶었다구 마음놓고 휘두르고 다니다가 풀어졌겠지이이!!!

달삼 ??(얼른 자기 아랫도리 보는)

S# 대문 앞으로 돌진하듯 들이닥치는 달삼 자동차··

달삼 (뛰어내려 들어간다)·····

S# 지수의 거실

지수 (싱크대에서 손 씻고 행주로 물기 닦아 널고 소파로 가 앉으며 카세트 틀고)····(피시시 옆으로 눕는)

S# 화영의 아파트 거실

준표 (소파에 앉아 찻잔 받으며/ 씻고 나왔다)그건 또 언제 신청해 논 거야··

화영 이사하기로 작정한 이튿날 (옆에 찻잔 들고 앉으며)

준표 아침에 커텐 달고 요리 배우러 가고 운전면허 시험치고 면허증 받고 바빴겠네.

화영 자동차 구경도 했는데?

준표 ??

화영 네 바퀴없으니까 불편해.. 중고차 한 대 살래.

준표 중고를 왜 사..새차로 하지..

화영 바보같은 소리 하지 마. 차는 새차 뽑아내는 순간부터 중고야...
사고 없이 일이년 탄 차 사면 새차나 다름없으면서 얼마나 절약
인데..

준표 그 입에서 절약 소리 정말 이상하다.

화영 ??내가 얼마나 절약하고 사는데에??

준표 하하 그래? 새 차 사. 사주께.

화영 내가 살거야.

준표 당신이 무슨 돈이 있어.

화영 그 정돈 있어..핸드백 팔려고 내 놨고

준표 그걸 왜 팔아 그러지 마.

화영 아직은 당신 주머니에서 몫돈 빼달라기 좀 그래. 집 준비했잖
아. 내 차는 내가 살게..

준표 집은 당연히 내가 만들어야하는 거고

화영 돈으로 부담주기 싫어 아직은……남자 주머니 털어내는 정부 같
잖아..정식 부부 되면 그때부터 떳떳하게 당신 돈 쓰께..됐지?

준표 아픈데 찌르는 방법도 여러 가지다.

화영 지수 어때?

준표 거의 아는 체도 안하는 수준이야...

화영 미국 아이들은 그거 잘하는데 우린 감정정리 잘 못해..

준표 당신이라면 하겠어?

화영 뭐 어때. 끝난 관계는 끝난 거 새 관겐데.. 전남편 전 마누라 꼭
그렇게 으르렁거릴 거 있어?

준표　저쪽 입장 돼 봐. 그게 그리 쉬운 일인가…그리고 이젠 으르렁

　　거리지도 않어‥완전 무시하는 데 뭘‥

화영　그러니까 어때?

준표　씁쓸하지 뭐…안쓰럽기도 하고‥

화영　……(보며)

준표　착한 사람인데….내가 망가뜨렸구나 …그래…

화영　(일어나며)들어가 일해. 나 소스 만들어야 해.

준표　무슨 소스.

화영　오늘 배운 거 실습.

준표　(일어나며)이화영 대변신을 하는구나‥ 노력이 암튼 가상해.

화영　얼마나 갈지 모르지만?

준표　하하 그래‥

S#　지수의 거실

지수　(전화 들고)내일 열시 예약이에요 어머니…아홉시 반에 모시러

　　갈께요‥

S#　침실

황　　(전화 막고)경민에미 내일 아홉시 반에 온대요‥

홍　　(침대에 기대어 앉아 발 지압 받으며)왜 온대…

황　　치과 가시는 날이에요/

홍　　어어‥그래 오라 그래…

황　　알았다…발지압 받으셔…침대를 어찌나 좋아하시는지 지압

　　받을 때도 침대서 하시겠대서 지압 선생이 힘들어 죽을라고 한단

　　다….바닥 만큼 안 편한 모양이야

홍　　싫으면 말어.(발 털어내며)

326

발지압 ??저 아닙니다 회장님.

홍 싫으면 말어.(발길질 한 발로)

황 아우 아니에요..권 선생 얘기에요.. 박선생 아니에요..

홍 치/

S# 은수 침실

달삼 아 나 아냐 글쎄.. 일단 지현자가 누군지 전혀 기억에 없고 이단 당신이 강제로 묶어놔 씨 못 뿌리는 남자 된지가 벌써 십 오년이고 /아 글쎄 이럴 게 아니라 내일 날 밝으면 병원가 확인하면 될 거 아니냐구..틀어졌는지 안 틀어졌는지만 확인하면 당장 밝혀질 일이 잖어어어

은수 그런데 왜 애가 당신 판박이야..

달삼 ……(보다가)정말 풀어졌나? 언제 풀어졌지??

은수 (노려보는)

달삼 그런 거같으면 이거 보통 일 아니다 은수야..딸 아들 딸 아들 계속 들어오면 어떡하냐..

은수 (한심하게 보고)

달삼 아니아니 일단 나는 지현자라는 여성을 몰라 내 평생 들어본 적이 없는 이름이야..

은수 술집 애들이 본명 써?

달삼 그건 그러네.....아 누구야아아아아....

은수 나가 자..

달삼 (보는)

은수 심장 떨려 못 견디겠어어어..당신 바람질 준구 낳고 본격적이었어..열여덟살 짜리 부터 줄줄이 들어올 수도 있단 말야.

달삼 아냐 여보. 아냐 들어올 거 같으면 버얼써 들어왔지 그런 건 없
으니까 안심해‥내가 야 뒤처리가 얼마나 깨끗한

은수 (뭔가로 두들겨 패면서)깨끗하다는 소리 내 앞에서 하지 마. 깨
끗해? 깨끗해? 깨끗해애애??

달삼 (맞다가 결국 튀어나간다)

은수 ……(씩씩)

S# 거실

달삼 ……(쫓겨 나와서……황당/……그럴 리가 없는데 길 수도 있고 환장하
겠다)……

진주 (이 층에서 내려오는)

달삼 (돌아본다)

진주 (부어서)자다 일어나 울어…먹을 거 주고 꼬실라구…

달삼 야 니가 보기에도 정말 닮았냐?

진주 (주방으로)닮았어요‥

달삼 ……

준구 (들어오며)다녀왔습니다아‥어 아빠 일찍 들어오셨네요‥

달삼 어 그래…(주방으로)

진주 (애 먹일 것 들고 움직이는)

준구 ??무슨 일이야?

진주 (표정만으로 올라와 봐아)

준구 (따라 올라가고)

달삼 (술 꺼내서 벌컥벌컥 마시는)……

S# 침실

은수 ……(기막혀 앉아 있는)………(팔짱 끼고)……(있다가 벌떡 일어나

나가는)

S# 거실 주방

은수　(나와서 달삼에게 가 들고 있는 술잔 뺏어 단숨에 비워버리고)나갑시다.

달삼　?어디

은수　애들 챙피하게 집 안에서 큰소리 낼 수 없으니까 나가자구.

달삼　나 허리 다친 거 난지 얼마 안됐어 여보오.

은수　아예 허리 부질러 눕혀놓고 내가 벌여 먹여 살릴 거야. 나가자구.

달삼　(허리 콱 껴안고 들러붙으면서)여보여보 잘못했어.내가 죽일 놈이야..나 진짜 아무리 생각해도 그럴 리가 없는데 옘병할 그게 풀려버렸다면 가능성 충분히 있어. 인정해 내가 인정해..(무너지듯 무릎 꿇고 앉으며 다리 껴안은 자세)나같은 건 죽어야 해. 나같은 건 살 가치가 없어. 나같은 건 똥구덩이에 얼굴처박고(하는데)

은수　(두 손으로 머리칼 움켜잡아 일으키는)

달삼　아아아아(하며 일어나고)

은수　(그대로 끌고 거실로 나오면서 해치워 버리고)

달삼　(속수무책 소파로 쑤셔 박히는).....

은수　.....

F.O

S# 어느 병원 복도 환자 대기실

[기세등등한 은수와..한쪽에서 잔뜩 쫄아 전화받고 있는]

달삼　어..집안에 일이 좀 있어서 못나가고 있으니까..정상무 알아서 처리하고 어제 회의에서 결론 냈잖아 그대로 처리하라구. 그리구 죽고 사는 일 아니면 오늘 나 찾지 말어...아 우리 집일 정상무가 알

어서 뭐해..끊어..(끊고 아내 옆으로 와 앉는다)……(눈치 보고)…(있다가 슬그머니 아내 손잡으려 하면)

은수   (잡아먹을 듯 흘겨보며 매섭게 떨어내고)

달삼   ……

S# 은수의 거실 주방

진주   엄마 어딨어 엄마..

아정   (보는)……(빤히 보는)

진주   누구랑 살았어 지금까지 누구랑 같이 살았어..

아정   엄마..(비죽비죽)

진주   울지 마 울지 말고 말해..언니가 엄마 찾아줄테니까 울지 말고 묻는 말에 대답 해 응?

준구   (책 탁자에 놓고 지켜보고 있다가)지키지 못할 약속은 하지 마.(뿌우우)

진주   엄마랑 어디서 살았어 응? 서울? 부산? 대구?

아정   대전..

진주   아아 대전..대전이구나.. 대전가면 너 늬 집 찾을 수 있어?

아정   (고개 흔든다)

진주   유치원 안 다녔어?

아정   다녔어.

진주   무슨 유치원? 이름이 뭐야? 유치원 이름 있을 거 아냐..

아정   샛별 유치원..

진주   샛별 유치원 으응..(그래)너 올라가 홈페이지 있나 찾아봐.

준구   학원 안가?

진주   이 상황에 학원가게 생겼니?

330

준구 아빠 엄마 상황이지 내 상황은 아냐.(책 들고 일어나는)

진주 느닷없는 동생이 생기게 됐는데 내 상황도 되지 어떻게

준구 (오버랩의 기분)작정하고 애 보낸 건데 찾아서 어쩔 건데.. 나 찾
아봐라 고기 고 자리에 그냥 있을 거 같아? 벌써 날랐지..이건 계획
적인 거야. 결혼한다 그랬다면서. 결혼하면서 걸림돌 우리 집으로
치운 건데 애쓰지 마. 애써봤자 아무 소용없는 일이야.

진주 그럼 얘를 어떡하면 좋으니

준구 걔두 걔지만 우리는 우선 우리 아빠를 어떡하면 좋을지 먼저
걱정해야 할 거 같아..아무래도 엄마 이번에는 안 넘어가실 거 같은
데...만약 두분이 이혼을 하시게 된다면 난 아빠 편에 붙을테니까
누나는 엄마편에 붙어..

진주 얘는

준구 걔는 ....아빠랑 내가 데려가야겠지..엄마가 챙기시겠어?

진주 아정아..너 그런데 어제 너 데려왔던 아저씨는 누구야?

아정 엄마가....아저씨한테 데려갔는데...아저씨가 여기로 택시타고

진주 그래 그 아저씨가 누구냐구...

아정 아빠..

진주 그 아저씨도 아빠야?

아정 (끄덕이는)

준구 뭔소리를 하는 거야..너 남자는 다 아빠냐?

아정 아니야..여기 아저씨가 진짜 아빠래.

준구 누가..

아정 아저씨가...

준구 엄마는 누가 니 아빠랬어....

아정   .....(보며)

준구   응? 누가 니 진짜 아빠래.

아정   여기 아저씨...

준구   나 나가..

진주   그래애애(한숨 섞어)

준구   무슨 일 있으면 전화해..(현관으로 움직이며)

진주   공부나 해.

S# 홍회장 정원

[지수 홍회장과 함께 나오고 있다.....]

지수   오늘 덥겠어요 아버님..

홍   .....(뿌우 한 채 발밑에만 신경 쓰는)

지수   ....(눈치 보고 그냥 차 쪽으로)

홍   (멈추고)안기사..

안   (내달으며)네 회장님.

홍   들어가 꺼면 안경 갖고 나와.

안   네 (내닫고)

홍   그리고 거 호텔에 전화해서 중국냉면 시작했나 알어봐..

안   네 회장님..

홍   중국 냉면 먹으러 가자..

지수   네에...

홍   치과 지겨워..

지수   제일 힘든 게 치과 치론 거 같아요 아버님..

홍   우움....

지수   (차 문 열어주고 시부 타는 것 도와주고/운전석 뒷자리 오른쪽/ 문 닫

으려는데)

홍   (자기 옆자리 두드리며)타‥

지수   네에‥(문 닫아주고 돌아서 시부 옆으로 탄다)

S# 차 안‥

홍   (지수가 타고)안기사 이눔 어디 갔어.

지수   안경 가지러 들어갔어요‥‥

홍   ‥‥‥

지수   아버님 안경이요. 선글라스

홍   우움‥(하며 창밖으로 고개)꽃이 다 졌어‥

지수   네에‥

홍   안기사 어디 갔어‥

지수   ‥‥‥(보며)

S# 병원 복도‥‥

     [대기 중인 은수 내외‥‥‥]

달삼   (손에 땀나서 무릎에 손바닥 비벼 내리는)

은수   ??(보고)손수건 있잖아아(통박)

달삼   어‥(주머니에서 손수건 꺼내 손 닦는)‥‥‥사형집행 앞둔 사형수

     심정이 이럴 거 같다‥

은수   입 닫고 가만 있어. 내 심정은 어떨 거 같아‥

달삼   용케 잘 피했는데‥‥

은수   ??(휙 돌아보는)

달삼   풀어졌기만 해라. 그거 묶은 의사 내 가만 안놔둬.

은수   가만 안놔둘 건 당신 거기야아‥ 그길로 내 작두 사러 갈테니까

     그리 알어.

달삼　.......

은수　결국은 이 꼴까지 보는군...어후우우우우....내 팔짜야...

달삼　....

은수　난 죽어두 못키워.

달삼　못키우지이이...그거까지 어떻게 시켜..

은수　어쩔 건데..(누군가 검사한 것 들고 들어갔다가)

달삼　애 엄마 찾아야지..

은수　...(보는)

달삼　방방곡곡 이잡듯 뒤져서라도 찾아내야지..어떤 여잔지 도무
　　　지 기억에 없으니 나두 환장할 노릇이야..내가 그렇게 기억력이 없
　　　는 사람이 아닌데...

은수　한둘이래야 기억을 하지이이...(들어갔던 사람 나오고)

달삼　어린앨 가졌으면 그 즉시 말을 하지이이 칠년이나 묵혔다가
　　　대체 이게 무슨 짓이야.

　　　[간호사 문 열고...]

간호사　허달삼 씨 들어오세요..

달삼　??(긴장해서 일어서고)

은수　(일어나 진찰실로 앞서 들어가는)

S# 진찰실

의사　(검사 기록 보다가 들어서는 은수 보고)허달삼씨...

은수　그 사람 처에요 선생님 말씀하세요..(달삼 쭈뼛쭈뼛 들어온다)....

의사　이상 없는데요..

은수　??

달삼　??

의사 완벽한 상탭니다. 이상 없어요‥

달삼 (다리에 맥 풀려 펄썩 주저앉는다)

은수 ??

S# 병원 앞

　　[나오면서]

달삼 (기고만장)내 뭐랬어 엉? 하늘에 맹세코 결백하다구 했잖아아‥
　　당신 말야 남편 알기를 개떡으로 알고 뭐? 풀어져? 뭐가 풀어져 풀
　　어졌는데 완벽하다는 검사 결과 나오냐?

은수 (멈추고)조용해.

달삼 왜 조용해. 조용할 건 당신이지 내가 아니야. 누구더러 조용하
　　란 거야 지금!!

은수 집에 가 애 데리고 유전자 감식하러 가자구.

달삼 ???뭐 뭐 뭐를 해?

은수 나 모르게 잠깐 풀었다가 묶었는지 누가 알아. 못 믿어‥‥(움직이
　　며)와아 빨리‥

달삼 ‥‥‥‥

제20회

S# 은수의 마당(오전 11시쯤)

S# 거실

달삼 내가 미쳤냐? 미쳐서 당신 모르게 풀었다가 다시 묶냐? 말 안
되는 소리 말고 이걸로 끝내자 엉? 아 나 무쵠거 확실한데 그거까지
할 필요가 어딨냐구.

은수 당신이랑 의사랑 짰을지 누가 알아

달삼 미쳤군미쳤어. 언제/ 언제 짜 언제!!!

은수 그렇게 자신있는 거 같으면 유전자 검사 못받을 게 뭐야

달삼 애 데리고 셋이가서 야 얘가 내 자식인지 아닌지 밝혀주쇼 그게
할 짓이야?

은수 해서는 안될 짓 하고 산 결과야 이게!!

달삼 아니라잖아. 아니라고 했잖아아아

은수 애 데리고 내려와 너.(서 있던 진주에게)

진주 엄마

은수 왜.

진주 그거까지 할 필요 없잖아? 아니라는 거 밝혀졌는데

은수 그래도 난 못 믿겠다 유전자감식까지 끝내야 믿겠어.

진주 애한테 너무 잔인한 짓인 거 같아.

은수 ??

달삼 맞어 너무 잔인해. 나는 그렇다 치고 애한테 너무한 처사야./ 애
가 무슨 잘못있냐. 잘못 태어난 것만도 가여운데

은수 안데리고 내려올 거야?!!!

진주 ....(놀라서 보고)

달삼 ??

은수 이게 다 뭐야. 내가 왜 이런 짓까지 하면서 살아야 해. 누구 잘
못이야 이게 누가 어떻게 산 결과야. 그래 나는 피도 눈물도 인정
도 사정도 없는 괴물이야. 늬 엄마 괴물이야. 그렇지만 여기서 그
것만으로는 못 넘어간다··마지막 검사까지 하고 결과를 봐야 끝이
나지 이대로는 끝 안 난단 말야. 날 이렇게 만든 게 누구야··누군데
에에!!

S# **치과 치료받는 회장**

닥터 (이빨 사이에 얇은 것 물려놓고) 지그시 물어보십시오 회장님.

홍 (시키는 대로)

닥터 (빼내서 보며)불편하지 않으십니까?

홍 몰라

닥터 다시 한번 물어보십시오

홍 아 왜 자꾸 똑같은 거 시켜어··

닥터 한번만 더 해보십쇼

홍 구찮어.

지수   (손잡고 있다가)한번만 더 해보세요 아버님.

홍   (시키는대로)····

S# 화영의 욕실

화영   (걷어붙이고 맨발로 욕실 청소하고 있는/욕조 가장자리로 올라가
    벽면 타일에 비누질하고 있는 중)······

준표   (열린 문으로 들여다보면서)아주머니 오는데 왜 그걸 직접해애애··

화영   어제 시켰는데 마음에 안 들어.

준표   깨끗하기만 하던데 뭘 그래.

화영   (바닥으로 내려서며)문 닫고 나가 물끼얹어야 해··

준표   해보지도 않았잖아.

화영   밥하는 거에 비하면 일도 아니야.

준표   점심 먹고 나가자면서···

화영   아 나 냄비 올려놨어. (급히 타월에 손 닦으며)빨리 가봐··큰일났
    다··탄내 같은 거 안나??

준표   맛있는 냄새 나는데?(나가며)뭐 생선 올려 논 거 아냐?

S# 주방

준표   (나와서 냄비 뚜껑 열어보고 얼른 가스 불 끄는)

화영   어떻게 됐어?(나타나며)

준표   지금 안 봤으면 탈 뻔했어··직전이었어. 국물이 하나도 없어.

화영   (들여다보며)우우우(일 날 뻔했다)

준표   고등어야?

화영   어렸을 때 생각나서··요리 선생님한테 따로 배워왔지?

준표   (궁둥이 툭툭 쳐주면서)날마다 발전해애애?··

화영   그렇게 좋아?

준표 좋지이이…날 위해 끊임없이 애써주는데 얼마나 고마운 일이야‥

화영 (싱크대에서 손 닦으며)상추 쌈 먹을 거야. 고등어 조림에 상추 쌈.

준표 컴퓨터 끄고 나올게‥

화영 어 오분이면 돼‥

S# 식탁‥

화영 (쌍추 싼 것 준표 입에 넣어주고 있다/ 입안으로 다 들어갈 때까지 넣고)맛있지‥

준표 (입에 밥 있어서 대답할 수 없다는)

화영 까르르르르 (코 잡아 흔들면서)귀여워 죽겠어‥

준표 (바보처럼 웃고)‥‥

화영 하나 더 해 주께‥

준표 아니 당신 먹어. 내가 먹을게‥

화영 (쌈 싸면서)주말에 바람쐬러 나가자‥

준표 아 토요일에 경민이 데리고 서커스 보러 가기로 했어‥

화영 ??

준표 일요일에 잠깐 나갔다 오자‥

화영 나도 보고 싶은데‥

준표 여름 방학에 모르코 여행 갈려고 해.

화영 ??

준표 당신하고 같이‥

화영 우와아아아아 아하하하하

준표 아버지 집에 있는 스쿠터 갖고 왔으면 좋겠는데 놀데가 마땅 칠 않네‥

화영 (쌈 입에 넣으려다 내리며)지하에 있어. 사람들 자전거랑 오토바이 둬두는데..

준표 웬만한 자동차 한 대 값인 거라서…

화영 먼저 집 마당 있는데 왜 아버지 집에 뒀어?

준표 못 타게 하셔서..사고 난다구..

화영 ……(보다가/ 쌈 싼 것 접시에 놓으며)그래 안 타는 게 좋겠다..타
지 마…

준표 ……(보는)

화영 나도 반대야.

준표 사고 안나.

화영 대학교수가 체신없어..

준표 하하하

화영 사고나면 나 어떡해..

준표 안난다니까..

화영 나도 같이 죽어버릴꺼야..

준표 ……(보며)

화영 싫어 타지 마..갖다 팔아먹어..

준표 알았어..놔두자…..(먹으면서 사이 두었다가)날씨가 좋으니까 당
신 태워 한바탕 달려보고 싶다 그런 생각이 들어서…

화영 그럼 타 보자..

준표 ??

화영 사고나 죽어도 같이 죽을 테니까 그건 상관없어.

준표 죽기는 왜 죽어..

화영 알게 뭐야..우리 둘다 벼락맞을 사람들인데…

준표 그런 생각 하지 마..

화영 남들이 그러니까··

준표 (오버랩의 기분) 언제부터 신경썼어.그런 거 상관없다는 사람이.

화영 상관없다고 부르짖는 사람이 사실은 누구보다도 상관있는 걸 지도 몰라···남들한테서 너무나 상처를 많이 입었기 때문에 거꾸로 상관없다 부르짖는 걸지도··

준표 ·····(보는)

화영 어 신경쓰지 마·· 나 진짜 상관없어·· 남들 말에 휘둘리는 건 바 보야··왜냐 남들이 내 인생에 보템 주는 거 전혀 없거든?

준표 맞아··

화영 우리 모로코 가?

준표 응

화영 카사블랑카가 모로코에 있다는 거 밖에 몰라··공부해야겠다··
    (접시에 쌈 집으며)

준표 (웃으며 보는)

S# 어느 중국집··

   [중국 냉면 먹고 있는 지수와 홍]

홍 (그릇째 들고 국물 마시고 놓으며)맛있었다··

지수 네에···

홍 눌러··과일 달라 그래··

지수 (초인종 누르고)······

홍 멜론 달라 그래··

지수 네···

종업 (들어오고)

지수 맛있게 드셨대요··

종업 감사합니다 회장님

홍 멜론 좀 줘.

종업 예 알겠습니다‥(그릇 거두어 들고 나가고)‥‥‥

홍 (목에 냅킨 당겨 내리고)

지수 (얼른 손 뻗혀 냅킨 적당히 접어놓는)

홍 (엽차에 손)

지수 (지켜보며)‥‥‥

홍 너무 취

지수 (일어나며)에어컨 끌까요?

홍 움‥

지수 (실내에 붙어 있는 에어컨 스위치 끄고/에어컨 자체가 들어와 있는

　　건 아닙니다)‥(도로 제자리에)

홍 늙으면 춘 게 싫어‥

지수 네‥‥

홍 졸리다‥‥‥

지수 ‥‥멜론은 드시고

홍 그럼 먹어야지‥

지수 ‥‥(보다가)저기요 아버님‥‥드릴 말씀이‥‥

홍 (보는)

지수 있어요‥

홍 해봐‥

지수 저‥‥‥자그마한‥‥가게를 하나 해 볼까 그래요‥‥‥

홍 ‥‥무슨 가게‥

지수 저기‥‥샌드위치 가게요‥

홍　그건 해서 뭐하게··

지수　그냥 노는 거보다는 뭔가 조그맣게라도 제 일을 하는 게 앞으로 살아나가는데도 힘이 되고 또····그냥 놀고 먹는 건 비생산적이잖아요 아버님.

홍　치/

지수　??

홍　그깐 샌드위치 팔어 무슨 크게 생산적이 될 거라고··

지수　·····(보며)

홍　하지 마··할 거 없어··

지수　그렇지만 아버님··

홍　애나 키워··자식 잘 키우는 것도 쉬운 일 아니야··너 할 일은 그저 경민이 잘 키워내는 일 밖에 없어··

지수　···그래두····한번 해보고 싶은데요 아버님····(아주 조심스럽게)

홍　·····(보는)

지수　경민이 이제 크게 손갈 나이도 아니고 아침에 학교 보내놓고 나가서 일하고

홍　(오버랩의 기분)치/

지수　····(보는)

홍　그러니까 요는 나 죽고 난 뒤가 걱정돼 돈벌이하러 나간다는 거 아냐··

지수　·····네···

홍　그럼 어디 한번 해봐.

지수　??(너무 쉽다)

홍　돈 버는 게 그리 쉬운 일인 줄 알어? 대개 보면 돈 안 벌어본 사람

들이 돈버는 게 쉬운 건 줄 알어..

지수　쉽다는 생각은 안 해요 아버님

홍　밑천은 있어?

지수　경민 아빠가....만들어 줬어요

홍　미친 눔…지눔 딴 기집 끼구 살면서 너더러 장사해 벌어먹고 살
　　　라대?

지수　그게 아니라

홍　그눔은 그거 본정신 아니야. 미쳐두 아주 드으럽게 미친 눔이야..
　　　그런 눔을 자식이라구 한심해서 기가 막혀..

지수　……

홍　가자..졸려…(일어나려)

지수　아버님 멜론

홍　집에 가 먹어 졸려..

지수　(부축해 일으키는)

S#　유전자 감식 기관 건물

S#　검사실

　　　[검사 중인 달삼과 아정.]

　　　[달삼 입안 면봉으로 훑어내고 다음 다른 면봉으로 아정이 입 훑어내고/]

　　　[은수 지켜보고 있고/아정이 할 때는 입 벌려요 아아 해요 라든지 소리
　　　들리는…]

달삼　(아정이 할 때 마누라에게 인상 쓰고/)

S#　운전하면서 인상 박박 쓰는 달삼

은수　(옆자리에 앉아서)……

아정　(뒷자리에서 창에 붙어 창밖 풍경 보고 있는)……

달삼 좌우간 배고프니까 뭐 좀 먹자··

은수 ·····

달삼 얘. 아가···뭐 먹을래 뭐 먹고 싶어··

아정 ·······(못 듣고)

은수 아정아··

아정 네

은수 밥 먹으러 가자 뭐 먹고 싶어··

아정 짜장면···

은수 (푸푸거리는)····

달삼 딴 거 먹고 싶으면 말해애애··

은수 묻기는 왜 물어 물어놓고 딴데가? 애라고 놀려?

달삼 ······

S# 어느 짜장면 집···

달삼 (짜장면 섞으면서)암튼 열두시간 /내일 이맘때면 결과 나올테니
　　　까 그때 보자··

은수 (아정 짜장면 비비면서)뭘봐.

달삼 당신 엎드려 뻐쳐 시킨다구.

은수 엎드려 뻐쳐 하구 싶어? 오늘날 이런 짓까지 하게 만든 게 누군
　　　데··누구 때문에 벌어진 일인데 누가 누구를 엎드려 뻐쳐를 시켜.

달삼 배고파 어지럽다. 우선 먹자 먹어··

은수 (그릇 밀어주며)먹어라··

아정 (먹기 시작하고)

은수 닮지만 않았어도 유전자 검사까지는 안한다.

달삼 닮긴 어디가 닮었다 그래.

은수 닮었어.

달삼 닮은 걸로 치면 당신을 더 닮었다‥봐라‥눈이며 코며 입이며 당신 꺼 아냐?

은수 ??

달삼 아닌 건 확실한데 그런데 애를 어떡하면 좋으냐.

은수 나는 못해애애?

달삼 아 누가 하랬/(하다가 정지된 듯)……

은수 (자장면 입에 끌어당기면서)살다살다 참 별(하는데)

달삼 (오버랩의 기분) 이 눔으 자식. 이 망할 자식 이거/

은수 ??

달삼 아으으으…아아아아아…아 나 참…

은수 왜 그래‥

달삼 알았어 여보 은수야‥

은수 ??

달삼 (제 머리 쥐어박으며)이게 왜 이제야 생각이 나지? 골 다 썩었나부다 썩었어 썩었어.

은수 뭔데에‥

달삼 권창수자식‥

은수 ???

달삼 내 이눔을 그냥. 하아아아(핸드폰 꺼내 전화번호 찾는)

은수 창수씨가 뭐어

달삼 아 가만 있어. 이 자식 너 오늘 제삿날이다 이 나쁜 놈으 자식‥‥ 어디다 똥바가질 뒤집어 씌워 이 새끼…내 돈 일억 팔천 떼어 먹은 것도 모자라 (귀에 댄다)

346

[지금 거신 전화는 결번이오나 다시 한번 확인하시고]

달삼　결번이라네./그렇지 니가 이딴 짓을 하고 전활 살려뒀을 리가 없지 여보 애 데리고 들어가 나 이 자식 잡아야 해..

은수　(나가려는 남편 잡으며)아 뭔데에 에

달삼　(아이 가리키며)창수 꺼야 내꺼 아냐.. 뒤달 전에 이 자식이 나한 테 왔어..실수해서 나논 애가 있는데 엄마가 자꾸 데려가란다구/

달삼　E 사업 쫄딱 망해 부도내고 거리로 나앉게 생겼는데다 마누라 쓰러져 반신불수에다 도저히 길이 없으니 당신한테 내 애라 그러 구 좀 맡어달라구..

은수　무슨 말도 안 되는 소리야아

달삼　그러게에..당신 화끈한 여자니까 한바탕 난리치고는 받어서 키 워줄 것이다 그거야 키워도 아주 잘 키울 거라나?

은수　내가 돌았니? 내 남편 후질르구 다니는 꼴 보고 살기도 진절머 리 나는 데 남편 친구 뿌린 씨까지 거둬 키워주게?

달삼　그러게에..그래서 그 말도 안 되는 소리 집어치라구 돈 삼백 쥐 어줘 보냈는데 하 나 참 이런 멀쩡한 자식을 봤나..이따 봐. 전화하 께 전화하게..(허둥지둥 나가는)

은수　……(나가는 남편 보다가 고개 돌려 자장면 먹고 있는 아정이 보면 서)……(뿌우우우)

S#　은수 대문 앞…

[택시 와서 멎고 뒷자리에서 아정과 은수 내린다]

은수　(아이 잡아 내리게 하면서)……

S#　거실

[현관문 먼저 열리고]

은수　E　들어가‥

아정　(들어오고 뒤따라 은수 들어오는)

진주　(책 보고 앉아 있다가 일어나는)‥‥

은수　(소파로 기운없이)

진주　맞어?(아빠 꺼)

은수　살다살다 별일을 다 보겠자 진짜…얘 이리 와…(아이 은수 옆으
　　　로)‥‥

진주　(앉는)????

은수　아니야…

진주　벌써 나왔어? 디게 빠르네에에?

은수　아빠 친구가 늬 아빠한테 덮어씌운 거래.

진주　에에엥?

S#　자동차 중고 매장에서 차 구경하고 있는 준표와 화영/

　　　[세일즈 맨 /열심히 자동차 설명하고 있고‥‥]

　　　[시승해 볼 참으로 준표와 화영 차에 타고 어쩌고 하는/]

S#　서점

지수　(요리책 코너에서 도시락 샌드위치 품목 책들 골라놓고/커피에 관
　　　한 책들 고르고 있다)

S#　어느 카페‥

지수　(혼자 앉아서 차 마시면서 커피의 모든 것 책 읽고 있는)‥‥‥

혜정　(들어온다)‥‥(찾아서)지수야‥

지수　어서 와‥

혜정　왜 이렇게 일찍 왔어? 택시타고 마악 달려 왔는데‥(앉으며)

지수　조금 전에 왔어. 근처 서점에 있었거든. 전화받고 책 좀 고르면

서 시간 보내다 올라 왔어..

혜정 (지수 보던 책 보며)아직도 요리에 집착하는구나..더 배울게 뭐 있어서 책은 사아.

지수 배울 거 끊임없이 생겨...차 마셔..딸기쥬스 마셔..

혜정 그래..

지수 딸기 주세요..(대답하고)

혜정 (지수가 주문할 때 벌써 핸드백에서 작게 포장된 것 꺼내는/내놓으며)지수야 이거..

지수 ??

혜정 그냥..향수..

지수 왜애

혜정 너무 신세졌는데 고맙단 말도 제대로 못했어.

지수 아냐 너 많이 했어.

혜정 돈주고 산 거 아냐. 내 동생이 출장갔다 오면서 비행기 안에서 샀대. 너 줄려고 싸놨는데 너 모임에도 안나오고 그래서 한참 묵혔다 애.

지수 애들 다 잘 지내지?

혜정 엉 별일 있는 애는 없어. 나 빼고..얼른 집어 너 부끄러..

지수 (집으며)부끄럽기는...그냥 니가 쓰지이이..

혜정 너한테 어울릴 거야. 냄새 맡아봤는데 시원하더라. 여름에 써.

지수 그래 잘쓰께..고마워..(가방에 넣는)

혜정 니 남편이랑 경민이 잘 있지?

지수 어..잘 있지 그럼..

혜정 저번에 니 남편 티비에 나오는 거 봤어...나 처음 봤다 애. 꼭 놓쳤잖어‥근사하더라‥말 잘하든데?

지수　잘하기는…

혜정　우리 남편도 애 제일 똑똑하다 그러드라. 자기가 뭘 안다구

지수　혜정아‥(오버랩의 기분)

혜정　??

지수　거짓말 못하겠다‥‥다른 애들한테는 말하지 마‥나중에 내가 말할께‥우선은 너만 알고 있어‥

혜정　무슨 일인데에에

지수　나 헤어졌어‥

혜정　?/

지수　다른 여자 생겨서 보냈어…(좀 웃는 듯)

혜정　(어멈머멈머 입만)

지수　놀랬지

혜정　어떻게…얘 어떻게 그런 일이‥어머 얘 정말야? 사실이야?

지수　사실이야…(찻잔 집어 드는)

혜정　(멍해서 보는)……

지수　(조용히 마시는)……

S#　지수의 골목으로 들어오는 지수 자동차…

S#　대문 앞

지수　(내려서 책 보따리 들고 대문으로/경비 해제시키려다 말고 언니 집 쪽 돌아본다)‥‥

S#　은수의 거실

은수　(케이크 먹고 있는 아이 바라보면서)……(앉아 있는)……(보다가) 쥬스 마셔…(아이 잠깐 보는)쥬스도 마시라구‥(아이 주스 마시는)

E 집 전화벨

은수   어떻게 됐어.

달삼   F 이 자식 행방불명이다··먼저 살던 동네 동회까지 가서 전입
신고 어디로 했나 뒤저봤는데 그것도 안돼 있고 행방이 묘연해.

S# 어느 길을 달리고 있는 자동차 안

달삼   직원 하나 그 자식 고향으로 내려보냈다··부모님 계시니까 부
모님은 아시겠지··

은수   F 부모님 집을 직원이 어떻게 찾어

달삼   아 역전 앞에서 쬐끄만 장국밥집 하셔··그건 간단해··어어어어
이 이 자식··이거 노숙자들 모여있는데 뒤지고 다녀야 하는 거 아
닌지 모르겠다.

은수   F 즈 엄마랑 대전에 살았대··대전에서 샛별 유치원에 다녔다
니까 거기도 누구 좀 보내봐··진주가 찾어봤는데 홈페이지도 없
대·· 유치원에 알어보면 애 엄마 주소 있을 거야. 하기는 거기 그냥
있을 턱이 없지만

달삼   그래 알었어··어디 샛별 유치원?

S# 거실

은수   애 이름은 알어? 지아정이야 지 아정··그래··그래···아 확실한
건 디엔에이 검사 나와야 끝나아···그래 아직도 다 안 믿어··그래··
그래··(끊는데)

진주   (내려오며)샛별 유치원하고 통화했는데 엄마··

은수   ??

진주   (턱짓으로 아정 가르치며)(애)엄마가 다른 데로 이사간다고 이
주 전에 유치원 그만뒀대··

은수　거긴 어떻게 알았어.

진주　대전 일일사에서

은수　(전화 집어 단축)……대전은 누구 보낼 거 없어 진주가 알아봤
　　　는데 이사간다고 이주 전에 유치원 그만뒀다 그런대…엉…엉…(끊
　　　는데)

　　　E 대문 벨··

진주　(화면 보고)이모··(은수는 아이만 보고 있고/인터폰으로)네 이모.
　　　(하고 열어준다)

은수　너 대전 집에서 이사했어?

아정　(포크 물고)····

은수　엄마랑 살던 집에서 이사했느냐구··

아정　(고개 흔든다)

은수　아니래잖어··

진주　애 보내놓고 했나부지··암튼 거기 그냥 있다고 생각하는 건 틀
　　　렸어··나래도 어디로 숨겠다··

은수　서울에는 누구랑 왔어··

아정　엄마··

은수　엄마랑 그 아저씨랑 만났어?

아정　(끄덕이고)

은수　어디서 만났어.

아정　(고개 흔들고)

진주　걔가 그걸 어떻게 알어 엄만.

지수　(들어온다)언니··(하며/아이 보고)??

은수　어서 와라··

지수　누구야? (보따리 들고)

은수　하나 낳았다.. (주방으로)

지수　?? (진주 보는)

진주　아정아 언니랑 올라가자.. (케이크 접시와 주스 들면서) 엄마랑 이
　　　모 얘기하시게 응? 일어나.. (아정 일어나고) 따라와..와..

은수　진주야..

지수　응?

은수　누구 엄마 누구 이모야?

진주　내 이모 내 엄마..

은수　(물 붓고)……(애들 아웃)

지수　(은수에게 다가드는) 무슨 일이야아

은수　허서방 친구가 지가 싼 논 똥보따리 우리 집 대문 앞에 버리고 달
　　　아났어.

지수　??

은수　몇달 전에 애 맡아달라고 한 적이 있대나 어떻다나 믿어야할지
　　　말어야할지 모르지만 암튼 니 형부 말은 그렇다..

지수　그게 무슨 얘기야 언니.

은수　아 바람펴 난 애란 말야..사업 망해 부도 나고 마누라는 쓰러지
　　　고 애 엄마는 시집간다고 애 맡어라 그러니까 만만하고 헐렁한 허
　　　서방한테 들러붙을려고 그런 거란 말야..

지수　말도 안돼.

은수　내가 성질은 지랄이래도 화끈하니까 잘 키워줄 거라고 허서방
　　　애로 만들어서 맡아달라고

지수　진짜 말도 안돼 무슨 그런 사람이 다 있어.. 그래서 형부가 맡은

거야?

은수 말을 어디로 듣는 거야··맡기는 어떻게 맡어. 펄적 뛰고 말았는데 어제 밤에 우리 대문 앞에 놓고 토꼈다니까···

지수 형부·····수술했잖어.

은수 병원가 체크했어···수술 완벽하게 돼서 이상 없대··

지수 다행이다··

은수 그래도 찜찜해서 끌고 가 유전자 검사까지 맡겼어. 내일 결과 나올 거야··

지수 형부 죽을 거 같았겠다.

은수 이게 다 뭐니. 단정하고 깨끗하게 살았으면 그런 부탁이나 받구 있어? 행실 똑바로 하고 살았으면 어떤 친구가 감히 그런 바가질 씌우러 들겠어··

지수 애 엄마는 뭐하는 사람이래?

은수 알게 뭐야··보나마나 뻔하지 뭐. 한동안 줄창 몰켜다니더라··그친구 사업도 꽤 괜찮았었거든. 몰켜다니면서 둘이 같이 한 짓이 있으니까 동지로서 좀 도와달라 그거였겠지···

지수 편지같은 거 없었어?

은수 아 별거 아냐. 끝까지 키울려고 했는데 능력도 없고 결혼해야겠어서 보내니 잘 키워달래··무슨 그런 에미가 있냐··

지수 ·····오죽하면 그랬겠어···그래두····혼자 저만큼은 키웠네····힘들었겠다.

은수 ???(저건 한다는 소리가)아 남의 남편하고 왜 놀고 애는 왜 낳니. 그게 우선 틀려먹은 거지.

지수 쟤는 어떡해?

은수 뭘 어떡해. 시설로 보내야지..(물 따르면서).....

지수 .....(보는).....

S# 아파트 주차장

준표 (화영이 차 주차하는 것 지켜보고 있는)......

화영 (꼼꼼하게 주차하고 내린다)....

준표 잘하는데?

화영 바본 줄 알았지..(차 문 잠그며)

준표 미국같지 않아..운전 조심해야 해..

화영 조심하께..(집으로 움직이는)

준표 교통법규 공부 좀 해얄 거야..

화영 알았어 할게..

준표 좋아하는 거보니 나도 좋다.

화영 (팔 끼며)음 두 다리에 네 바퀴 더 생겨서 정말 좋아..(멈추고)아 내가 그거해주까? 당신 학교 딜리버리/

준표 아아아 그만둬. 그건 안해도 돼.

화영 밥 거의 새고 나갈 땐 힘들잖어. 그런 때 운전해주는 사람 있으면 얼마나 좋아.

준표 앓느니 죽겠다. 내가 하는 게 훨씬 편해.

화영 학교에 소문날까봐.

준표 (보며)......

화영 알았어..나중에 하께..(다시 팔 끼고 움직이는)

준표 (볼 잡아 흔드는)

화영 우흐흐흐흐

S# 지수의 마당(밤)

지수　E 아버님 모시고 치과 갔다가

S# 거실

지수　(케이크 판에 반죽 동글동글 다 짜놓은 상태다/반죽 그릇과 부속물들 싱크대에 넣으며)모시고 중국냉면 먹고 모셔다 드리고

S# 어딘가 수영장··

지수　F 서점가 책 몇 권 고르고 친구 잠깐 만나고 (물에서 나와 얼굴 닦고 머리 닦고 타월로 귀 후비고 하는 중)언니네 잠깐 들렀다가 들어와 애 밥해먹이고

석준　지금은 뭐해요····지금··

지수　F 지금 전화 받아요.

석준　아니 전화받기 직전에 뭐했냐구요··

지수　F 나중에 커피 팔면서 서비스 할 쿠키 좀 굴려고 실습하는 중이었어요··마악 반죽 쿠키 판에 다 앉힌 찰나에 전화 왔어요··

석준　아주 건설적입니다. 나는 또 스님 시집이나 들고 앉아 서글픈 얼굴로 그런 거 아닌가 문득 신경쓰여 전화했는데··

지수　F 그런데 왜 소리가 울려요? 목욕탕이에요?

석준　하하 수영장이에요····운동부족이라 여기저기 뼈덩거려서 수영하러 왔어요··아 지수 선배 수영 안해요?

지수　F 못 배웠어요.

석준　나 아주 좋은 수영 코치 할 수 있는데··나한테 한번 안 배워볼래요?

지수　F 사양합니다아아 사십대 아줌마 수영복 차림 이십대에 알던 남자한테 보여줄만큼 배짱이 좋지 않습니다아아

석준　하하하하

S# 지수 거실

석준 F 하하하하하하

지수 뭐가 그렇게 우스워요?

석준 F 우스운 게 아니라 재미있어서요..그런데 이십대에 나도 이십
대였고 지금 나도 사십대에요. 선배 혼자 사십이 아니라구요

지수 (식탁 의자에 앉으며)그렇지만 석준씨는 결혼을 안해서 그런
지 많이 안 망가졌고 나는 많이 망가졌잖아요...애도 낳고 ..남자는
나이 먹어도 먹은대로 괜찮아 보이는데 여자는 이상하게 숭해지
더라..

석준 F 선배 조금도 숭해지지 않았어요.. 선배는 내 영원한 꿈입
니다..

지수 ......

S# 수영장

석준 해서는 안될 말 했나보다..조용한 거 보니까...미안해요 취소
할께요..

지수 F 나는.....맹꽁이니까...나한테 하는 말.....너무 가볍게...아무 말
이나 하지 말어요..

석준 가볍게 한 말.....이었으면 좋겠어요 아니면 좋겠어요..

지수 F ......

석준 조심하께요..언제 쿠키도 한번 먹여줘요..

지수 F 그러께요..

석준 그럼..

지수 F 끊어요.

석준 잘 쉬어요..

지수   F 석준씨도‥(끊어지고)

석준   (끊고)‥‥‥‥(일어나서 물로 뛰어든다)

S# 지수의 주방

지수   ‥‥(끊은 전화 내려다보며)‥‥‥‥

S# 은수의 거실

은수   (과일 먹고 있는 중)

달삼   (들어온다)

은수   (일어나고)

달삼   밥 줘‥

은수   ‥‥(주방으로)

달삼   (상의 벗어놓고 주방으로 가 손 씻는다)진주 없어?

은수   위에서 애보개 해‥

달삼   애는 어때‥

은수   눈치 말갛게 보면서‥‥그래도 주는대로 먹고‥‥그래‥

달삼   ‥‥‥

은수   고향에 사람 보낸다는 거

달삼   (오버랩의 기분)허사야‥부모님 가게 넘기고 어디로 가셨는지
   아는 사람 아무도 없대‥‥들어오면서 연락 받았어‥

은수   일 났네‥

달삼   (식탁 의자에 앉으며 은수가 갖다놓는 음식 먼저 건드리는)

은수   제일 나은 시설 알아보께‥

달삼   ‥‥‥

은수   운 좋으면 좋은 가정에 입양될 수도 있고

달삼   나이가 이미 입양아로 환영받기는 어렵잖냐?(안 보는 채)

358

은수 ….(보는/움직이면서)

달삼 다 컸는데…아무 것도 모르는 애 데려가 키울려그러지 쟤는 이미 늦었어‥더구나 우리나라에서는….

은수 그럼 외국으로 가지 뭐…

달삼 우리가 키우면 안될까?

은수 ??

달삼 (안 보는 채)곰곰이 생각해봤는데…형편 어려워져 행방 불명 된 친구 자식…친구로서 맡아 줄 수도 있는 문제고…

은수 (움직이며)참 조오은 친구 됐다 그래‥그거 바람질 같이 하고 다닌 의리야?

달삼 아니 이 그게 아니라 그눔이 착한 눔이거든

은수 밥 제대로 먹고 싶으면 조용해‥

달삼 알았어어어‥(밥 먹기 시작)

은수 (물 따라놓으면서)하다하다 못해 그거까지 하라구? 남편 친구 바람질하다 빠트린 자식까지 키우라구? 참 어처구니가 없어서‥

달삼 알았어‥그만해.

은수 뭘 그만해 내가 뭘 했는데.

달삼 애는 죄없잖어어어

은수 나는 무슨 죄야 나는 / 나는 무슨 죄가 있어 이 모양이니.

달삼 아 당신이 뭐어

은수 뭐어? 어젯밤 놀랜 가슴 당신이 알어? 병원 끌고가 결과 나올 때 가지 내가 무슨 생각을 했겠니. 오만가지 수십만 가지 생각이 왔다갔다왔다 갔다 어이구우우우 내가 말을 말어야지

달삼 야 나는. 나는/죄진 것도 없이 와들와들 얼마나 떨었는지 알어?

은수 참 입이 광주리다..여기서 나는나는 손 들어야겠어? 이게 누구 때문인데!!

달삼 ……(그만두고)

S# 거실

[은수는 여전히 좀 심란스러워 있고/둘 차 마시면서]

달삼 ….(그냥 보지도 않으면서 티브이 화면에 시선 주고 멀거니)……

은수 (차 마시면서)

달삼 모자란 자식…나한테 오지…그럼 식구들 들어갈 자리는 만들어 줬을텐데…

은수 (못 들은 척)

달삼 차라리 그게 낫지 애보다는..

은수 그게 낫지..

달삼 그런데 여자하고는 어떻게 연결이 돼서 애는 받았을까..

은수 쭈욱 연결하고 살았다는 거잖아(괜히 열나서)마누라는 드러눠 있는데 여전히..

달삼 그러게…..서울 어딘가에 있는 건 분명한데…

은수 찾아서 뭐해..찾아봤자 키울 수도 없는 처지 뻔한데..

달삼 글쎄 말야 오죽 다급했으면 우리 집 앞에 떨궈놓고 도망쳤겠어.

은수 ??(또오)

달삼 어어이 칠칠치 못한 자식. 아 왜 애는 만들어 모자라게..

은수 ???

달삼 (일어나며)나 일찍 쉰다..하루 종일 얼마나 황당하고 얼마나 힘이 들었는지 아주 죽겠다..

은수 (미워죽겠다)….

달삼　(들어가고)

은수　(잔 비우고 있다가)……(잔 놓고 일어난다)

S#　진주의 방

진주　(아이 씻겨놓고 로션 발라주고 있다)…냄새 좋지

아정　응..

진주　엄마도 이렇게 해줬어?

아정　….(보는)

진주　아 그래 미안. 엄마 얘기 안하께.. 미안미안

　　　E 노크

진주　네에.

은수　(문 열고)뭐해..

진주　목욕시켰어..

은수　(그냥 문 닫으려)

진주　아빠 뭐래?

은수　뭐얼

진주　아냐..

은수　(문 닫는다)

S#　경민의 방

지수　….(온라인 강의 듣고 있는 아들 방 문 열고 서서 잠시 보다가 들어서
　　며)저기 잠깐 엄마랑 얘기 좀 하면 안돼?

경민　?? 하세요

지수　저기이이… 엄마 가게 하나 할려 그러거든?

경민　무슨 가게요.

지수　으응 커피 하면서 샌드위치도 만들어 팔고….그런 가게…

경민 ……

지수 싫어?

경민 엄마 꽃집하면 좋을텐데‥

지수 ?? 꽃집이 좋아?

경민 어쩐지 엄마랑 어울릴 거 같아요. 커피보다…

지수 꽃집은 경민아 ‥‥새벽마다 꽃시장 가야하고 너무 힘들 거 같아‥엄마는 그냥 조그맣게 커피 집 하면서 너 학교 가면서 같이 출근했다가 여섯시나 일곱시 쯤 퇴근하는 그럴려고 해.

경민 그렇게 일찍 문닫는 가게가 어딨어요.

지수 어 어차피 한 사람은 써야하거든. 밤에는 그 사람한테 맡기면 돼

경민 그럼 되겠네요‥

지수 괜찮아?

경민 뭐…아빠도 안 계시고‥‥엄마 하시고 싶은대로 하세요‥저는 상관말구요‥

지수 고마워‥

경민 그런데요…솔직히 말하라면…

지수 …(보며)

경민 아빠 집에서 공부하시고…엄마 일주일에 두 번 씩 봉사 다니며 살림만 하시는게 훨씬 좋아요‥

지수 …

경민 E 그렇지만 뭐 이건 필요없는 얘기고

경민 엄마 생각대로 자유를 찾으세요‥그런데 커피 집 해서 돈 많이 벌 수 있어요?

지수 아냐아 엄마 그런 꿈은 없어‥돈 많이 벌고 싶어서 하는 게 아니라 그냥‥‥경민이랑 사는데 조금 더 여유있게 그렇게만 되면 행복이다 생각해‥

경민 아빠가 돈 안주셨어요?

지수 왜애‥아빠가 줬어. 꽤 줬어‥‥그러니까 커피 집도 하고 그러는 거지‥

경민 그럼 됐어요

지수 경민아.

경민 엄마 나 이거 들어야 해요‥

지수 어 그래그래 미안해‥‥‥

경민 (화면 보며)

지수 (작게)미안해‥‥

S# 준표의 서재(밤)

준표 (컴퓨터 켜놓고 책 보고 있다)‥‥‥‥

E 핸드폰 벨

준표 (보고 받는)어 박교수님 웬일이세요‥

박   F 통화하는데 지장 없어요?

준표 네‥괜찮습니다.

박   F 홍교수 학교 게시판에 도통 안 들어가 봐요?

준표 요 며칠 안들어갔는데 왜 그러세요‥

박   F 홍교수 사생활로 게시판이 시끄럽던데‥‥

준표 ???

박   F 학생이 어디선가 퍼 날랐나봐요‥‥뭐 부인 친구하고 동거 중이던 모 빌라에서 최근에 쫓겨났다 그러던데‥‥‥방송 나가는 거 보

고 누가 올린 모양이에요‥‥무슨 마트 사건이며 아주 상세하게 나
왔대요‥ 애들끼리 찬반 갈려 논쟁이 붙어서 난리도 아닙니다‥대
체 무슨 얘기에요‥

준표   ……

박   F 뭐 우리 학교가 별로 보수적이지는 않지만 이번 조교수 승
진은 좀 그렇지 않을까 신경이 쓰여서요‥꼴통 교수 한 사람 끼면
되게는 못해도 안되게는 할 수 있잖아요 알다시피‥

준표   F 네에…

박   F 좋은 소식 아니지만 알고는 있어야할 거 같아서요 게시판에
한번 들어가봐요‥

준표   네 고맙습니다‥

박   F 그럼

준표   네‥교수님‥(끊어지는 전화/ 전화 끊고 기대면서 눈 감는)……(미
치겠다)

   E 노크

화영   (들어오면서) 피곤하구나‥잘됐네 우리 영화보러 가자‥

준표   ……

화영   (뒤에 들러붙으면서)잘 안될 때는 잠깐 씩 쉬어주는 게 훨씬 효과
적이야‥그렇게 생각 안해?

준표   놔둬‥그럴 시간 없어.(기댄 것 떼면서)

화영   ‥‥(보는)

준표   나가‥……방해돼‥

화영   지수야?

준표   아냐

화영　그럼 누구야

준표　알 거 없어.

화영　무슨 전화였는데에

준표　학교 게시판이 우리 얘기로 난리가 났대/ 꼭 알아야겠어?

화영　??

준표　마트 사건서부터 빌라에서 쫓겨난 거까지/와이프 친구라는 거
　　까지!!! 당장 내일 강월 어떻게 들어가야하는 건지 머리가 터지는
　　데 영화보러 가자구?

화영　(황당해서 작게 기죽어서)몰랐어…몰랐잖아…

준표　……

화영　도대체 누가 그런 거야‥게시판 들어가 봐. 한번 보게

준표　뭘 봐. 봐서 뭐하게

화영　누가 시작한 건지 알아볼려구

준표　알아봐 뭘 어쩌겠다는 거야.

화영　명예 훼손이야 출처 찾아 고소할 거야.

준표　……(보는)

화영　일어나. 일어나 봐‥

준표　놔둬. 가만있는 게 나.

화영　어떻게 가만있어. 사생활이야.

준표　자랑스러운 사생활이 아니잖아.

화영　자랑스럽지 않은 사생활도 보호 받을 권리 있어.

준표　그 권리 주장하느라 건드려 소송해서 찾을 수 있는 명예가 뭔
　　데!! 사람들이 비웃어. 누구도 우리 편 안돼‥ 더 시끄럽게 만들지 말
　　고 가만 있어.

화영   당신 어떻게 되는 거야.

준표   아무것도 모르는 척 그냥 가는 거지 뭐. 할게 뭐 있어.

화영   학교에서 짤려?

준표   스캔들로 당장 짤리진 않아. 전례도 있고···

화영   ·····(보며)

준표   승진··이번···건너 뛸 수도 있겠지··걱정하는 교수가 전화한 거야··

화영   ·····

준표   ·····

화영   미안해···

준표   ······

화영   미안해···

준표   ··공범인데 뭘···

화영   (준표 머리 안는)·····

준표   ·····(눈 감고)·······

S# 준표 침실

[각각 등 돌리고 누워 책 보고 있는·····]

화영   ·····(보던 책 가슴에 얹으며 천장으로)········

준표   ········

화영   (일어나 앉으며)미국에 가 살자··

준표   ??

화영   여기 정말···치사해서 못살겠어··

준표   (책 놓고 일어나 앉아 보는)······어딜 가?

화영   미국····뉴욕으로 가··아니면 보스톤이나···델러스나 샌프란시스코나···

준표   거기 가 뭐하고 살자고….

화영   나 돈 벌고 당신 공부 계속하고…

준표   …..(보며)

화영   거기 가면 최소한 이렇게 치욕스럽게 안 살아도 돼..

준표   …..(보며)

화영   부모한테 거부당하고 학교에서는 스캔들 교수로 낙인 찍히고
나는 죽는 날까지 친구 남편 뺏은 악녀 꼬리표 못뗄 거고 ··여기 있을
필요없잖아··

준표   미국가면 그 모든 게 다 없었던 일 돼?

화영   여기보다는 세련됐어.

준표   세련돼봤자야··어디 가나 우리나라 사람 천진데 뭐가 얼마나 더
날 거라 생각해…

화영   …….(보며)

준표   괜한 생각하지 말고 그만 자…겪어내는 수 밖에 도리가 없어··

화영   …..

준표   부모님 어떡하고 떠나·· 경민이는 어떡하고··

화영   자식 대우도 못 받으면서

준표   (오버랩의 기분)자식 대우 안한다고 자식 노릇 때려 치워?

화영   자식 노릇 할 게 없잖아. 하지 말라잖아··

준표   어쨌거나 지금 이 나라 떠나는 거 보다는 여기 있는 게 내 도리야.
나는 아무 데도 안가…(누워 다시 책 집어 드는)

화영   …….(보며)

S# **지수의 주방**

[그물망에 식힌 쿠키들/밀폐 용기에 집어넣고 있다……다 집어넣고 마

지막 것 한 개 입에 물고 밀폐 용기 닫아 냉장고에 넣고 쿠키 씹어 맛보
면서 침실로 움직이는 지수]

F.O

S# 은수의 마당

S# 은수의 거실

[달삼 부부 진주 준구 용덕……지수 앉아서]

[모두 눈치만 보고 있는……]

은수 아버지.

용덕 강아지나 고양이가 울 안으로 들어와도 내쫓는 거 아니야‥

달삼 예 아버님

은수 ??(남편 째려보고)

용덕 더구나 허서방 친구 아이라면서.

달삼 예 아주 착한 친구에요.법 없어도 살 친구에요

은수 법 없이 잘 산다 그래. 그렇게 착해서 엉뚱한 사람한테 바가지
씌우려 들어?

용덕 그냥 맡아서 데리구 있어줘‥언젠가 즈 아버지나 엄마가 찾으
러 올지도 모르잖아. 찾으러 올 때까지 당분간이라 생각하구

달삼 제 얘기가 그 얘기에요 아버님 제가 그렇게 얘기했어요.

은수 (오버랩의 기분)데리고 있다보면 정들텐데 정들었다가 보낼 땐
어떡하구요.

용덕 글쎄 그게 그렇긴 하더라 위탁모들 애기 맡어 키우다 보낼 때는
꼭 자기 자식 보내는 거 같다 그러더라구. 나 한번 말도 못하게 울었
어 위탁모 방송하는데‥차암‥사람 정이라는 게

진주 그럼 찾으러 와도 안준다 그러고 그냥 우리 집 자식으로 키워

368

버리면…(하다가 엄마와 눈 마주치고 우물거리는)우리 집 식구 닮았잖
어어..

은수   새삼스럽게 애를 어떻게 키우라는 거야. 애키우는 거에서 손
뗀지가 언젠데..

준구   다 컸는데요 뭘 엄마…지금부터는 힘들 거 없는 거….(괜히 이 사람
저 사람 보며 소리 주눅 좀 들어서)..아닌가?…

지수   힘들 때는 지났어

은수   애!!

진주   아우 깜짝야…

은수   모두들 참 인심도 좋네. 나만 악질같잖어..

지수   언니가 맡아서 다 해야하는 일이니까 언니 그럴 수 있어. 나래
도 그럴 거야…

은수   유치원 다니다 말았다니 유치원 보내야지 내년에 학교 넣어야
지 그냥 넣기만 하면 돼? 입학식 가야지 소풍 쫓아가야지 캠프 넣어
야지 옷 챙겨 입혀야지 과제물 준비해 줘야지 숙제 봐 줘야지 어우
우우우우

진주   준구랑 내가 조금씩 도와주면

은수   아 넌 뭘 믿구 그러는 거야. 늬들 아빠랑 무슨 뒷거래 있었던 거
아냐? 당신 애들 뭐 돈으로 꿔 삶어놨니?

달삼   사람이/ 이 사람이 이래요 아버님..

은수   아버지는 왜 오시라니 아버지는/너구리같으니라구…….아 몰라
나 못해. 안해.(일어나며)

모두   (은수 보는)

S# 백화점 아동복 코너

[이것저것 아정이 옷 고르고 있는 은수와 지수…]

지수   (자꾸만 가짓수를 늘리는 은수)너무 많이 사지 마 언니‥애는 날마다 크잖어‥

은수   그렇지‥

지수   이거랑 이거는 빼‥

은수   얘 이뻐어어. (도로 합치는)

지수   …..(언니 보며 웃고)

은수   속옷도 사야해‥ 신발도 사야하고‥

지수   응 저쪽에…

S# 백화점 커피숍

은수   (찻잔 저으며)아냐 딱 한달만 데리고 있을 거야‥아 니 형부 그 안에 수단방법 안 가리고 즈 엄마 아빠 찾아낸다잖어

지수   찾으면 다행이구.

은수   못 찾어서 내 불행이 되기 바라니?

지수   무슨 그런.

은수   니 말투가 그래.

지수   (웃으며)괜히 아무 데나 부댄다‥

은수   운동 천천히 하고 들어가 우리 집 가 저녁 먹자‥

지수   집에 가 좀 치우고 경민이 내보내고 봐서.

은수   뭐 할 일 있어?

지수   아니이‥저기 석준 씨가 영화보자 그래서‥‥

은수   그래 그럼 영화 봐…나가서 저녁 먹고 영화봐라‥

지수   대답은 안했어./

은수   대답을 왜 안해. 민적거리지 말구 밀어부쳐어‥

지수 뭘 밀어부쳐.

은수 홍가 위해 수절할 일 있어어? 수절할 거야?

지수 누가 그런대?

은수 이제야말로 완전 프린데 뭘. 그것들 하하호호 살판났다 그러구 있을텐데 왜 너는 독수공방 외로운 밤이야. 빨리빨리 움직여서 속궁합도 맞춰보고 다음 달 쯤 재혼해버려라 까짓 거.

지수 (웃어버린다)

은수 홍가랑 그년한테 정중하게 초대장 날리자. 그것들 구경 좀 하게..

지수 막나간다 막 나가..

은수 시간 낭비하지 마. 얼마나 긴 인생이라고..피차 호감인 건 확실하고 뭘 주저주저할 거 있어.. 그 친구는 야 광장한 신산 척은 하고 있지만 니가 손가락 하나로 콕 건드리기만 해도 와락 덤벼들 거 같던데..

지수 ....(그냥 보는)

은수 보니까 그렇더라구. 내 감은 아무도 못말려 너어? 니 형부가 그래서 나한테 질려하잖어..

지수 전화하는데 언니....그 사람이...그러더라...나..조금도 숭해지지 않았다 그러면서 선배는 내 영원한 꿈입니다 그러는데....

은수 ??

지수 갑자기 가슴이 싸아...슬퍼지면서 떨리더라...

은수 거봐아..내 뭐랬어..

지수 그거 비슷한 말 들은지가 언제였는지 아득한데....옛날 옛적에 홍가가 그랬던 적 있거든...결혼 못할 거 같아서 내가 헤어지자 그랬을 때 홍가가....지수야..너는 내....소망이야.....

은수 흥···

지수 그 말 한 마디에 헤여져야 한다는 생각 접고 기다렸었는데···살
   다보니 소망이 절망으로 바뀌었더라구··

은수 홍가 생각은 할 거 없어. 쓰레기 통에 처박아. 그리고 박석준한
   테 달려가 팍 앵겨. 앵겨버려···

지수 그럴까?

은수 그래애애··

지수 우후후후후후

S# 지수의 마당(오후 여섯 시 반쯤)
   [지수 경민 나온다/ 서커스 보러 가는]

지수 저녁 뭐 먹고 싶은가 미리 생각해 뒀어?

경민 아뇨?

지수 생각해 두라니까··

경민 아빠가 먹자는 거 먹죠 뭐··

지수 너 먹고 싶은 거 먹자 그래애··

경민 상관 없어요··

S# 대문 밖

지수 (나오면서)재미있게 구경하고 와··

경민 네에····

지수 (옷매무새 만져주면서)아빠한테 너무 무뚝뚝하게 굴지 말고··그
   래도 티켓 준비해서 약속 지키는 거 봐··좋잖아.

경민 내일은 할아버지 댁에 가는 거죠?

지수 그럼 오늘 가는 거 미뤄놨는데 가야지 그럼··아침만 먹고 얼른
   가서 저녁까지 먹고 오자··

경민 아빠는 내일도 안 오시는 거에요?

지수 아마··그럴 걸? 할아버지가 허락 안하실 거야.. 아빠 차 온다..

경민 (그쪽 보고)

　　[준표 자동차 와서 멎고 지수 경민 데리고 운전석 옆문 열어주러··]

지수 (타는 거 보고)잘 갔다 와./

경민 네에..

지수 저녁 조은 거 먹여줘/

준표 잔소리는…

지수 (문 닫아주고)

　　[뜨는 자동차……지수 보다가 대문으로….]

S# 거실

지수 (들어와서 탁자의 프랜차이즈 신문이며 창업책들 정리하는데)

　　E 핸드폰 메시지··

지수 (열어보면)

석준 E 연락 기다리는데요··

지수 ……(생각하는)

S# 대문 앞 골목

지수 (대문에서 나와 경비 걸고 골목 걸어 나가다 보면 석준의 차가 저만
　　큼에서 거의 은수네 집 가깝게 서 있다)??(반은 뛰듯이 움직이는데 석준
　　의 차도 움직여 다가 오고 만나는)

석준 (문 열어주고)

지수 (타면서)어떻게 여기가지 들어왔어요.

석준 저번에 한번 데려다 주면서 들어가는 골목을 봤거든요··들어
　　오기는 들어왔는데 더 가야하는 건지 어쩐지 몰라서 어정쩡하게

세워 놓고 있었죠··

지수 (그냥 웃고)

석준 (문 닫고 운전대로)

S# 차 안

지수 (벨트 매고 있고)

석준 (오르면서)저녁 느긋하게 먹기는 시간이 좀 부족하고···간단하
게 뭐 도시락이나 덮밥이나 어때요.

지수 좋아요.

석준 (출발하며)그럼 나한테 맡겨요./저번에 친구녀석이 데려간 데
있어요. 일본사람이 사장이고 주방장인데 괜찮더라구요··

지수 (그냥 보고)

석준 언제 지수선배랑 같이 한번 가봐야지 했는데····

지수 영화는 뭐 골랐어요··

석준 글쎄 선배가 좋아할라는지 모르겠어요.

S# 달리는 석준 차

S# 은수 거실 주방

　　　[준구 진주 은수]

아정 엄마아아아 엄마아아아아아 (목 놓아 울고 있고)·····

은수 ······(보다가)아 니가 책임진다 그랬잖어어 달래봐아아아

진주 지금은 달래도 안 들어 엄마··울만큼 울게 내버려 둬··

은수 시끄러운데 어떻게 그냥 둬··

준구 아정아··오빠가 업어주까? 업어주께 응?

진주 (등 들이대는 준구 밀어내고)감깐만 기다려 거의 다 됐어··

은수 ??

진주 울음 소리 들으면 알아....아정아 이제 거의 다 울었어?

아정 (울음 잦아들고)

진주 내가 뭐랬어··(아정에게 달라붙으며)그래 착하지? 언니랑 오빠
랑 엄마랑 우리 밥 먹어야 하거든? 아정이 우는 바람에 밥 못 먹어
서 배고파 주욱겠다 야....자자 그만 울지아아아?(울음 그치고/닦
아주면서)그래그래 옳치 우리 아정이는 말도 잘 듣고 참 착하네에
에? 코풀어 얼른(휴지 대어주고)

아정 (코 푼다)

은수 (주방으로)데리고 와··

진주 가자아아 밥 먹자아아아...

　　　[아정 순하게 진주 손잡고 움직이고]

준구 놀라운 일이네... 누나 딸 해라

은수 전석이 그게 할 소리야?

준구 농담도 못해요?(주방으로 움직이며)

은수 (찌개 그릇 옮겨놓으며)계란 찜 꺼내··

진주 어 엄마가 아정이 먹으라고 계란 찜 했나부다아?(계란찜 가지
러/냄비 안에 들어 있는/레인지 위에)

은수 엄마엄마 하지 마 너··

진주 우리 엄마아아··

은수 니 속셈 모를 줄 알아?(식탁으로 와 앉으면서)아정아...

아정 (보는)

은수 여기 언니랑 오빠는 그냥 언니랑 오빠라고 해도 돼. 그런데 나
는 아줌마구? 아저씨 있지 왜··언니오빠 아빠··그 아저씨는 아저씨
라고 하는 거야아?

아정   ……(말갛게 보며)

은수   알았으면 대답해. 너는 왜 대답을 잘 안하니‥아줌마 아저씨‥

아정   아줌마 아빠

은수   아빠 아니고 아저씨‥아저씨‥

아정   ……(보는)

은수   안되겠다 얘 붙잡고 본격적으로 얘길 해야지.

진주   엄마아아‥

은수   밥 먹어 먹자…

S# 거실

은수   (아정 앉혀놓고)그러니까 우리 집은 니 아빠가 왜 있지 택시 태
       워서 여기 데려다 준 아저씨 그 아저씨가 니 진짜 아빤데에? 니 진
       짜 아빠랑 이집 아저씨랑 친구거든? 그런데 니 아빠가 지금 어려운
       사정이라 우리 집에 너를 좀 데리고 있어달라고 부탁한 거야…아저
       씨가 그럼 그러자 그래서 그렇게 된 거야‥

아정   ……(보며)

은수   알아 들었어?

아정   우리 엄마는요?

은수   엄마는…에에…엄마는 아프대‥많이 아프대 그래서 치료할려
       고 어딘가 산속으로 들어갔대‥

아정   거짓말이야‥우리 엄마 안 아퍼.

은수   아퍼어어

아정   (울음 터뜨리며)안 아퍼어어‥나 내버리고 도망 갔단 말야아아
       앙앙앙아아

은수   (중얼거리는)알면서 왜 물어.

진주　(아이 잡아 일으키며)언니랑 올라가자·· 언니랑 얘기해. 언니가 엄마보다 더 자세하게

은수　아줌마.

진주　아줌마 보다 더 자세하게 얘기해 주께 응?

　　　[두 아이 올라가고]

은수　후우우우우우 내 팔짜야…

　　　E 핸드폰 울린다

은수　네이

달삼　F 여보 나야··

은수　그래 안다.

달삼　F 나 삼 분이면 도착해··상 차려

은수　알았다 오바

달삼　F 아정이 어떡하구 있어.

은수　대성통곡 한판하고 밥먹고 진주따라 올라갔다 이 인간아.

달삼　F 또 울었어?

은수　아 끊어어(픽 끊고 일어나는)

S#　**작은 일식집/**

　　　[석준은 도시락 지수는 덮밥 먹으면서/]

지수　형부가 아버지한테 협조요청해서 아버지가 도와주셔서 일단 데리고 있어보는 걸로 결론 났어요··

석준　잘됐네요··아무 상관없지만 그 아이 운명이 어떻게 되는 건가·· 중간중간 걸렸었는데··

지수　보기보다 섬세한가봐요··

석준　?? 하하하 그게 아니라 어느 날 나한테도 어떤 아이가 나타나

는 거 아닌가 불안해서 그런 거에요··

지수   ??

석준   알 수 없거든요·· 잠깐 어울렸다 헤어진 여자가 또 누가 알아요?
자기 혼자 애 낳아 키우다 니 애니 니가 키워라 그러구 사람 황당하
게 만들지··

지수   혹시 벌써 있는 거 아니에요?

석준   하하 그런 건 아니에요··효녀들인가봐요··절대 못한다 그랬다
면서

지수   아버지 말씀은 ····무조건 들어요···평생 틀린 말씀은 안하시
니까····

석준   존경할 수 있는 부모를 둔 거 굉장한 복이에요··

지수   (끄덕이며)맞어요··

S# 용덕의 방

선화   E 경수 씨이 과일 먹어요오오

선화   (과일 들고 들어오며)아버님 사오신 참외 맛있어(하다 보면)

용덕   (문갑 있는 곳에 이상한 자세로 엎어져 있다)····

선화   아버님····(과일 쟁반 아무렇게나 두고 달려 붙으며)아버님 아버
님··(하다가 악쓴다)경수씨이이이!! 아버님 아버님 아버니이이임··

경수   (뛰어들며)뭐야 왜 그래 /아버지 아버지 아버지!!! 아버지이이!!

S# 어느 병원 앞

  [앰뷸런스나 119 구급차 들어와 멎고 대기 중이던 밀차와 인턴들···]

  [같은 차에서 내려 들러붙는 선화와 경수···]

S# 서커스 오프닝··

  [객석의 준표와 경민]

S# 은수의 침실

은수 (씻고 나온 남편 머리 타월로 닦아주다가 문득)내가 밸 빠진 여편
　　 네지 이걸 왜 해주구 있어.(퍽 밀어 젖히고)

달삼 (저만큼 밀려나거나 하는데)

　　 E 전화벨.

은수 어 경수야..

경수 F 어어엉엉엉엉엉

은수 너 왜그래 경수야.. 경수야!! 아 이 자식아 왜 그래애애애!!

경수 F 우리 아버지 돌아가셨어 누나아아아아

은수 ????

달삼 뭐야...

은수 너 미쳤니? 아버지가 왜애애애!!!!

S# 영화관

　　 [크레디트 타이틀에서 영화 시작 장면으로 막 넘어가는 중이다....잠시
　　 진행되는데...]

지수 (핸드폰 진동 오고 있는 것 느끼고 꺼내 펴보고)잠깐만요.언니에
　　 요...(일어나는데서)..

S# 병원 로비를 미친 여자처럼 뛰어들어가고 있는 지수..

S# 병실 복도를 미친 듯이 뛰는 지수

　　 [이미 경수 울고 있는 소리 다 들리고 병실 앞에 선화 쭈그리고 앉아 울
　　 고 있는]

지수 무슨 소리야..어떻게 된 일이야아!!

선화 모르겠어요 형님 저녁 먹고 설거지 하고 과일 갖고 들어갔는
　　 데 쓰러져 계셨어요오오오

지수   그런데 어떻게 돌아가셔 왜 돌아가셔어어어

선화   병원에 오시자 마자‥검사 중에…

지수   (선화 밀치듯 병실로)

S# 병실

지수   (들어서는)

경수   (목 놓아 아이처럼 울고 있고)

은수   (아버지 껴안고 얼굴 붙이고 울고)

달삼   ……(입 꾸욱 다물고……울고)

지수   ……(천천히 아버지 옆으로)………아버지……아버지……아버지?

은수   (지수 껴안으면서 대성통곡)……

지수   (언니 마주 껴안고)이게 뭐야‥ 이게 뭐야‥이게 뭐야아아아아……

S# 서커스 한창 진행 중…

경민   (기분이 다 풀려서 아주 즐겁다…)

준표   (흐뭇하고)

  [진동 오는 전화 꺼내 귀에 대고]

준표   지금 전화 못 받아‥

달삼   F 장인 어른 돌아가셨어‥ 경민이 데리고 빨리 와

준표   ???

S# 영안실‥

  [이제 꾸며지고 있는 영안실 풍경‥]

경수   (그래도 상주로서 이것저것 지시하는 중이다)…

달삼   (같이 거들고 있고)……

경민   (들어와 보고)삼추운‥‥

경수   (돌아보고)

경민   (경수에게 달라붙고)

경수   (껴안으며)그래 할아버지 돌아가셨어…돌아가셨다 경민아…

경민   (울기 시작하고)

경수   (아이 껴안고 잠깐 있다가)삼춘 일해야 해·· 엄마 식당에 계셔·· 거기 가봐(하다 보면)

준표   (입구에 서 있고)

경수   당신 왜 왔어요 누가 오랬어요. 이게 다 누구 때문인데 여길 와!

달삼   처나암··

경수   (악쓰는)무슨 자격으로 여길 와아아!! 뭐 잘한 게 있어 여길 오냐구우우!!

S# 영안실 앞(밤)

달삼   검사 진행중에 운명하셨대··의사 말로는 관상동백 질환으로 추정된대···증상이 없어서 아무 것도 모르는 채로 있다가···갑자기 문제가 생긴 거라고···우리가 너무 무심했어···연세가 있으신데 강제로라도 체크 받으시게 했어야 했는데·····이제야 발등 찧어야 소용없는 일이지만······

준표   ·····

달삼   고집이 좀 강하셨어야지·····집 사람이 종합검진 받자 소리 안했겠나? 말을 들으셨어야지···밥 잘먹고 볼일 잘 보는데 무슨 병원이냐구···당신 몸은 당신이 아신다구·····

은수   E 애 데려다 놨으면 가지 왜 여기 있어 당신··

달삼   그러지 마.

은수   왜 그러지 마·· 우리 아버지 쓰러지신 거 저 인간 때문인데!!

달삼   아 그건 억지야아아·· 의사 말 듣고도 저래 저 사람··

은수   몰라 나 의사 말 안들었어‥저 인간이 우리 아버지 죽였어 그건
　　　틀림없는 사실이야!!

S# 영안실…(시간 경과 새벽녘)

　　[영정은 걸려 있고/ 상복들은 다 입었고/준구 경민에 경수 달삼 은수
　　지수….]

　　아직 손님은 별로 없고‥아버지와 같이 일하던 아저씨들 몇몇 들어와
　　인사하는 정도에 경수 친구들 직장 동료들…

은수   차암 우리 아버지 허망하고 쓸쓸하게 가신다아아…

달삼   오늘은 손님 없어‥내일 많을 거야…

진주   (들어온다/상복은 아직 못 입었음)아정이 도우미 아줌마가 봐준
　　대 엄마‥

은수   그래‥잘 됐다‥

진주   이모부 오셨던데…

달삼   (일어나며)어 옷 갈아입고 온 모양이군‥

은수   아 꼴 보기 싫어어 가라 그래‥

지수   (일어나며)내가 나갈께요 형부…(나간다)

S# 영안실 입구….

지수   (나오는 지수)

준표   (조금 떨어진 자리에 서서 보고 있는)

지수   ….(그쪽으로)…….

준표   ……할말이 ….없다……

지수   (조금 끄덕여 주고)….고마운데……그냥 가주는 게 좋겠어….언니
　　랑 경수….당신 환영 안하구…….당신 당하는 거…경민이한테 보여주
　　기 싫어…

준표   ....(시선 내리고)....

지수   그냥 가....가는 게 좋아..

준표   여보.. 아니 지수야....

지수   ......(보면서)......

준표   (보면서).......

지수   고마워...그래도...이렇게.......그렇지만 당신....우리 아버지한
테도 차암....못할짓 했어...그건 알어?

준표   ...알어...

지수   그럼 알어야지.....모르면 말이 안되지.....

준표   .....(보며)

지수   (고개 옆으로 틀어)우리 아버지.....부처님 같았던 우리 아버지..
...나...어쩌면 좋아....

아버지께 죄송한 걸 어떻게 용서받아야 해...

준표   (지수 가만히 안아주고)

지수   .....(한 어깨에 이마 붙이고 울음 터진다)

제21회

S# 지수의 샌드위치 가게 안

지수   (만들어놓은 샌드위치 스무 개 담아놓고 이번에는 커피머신에서 커피
따르기 시작하는데)

진주   (급하게 뛰어들면서)이모.(헐레벌떡)

진주   (일하며)제가 할께요.

지수   손 먼저 씻고.

진주   (손 씻으러 들어가며)오분 늦게 나왔는데 십오분 늦어요.

지수   괜찮아.

진주   언제 다 만드셨어요?

지수   삼십분 일찍 나오니까 한시간 빨리 오더라?

진주   에이 이모.

  [둘 같이 웃고]

지수   금방 가지러 올 거야.. 커피 빨리 응?..

진주   네에.. (커피머신으로)

지수   (샌드위치 만들어 온 거 열 개 정도 다른 봉투에 넣기 시작하는데)

[어느 직장인 청년 들어오면서]

청년 야채하고 치킨 하나 주세요..

지수 네 어서오세요..(얼른 샌드위치 두 개 준비하면서)커피 둘 진주야.

진주 네에(따라놓았던 커피 두 개 용기에 담아 청년 주고)

청년 (샌드위치와 커피 받아들고)수고하세요.

지수 네 안녕히 가세요.

진주 (지수와 함께)안녕히 가세요.

다른 청년 (역시 직장인 들어오며)준비 다 됐습니까?

지수 어서 오세요 네 다 됐어요.(큰 봉투 하나 내놓으며)커피 잠깐 기다
리세요.

청년 네에..

지수 (진주가 따라놓는 커피/ 커피 홀더에 부지런히 끼우는)....

[꽤 바쁜 지수와 진주 조금 두었다가]

S# 은수의 골목으로 들어오고 있는 경수의 자동차
[차 집 앞에서 멎고 경수 만 오 개월짜리 갓난아이 안고 내리는 선화 도
와주고 대문 벨 눌러놓고 자동차 트렁크에서 유모차 꺼내 들고 열어준
대문으로 선화 앞세우고 들어간다……]

은수 (현관문 열고)어서 와라..

선화 네에..

은수 어디 우리 지웅이 얼마나 무거워졌나 보자아아..(받아 안고)으
ㅎㅎㅎㅎㅎ

경수 가요.

은수 어엉

선화 일찍 들어와야 해..

경수 알았다고 했잖아아아아‥(대문으로/유모차는 적당한 데 옮겨놓고)

선화 향 사오는 거 잊지 말아요‥

경수 어엉./

은수 향은 왜.

선화 먼저 꺼 향이 안 좋다고 딴 거 산대요‥

은수 들어가자‥

선화 네에‥

　　[둘 들어가고]

　　자막/일 년 후.

S# 거실

　　[들어오면서]

은수 애 데리고 준비하느라 혼났지.

선화 준비한 거 아무 것도 없어요 형님. 즈 아빠 닮아서 얼마나 까탈스러운지 잠시도 혼자 있으려고를 안해요 진짜‥

은수 괜찮아 우리끼리 일찍 시작하면 돼‥

선화 아버님 안계신 게 얼마나 아쉬운지 몰라요‥

은수 아이구 내 정신 (아이 넘겨주며)아정이 학교 보내야 해‥(이 층으로 부지런히 올라가며)아정아 학교 가야지이이?

아정 (나타나며)네에에‥

은수 어 그거 입었어?

아정 네‥

은수 좋았어 나도 그거 입었으면 했는데‥

아정 지웅아‥(애기 보고 그쪽으로)

진주 (키 낮춰주며)그래 지웅이 왔어.

아정 (아기에게 뽀뽀 한 번 가볍게 해주고 은수 돌아본다)

은수 (웃으며)자자 늦겠다 얼른 가자..올케 밥 찾어 먹어어어

선화 네 형님.

S# **아정 학교 앞에 와 멎는 은수의 자동차‥**

은수 (운전석 옆문 열어주며)집에 올 때 혼자 안 오는 거 알지?

아정 네.

은수 세현이랑 꼭 손잡고 와야 해애애?

아정 알어요.(내리려)

은수 아정아. 뽀뽀 안 해 주구 가?

아정 (은수에게 뽀뽀해 주고 내리고)

은수 (아정과 같이 손 흔들어주고 출발하는데)

　　　E 핸드폰 벨

S# **차 안**

은수 (운전하며 스피커폰으로 받는다)네에

달삼 F 여보 마누라 양기사 들여 보낼테니까 상가 양복 좀 챙겨서 내
　　보내 줘‥

S# **사무실**

달삼 (상의 벗으며)출근하자마다 두껀 이다 두 껀‥왜 이렇게 부친상
　　모친 상이 많으냐 요새‥

은수 F 노인들 많이 떠나는 해라나봐‥알았어 늦지 마.

달삼 아 그래서 낮에 다 쳐야해‥아아아 바빠 죽겠는데‥당신 어디냐.

은수 F 어디기는 아정이 학교 데려다 주구 가는 시간이잖아아.

달삼 어어 그래‥이따 보자 아이러브유

은수 F 빙수 먹지 마아아‥

달삼   야야야야 쯧 끊어.(끊고 인터폰 누르고)

여자   F 네에 사장님.

달삼   회의 시작합시다아..

여자   F 네에에

S# 화영의 거실 주방

화영   (아침 먹은 설거지 막 다 해치우는 중..깨끗한 행주 비틀어 짜서 탁탁
         털어서 널고 손 한 번 더 헹구고 끓는 물 준비해놓은 찻잔 두 개에 부어 쟁
         반 들고)

S# 서재

     E 노크와 함께 들어오는

화영   (들어와 컴퓨터에서 신문 검색하고 있는 준표 의자 돌리면서)티 타임..

준표   엉...(찻잔 하나 집어 들면서)다 치웠어?

화영   그럼.

준표   선수 다 됐다...하안참 걸리더니 이제는 거의 순식간이야.

화영   하나 잘하는 사람은 뭐든지 잘하는 거거든?

준표   흠흠..

화영   작정만 하면.

준표   맞아..(마시는)

화영   그런데 당신 오늘 나한테 두 시간만 줘야겠어..

준표   아 나 그럴 시간 없는데.

화영   아 오늘은 못 봐주겠는데.. 꼭 내줘야겠는데..

준표   뭐 할려고

화영   병원 가..

준표   ??

388

화영 당신 데리고 오래·· 나한테는 아무 이상없대. 이제 당신 검사해
　　　볼 차례래.

준표 ·····

화영 한번만 가주면 돼··딱 한번만··

준표 나 아이 필요없댔잖어.

화영 그 말은 다시는 하지 말랬지··

준표 ······

화영 ······여보··

준표 ·····

화영 나도 피임 안하고 당신도 안 하는데 이상하잖어··

준표 (찻잔 테이블에 놓는다)

화영 나 클로미펜도 먹고 있고 배란 정상적이야.

준표 미안해···미안한데

화영 미안할 거 없어. 뭐가 문젠지 알아내서 다음 단계로 가면 돼. 수
　　　정이 어려운 경우면 인공 수정도 가능하고

준표 (오버랩의 기분)당신 아이 못가져.

화영 ??····그게 무슨 말이야.

준표 (보면서)···미안해······· 사실은····수술했어··

화영 ???(충격/얼어붙는)

준표 미안해··

화영 ·······

준표 (화영 잡으려)

화영 (잡힌 채)······

준표 미안해

화영 ··········언제···(나직이)

준표 ···(시선 피하며)당신이 ···맨 처음 아이 얘기했을 때·····

화영 ·······(서늘해서 보는)······

준표 여보 나 아이는 더 이상

화영 (오버랩의 기분)··아무 말 마···조용해···

준표 화영이

화영 (오버랩의 기분/두 손 올려 말 제지하는)······

준표 나는

화영 (다시 한번 손짓으로 막고 돌아선다)·········(천천히 방을 나가는)

준표 ········

S# 거실

화영 (나와서 가만히 서 있는)·········(한참 동안)

준표 (조용히 나와서)··········(보다가 화영의 등 뒤로 와 어깨 잡는)

화영 만지지 마·······건드리지 마·····

준표 ·····(손 내리는)

화영 (뒤로 앞으로 움직이면서)지금까지 나 뭐한 거야·· 지금까지 당
신 뭐한 거야. 지금까지 우리가 한 짓이 뭐야. 허···ㅎㅎㅎㅎㅎㅎ 뭐?
(돌아보는) 뭐를 했다구?

준표 여보

화영 그래 놓고 팔짱 끼고 구경했다구? 열심히 병원에 다니면서 배란
일 맞춰 치사한 줄도 모르고 조르고 이번에는 이번에는 번번이 실망
하고 또 실망하고 그런 나를 구경하면서 살았다구?

준표 나도 괴로웠어.

화영 뭐가!! 뭐가 괴로웠어!

390

준표 여보

화영 (오버랩의 기분)당신 혼자 멋대로 그럴 수 없는 문제아냐? 어떻게 의논 한 마디 없이 혼자서 독단적으로 그럴 수가 있어. 정말 죽어도 아이가 싫었으면 나하고 의논했어야지. 죽어도 싫으니까 포기하라고/

준표 그랬으면 당신이 동의했겠어? 당신은 죽어도 낳을 태센데.

화영 어쨌든 그건 일단 나랑 얘기하고 저질렀어야 하는 일이야. 내가 동의하든 안하든 얘기는 하고 했어야 하는 일이란 말야.

준표 떠날 까봐…… 나한테서 떠나 버릴까봐··

화영 ……(보는)

준표 당신이 떠나는 건 나한테 공포니까…

화영 그게 겁났으면 아일 낳게 해줬어야지!!

준표 경민이 생각도 좀 해 줘!! 애비라는 놈이 즈 엄마랑 저 버리고 평생 아물지 않을 상처 줘 놓고 거기다 이복 동생까지 만들어줘야겠어?

화영 나는/ 나는 뭔데. 내 생각은 누가 해주는 건데··

준표 내가 있잖아··우리 둘이 평생 서로만 바라보면서 살면 되잖아. 왜 꼭 자식이 있어야 해····자식은 있을 수도 있고 없을 수도 있어. 자식 없이 잘 사는 사람들도 많아.

화영 그런데 왜 내가 꼭 그래야하는데.

준표 경민이한테 우리 둘다 죄인이잖아.

화영 ……(보며)

준표 나는 당신 생각과 달라. 나중에 내 아들이 나를 즈 엄마 배신하고 나가 자식까지 낳아 놓고 죽은 구제할 길 없는 애비로 기억하지 않기를 바래. 최소한 무책임하게 이복형제까지는 안 만들었던 애비가 되고 싶단 말야.

화영 뭐가 다른데··자식만 안 만들어놓고 죽으면 아들한테 칭송 받을 아버지가 된다는 거야?

준표 ······(보며)

화영 ·······(보며)

준표 나를 좀 이해해 줘··

화영 ·······나는·······왜 번번이 당신 입장만 이해받아야 해···이혼 신고 못하는 것도 이해해야 해. 혼인신고 안되는 것도 이해해야 해. 아직까지 그냥 동거인일 뿐인 것도 이해해야 해. 왜 나만 그래야 해··

준표 우리가 치르어야 할 업보같은 거야.

화영 이렇게 에곤줄 몰랐어/이렇게 비겁한 사람인 줄 몰랐어··

준표 부모한테 거부당하고 학교에선 스캔들 주인공되고 승진 물 건너가고 동창 모임에도 못 나가고 나도 치르고 있잖아.

화영 의논 한 마디 아니 통고조차 없이 혼자 수술해 치워버린 거 용서할 수 없어. 그래 놓고 시침떼고 나 혼자 하는 코미디 구경하고 있었던 거 더구나 용서할 수 없어. 나를 사랑했다는 거 사랑한다는 말 믿을 수 없어.

준표 여보

화영 그런 줄도 모르고 옛날 이화영 실종시키고 당신 밥해 먹이고 빨래 해 입히고 집 치우고 김지수 닮아 가면서 행복해했던 나 자신 ·····허/·····

준표 당신을 사랑해.

화영 웃기지 마.

준표　사랑해.

화영　사기.

준표　화영이

화영　섹스 파트너 이상도 이하도 아니었어.

준표　그렇지 않아.

화영　당장 병원가 복원수술 해··그걸로 증명해 봐··

준표　·····(보며)

화영　못하지···못할 거야···당신한테 가장 중요한 건 경민이한테 이복 형제 안 만들어주는 거니까. 당신한테 가장 중요한 사람은 내가 아니라 당신 아들이니까. 당신한테 나는 아무 것도 아니니까··(침실로 들어가 버리고 문 잠그고)

준표　··············

S#　침실

화영　(들어와 침대 모서리에 등 대고 스르르르 구겨지듯 앉으면서 한 손 이마 위로)········

S#　거실

준표　(고개 꺾고)·············(서 있는 채)······

S#　침실

화영　······(표정 없이 줄줄줄줄 울고 있는)······

S#　샌드위치 가게

지수　(새로 만든 샌드위치/진주와 용기에 넣어 진열장에 종류별로 넣고 있다/한 종류를 대여섯 개씩)·····(진열장 다른 편에 신선한 재료 그릇들 따로 들어가 있고)····

진주　(커피 따르면서)이모 커피 드려요?

지수　응 그래..

진주　(하나 더 만들면서)월요일 디게 일 많아요.

지수　회의하는 사무실이 많으니까..

진주　매일 월요일만 같으면 이모 떼부자 되겠는데

지수　떼부자? <u>호호호호</u>

진주　단골도 꽤 생기고 있고요

지수　그냥 밥은 먹을 수 있겠구나 싶은데 무슨 떼부자는/ 이거 해서 떼부자 되겠어?

진주　밥은 샌드위치로 먹고 경민이 할아버지가 주시는 생활비는 몽땅 저축하고 그럼 금방 떼부자 되는 거 아니에요?(커피 갖다 주면서)

지수　(커피 잔 집으며)한 삼십년 모으면? 할아버지 삼십년 계셔 주셔야지.

진주　아 그건 어렵겠다..

　　[남자 손님 하나 들어온다]

남자　참치 하나 주세요. 카프치노 하나 하구요..(자리로)

지수　네 앉으세요..(준비하고)

진주　(커피 뽑는데)

석준　(들어오며)커피 주십시오.

지수　(아 하는 얼굴로 보며 웃고)

진주　아저씨 에스프레소죠?

석준　어 맞아요..(앉으며 원고 꺼내 펴든다)

지수　(손님에게 샌드위치 갖다 주고/진주 모카 거의 동시에 놓아주고)…. (석준에게)이쪽에 웬일이에요?

석준　아 일부러 온 건 아니고 큐레이터 집이 이 근처에요..오늘 쉬는

394

날이래서 내가 이쪽으로 나왔죠··잠깐 의논할 것도 있고 팜플렛에 실릴 평론 원고 받아놨대서 그것도 챙길겸요·· 한번 읽어봐 줄래요?

지수   내가 뭐 알아야죠··

석준   한번 봐 줘요··

지수   ····(받아들고 잠깐 서두 보다가)시작부터 어렵네···(도로 놓으며) 안 볼래요··괜히 무식만 탄로날 걸 미련하게 왜 봐요··

석준   하하하하 오늘 일찍 들어간다면서요··

지수   두시 쯤 나갈려고 해요··

석준   그럼 진주 씨 혼자 보나?

진주   혼자서도 너끈해요.

석준   아 오프닝 파티에 쓸 샌드위치 부탁해요 참··

진주   우리 이모 금방 갖고가 먹는 거 아닌 단체주문 별로 환영 안 하는데··

석준   그래요?

진주   제일 맛있는 건 그 자리에서 만들어 먹는 거/ 만들어서 시간이 지나면 지날수록 맛이 떨어지는 게 싫으시대요··

석준   그래서 안받아준다구요(지수에게)

지수   다른 음식들도 있을 거 아니에요··

석준   아 한군데 추천받은 데 있어요.

지수   그럼 거기다 샌드위치까지 주문해요··

석준   해주기 싫어요?

지수   ·····(보다가 장난스레 끄덕인다)

석준   왜요.

지수 손님들이 맛있어하나 어쩌나 반응 살피면서 신경쓰기 싫어요.
그냥 편하게 그림이나 볼래요

석준 그럼 그날 호스테스 맡아줄래요?

지수 ??

석준 나는 아무래도 이것저것 산만하고 바쁠 거 같은데

지수 (오버랩의 기분)부모님 오시고 형제분들 나오신다는데 내가 무
슨 자격으로 호스테스를 해요. 말도 안돼.

석준 지수 선배 우리 가족들 다 궁금해 죽을 지경이에요. 그 날 만나고
그 다음에 다같이 식사할 생각이에요.

지수 .....(보는)

석준 안되나요?

지수 .....(보며)

석준 ...아 얼른 농담으로 돌려야겠다 표정보니까.

지수 (흘기는)....

석준 누나한테 부탁하면 돼요..누이동생이 하겠다고 부둑부둑 우기
는데 잘못하면 오해의 소지가 있고 또 동생애가 무지무지 못생겼
어요... 누나야 푸욱 퍼진 오십대 아주머니니까 오해할 염려는 없을
거에요.

지수 그런데다 날 갖다 세워논다구요?

석준 모두들 궁금해 죽을 거에요..재미 있잖아요.

지수 (무슨 말인가 하려는데)

   E 전화벨

지수 잠깐요·· 응 언니

은수 F 너 집에 들어가 우리 아정이 피컵해 오는 거 잊지 마.

396

지수   알았어 언니. 나 쥐정신이야?

은수   F 알았어 그래

S# 마트

은수   (유모차 끌고 있는 선화와 생선전거리 뜨는 것 기다리며)내가 늙어
잔소리 심해져 그래‥응 지금 시장 봐‥어 선화 일찍 왔어‥그래‥(끊
으며)너무 적을까? 좀 더 떠 달랄까?

선화   됐어요 형님‥먹을 사람도 안 많은데요 뭐…

은수   그래 그럼‥(하고 포 뜨는 것 보는데)

선화   아버님 제사 모시고 난 전으로 찌개 끓여드리면 잘 드셨었는데…

은수   (선화 돌아보는)

S# 화영의 거실

화영   (침실에서 나와 현관으로)

S# 서재

준표   (머리에 두 손 올리고 앉아 있다가)

　　　E 현관문 소리

준표   ??(벌떡 일어나 나간다)

S# 거실

준표   (나와서 보면 침실 문 열려 있고 ⋯⋯현관으로 고개)

S# 승강기 앞에 서 있는 화영

준표   (나와서 화영 잡는다)어디 갈려고 그래.

화영   ⋯.(잡힌 채 보는)⋯.

준표   들어가 들어가서 얘기해‥

화영   (잡힌 채)바람쐬러 가는 거야‥ 어디 안 가‥들어올 거야‥(침착
하다)

준표   같이 나가자..잠깐 들어가..나 옷 입고 같이 나가자고

화영   바쁜 사람이잖어.. 학기 말이라 더구나 할 일이 엄청나잖아..이
제 괜찮아.나도 모르는 새 길들어서 혼자 다니는 거 아무렇지도 않
아..(승강기 오고)

화영   (타려고)

준표   (잡아당기고)

화영   (이 악물 듯 하고 뿌리치고 올라타는)

준표   (황급히 뒤따라 타는)

S# 승강기 안

화영   (문 열림 버튼 누르고 안 보는 채)내려..

준표   ....(보는)

화영   내려 빨리.

준표   같이 나가.

화영   싫어. 혼자 나갈테야

준표   화영이

화영   (오버랩의 기분)답답해..숨쉬러 나가는 거야..숨쉬면서 당신 없
는 데서 나혼자 정리할 시간이 필요해서 그래…

준표   방해 안하고 가만 있을게. 그냥 옆에 있기만 할게.

화영   내려…

준표   …..(보며)

화영   내려….

준표   이러고 나가면 당신 사고쳐.

화영   ??(보는)

준표   사고칠까봐 그래.

화영　(비웃는다)무슨 사고··어디다 들이박고 죽어버리기라도 할까봐?

준표　암튼 안 돼 혼자 내보낼 수는 없어.(팔 잡아 끌어내려)

화영　아니 안 그래…걱정하지 마…당신 그럴 만큼 대단하지 않아….

그럴 만큼 내가 모자라지도 않고…. 이거 놔줘…

준표　·····(보는)

화영　나갔다 올게…나갔다 와서 얘기하자 우리····그렇게 해 응?

준표　······전화 꺼놓지 마··

화영　·····(보는)

준표　응?

화영　안 꺼 놓을게…

준표　(손 놓고)

화영　(버튼 누른다)

[닫히는 승강기 문]

S# 승강기 안의 화영···허탈하다·····

S# 승강기 밖

준표　······(발밑 보고 있다가 무겁게 돌아서 자기 집 현관으로 움직여 들어

가는)

S# 거실

준표　(들어온/·····어정쩡하게 서서)······(있다가 서재로)

S# 서재

[준표 들어와서 우두커니 서 있는데 전화벨··]

준표　(받는다)네에··

조교　F 교수님. 저기 연구실에 손님이 오셨는데요····

준표　무슨 손님··

조교 F 미국서 오신 장모님이라 그러세요. 아침에 교수님 연락처
　　　가르쳐 달라고 전화 왔었는데 장모님이라면서 연락처 모른다는
　　　게 말이 안돼서 안 가르쳐 드렸더니 연구실로

준표 (오버랩의 기분)그래서 지금 연구실에 계셔?

조교 F 네..저는 복도에 나와서 전화드리는 거예요..

준표 ……(난감했다가)그래 알았어..자네가 밖에 찻집에 모셔다 드려..
　　　내가 지금 나간다고..

조교 F 연락처는

준표 (오버랩의 기분)내가 금방 나간다고만 말씀드려..

S# 침실

준표 (갈아입을 옷 꺼내 침대에 놓다가 자기 전화 집어 단축 누르면)
　　　F 화영이 핸드폰 벨(집 안 어딘가에서 울리기 시작한다)

준표 (둘레둘레 찾으면 화영이 자는 쪽에서 울리고 있는 벨/ 전화 끊고 옷
　　　집어 든다)

S# 학교 앞 찻집..

준표 (들어온다)………

　　　[한쪽에 앉아 있는 화영 모..]

화모 (들어서는 준표 날카롭게 보면서)……

준표 ……(다가와서 목례하며)안녕하십니까..

화모 화영이년은..

준표 마침 외출 중이라…혼자 왔습니다.

화모 (벌떡 일어나며)전화 바꾸고 집 이사 가고 일년이 넘게 동하고
　　　도 소식 끊고 도대체 이게 뭐하는 짓따구니야.

준표 죄송합니다

화모 즈 언니랑 형부 왔다가 허탕치고 들어간 건 아나?

준표 저는 모르는 일입니다.

화모 즈 아버지만 안 쓰러졌으면 내가 그동안 열두번은 쫓아나왔
어..나 들어가 얼마 안돼 즈 아버지 쓰러진 바람에 옴짝 달삭도 못
하고 붙잡혀 있다가이제야 한 숨 돌리고 뛰어나온 거야...

준표 앉으십시오

화모 앉을 거 없네. 자네 집으로 가세..

준표 ....(보는)

화모 가자구.. 이 기집애는 어딜 갔는데 없어 없기는/(앞서 나가며)

준표 ......

S# 움직이고 있는 자동차 안에서

화모 진저리치는 거 알아. 그래 그렇다고 전화번호 바꾸고 이사하고
여기있는 지 동생한테 까지 딱 끊고 그렇게 살아?

준표 ....(운전하며)

화모 그렇게 살면 죽는 날까지 고대로 살아질 거 같았나? 그 기집애
고등학교 동창회로 김지수 연락처 찾아내고 자네 학교에/(다른 말
있는 것 그만두고) 알아낼려면 뭘 못알아내..내 나라에 내 나라 말로
찾는데... 그보다 더한 것도 찾을 라면 찾지..

준표 ......

화모 대체 뭐 그렇게 대단해서 자네 전화번호도 비밀인가..자네가 뭐
월드스타라도 되나?

준표 ......

화모 망할년..즈 동생은 뛰어들어와 즈 아버지 봤는데 어떻게 지 동
생도 모르게 그렇게 딱 끊고 어이구우우 독한 거/독해 빠진 거....

준표　……

화모　어디로 가나··

준표　호텔로 모시겠습니다.

화모　집으로 가자니까··

준표　그건 화영이하고 말씀하십시오··

화모　(보는)

준표　집에··계시기도 마땅치 않습니다.

화모　또 코딱지만한 집이야?

준표　····

화모　사기는 샀나?

준표　아직 전셉니다

화모　밸 빠진 거···아이는

준표　아직 없습니다··

화모　혼인신고는

준표　아직입니다.

화모　그럼 그동안 한 게 뭔가··된 게 뭐야 으응?

준표　·····

화모　····· 매친 거 어이구 매친 거어어어

S# 교외로 나가는 어느 도로 갓길에 세워져 있는 화영의 자동차

S# 자동차 안··

화영　(기대어 앉아서 훼엥한 느낌)········

　　　[사서 꽂아놓았던 종이컵의 커피 빼내서 천천히 마시면서 투투둑 커피

　　　잔에 떨어지는 눈물··무표정·········]

S# 어느 호텔 커피숍에 마주 앉아 있는 준표와 화모

화모   ....(보며)

준표   .....(못 보면서).......

화모   약속대로 된 거 아무 것도 없구만..

준표   ....

화모   그러니 그것이 숨을 수 밖에 없었구먼. 저도 할말이 없으니까..

준표   .....

화모   새벽에 내렸더니 피곤하군....나는 비행기 타면 한숨도 못 자거든.. 마주 앉아있어봤자 신경질만 나고 메모지 달래서 자네 꺼랑 화영이 전화번호 적어놓고 가게. 아니면. 다시 학교로 쫓아갈 수밖에 없고..

준표   알겠습니다..(주머니에서 수첩과 볼펜 꺼낸다)

S# 안면도 바닷가를 거닐고 있는 화영.....

S# 아파트 주차장으로 들어오고 있는 준표의 자동차…

S# 차 세워놓고 자동차 안

준표   ......(기대어 눈 감고)

S# 아파트 거실

준표   (들어와서 현관에 신발 체크하고 침실로 가 문 열어본다)

S# 비어 있는 침실

S# 거실

준표   .....(침실에서 돌아서 주방으로 가 맥주병 하나 꺼내 벌컥벌컥 마시는)

S# 호텔 객실

화영   (침대 위에 아무렇게나 퍼질러 앉아 터지는 울음 삼켜가면서 맥주 마시고 있는).......

S# 운전하면서 전화하는

황　F 네에에

지수　어머니 저에요..

황　F 오냐

지수　아버님 어떠세요..

S# 황의 거실

황　(창가 의자에서 자고 있는 남편 돌아보며)의자에 앉아 졸고 계시
다..너 오늘 늬 아버지 기일 아니냐..

지수　F 네 어머니 그래서 지금 친정으로 가는 중이에요..아버님 깨
시면 저 전화드렸다고 말씀해 주세요..

황　오냐 안 떼어 먹는다...

홍　E 누구야..

황　깨셨다...에미에요..잠깐만 기다려라.

지수　F 네에..

황　(전화 홍 귀에 대어준다)

홍　누구냐..

지수　F 저에요 아버님.

홍　저가 누구야..

S# 자동차 안

지수　아버님 며느리 경민에미에요.(아정이 옆에 태우고)

홍　F 칠뜨기??

지수　네 아버님 칠뜨기에요.

S# 거실

홍　칠드기 샌드위치 많이 팔었어?

지수　F 네 아버님 오늘 아침부터 바쁜 날이에요.월요일 아침에는

회의하는 사무실이 많거든요··

홍　치/

지수　내일 점심 때 지나서 잠깐 뵈러 갈께요 아버님··

홍　경민이 데리고 올거면 오고 아니면 칠뜨기 혼자는 오지 마.

지수　경민이는 학교 가야죠 아버님/ 경민이 주말에 뵙잖아요

홍　(귀에서 보청기 잡아 빼 던지면서)이거 누가 만졌어··

황　누가 만져요오오

홍　시끄러 왕왕 울려··

황　애 전화 끊어라 보청기 봐 드려야겠다

지수　F 네 어머님…아 참 어머니 저 어제 황새기 젓 조금 담았어요··
노랗게 익으면 갖다 드릴께요··

황　오냐 (끊는)

S# 차 안

지수　(끊고 핸드폰 단축)……(번호 더 누르고 나서/녹음 방법 안내 음성)응
경민아 엄마…엄마 지금 아정이 데리고 외삼촌네 가는 중이야·· 학
교 끝나고 곧장 오는 거 알지? 아침 먹는 거 못 봐주고 나와서 미안
해·· 이따 봐아아? (녹음 마무리 조작한 뒤 전화 끊고)……

S# 경수의 마루 마당(오후)

[아이는 보행기에 앉혀놓고 부지런히 제사 준비하고 있는 은수와 선
화/은수…전 부치고 선화 탕국 안칠 무 썰고 갈비 다듬고 하면서……]

은수　(전 부치다가 옆에 수건 집어 눈 가린다)·····

선화　(보는)……

은수　·······

선화　형님…

은수 우리 엄마 제삿날이면 우리 아버지 여기 이렇게 나처럼 앉아 혼자서 전 다 부치셨는데……설마 내가 이렇게 빨리 아버지 제사 음식 만들 줄 응응응··

선화 ····(보면서 저도 눈물이 나고)····

은수 아무리 자식이라면 끔직한 양반이셨대두 어떻게 그렇게 한 순간에 응응응····

선화 (울면서 타게 생긴 전들 얼른얼른 들어낸다)····

은수 응응응응응응 응응응응응·····엉엉엉엉엉엉엉

지수 (아정이 데리고 들어오다 보고)······아정아 올라가··(아정 올라가고 지수 샘에서 손 씻으며)······

아정 (마루로 올라가서 은수 어깨에 손 얹고 보는)·····

은수 (한 팔로 안아주며 울고)

아정 엄마 왜 울어?

은수 속이 너무 아파서어···

아정 아정이 때문에요?

은수 아냐아··아정이가 왜애··돌아가신 할아버지 생각이 나서어···할아버지가 너무너무 보고 싶다 아정아···

아정 ·····

은수 너무너무 보고 싶어어어

아정 (안방으로 들어가고)

은수 (수건으로 얼굴 닦으면서)·····(손 씻고 올라오는 지수에게 제 수건 내밀고)

지수 (수건 받아 손 닦으며)옷 갈아입고 나올께··(하는데 안방에서)

아정 (제사에 쓰기도 하고 방에 놓아두기도 하는 아버지 사진 들고 나와

은수 준다)……

은수 응 그래…그래 고마워…(사진틀 받아들고 아정 앞에 띄우고)얘가
아버지 덕분인 거 아나보네요 ··아버지 사진 들고 나와 보래요·· 막
내딸 만들어 잘 키우고 있으니까 아무 걱정 마세요 아버지··

지수 더 길게 하지 말고 생략해…

은수 그래애··

지수 (들어가고)

은수 아정아 할아버지 사진 있던 자리에 응?

아정 (끄덕이고 사진 받아들고 들어가고)

은수 일년만 더 사셨어도 지웅이 구경 하시잖아··얼마나 행복하셨
을까 지웅이 보셨으면…

S# 안방

[살림 경수네 것으로 바꿔주시고]

아정 (사진틀 들고 휴지로 표면 닦고 있는)····

지수 (옷 갈아입으려다 보는)····먼지 있어?

아정 아니요?

지수 그럼 왜··

아정 그냥요··(사진틀 제자리에 놓고 돌아보고 좀 웃고 나간다)

지수 ……(사진 보며)……

S# 준표의 거실

준표 (소파에 엉덩이만 걸치고 앉아서)……(고개 꺾고/)

E 전화벨

준표 (펄쩍/ 화영인가 싶어서 보면 아니다)네 여보세요

화모 F 응 맞는군. 애 아직 안들어왔나?

준표 안 들어왔습니다.

화모 F 연락도 없고?

준표 없습니다.

화모 F 아니 어디 가는지도 모르고 있다는 게 말이 되나?

준표 ....

화모 F 으웅?

준표 그럴 때도 있습니다.

화모 F (그냥 툭 끊어버린다)

준표 ....(싫증 나 하며 전화 끊는)

S# 호텔 객실

화영 (옆으로 누워/아무것도 안 덮고/곯아떨어져 있는/ 슈미즈 바람일
필요는 없음/태아의 모습으로 웅크리고)......

S# 경수의 마당··(밤)

[안방 문 열어놓고 방에는 불 끄고/마당에 어디서 갖다 놨는지 플라스
틱 정원 의자 몇 개와 탁자··준구 진주 은수 부부 아정··지수 경민/ 경수
부부 애기··적당히 앉아서····영혼에 방해 안 되게 구시렁구시렁 얘기하
고 있는]

경수 야 크라구우 크라구 할 때는 붙잡아 매논거처럼 안크다 한꺼
번에 잡아 늘군 거처럼 확 커버리니까 이상하지··

경민 어쨌든 컸잖어요오오··

달삼 도대체 몇센치가 큰 거냐 너.

경민 십팔 센티요

달삼 일년 동안에.

경민 네.

달삼 그러니까 잡아 늘군 거지이.. 너 엄마가 저녁마다 니 다리 붙잡고 늘궜냐?

경민 하하하하

준구 그러니까 괜히 미리 걱정할 필요가 없는 거에요. 클때 되면 큰다니까요.

지수 사실은 심각했었어…

진주 그대로 있었으면 심각하죠오오..

경수 아버지 다 드시지 않았을까/

달삼 어 다 드셨을 거야.(일어나며)불켜 불키자 불키고 우리도 좀 먹자..김기사 데려왔으니까 나도 한잔 해도 돼. 당신 술 먹지 마 내가 먹을 거야..처남 한잔 하자구. 아정아 가자 올라가자..

경수 (마루로 올라 마루 불 켜며)예에…(안방으로 들어가 안방 불 켠다)….

　　　　[가족들 모두 마루로]

S# 아파트 광장 입구…(밤)

준표 (바지 주머니에 손 찌르고 서서 차가 들어올 때마다 화영인가 싶어서)……(초조)

　　　　….(잠시 더 머뭇거리다가 돌아서 현관 쪽으로 걷는데)

　　　　[화영의 차 휘익 지나간다..]

준표 …..(보는/안도)…..(서둘러 걷는)……

S# 거실

준표 (들어와 주방에서 물 한 잔 따라 비우고 컵 싱크대에 놓고 거실 가운데 현관을 보면서 서 있는)…………

화영 (들어온다)

준표 ……(다가들어 올라서는 화영 당겨 으스러지게 안는다)

화영   ……(그대로 가만히)….

준표   얼마나 걱정했는지 몰라……

화영   ……

준표   못난 놈이라 그래··당신만큼 용감하질 못하고 당신 말처럼 비겁해서 그래··

화영   (벗어나려 하며)저녁 알아서 해결해··

준표   (두 팔목 잡으며)사랑하지 않는 거 아니야 나한테 지금 뭐가 있어··당신 뿐이야·· 우리 둘이 얼마든지 잘 살 수 있어··불편한 게 싫어··당신한테서 자식 낳아 놓으면 그 자식한테도 미안해야 하고 경민이한테도 미안해야 해·· 당신만 양해해주면 당신이 이해주면 우리 훨씬 단순하게 편안할 수 있어. 딴 생각 필요없이 우리 둘이 서로한테 충실하면서 그렇게 늙어갈 수 있잖아··

화영   당신 믿었어··지수에 대한 감정 기억의 습관이라는 말도 믿었어··작년 여름 지나면서부터는 온전한 내 사람이 됐다고 생각했었어··경민이 만나러 가 지수 보는 것도 훨씬 편안해졌었어··이렇게 자리잡는구나 생각했었어·· 나는····성공했다고 생각했었어··(화내지 말 것)

준표   성공했어 우리 성공한 거야··

화영   날 무시했어…

준표   아냐

화영   날 깔봤어 놀렸어.

준표   당신을 잃는 게 겁났어. 그래서 말 못한 거야.

화영   잃는 한이 있어도 날 붙잡고 설득했어야 해··내가 선택할 수 있게 했어야 해… 차라리 그랬으면 좋았어…결국 마지막에는 내가 져줬을 테니까…당신 그만큼 사랑했으니까.. 지금은 그때처럼/ 그만큼 사랑할 수 없어.. 나를 당신이 갖고 논 여자를 만들어 버렸으니까..

준표　아니야

화영　내가 안 떠나고 이대로 주저 앉아 있대도…그건 당신에 대한 사랑 때문이 아니라 내가 저지른 일 마무리를 그렇게 안하고 싶어서야.. 어쩌면 그 때문에 날마다 부모죽인 원수처럼 싸우면서 미워하면서라도 끝까지 살아낼지도 몰라.. 아직 결정한 거 없어.. 좀 더 생각할 거야…서둘지 않을래…

준표　……(불쌍한 얼굴로 보며)……

화영　당신과 함께라면 죽을 수도 있었어…나한테 너무하지 않아?.....

준표　.....

화영　(침실로 들어간다)

준표　…….

화영　(곧장 다시 나와 주방으로 가서 포트에 물 붓고 스위치 넣고 다시 들어간다).....

준표　.....

S# 주방

화영　(식탁에 앉아 컵라면 먹고 있다)……

준표　(거실 소파에 궁둥이만 붙이고 앉아서)…….

화영　…….

준표　병원에 갈게…

화영　필요없어..

준표　갈께..

화영 아냐 됐어....무슨 세계를 지배할 인물을 낳자 그런 거 아니고
　　　인류를 구원할 메시아를 얻으려고 했던 거 아니야. 그저 내가 사
　　　랑하는 남자 자식을 낳아 키우고 싶었을 뿐이야..

준표 그래 낳자구.(일어나며)

화영 아니 당신 같은 이기주의에 우유부단/여자 하나 제대로 사랑
　　　할 줄 모르는 비겁한 사람 자식따위 낳고 싶지 않아..

준표 ……(보며)

화영 ….(그냥 먹는)

S# 거실

화영 (찻잔 들고 움직여 와서)비켜…나 올라갈 거야..

준표 (앉았던 소파에서 일어나고)

화영 (소파로 올라가 다리 뻗고 기대어 앉아서 차 마시기 시작한다)……

준표 ……(보다가)당신 어머니 오셨어..

화영 (마시던 손 멈추고)……

준표 학교 연구실에 가 계신 거 먼저 그 호텔에 모셔다 놓고 들어왔어..
　　　***호실이야..

화영 (보는)…..

준표 화가 이만저만 나신 게 아니야…

화영 (그냥 마시는)

준표 아버지 쓰러지셨었대……

화영 ??(멈추는)………(다시 천천히 마시는)

준표 동생은 갔었나봐..

화영 ….엄마한테 휘둘리는 아버지가 엄마 보다 더 미울 때 많았어..(일
　　　어나 침실로)

412

S# 침실

화영 (들어와 서서)……(그래도 아버지기는 한데….)

S# 거실

준표 …..(잠시 서 있다가 주방으로 가서 컵라면 꺼내 놓고 물병 집어 드는데)

S# 침실

화영 (핸드폰 들고)****호실 부탁합니다…

교환 F 네 실례지만 어느 분을 찾으십니까.

화영 신옥분 씨요‥

S# 호텔 객실

화모 (침대에 엎드려 지압 마사지 받고 있는 참이다)아그그그그 아으
으 시원해

      E 전화벨

화모 네에 여보세요? …..(벌떡 일어나며)너 에미가 뭐랬어‥ 믿을 놈
을 믿어야지이이 아직도 아무 것도 된일 없다든데 도대체 너 여기
서 뭐하구 자빠졌는 거야. 이 멍청아!!…..애도 못 만들었다면서!! ‥
왜 이렇게 시간 낭비를 해애‥ 이팔 청춘인줄 알어??

S# 침실

화영 내일 호텔로 갈께요…점심 때….볼일 있어 나갔다 왔어….끊어
요‥(끊으며)…….

S# 은수네 집 앞(밤)

      [멈추어 있는 은수의 자동차와 지수 자동차]

달삼 (잠든 아정이 안고 내리는 중이다)

은수 (먼저 내려 혹시 머리라도 부딪힐까 봐 문 열고 지켜보고 있고)조심
해‥조심해 여보‥(준구와 진주도 내리고)

달삼 알았어어 조심하고 있어..처제 가아..(지수 대답하고)

경민 이모부 이모 안녕히 주무세요.

　[적당한 대답.]

경민 형 누나도..

준구 진주 어 잘가.. 또 보자..

　[먼저들 들어가고]

은수 가라..

지수 응..

은수 애썼다..

지수 ?/내가 뭘..언니가 애썼지..애썼다 소리 안해서 그래?

은수 아냐아아...아으 아으 피곤해... 설거지까지 다 해주고 손터니까 것도 되다..

지수 그래도 경수가 훨씬 나아지지 않았어?

은수 나아져야지 그럼 ..애 키우는 게 보통 일야? 혼자서 절절 맬텐데 알게 뭐냐 그럼 그게 인간이야?

지수 궁뎅이가 훨씬 가벼워졌더라고... 애도 잘 얼르고/웃겨 죽겠어. 지 아들 데리고 뚜르르르르르 이런 짓 하는 거 보면 흐흐흐흐

은수 하하 그래 웃기드라..

지수 가아..

은수 어어

경민 (다시 꾸벅)

은수 어엉..

　[둘 차에 타고 출발하는]

S# 거실

414

[모자 들어오면서]

경민 숙제 많은데‥

지수 얼른 올라가 빨리 시작해

경민 (계단으로)소화제 먹어야겠어요 물 좀 주세요‥

지수 많이 거북해?

경민 이모가 자꾸 먹어라먹어라 하는 바람에 과식했어요‥

지수 금방 갖다 주께‥(주방으로 부지런히)

S# 화영의 욕실

화영 (거울 보며 칫솔질하고 있는데 눈물이 줄줄줄줄 흐르고 있다)‥‥‥
  (칫솔 빼놓고 얼굴에 물 끼얹는)‥‥‥‥

S# 지수의 거실

지수 (이 층에서 물 주고 내려오는/ 경비 거는)

  [재택 경비가 시작되었습니다‥]

지수 (침실로)

S# 침실

지수 (들어와 옷 입은 채 침대에 피시시 눕는다‥‥‥피곤한 하루)‥‥‥(눈 감
  으며)‥‥

용덕 E 그만 울어‥‥‥하지 마‥‥‥누가 너더러 그렇게 살랬어?‥‥‥홍
  서방이 그렇게 살아달랬어?
    ‥‥‥니 태생이 그래서 니가 그게 좋아서 니가 그렇게 산 거야‥
  생색 왜 내‥‥‥생색 내는 거 아니야‥

지수 (눈 감은 채)아버지이이‥‥‥

                                                    F.O

S# 새벽길을 자전거로 달리고 있는 준표‥‥‥

S# 지수의 거실

지수 (청소기 밀고 있는)……

S# 화영의 침실

화영 (잠들어 있는)………

S# 자전거 달려오다가 적당한 곳에 멈추고

준표 후우우우우(답답한 숨 몰아 토해 내는)……(자전거에서 내리는)

S# 지수의 주방

지수 (아침 준비 시작하는/ 불린 쌀 밥솥에 넣는데)

  E 핸드폰 벨

지수 (싱크대에 놓아두었던 전화 집어서 보고)……(잠깐 있다가 받는다)
  네에…

준표 F 나야..

지수 …응…. 왜…

준표 F 어제….잘 모셨어?

지수 ?? 어떻게 그걸 다 기억해?

S# 자전거 길

준표 핸드폰에…세팅해 놨었어…

지수 F 잘 모셨어….

준표 ……

지수 F 할 얘기 없음 끊어

준표 아니…..내가 정말….형편없는 놈이다…장인어른 나를….참 …괜
  찮아 하셨었는데….말씀은 없으신 분이지만….언제나 나 지지해주
  셨었는데….

지수 F ..알면 됐어…죽기 전에 반성할 거 있음 남기지 말고 다해..

416

준표   ……

지수   F 그거 모르지….

S# 주방

지수   우리 아버지….돌아가시는 날까지…당신 놓고 이러쿵저러쿵··

  …한 말씀도 안하셨었어…

S# 준표

지수   F 한 말씀도….정말 단 한 말씀도…

준표   ……

지수   F 오히려 나한테……뭐라 그러셨지….

준표   ……

지수   F 잘 모셨어…끊어

준표   가게는….경민이는 잘 모른다더라··

지수   F 괜찮아…자리잡혀 가…

준표   힘들지 않아?…

지수   F 괜찮아·· 토요일 오후랑 일요일은 쉬는데 뭐··

준표   얘기해 본지 꽤 되는 거 같다….가게는 어디 있는지 알아…

지수   F 오지 마…

준표   ….

지수   F 오늘 잠깐 아버님 어머님 뵈러 갈 거야…할말 있으면 해…

준표   특별히 없어…어머니한테 안부 전화는 하는데 뭐…

지수   F 그래 알았어··끊어··

준표   너무 무리하지 마…완벽할려고 지나치게 애쓰지 말라구··

지수   F 끊어··(끊어지고)

준표   ….(전화 끊으며)

S# 주방

지수 (끊은 전화 잠시 내려다보다가 내려놓고 밥솥 물 붓고 스위치 조작
한다)

S# 샌드위치 가게 주차장에 차 대고 내리는 지수

S# 가게

지수 (밖에서 열쇠로 문 열고 들어온다)·····(소지품 치우고 커피머신에 전원
넣고 /큰 커피메이커에 물 붓고/필터 넣고 커피 알갱이 세어서 넣고 아메
리카노 뽑을 준비하는/그러는 한편 커피 내려지는 동안에도 깨끗이 정리
된 주변 다시 손보는/샌드위치 진열장은 텅텅 비어 있다)···

S# 화영 거실 주방

화영 (커피 드립으로 내리는 중이다/ 커피 찌꺼기 필터 들어 있는 고깔 들
어 싱크대에 넣고 커피 마시기 시작한다/ 외출복)·····

준표 (욕실에서 샤워하고 나오는)·····물 좀 줘··

화영 (대꾸 없이 물 한 잔 따라 싱크대에 놓고)

준표 (집어 들면서)어디 나가?

화영 목욕하고 좀 쉬다가 엄마한테 ····와 있다니 가서 봐야지···원수
같은 모녀지만 어쩔 수 없잖아··

준표 어떻게 말씀드릴려고

화영 ??나도 모르겠네···· 되는대로 하지 뭐·· 내키는대로··

준표 ·····(보며)

화영 (커피 한꺼번에 서너 모금 마시고 컵 아무 데나 놓으며)밥 없어./··알
아서 해·····(나가버린다)

준표 ·····(나가는 화영 보며 있다가 문 닫히자 주방으로)·····(냉장고 문 열
고 먹을 것 찾는)·····

S# 어느 해장국집

준표 (해장국 먹고 있다)……

S# 지수 가게

지수 (막 만든 샌드위치 세 개 손님에게 주며/)잠깐요 커피 드릴께요(진열장에는 샌드위치 적당하게 들어 있고/ 아직 만들고 있는 중이다)

손님 아니에요 커피는 사무실에 있어요··(계산대로)

지수 네에··(계산대로 가 익숙하게 찍어 영수증 내밀고 돈 받는다)안녕히 가세요.

손님 네에··(아웃되면서)

준구 (들어온다)알바 왔습니다아아

지수 어 알바 어서 오세요오오

준구 (진열장 보며)이모 저 치킨 하나 주세요··아침 안 먹고 나왔어요.

지수 금방 만들어주께··돈 내야 하는 거 알지?

준구 아 알아요 일당에서 까세요.

지수 (꺼내주며)내가 사줄게··

준구 (소지품 치우면서)많이 파셨어요?

지수 어 만들면서 나간 게 스무 개 쯤 돼·· 사무실에서 주문 받은 게 열다섯개 되고··삼십분 뒤에 가지러 내려온대··(치킨 샌드위치 만들면서)

준구 오후에는 누나가 나올 거에요··저 친구랑 영화 보거든요.

지수 또 알바값 나누면서 싸울려구?

준구 미리 계산 끝내고 왔어요··오백원 갖고 형제끼리 싸우는 거 치사해서.

지수 (조금 소리 내어 웃고)

준구 우리 엄마 요 옆에다 햄버거 집 하나 내신대요.

지수 ??

준구 하하 이모는 암튼/ 농담이에요오오 이모 일하시니까 엄마 진
짜 심심하신가봐요. 아침에 아빠한테 그러시더라구요.

지수 아정이 때문에 심심할 새 없다드니

준구 아정이 학교 보내고 나면 몇 시간 비잖아요··

지수 운동 열심히 다니면 되지?

준구 이모랑 같이 다니다 혼자 다니기 그러신가봐요.

지수 맞어 그게 혼자 다니기는 좀 그렇겠드라··

S# 은수 마당

진주 (나가서 제자리에 서서 발 구르는)아 선은 무슨 선을 봐아아아

은수 (소파 방석 탕탕 막대기 같은 것으로 두들기면서)결혼 상대 선 보
는 거지 무슨 선인지 몰라 그래?

진주 나 이제 스물 넷이야. 만으로 셋이라구.

은수 그러니까 한창 좋은 값 처 받을 때란 말야

진주 아 나 결혼 일찍 안해애애.

은수 취직도 싫다 결혼도 싫다 그럼 언제까지 놀고먹고 백수할 건데··

진주 백수 얼마나 했다고 그래애··일년은 아무 생각없이 그냥 놀 꺼
야··놀다가 대학원을 가든 취직을 하든 시집을 가든 결정할테니까
일년동안은 건드리지 말고 내버려 둬··

은수 재미 삼아 선 시장에 한번 나가보는 것도

진주 그게 재미삼아 할 일이야? 선 시장에 내노면 그때부터 초코파
이 새우깡처럼 선시장 진열대에 진열되는 건데 /엄만 엄마 딸을 그
렇게 만들고 싶어?

은수 겨우 왜 과자 봉지야아아 수준도 낮어 참 이왕이면 십캐럿짜리 다이아몬드라고는 왜 못 해.

진주 왜 겨우 십캐럿이야/ 이왕이면 이백 팔십 캐럿쯤 하지

은수 뺑도 애교 있게 쳐라·· 십캐럿도 뺑인데··

진주 나가아.

은수 어엉··

진주 (나가다 돌아보며)엄마 진짜 이상한 짓 벌이면 안돼 애애애?

은수 모르지. 뇌속에서 잠자는 벌레가깨나서 꿈틀 거리기 시작하면 무슨 짓을 할지 장담 못하는 거니까

진주 엄마아아(발 구르며)

은수 아으으으 어디 몸 풀 일 없나아아? 찌뿌드드해 죽겠다·· 화영이 이년 집이나 알아보까아? 심심한데

진주 엄마 그러다 이제 경민이 앞에서 실수해애?··

은수 걱정도 팔짜다··

진주 (나가며)도장이나 가아··찌뿌드하며언··

은수 (펑펑 두들기는)

S# 골프복 매장

은수 심심해서 용트림 하다 지금 막 나왔어··당신 골프 옷 뒤벌 골라갖고 들어갈려구··골프웨어도 은근히 유행있어? 당신 꺼 꾸적지근하다고 툴툴 거린 이유 알겠다··(매장이라는 거 생각해서 작은소리로)

달삼 F 죽자구 돈 벌어다 바치는 남편한테 당신 정말 너무 한 거 반성해야 해애··

은수 여보 나 심심해.

달삼 F 심심하면 어떻게 하라구우./일 하다 말고 뛰어들어가 놀아줘?

은수 심심해애애

S# 현장

달삼 지금 이 시간에도 생활전선에서 땀흘리며 일하는 아줌마들이
얼마나 많은지 알어? 등 따시구 배부른데다 심심하다 소리까지 하
면 그 아줌마들한테 욕먹어‥

은수 F 당신이야 간간이 빙수라도 먹지 나는 이게 뭐니

달삼 (오버랩의 기분)야야 빙수가 어떻게 생겼는지도 모르는 게 벌
써 수삼년이다.

은수 F 들어가다 도장 들를 거야‥

달삼 더 배울 것도 없는데 뭐하러 거긴 가아 그냥 헬스가서 몸 풀고
와아‥이제 그거 그만해.

은수 F 뭐 쩔리는 거 있나?

달삼 (오버랩의 기분) 아 여보!!!

S# 매장

달삼 F ‥우리 그거하까 그럼?

은수 뭐‥

달삼 F 야 그거 좋겠다.

은수 뭐어

달삼 F 가만 내 스케줄 체크해서 연락하께‥ 자알하면 두 시간 쯤‥ 뺄
수도 있겠는데‥끊어.

은수 ?? 뭘 하자는 거야‥‥‥(금방 다시 전화벨)뭐 뭐하자는 건데‥

S# 현장

달삼 안되겠다 은수야‥그저게 캔슬됐던 미팅 잡혀 있대 다음에 하
자 다음에‥

422

S# 홍회장 마당

지수 (들어오다 보면 시부 나와 의자에 앉아 아내가 먹여주는 주스 빨대

로 마시고 있다)……아버님 어머님‥저 왔어요오오…(그쪽으로)

홍 (손으로 컵 밀어내는)

황 그만 드세요?

홍 누구 왔대잖어.

황 에미 왔네요‥

홍 ……(멍하니 보는)

지수 제에요 아버님‥

홍 경민에미?

지수 네에‥

홍 (머엉하니 보다가)……어엉…그래…

지수 (시모가 내미는 주스 컵 받아들며)아버님 이거 조금만 더 드세요‥

홍 (고개 돌리며)치워‥

지수 (시모 보고)

홍 놔 둬라‥

지수 조금 있다가 한번 더 드려볼께요‥

황 에미 왔으니 나 들어가요‥

홍 뭐하러.

황 당신 좋아하는 흙침대 깔개 좀 바꿀려구요…(지수에게)아줌마

가 청소하다가 잘못 건드렸는지 더워죽겠다고 한바탕 난리가 났

었단다‥ 이 더운 날씨에도 꼭 키구 주무시잖니‥ 몸이 개운하다셔‥

지수 네에‥(황 들어가고/시부 보며)아버님‥

홍 (머엉하니 저쪽 보며)

지수　.....아버님..

홍　(돌아보며)준표 세미나서 언제 오는 게야..

지수　??

홍　아 교환교수갔지 참......그런데 너 왜 안 따라갔어..

지수　....(보며)....

S# 호텔 커피숍

　　[마주 앉아 있는 모녀.....]

화모　(보며)......

화영　(차 마시면서).....왜 나왔어요..

화모　이것아 일년이 넘게 연락두절인데 안 나오고 배겨? 늬 아버지
　　때문에 못 나왔어.늬 아버지 세상 뜨는 줄 알았어..이제 겨우 지팡이
　　짚고 발짝 띠어..

화영　.....

화모　동하녀석은 그래도 들어왔더라....

화영　걔는 잘 있어요?

화모　베트남 가고 없다..뭐 새 사업꺼리가 있단다구 친구랑 간다 그
　　랬어.

화영　......

화모　도대체 왜 이혼을 못하고 있는 거야. 나한테는 분명히 한다 그랬
　　는데..

화영　위자료줄 거 주고 완전히 끝났어.서류 정리만 안돼 있을 뿐이야..

화모　그런데 왜 안하고 있냐구..

화영　그게 뭐가 그렇게 중요해.

화모　애 좀 보게..그럼 뭐가 중요해..시아버지 재목 건강도 안 좋다

424

는데 호적에 확실하게 올라가 있어야

화영 (오버랩의 기분)아버지 재산 다 손자한테 넘어갔어.

화모 ???

화영 나하고 관계 인정 안해. 아버지 때문에 이혼수속 못하는 거구‥

화모 ………

화영 그딴 거 상관없이 그냥 살어‥밥 먹고 사는데 지장없어.

화모 허/(고개 옆으로)………(하고 있다가)그러니까 너 여태 뭐하고 있었던 거야‥완전 헛물 켠거 아냐.

화영 나는 엄마랑 달라‥나는 남자 하나 봤어. 밥만 먹으면 돼‥아직도 모르겠어요? 엄마처럼 돈을 목표로 그 남자 잡은 거 아니야. 나 지금 여자로 살고 있어‥나 살림해. 꽤 잘해. 그렇게 살면서 불만없어. 그러면 된 거 아냐?

화모 ‥‥‥(보며)‥‥‥(비웃는 표정 역력)

화영 한번만이라도 단 한번만이라도 다른 거 다 접어치우고 돈하고 연결 짓지 말고 나를 좀 생각해 줄 순 없어? 나 돈 못벌어‥안 벌어 돈 버는 거 하기 싫어. 그냥 남자 밥 얻어먹으며 살고 싶단 말야‥

화모 얻어먹는 밥도 수준이 있고 격이 있는 거야.

화영 된장찌개 콩나물 국에 김치 먹으면 돼 고기도 먹어 달걀도 먹어.

화모 그건 나도 먹어‥

화영 욕심부리지 마…연금으로 엄마 아버지 생활은 되잖아. 오빠 언니들 모르는 척 해. 그냥 분수만큼 차례 온 만큼 살아.

화모 그런데 애는 왜 안 생기는 거야‥애래도 생겨야 애 앞세워 들이댈 거 아냐‥

화영 ‥‥‥(가만히 보며)

화모　애가 있으면 어쩔 거야‥인정하니 못하니 어떻게 해……하기는 애 없는 게 오히려 천행일 수도 있지만‥

화영　(찻잔 집어 드는)‥‥

S#　호텔 객실

화모　(앞서 들어오며)내 생각은 그렇다‥(창 쪽으로 가 커튼 치면서)불 좀 다 켜라‥

화영　그냥 놔둬요.

화모　아 바깥 빛은 늙어보여 이 것아‥

화영　(별수 없이 전등 스위치 여러 개 올리는)‥‥

화모　(소지품 아무렇게나 화장대에 놓으며)내 생각은 그래‥ 그냥 이쯤에서 별볼일 없는 소꿉놀이 파장하고‥‥정신적인 피해보상이나 받아가지고 뜨는 거야‥

화영　(보는)‥‥‥

화모　당연히 그건 해줘 얄 거 아냐‥그눔이‥더 버텨봤자 나올 거 없겠어‥아들 두고 손자한테 건너 뛴 거 보면 그 집안 분위기 대충 알겠고……지금 집도 세라면서 얼마짜리야.

화영　‥‥‥(그저 보며)

S#　객실

[마주 앉아서……]

화모　(혼자 양주 얼음 띄워 흔들면서)그래애애(한숨)사랑‥‥그런 게 있다고 하더라‥ 돌아버리면 보이는 거 들리는 거

화모　E 아아무 것도 없고……목숨도 아깝지 않은 그런 게 있다고 하더라‥‥그러니 사랑에는 국경도 없다 그러겠지 그러니까

화모　낙랑공주가 자명고를 찢었겠지‥(한 모금 마시고 내리면서)해

본 적 없어 나는 모르겠다만….그게 어떤 건가 궁금하기도 하다만
….그렇지만 화영아…너 자신의 가치를 과소평가하지 마. 그건 문제
야‥너는 얼마든지 더 나은 조건 더 폼나고 더 매력있고 더 파워있는
상대 만날 수 있어‥

화영　그럴까?

화모　그러엄‥

화영　그럼…… 한번 다시 생각해 볼까?

화모　???

화영　알았어….심각하게 한 번 생각해 볼게‥

화모　(보며)……

화영　사실은 조금씩 따분할 때도 있기는 있어… 교수 재미없더라 엄
마‥ 밤낮 컴퓨터랑 책 밖에 없어‥쓰는 거 아니면 읽는 거야‥ 웬 읽을
거는 그렇게 많은 건지 ‥웬 강의 준비 세미나 준비는 그렇게 독하게
해야 하는 건지……그냥 한 집에 살 뿐이지 내 차지 거의 안돼…

화모　…..(보며)

화영　알았어….열심히 생각해 볼게… 로버트 정이라는 사람….아직도
나한테 생각이 있나?

화모　헛소리 계속할래?

화영　……(보는)

화모　망할 것/(술 마시고 빈 술잔 탁 놓고)헛똑똑이(술 따르는)

화영　……(가만히 보며)……

화모　(술잔 들다가 도로 놓으며)나도 차암…..내가 싫다아아….어렸을
때부터 길에 나가면 누구나 한번씩은 꼭 뒤돌아보게 그런 인물로
태어나서….결혼 하나 잘못한 바람에 요모양 요꼴될줄 누가 알았

을까….

화영　……(보며)

화모　여자 팔자 뒤웅박 팔짜라고 참……(쭈욱 마시고)로버트 정은 인
　　　도 재벌 딸하고 재혼했다.. 호텔을 거의 통째로 빌려서 결혼식을 몇
　　　날 며칠을 했는지 모른다더라 인도식 미국식 한국식 다 했대 다..

화영　저런 로버트 놓쳤네..아까워라.

화모　야 이 기집애야!!

S#　호텔 로비를 고개 꺾고 걸어 나오고 있는 화영……

S#　운전하는 화영의 쓸쓸한 모습….

S#　아파트 주차장으로 들어오는 화영의 자동차

S#　차 세워놓고 머리 뒤로 꺾고 있는 화영

S#　아파트 거실

화영　(들어와 곧장 침실로 들어가려다가 문득 보면)

　　　[탁자에 메모 한 장]

화영　(움직여 메모 집어 보면)

준표　E 오피스텔에 가 원고 정리해 보내고 학교로 가. 저녁에는 박사
　　　과정 학생들 회식있대. 많이 안 늦을게./

화영　(메모 들고 돌아선다)

S#　침실

화영　(들어와서 그대로 침대에 엎어지듯 하는)…..(눈 뜨고)…….

S#　침실(시간 경과)

화영　(옆으로 누워 눈 말똥말똥 뜨고)…..

S#　침실(시간 경과)

화영　(일어나 앉아 머엉하니)…….

S# 은수 지수의 골목··(밤)

　　[지수의 자동차 와서 은수네서 멎고 진주 내린다]

진주　이모 안녕히 가세요

지수　엉 수고했어··

진주　(웃으며 대문 벨 누르고) 가세요오.

지수　들어가아··(진주 들어가고 출발해서 자기 집 쪽으로)

S# 운전하는 지수

지수　???

S# 지수 시각으로 집 앞 공터에 세워져 있는 화영의 자동차

　　[지수는 화영의 차를 본 적이 없어 모르는 상황]

지수　(주차하고 차 쪽 보며 내리는데)

　　[화영의 자동차 운전석 쪽 문이 열리고 있다······]

지수　(그쪽으로 다가가면)

화영　(내린다)

지수　???

화영　(자동차 문 열어놓은 채)·····(보는)·····나가서····차 한잔 할 수 없을까?

지수　······(보며)

제22회

S# 카페 전경(밤)

S# 카페 안…

　　[마주 앉은 두 여자…]

화영 (찻잔 저으면서)……

지수 ……(보며)

화영 ……(언제까지나 젓고 있을 것처럼)……

지수 (찻잔 보고….화영 보고)……‥

화영 (스푼 내려놓고 찻잔 집어 들어 입으로/한 모금 마시고 시선 내린 채
　　　찻잔 놓고)……(그대로)

지수 ‥‥(보다가)다시 볼 일 없을 줄 알았는데…‥

화영 그렇지?……

지수 무슨 일이야….뭐 할 말이 있어서 왔을 거 아냐‥

화영 (보며)비즈니스는 어때‥

지수 그냥….굉장하네도 아니고 큰일났다도 아니고…현상유지 되고
　　　조금 남아‥

화영 시작한지 얼마 안됐으니까·····

지수 ·········(기다리다가)그거 궁금해서 온 거 아니잖아··

화영 (쓴웃음)독촉하지 마····여전하구나··

지수 ·······(보며)

화영 아직도·······많이 불편하니?

지수 ······(보는)

화영 너무 빠른가 이런 질문?

지수 뭐가 알고 싶은 건데····

화영 이런저런···

지수 나 너한테 내 얘기 들려주고 싶지 않아·· 내가 왜 내가 불편하고 안하고를 너한테 말해줘야 해···

화영 그래·····니 말이 맞어··그런데 지수야···나는·····많이 불편하다··

지수 ??·······

화영 (보며)힘들어···이 근처에 살 때 ···비오는 날 한번····너 찾아왔었 지···그날도 힘들었었어···(웃으며)나는 왜 힘들면 니 생각이 나는 걸 까···웃기지 니가 고해성사 바치는 신부님도 아닌데·····

지수 ······(보며)

화영 너는·····홍교수 하고 어떻게 그렇게 오래 살았니··

지수 ·····

화영 근본적으로 ·····굉장한 에고같은데····그런 생각 안해 봤어?

지수 본론을 말해···나한테서 알아내고 싶은 게 뭐야. 니가 하고 싶은 말이 뭐야··

화영 그 사람····에고에 대해서

지수 그런 생각해본 적 없어···배려 많고 따듯한 사람이야····결혼하고 내가/ 니 말대로 지겹고 싫증날 정도로 너어무 챙겨주고 뭐든지 다 그 사람 위주로 해주면서 아무 것도 안하는 사람으로 내가 만들었을 뿐이야..

지수 E 난 그게 내가 할 일이라고 생각하고 살았고 불만 없었어. 공부하는 사람이니까 시간 아껴야 하는 사람이니까 다른 데 신경쓰게 만들면 안되니까····

지수 그러다 보니까 어떤 날이었는가····동창모임에 갔다 늦어졌는데 와 보니까 자기도 굶고 애까지 굶겨놓고 들어앉아 있더라···책 쓸 때였어···자기 배는 고픈데····애 배 고픈 건 생각 안났대··

지수 E 중국집 피자집 됐다 뭐하냐 그랬더니 전화번호 모른대···수첩있잖냐 했더니 생각 안났대···

지수 그 때부터 밥 때는 거의 밖에 안 있었어···밥 솥에서 밥 뜨고 국데워먹는 거도 못하더라 다 차려놓고 나가도··

화영 미웠겠다

지수 그런가부다 했어···몰두해서 뭔가 하다 보면 그런 건가부다···

화영 그러지는 않어···자기 혼자 잘 찾아 먹어. 라면도 끓여먹고 렌지에 데워 먹는 거도 하고 어쩌다 한번씩은 청소기도 돌려주고 세탁기도 돌려주고····

지수 ······(보며)

화영 그런 건 해···

지수 그런데···

화영 나 아이 가질 거라고 했던 거 기억해?

지수 ····기억해····

화영 혹시····아이는 절대 가지면 안된다는 약속/ 받아놨었니?

지수 그런 적 없어‥니가 아이 가질 작정이라 그러고 언니가 너 산부
인과에서 나오는 사진 보고 뭐라 그랬을 때‥‥내가 멍청해서 그 중
요한 문제를 놓쳤구나는 했었어‥

화영 ‥‥‥(보며)

지수 그리고 본인이 알아서 할 문제로 맡겨버리자 했지‥두 사람이
갖고 싶으면 낳는 거지 어쩔 건가.

화영 싫댄다…

지수 ‥‥‥‥‥

S# 같은 장소 그러나 다시 시작되는 것처럼/너무 길어질 거 같아요

화영 버얼써…한참 전에‥같이 살기 시작하고 얼마 안돼서 내가 아
이 낳겠다 소리 한 그때 수술해 버렸대‥

지수 ???

화영 병원 끌고 갈랬더니 실토하더라…그것도 모르고 혼자 열심히
그야말로 정말 열심히 노력하는 나 구경하면서…그 생각 나더라‥
내 등에 누군가 나는 바보다 종이 쪽지 붙여 놓은 줄도 모르고/ 나
만 모르고 그런 채로 몇 시간을 돌아다닌 거 같은‥‥

지수 ‥‥‥

화영 내가 자식을 갖고 싶은 게 잘못이니? 이미 아내 있는 남자는 아
닌데…내 남잔데…

지수 (찻잔 집어 든다)…그 사람 뭐라 그래…(적개심 아웃)

화영 경민이 핑계대는데 난 어느 정도 이해는 하지만 동의는 할 수
가 없어‥ 따로따로 사는데 무슨 문제야‥이복 동생 태어난대서 경
민이한테 손해될 게 뭐 있어 이미 재산도 받았는데‥

지수 (마시고 내리는)‥‥‥

화영 날 사랑한다는 사람이…. 나한테서 자식은 싫댄다….

지수 ….

화영 니가 내 입장이라면 어떤 생각이 들 거 같니.

지수 니 입장이 될 수는 없고…..니 입장 아니잖아.. 그렇지만 나라면
….아마 나는 남자가 싫다면 어쩔 수 없다 그럴 거야..

화영 ……(보며)

지수 너를 …사랑하는 거 진심일 거고…아니면 너한테 가 있겠니..다
른 자식은 싫다는 거….경민이에 대한 최소한의 의무감이겠지…아
이한테 혼란 줄 수 있는 또 다른 부담감도 피하고 싶었을 거고….

화영 ……(보며)

지수 꼭 그렇게 중요할까?

화영 ……

지수 너무 다 …완벽하게 가질려고 들지 마….완벽은 쉽지가 아니 그
런 건 없어…완벽만 지나치게 추구하다보면…그러는 동안 더 중요
한 걸 놓칠 수도 있는 거 아닌가….그래….. 나…완벽하려다 이렇게
됐잖어…완벽한 와이프 되려다 따분하고 지루한 사람 됐어..

화영 ……(보며)

지수 …섭섭하기는 …아니 배신감 들겠어….니 입장에서는….

화영 …..(보는)

지수 너 힘든 거…힘들겠다…..결국 저 좋은 거…저 하고 싶은 거만 하겠
다는 사람이구나…….

화영 ……

지수 그렇지만 어떡해… 느이 두 사람….어떻게 거기까지 갔는데….

화영 (크렁크렁한 눈물 투둑 떨어지면서 아무렇게나)여기다 우리 엄마

까지 뛰쳐나와 약을 올린다.(물 잔 집는)……

지수   ……(보며)

화영   (마시고 내리면서)

지수   그 남자는 어떡하고 있어··뭐래··

화영   (안 보는 채)원고 쓰고 학교 가고·······저녁 회식 있단다··

지수   ……(보며)

화영   좀 낫다……

지수   ……(보며)

화영   (핸드백 챙겨 당기며)너는···김지수야···나는 나쁜 년에 웃기는
        이화영이고···(보며)상대해 줘 고마워···

지수   ……(보며)

화영   일어나자····

S# 운전하고 가는 화영····줄줄줄줄 울고 있는

S# 운전하고 집으로 지수/착잡한······

S# 운전하고 있는 화영···

S# 지수의 거실

지수   (들어오며)경민아아 엄마 들어왔어어어···(대꾸 없고)·····미안해애
        쪼끔 늦었어어어····

경민   (내려오며)이모 전화하셨었어요··

지수   으응.

경민   외삼촌 전화 하셨구요··

지수   알았어·· 저녁 어떡했어.

경민   냉동실 밥 중탕하고 갈비탕 데워 먹었어요

지수   (미안해)안 그럴 생각이었는데 아무래도 잘 안 된다··

경민　그럴 줄 알았어요…

지수　(미안해애애)

경민　괜찮아요 애 아닌데요 뭐.. 엄마는요..

지수　응 엄마 이제 먹어야지

경민　국 데우께요..

지수　엄마가 해애..

경민　개스 불 켜놓고 올라가께요.. 옷 갈아입고 나오세요..

지수　고마워어..

S# 침실

지수　(들어와서 실내복 꺼내 바꿔 입으면서/친정 전화 단축 누른다/스피
　　　　커폰으로)

　　　　E 벨 가는 소리

선화　F 네에에..

지수　어 올케 경수가 전화했대서 들어왔어?

S# 경수 안방

선화　(아이 어르고 있는 남편 돌아보며)네 형님.(경수 돌아보고 벌써 손
　　　　내밀고)다른 게 아니고 형님 빈대떡 부치는데 콩기름이에요 들기
　　　　름이에요..

지수　F 콩기름 쓰는 집도 있고 들기름 쓰는 집도 있고

경수　(수화기 빼내서)누나 빈대떡을 원래 들기름으로 부치는 거야 콩
　　　　기름으로 부치는 거야..

지수　F 우리 집은 들기름 써.

경수　거 봐. 들기름이래.

지수　F 근데 콩기름 쓰는 집도 있어..올리브유 쓰기도 하고 그런데

그건 왜//

경수 아 원래 콩기름 쓰는 거라고 박박 우기잖아요··이 사람 순한 거
       같죠? 우기기 시작하면 사람 팔짝팔짝 뛰게 만든다니까요?

선화 우리 집은 들기름 쓴 적 없어. 원래 빈대떡은

경수 또오오

선화 결혼해서 들기름 쓰는 거 너어무 이상했다니까?

경수 들기름이 더 비싸서 당신 집에서 콩기름 쓴 거야 알지도 못하고

지수 F 그런 말을 하면 어떡해애··

S# 침실

지수 올케 상처 받게··우리 집은 뭐 부자라 들기름 썼어? 그러지 마··
       웬일로 일찍 들어갔어?····그래···웅···그래 쉬어··(끊으며)··별걸 다
       갖고 그러네··

S# 거실 주방

지수 (나와서 가스레인지에 올려진 국 확인하고 냉동 칸에서 얼린 밥 한
       덩어리 /한 공기분/ 꺼내 그릇에 랩 벗겨 담아서 다른 냄비에 물 추가하
       고 집어넣고 가스 불 켠다)·····(그래놓고 전화 스피커폰으로 연결)

S# 은수의 거실

       [전화벨 울리고]

진주 (아정이 옆에 놓고 뭔가 먹으면서 티브이 보고 있다가 받는다)네에··
       엄마 나가셨는데요?··아니에요 이모 네 간 거 아니고 아빠 만나러
       요···몰라요 아빠 전화 받고 나갔어요··

S# 어느 호텔급 모텔 주차장으로 들어오는 은수의 자동차

은수 (내려서 건물 올려다보며)????····

S# 모텔 카페··

은수   (들어와서 찾는)

달삼   (저만큼에서 벌떡 일어나며 손짓한다)

은수   (다가오며 툴툴거리는)하구많은 까페 두고 왜 하필 모텔 까페에
       서 보재애..불륜 관겐 줄 알게..

달삼   쉬 조용해…

은수   ??

달삼   앉아요 앉으세요..금방 찾았어요 김여사?

은수   ???(앉으며)

달삼   (앉으며)이 근처에서는 여기가 제일 최근에 지은 건물이고 방
       도 아주 호텔에 못지 않더라구요 으흐흐흐

은수   지금 뭐하는 거야..

달삼   저녁 식사는 하셨을 거고 에 또 차 차 아니 그냥 곧장 올라갈까
       요? 어떻게 하실가요

은수   어디 아퍼? 뭐야아아

달삼   아 당신 오늘 내 빙수야..눈치 백단 육감 백단이 뭐 이래….

은수   ….(입 벌리는)

달삼   녹쓸었군 녹 쓸었어.

은수   뭐야 빙수란 빙수는 모조리 먹고 다니다 이제 마누라까지 빙수
       만들어 먹고 싶니? 정신병자 아냐아아

달삼   야 사람들 들어 조용해애애..

은수   ….(꼬나보는)

달삼   아 니가 딴 빙수를 못 먹게하니까 빙수는 먹고 싶고 어쩌냐 먹
       어도 안전한 빙수 찾다 보니까

은수   (오버랩의 기분)허이 참 허허허허허(웃음 터뜨려 버린다)

달삼　이제 통했냐? 이제 통했어?

은수　어이그으으 아 그래 좋아 뭐.. 어차피 열 여섯에 만나 내인생 탕치고 평생 희생 봉사 헌신으로 사는 내가 이 나이에 뭔들 못해주겠니..그래 하자..

달삼　(병실병실)재밌겠지.

은수　뭐 김여사? 나 유부녀야 아니면 과부야.

달삼　과부가 날까 유부녀가 날까

은수　아니 그런데 왜 모텔이야아 좋은 호텔 부지기순데에에

달삼　야 빙수 먹는데 뭘 호텔씩이냐..돈 아깝게. 그래서 홍교수랑 나는 차원이 다르다는 거야. 나는 그냥 순수한 바람 그 이상도 이하도 아닌 거고 홍교수는 본격적인

은수　(오버랩의 기분)호텔비 모텔비로 절약해서 떼어내는데 보태 썼냐?

달삼　야야야야 무드 깨져..과부가 날까 유부녀가 날까.

은수　상대따라 다르지이이 모텔 빙수는 싫다.

달삼　빙수가 무슨 싫구좋구가 있어. (일어나며)따라 와.

은수　아 싫어어어

달삼　아 일어나아아 (손목 잡아 일으키는)

은수　이렇게 끌고 올라가면 당신 성폭행이야아아

달삼　고소해 고소..

S# 모텔 객실

달삼　(아내 손목 끌고 들어온다)들어와 들어와...자아...(손목 놓고 상의 벗으면서)김여사 편하게 해요 편하게..

은수　(보는)....

달삼　뭐 맥주로 할까요 양주로 할까요.

은수 모텔로 돈 애껴 양주 퍼 먹니?

달삼 그럼 소주로 할까요?

은수 ·····(보며)

달삼 아 당신은 빙수야..잊어버리지 마아아

은수 ·····(보는)

달삼 김여사...(안으려 다가들면서)김여사아? (얼굴 옆에 자기 얼굴 대는데)

은수 (귀를 깍 물어버린다)

달삼 아아아아아악

은수 드러운 상상 떠 올라 나 못하겠다./나 그냥 스릴 없는 마누라 할 랜다.(픽 돌아서 나가버린다)

달삼 ·········(어떨까····상의 집어 든다)····

S# 모텔 주차장

달삼 (나와서 두리번거리고 찾는데)

은수 (자동차 몰고 움직이는)

달삼 (팔 벌리고 막아서고)

은수 (급정거하고)

달삼 (옆자리로 오른다)

은수 당신 차는.

달삼 알게 뭐야··

은수 대리 불러 따라 오라 그래.

달삼 아 낼 아침에 아정이 데려다 주면서 당신이 여기까지 태워줘··

은수 (부웅 뜬다)

S# 움직이는 차 안

달삼 ....화났어?

은수 .....

달삼 잘못했어 실수했어..

은수 두번 다시 이딴 장난 치지 마..

달삼 알았어

은수 생각이 있니없니. 그걸로 골병들이는 인간이 나 상대로 그 장난
      을 치재?

달삼 자기도 좋다 그러구서는..

은수 뭘 못해서 자기 와이프를 빙수 대용품으로 써먹재..

달삼 그거야 그냥 유머고...

은수 ??(돌아보는)

달삼 알았어알았어 잘못했어..

은수 최고급 호텔 잡아 놓고 최고급 레스토랑 예약해서 저녁 초대해
      서 정식으로...정중하게 데이트 신청 해..와이프로서....그럼 받아줄
      용의 있어..

달삼 .....(보며)

은수 그 정도 대우는 받을 자격 있어..

달삼 (기죽어서)뽀뽀..

은수 ??(흘겨보다가 흘기는 채 입 내밀고)

달삼 (뽀뽀한다)....

S# 지수의 주방

      [혼자 먹은 저녁 설거지 하는 지수........]

지수 (문득 멈추고).......

S# 포장마차로 들어서고 있는 중인 화영..

화영 (앉으면서)안주 적당히 주시고 소주요

남자 예에에..(소주 먼저 주고)

화영 (마시기 시작한다).....

S# 지수의 거실

지수 (소파에 앉아서)......

지수 E 어차피 바람뿐이라더라..잡히지 않는 게 삶이래... ..잡히지 않는 삶에서....사랑인들 잡을 수가 있는 걸까 화영아...나는....아버님 말씀처럼 칠뜨기라서......칠뜨기처럼 왜 이렇게 니가.....안쓰럽니..(일어나 서성거리기 시작)....너가 탐낸 사람이 홍교수만 아니었다면.....아마 너를 보며 울었겠지....울어지지는 않더라......내가 쓸쓸한 건 더 이상 네 문제 때문에 너와같이 울어줄 수 있는 마음이 아니라는 거야....나는 ...그게 참....서글프다...(멈추어 서서).....(있다가 침실로 몸 돌린다)

S# 침실

지수 (들어와 화장대 옷 서랍 열고 맨 밑바닥에서 화영이 이사갈 때 주고 간 편지 봉투 꺼내서 내려다보다가 알맹이 꺼내 펼쳐든다).....

화영 E 무슨 말을 할 수 있겠니...무슨 말로 내가 너한테 저지른 악행을 변명할 수 있겠니..지옥으로 떨어질 거라는 말 진심이야...미안하다는 말을 천만번을 한들...너한테 준 상처가 가셔지는데 무슨 도움이 되겠니..그래서 오늘도 생략한다..전생이 있는 거라면 이 악연도 이유가 있는 거겠지...요즘 문득 그게 궁금하구나....우리 오늘 이사 가... 급한 일에 홍교수와 연결 안될 때를 위해 내 전화번호 바뀐 거 적어 놓는다..

지수 .....(편지 내리면서)........

S# 준표의 거실

준표   (현관으로 들어오면서)나 들어왔어……(대꾸 없자…침실 체크하
           고 욕실 앞으로)……(귀 기울였다가 문 열어보고 ……다시 닫으며 침실로)

S# 침실

준표   (들어오며 상의 벗어 주머니에서 핸드폰 꺼내는)

S# 포장마차

        [마시고 있는 화영]

        E 전화벨 울린다…

화영   (아무 상관없고)………

        [옆에서 마시던 연인 중 남자]

남자   아주머니

화영   ??

남자   전화 왔는데요..

화영   알아..그런데 누가 아주머니라고 부르라고 허락했어?

남자   ??

여자   아주머니 아니에요?

화영   아주머니 아니야./

남자   그럼 뭐에요?

화영   (돌아보고)…으으음…닥터 리…

여자   의사 선생님이세요?

남자   야 아냐아 취했어..

화영   (오버랩의 기분)우후후후후후 유치했다…(술잔 들이붓는)

        [대화 중에도 울리다가 끊어지는 전화…]

S# 조금 비틀거리면서 아파트 광장으로 들어오고 있는 화영….

S# 거실

준표 (소파에 걸터앉아서)·········(어디 가 있나)·······(일어나 발코니로 나
가는데)

[현관문 소리]

준표 (현관으로)

화영 (들어와 신 벗다가 무릎이 꺾여 현관에 엎어지듯 주저앉는)

준표 (잡는다)

화영 <u>으ㅎㅎㅎㅎ</u>···

준표 (일으키고)

화영 (일으켜지면서)하하하하하하 <u>ㅎㅎㅎㅎㅎㅎ</u>

준표 (말없이 옆에 끼듯 해서 침실로)

화영 괜찮아 그렇게 많이 안 취했어··괜찮다니까? (하면서도)

[화영은 조금씩 계속 웃어대고]

S# 침실

화영 (침대에 엎어지면서)아냐 나 옷 벗어야 해··

준표 벗겨주께··가만 있어··

화영 (두 팔꿈치로 상체 지탱하고 자기 옷 벗겨주는 준표 보면서 웃는 얼
굴)·······

준표 ····(열심히 벗기는)

화영 <u>으ㅎㅎㅎㅎ</u> 꼴 조오타··

준표 ??

화영 고약하기로 소문 난 홍회장님 유일한 상속자 새 돼서 술취한 정
부 옷이나 벗겨주느라 낑낑거리는 거 참 가아관이다··

준표 누구랑 마셨어.

화영 그게 무슨 상관이야..

준표 어머니랑 있었어? 차는 어떡했어..

화영 (옆으로 쓰러지듯 누우며)깔깔 까르르르르르르

화영 E (보는 준표 위에)까르르르르르르르르......

S# 빈 거실

S# 서재

준표 (의자에 기대어 앉아서 고개 삐딱하게 하고 잠들어 있는/ 점점 고개
가 움직이다가 툭 떨어져 놀라 잠깐 깼다가 다시 제대로 누워 잠으로 빠
져든다).......

　　　[화영...문 열고 보는]

화영 ......

준표 ......

화영 (천천히 다가와 한 손으로 건드린다)

준표 ??(깨서).......

화영 들어가 자.....왜 여기서 자..처량맞게...

준표 (몸 일으켜 허리 안으며)몇시야...

화영 세시....

준표 ......

화영 좀 취했었지?

준표 ....

화영 일어나....어서...(몸 떼어 일으키는).....

준표 (일어나고)

S# 거실

　　　[두 사람 나와 침실로/준표 들여보내고 화영은 주방으로/]

S# 주방

화영 (큰 유리컵에 물 반 이상 따라 단숨에 다 마셔버리고 컵 싱크대에 넣고 싱크대 짚듯 하고)···········

　　　[천천히 거실로 움직여서 음악 플레이어에 스위치 넣고]

　　　[음악 시작되고]

화영 ·······(한동안 그대로 음악 플레이어를 보는 것도 아니고 안 보는 것도 아닌 상태이다가 창으로 가 창문 세 뼘쯤 열어놓고 숨 들이마셨다 내쉬고 돌아선다)

S# 침실

화영 (문 열고)목욕할래····자···

준표 응····

화영 (문 닫고)

준표 ······(눕는다)·····

　　　[음악은 연결되고 있는데······]

준표 (눈 감으며 잠으로 빠지는)·······

S# 욕실

화영 (욕조에 쏴아아 물 받고 있는)·······(쏟아지는 물 보면서)·········

　　　　　　　　　　　　　　　　　　　　　　　　　F.O

S# 홍회장의 집 앞··

　　　[자동차 한 대가 와서 멎고 장비서 내려서 문 열어주고 화모 내린다]

장　　(대문 벨 누르려는데 정원사 나와 문 열어준다)·········들어가시죠··

화모 (들어간다)·····

S# 대문 안··

화모 (앞서고)

장　　(따르는데)

정원　마당에 계십니다…

장　　아 네…

S# 정원 파라솔 아래 앉아 있는 홍회장 부부··

홍　　(상태가 좋지 않고)

황　　뭐하러 데려오래요. 무시하고 말지··

홍　　회사에 가서 죽치고 앉았었다구 안 했어?

황　　이리 오세요··

화모　네에에…

황　　앉으세요··

화모　네에··(목례하듯)홍교수하고 같이 있는 이 화영이 어미입니다··

황　　알고 있어요··앉으세요··

화모　그럼…(홍회장에게 목례하며)앉겠어요 회장님.(하고 앉는)

홍　　(그냥 가마안히 보는)·····

화모　건강이 그다지 안좋으시는 얘기는

황　　거기서 걱정할 일 아니에요··무슨 용건이 있어서 왜 굳이 우리
　　　를 만나야겠다는 건지 어서 얘기하세요··

화모　자식이 이런 대접을 받고 있는데 어미가 모르는 척 할 수가 있
　　　는 문젠가요?

황　　자식을 어떻게 키웠으면 그 모양입니까····

화모　?? 피차 일반이지요··이댁에서도 큰소리 치실 입장은 아니지 않
　　　습니까?

황　　뭐에요?

화모　외손바닥에 소리내는 거 봤어요?　잠깐 휴가 나왔던 아이에요··

명색이 대학교수가 아직도 전임이라드군요. 어쨌든 교수교수 하니까 명색이 대학교수가 그것도 와이프 친구와 이게 할 짓입니까? 사회적으로 매장 당해 마땅한 짓 아니에요?

황 (입만 벌어지고)

화모 나는 억울하고 아깝지 않은 줄 아세요?

황 뭐가 그렇게 억울해요

화모 홍교수 정도 우리 아이하고 수준 안 맞습니다.

황 ???

홍 이거 누구야..뭐라구 떠들구 있어..

황 가만 계세요. 참 수준 얘기가 나왔으니 알만 하네요..거기가 어디라고 회사까지 가 떼거지에요.

화모 떼거지라뇨 나는

홍 (오버랩의 기분)불여우 에미야?

황 네에..

화모 ??

황 우리 집에서는 그렇게 말해요.

화모 아니 여보세요(하는데)

홍 (오버랩의 기분)당신 뭐야 무슨 볼일로 날 보겠어. 도대체 볼일이 뭐야.

황 진정하세요.

홍 나 자식 없어 내 쫓았어. 그러니까 당신도 여기 볼일 없어. 재수 없어 가/ 가/ 가/(찻잔과 접시 따로 따로 날리지만 헛나가고)

황 (말리고)

홍 (일어나면서/일어나는 기색 보이자 저만큼에 서 있던 장비서 달려

448

와 부축하는)내쫓고 소금 한 가마니 뿌려··

황　어서 모시고 들어가게

장　예 사모님···회장님 들어가시지요··

홍　(발 구르며)얼른 내 쫓아아!!

　　　[홍회장 들어가고······]

화모　허 참···

황　······(보는)

화모　마땅하든 못 마땅하든 둘이 사랑이라는데 어떡합니까···이미 전처하고는 위자료 문제까지 끝내고 정리됐다는데 그럼 우리 애 며느리 대접 해야 하는 건 당연하지 않아요?

황　방금 못 들었어요? 자식 없는 걸로 삽니다.

화모　그럼 도대체 이 문제를 어떻게 하실 작정이에요.

황　우리는 작정 끝났대두요··자식 없다니까요.

화모　·········(보는)

황　더 할 얘기 없을 것 같군요·· 그만 가세요··

화모　정신적인 피해 보상은요··

황　???

화모　이렇게 나오면 결국 못살고 끝낼 수 밖에 없는데···보상은 해 줘 야죠··

황　끝을 내든 안 내든 우리는 관심없어요··

화모　·········정말 망신 한번 대대적으로 당해 보시겠어요?

황　········(물끄러미 보는)·······

S#　거실 바닥 앉아서 박박 걸레질하고 있는 화영/입 꽉 다물고

S#　지수 가게 근처 레스토랑

[둘 들어오면서]

석준 아니 난 정말 샌드위치 괜찮은데

지수 (앞서서 자리로)내가 싫어요··내가 다른 거 먹고 싶어요.

석준 바쁜 시간이잖아요

지수 (앉으며)조카 둘이 다 나와 있어요···한 시간 정도 팔 건 만들어 놨구요··(앉는 석준 보며)나오게 해 줘서 고마운데 뭘··(물 오고) 나 캘 리포니아 롤 먹을래요.

석준 어 나는 돈가스 주세요··

종업 네에··(들고 왔던 메뉴 그냥 들고 가고)

석준 그림 전시회장까지 배달할 업체 계약했구요··가족들 와서 묵을 호텔 예약했고 팜플렛에 들어갈 원고 오늘 두 꼭지 더 들어오면 마 감한다 그러구요 인쇄업체 견적 받는 중이고요··무명 화가 전시회 준비 자알 돼 가고 있어요··

지수 무명은 면했다는 거 알고 있으니까 자꾸 무명무명하지 말어 요. 일부러 그러는 거 같아. 너무 우습게 알지 마라하는 뜻으로

석준 하하하하하··

지수 (웃으며 냅킨 무릎에)

S# 같은 레스토랑

[밥 먹으면서····]

지수 이상한 질문/ 해도 되나?

석준 ??

지수 정말 ···데이트 해보고 싶은 여자···없어요?

석준 아직 안 생기네요··

지수 한번···제대로 둘러보지···

석준 그럴 새 없었어요..전시회 끝나고 눈 부릅뜨고 찾아보죠 뭐...

지수 ....(먹는)

석준 내가 부담스러우면 선배 그런 얘기 하더라..

지수 그게 아니라...딱 해서.......

석준 내가 불편해요?

지수 ....(보며)

석준 솔직하게 말해요..

지수 가끔....가끔은 너무 편안하면서...가끔 불편해요.....여자 생기면 더 편해질 거 같아...

석준 선배 편하라고 아무 여자나하고 만날 수 없죠.

지수 누가 아무 여자랬나..

석준 그렇게 금 안 그어도 돼요...무리한 요구 같은 거 할 생각 전혀 없으니까...선배 아직 ...아직도 멀었어요 그거 알아요.....그저....선후배보다는 친구에 가까운....이성친구로 그렇게 지내면 돼요...그러면서 흘러가는대로 맡기자구요...서로 구속될 건 없어요 우리가 뭐 뭘 했는데요. 뭘 하자는 건데요..

지수 그냥....석준 씨 위해서에요..

석준 제발 누구 위해서 살지 말아요 앞으로는..자기 자신 위해 살아요. 자기 감정에 충실하라구요..

지수 나는 그 말 별로 안 좋아해요..그래서 바보지만...내 생각만 하면서 살면 그게 결국은 다른 사람한테 해가 될 수 있어요..

석준 그래서 내가 손해보고 만다구요?

지수 다리 뻗고 잘 수 있으니까...

석준 좋은 사람...선배 말대로 여자로 가까워지고 싶은 사람 나타나

면 제일 먼저 선배한테 소개시킬께요‥ 그 영광 선배한테 바칠 테
니까 그렇게 알아요…

지수   그래요‥

석준   경민이 대학 들어가기 전에 선배 아무 짓도 못할 사람이에요…

지수   ……(보는)어떻게 알아요?

석준   나 바보 아니에요오

지수   …‥(보며)

S# 근처 공원‥

　　[식당에서 넣어준 커피 종이컵 들고 벤치에 앉아서…‥]

지수   언제들 오세요?

석준   전시회 이틀 전에요‥

지수   몇분이나?

석준   조카들까지 열 넷이래요.

지수   ??

석준   암스텔담에서 셋 휴스톤에서 넷 뉴질랜드에서 다섯 벤쿠버에
서 둘…

지수   대가족이네‥

석준   내가 막내에요…포기한 막내 아들‥

지수   왜 포기해요?

석준   재능도 없는 게 그림 그린다고 돈만 부셔먹으면서 장가도 안
가죠 혼자 멋대로 살겠다고 간섭하지 말라고 악이나 쓰죠오…

지수   …‥(보며)

석준   귀국 전에 큰형이라 대판 싸우고 끝장난 줄 알았는데 그래도 혼
다네요‥형수랑 조카랑 다 데리고…그래서 형제가 좋은 건가봐요‥

따귀 네 대 거프 맞고 죽을 때까지 다시는 안 본다 했었는데 형이 온다니까 콱 눈물이 쏟아지대요··감동스러워서···

지수 ·····(보며)

석준 E 그날 밤 통화했어요·· 잘못했다고 빌면서···목이 메었는데···· 형도 같은 느낌인 거 같더라구요···하하 그래도 우리 형/ 야야 시끄 러. 뭐 무슨 일야 뭐야··흠흠흠흠··

지수 (미소로 보는)·····

석준 (돌아보며)들어가야죠?

S# 샌드위치 가게

[들어오다 보고]

지수 어머 형부 웬일이에요?

달삼 어 공사장 가는데 우리 일꾼들 간식 사러 들렸어 처제··

지수 몇개나요?

진주 (준구와 같이 샌드위치 만들면서)어어으 이모 빨리 들어오세요. 너 나가 빨리

지수 늬들이 만들고 있는 거야?(재료 준비대로 부지런히 들어가며)

진주 남아 있는 건 팔아야죠 우리 이모처럼 못만든대도 아빠가 모 양 안 좋아도 되니까 넣을 것만 제대로 넣으래서 만들고 있는데 준구 쟤 만들어논 거 좀 보세요··엉망진창이에요.

준구 (쫓겨나서)아 내용만 충실하면 된다 그러셨잖아 아빠아아··

진주 아 시끄러··아무 데도 쓸모 없는 인간.

지수 몇개 만들어야 하는데?

진주 오십개요··

지수 ??(입 딱 벌리며)

진주   아빠 진짜 예약도 안하고 이러는 법이 어딨어어

달삼   아 임마 생각을 못했다니까아아··

지수   진주야 우리 재료 그렇게 안될텐데··

진주   다 쓰고 저녁 재료 새로 준비해야죠 뭐.

달삼   오늘 꺼 떨어지면 문닫아아 오늘 재료 다 떨어졌습니다아. 죄
        송합니다아아/

지수   형부 좀 앉으세요··준구야 아빠 커피라도 드려··쥬스 드실래요?
        오늘 키위 좋아요··

달삼   어 그럴까? 준구야 키위 주스 한 잔 다오.

준구   가게 비었기 망정이지 완전히 우리 식구 운동장이네.(식구끼리
        떠든다고)

        [손님 셋/ 여사원들/유니폼/들어온다.]

준구   어서 오십쇼··아빠 조용하세요.

달삼   (양복 자락 제치고 앉다가)알었어 임마아아··

S# 오피스텔

준표   (컴퓨터 두드리고 있는데)

        E 전화벨···

준표   (집어 들고 보는/)네 홍준푭니다··

화모   F 이 기집애 전화가 몇 번인가··

준표   ····제가 전해드리겠습니다··

화모   F 아 뭐 대단한 거라고 그래!!!!

준표   ····

S# 호텔 커피숍

        [모녀 걸어 들어오는/]

454

화모　(앞서서 빈자리에 앉으며)시간없어..용점만 얘기하고 일어나자..

화영　(앉으며)전화로 하라니까 굳이 나오게 할 게 뭐에요 시간도 없다면서.

화모　눈 맞추고 얘기해야지 이것아..넌 에미가 왔소갔소하는데 나와보지도 않고 그냥 보낸다구?

화영　그럴 걸 뭐하러 와요..

화모　그래도 왔으니까 제대로 사태를 알고 가는 거지..통화가 됐어봐. 비행기 값 썩여가면서 왜 와..

화영　하꼬네 이모 보러 가는 길에 들른 거면서 뭘 나때문에 온 거 모양 그래.

화모　그렇게 콕 찝어야 해? 그래 이모 덕에 니 볼일까지 봤어 됐어?

화영　.....(종업원)물이면 됐어요.

화모　얘는 챙피하게 / 오렌지 쥬스 주세요 둘..

종업　네에..

화모　내가 두루두루 정보를 좀 모아봤는데...너 그 집안 며느리로 들어가는 거 어림반푼어치도 없대..그러니까 지금이라도 단념하고 들어가는게 그나마 니가 살길이야...

화영　.....(보며)누구한테 알아봤는데..

화모　아 나는 친구 없어? 호일 제약 그 아줌마한테 조사 좀 시켰지.. 자기네는 자기네들끼리 얘 또 수군수군 뒷소리할 거 다 해..대대로 내세울 뼈대도 아니면서 좌우간 한다하는 집안 뼈대보다 아쭈 더 뼈댄 척 한다드라.. 니 시어머니/시어머니 될줄 알았던 노인네는 그으만하기가 뭣같구 홍회장 괴팍한 건 누구도 못말리구.... 그런 집 들어가봤자 골 아퍼. 웬만한 사람은 인간 취급도 안 한다는데

니 성격에 얘 아이구…

화영　(보며)

화모　(문득 딴소리)아니 지수 개는 무슨 재주로 그 집안 며느리가 됐
다니이이? 그 재주 좀 배웠으면 좋겠다.

화영　(오버랩의 기분)희망없으니까 정리하고 들어가라는 게 요지지
그러니까‥

화모　정신적인 피해보상 받아내‥

화영　??

화모　삼십억 내라 그래‥

화영　엄마 돌았어?

화모　그 정도면 싸게 치는 거지 뭘 그래‥

화영　누가 준대?

화모　개망신 안 당할려면 주겠지‥

화영　???? 엄마.

화모　혼인빙자 간음이잖아아아

화영　엄마 도대체 무슨 짓을 한 거야!!

화모　비행기 놓치겠다‥(일어나며)공항 버스 타고 가니까 나올 건 없어‥

화영　(불끈 일어나 엄마 팔 잡으며)엄마아아!!!

화모　왜애애애!!!

S# 오피스텔

준표　(문 열면)

화영　(들어온다)…

준표　웬일이야‥

화영　우리 엄마…당신 집에 갔었대‥

준표   ??? 우리 집을 어떻게 ..당신 동생(이?)

화영   걔 지금 베트남 갔어. 여기 있어도 엄마한테 가르쳐줄 아이 아
니야‥나도 몰라‥우리 엄마 그런 쪽으로는 아무튼 유능하니까…(목
이 아프면서)

준표   그래서

화영   협박하고 왔나봐…당신 어머니가…약속하셨대‥엄마 말 다 믿
을 건 아니지만 암튼 엄마 말은 그래.

준표   뭘‥

화영   정신적인 피해보상….한다구….삼십억….(울며 웃으며)엄마 말
이야 사실일 수도 아닐 수도 있어‥ 아마 거짓말 보탰을 거야 그렇
지만 갔던 건 사실이고 어머니 만난 것도 그건 사실이야‥

준표   ……(보며)

화영   당신 어머니께 가서 말씀드려…나하고 상관없는 일이라고…

준표   (안아버린다)……

화영   ……(안겨서)

준표   (안았던 거 풀고 전화 들고 집 전화 단축)

황   F (벨 서너 번 가고)네에‥

준표   저에요 어머니….

황   F 안 그래도 연락하려던 참이다‥그 아이 옆에 있니?

준표   네…….그런데요 어머니

황   F 내가 좀 봐야겠다… 데리고 근처 어딘가로 와서 전화해‥

준표   ……

황   F 알아들었어?

준표   네…

[전화 끊기고 끊는데]

[메시지 오는 소리]

준표　(열고 보면)

지수　E 저녁 집에 와서 먹어.. 해주께..

준표　E (메시지 답 넣는다)고마운데 오늘 저녁은 미뤄야 할 거 같아 피
　　　치못할 일이 생겼어..모레 쯤 어떨까..

S# 샌드위치 가게

지수　(자리에 앉아 커피 잔 놓고 메시지 보는)……(전화 접는다)

진주　이모 먼저 들어가세요..다섯개 개만 팔면 땡이에요.. 여섯시에 문
　　　닫는 거 첨이에요 그쵸?(정리하면서)

지수　그래..아빠 덕분에…

진주　네에..

지수　…..(생각하다가 메시지 찍는다)늦게라도 잠깐 들려…할 얘기가
　　　있어..

S# 홍회장 집 근처 찻집..

　　　[화영과 준표 앉아 있다…..]

황　　(들어오고)

화영 준표　(일어나/ 화영 목례하고)

황　　(앉는다)

준표　(화영 앉히고 저도 앉는다)

황　　……너는 나가 있어..

준표　저기 어머니 그건 이 사람 뜻과는 전혀 아무 상관이 없는 일이
　　　에요 무슨 말을 들으셨든 어떤 요구가 있었든지(앉으려 하며)상관
　　　하지 마세요..

458

황   나가 있으래두‥

준표   ……(머뭇거리다가 나가고)

황   (화영 보며)

화영   (고개 꺾고)‥‥‥

황   네 어머니 다녀갔다.

화영   드릴 말씀이 없습니다‥

황   (숨 내쉬면서 화영 보는)‥‥‥‥

화영   ……

황   네 어머니를 보니‥‥더구나 늬들은 같이 살아서는 안되겠다‥‥

화영   저는 그 일하고는

황   (오버랩의 기분)상관없을 수도 있겠지‥

화영   정말이에요 어머니

황   그래도 마찬가지야‥‥나 그런 사람하고 사돈 안 맺어‥‥

화영   ‥‥‥(보는)

준표   ‥‥‥

황   여러 사람 위해서 그만 떠나 다오‥

준표   어머니

황   니 어머니 요구만큼은 안돼도 어느 정도 피해보상은 내 해 주마.
회장님 모르시게‥

화영   ‥‥‥‥

황   상관이 없다면‥‥‥‥ 어느 한편은 너도 참 ‥‥‥가여운 아이구나‥

화영   ‥‥‥

황   결심을 해라‥ 준표를 그토록 좋아한다면‥‥‥살려야지‥‥까딱하
다가는 경민애비 죽이겠다‥

화영　.......

황　　....방법이 없어..니가 물러 서.

화영　.....

황　　으응?

화영　제 엄마는...제가...해결할께요...더 이상은 ...

황　　(오버랩의 기분)결심을 해..

화영　.....(보며)

S# 홍회장 침실

홍　　(들어와 핸드백 장에 넣는 아내 보면서).....어디 갔다 와../

황　　(돌아본다).....준표랑 사는 아이 보러 나간댔잖어요.

홍　　....(그랬지 참)그래서 뭐래..

황　　(침대에 걸터앉으며)안 주무셨어요?

홍　　딴소리 하지 말고 뭐래

황　　즈 어머니 한 짓 개는 몰랐대요.

홍　　.....(보며)

황　　즈 어머니 한 말 상관하지 말라구요.지가 막는대요

홍　　치/

황　　.....(보며)

홍　　그걸 믿어? 모전녀전인 거야. 헛소리하구 있어..

황　　.....(보며)

홍　　줘...줘 보내.. 주구 끝내..

황　　예에...알았어요.(더 말해 봤자)

홍　　(침대에서 내려서는)

황　　왜요

홍   소피….

S# 은수의 대문 앞

[은수 작은 박스 두 개 무거워 하며 들고 나오는 중··]

[지수 얼른 뛰어 들어가 한 개 덜어내며]

지수   뭐야?

은수   블루베리랑 크랜베리야. 명진이가 적극 추천해서 먹어볼려고.

지수   귀는 얇아서 암튼

은수   얘 아냐아. 명진이가 일년 넘게 먹는데 요실금도 고쳤대애. 크
       랜베리이이··

지수   그런 거 없어.(둘 다 대문으로 움직이면서)

은수   앞으로 있을지 누가 알어. 예방차원에서 소주 잔 하나씩 두 번
       만 먹어.

지수   뭘 두 박스 씩이나

은수   하나는 불루베리야··그건 눈에 그렇게 좋단다··침침하고 잘 안
       보이고 지물지물 암튼 눈이 성가스런 거는 직빵으로 좋아진대··피
       로감도 말끔해지고/너 남의 주머니에 돈 빼내느라 고단하잖어어

지수   아이구 참··(트렁크 열고)

은수   (집어넣으며)열심히 먹어어어

지수   알았어··

은수   진주는 곧장 들어온다디?

지수   어 아냐··친구랑 영화보는 거 같더라··(박스 하나 더 실으며/땅에
       놓아두었던 것)

은수   오늘 디게 덥드라··

지수   그랬나봐. 가아.

은수   어엉‥

S# 준표의 거실

　[들어오는 두 사람‥]

　[화영 앞서서 침실로 들어가고]

준표   ‥‥‥(보다가 상의 벗어들고 침실로)

S# 침실

화영   ‥‥‥(전화기 들고 기억 더듬는)‥‥‥

준표   (들어와 보는)‥‥‥

화영   (전화기 들고 기억 더듬는‥‥‥‥생각났다/ 메모 준비하고 번호 찍는
　다)‥‥‥‥(기다렸다가)언니 나야‥‥하꼬네 이모 전화 번호 좀 줘‥‥‥엄
　마랑 연락할 일 있어서 그래‥‥어 별일 없어‥‥‥아 딴 얘기 그만두고
　전화번호나 달라니까아?(받아 적고 그냥 끊어버리고 옷 벗기 시작)

준표   ‥‥‥(그냥 보며)

화영   저녁 뭐 먹고 싶어‥

준표   시켜 먹자‥

화영   해주께‥

준표   여섯시 반 넘었어‥‥‥적당히 불러 먹고 말아.배고파

화영   죽어도 여섯시 반에 먹어야 해? 한 시간 쯤 늦는다고 무슨 일
　나?(나간다)

준표   ‥‥‥(보며 있다가 옷 벗기 시작)

화영   (도로 들여다보며)뭐 먹고 싶어‥

준표   아무 거나.

화영   냉면 시키게‥

준표   그래‥

화영 떡갈비하고/ 냉면 만으로 안 될 거 아냐..

준표 좋지이...

화영 (아웃되고)

준표 ....

S# 주방 거실

　　[냉면 먹고 있는 두 사람.]

준표 좀 불었다.

화영 나도 알아..그냥 좀 먹어 둬.

준표 왜 그래.

화영 지금 음식 투정하게 생겼어?

준표 그래..잘 못 했어..

화영 누군 딱 죽어버리고 싶은 기분인데 음식 투정이나 하고 싶으냐구.

준표 잘못했다구..

화영 나하고는 아무 상관없는 사람이지 그래.. 한 침대서 잠은 자도 당신은 당신 혼자 다로 사는 사람이야 나같은 거 아무 상관없는 사람이야.

준표 잘못했어 잘못했다잖아.

화영 ....(입 꾹 다물고 고개 꺾고)

준표 (젓가락 멈추고 보며)......

화영 챙피해 미치겠어..

준표 괜찮아...아무렇지도 않아.

화영 (한 손 이마로 올라가고)

준표 먹어...더 두면 더 불어서 정말 못 먹게 돼.

화영 돼지야? 혼자 많이 먹어.(불끈 일어나 움직이며)떡갈비도 다 먹
고 냉면도 내 꺼까지 다 먹어‥

준표 ……

S# 주방 식탁

준표 (거의 남은 음식 /분리수거 비닐봉지에 모아 담고 있는 중이다)……

화영 E (침실 문 열려 있는/악쓰는 소리)엄마 진짜 나 죽는 꼴 보고 싶
어 그래?!!

준표 (고개 돌리고)

S# 침실

화영 기어이 나 죽여 버리고 싶어? 죽어 줘? 죽어주까?!!……포기 해
모든 거 다 포기 해!! 다시 한 번만 그런 짓 하면 진짜로 죽어쥐 버
릴 테니까 그런 줄 알아……괜한 말 아니야‥ 독한 년이라면서‥‥아
니 안 들어가…여기서 늙어 줄을 거야‥‥목이 빠져도 안 들어가……
제이발 나 좀 가만 내버려 둬어‥엄마만 가만 있으면 나 행복할 수
있단 말야아아아

준표 (문께 나타나 보고 있는)……

화영 건드리지 마…나 건드리지 마…‥나 좀 살자구 엄마‥부탁해‥나
좀 봐줘 제에바알…‥알았어 전화 번호 가르쳐 줄게‥그럼 됐지? 응
메모할 수 있어?…그래 기다릴게‥

S# 거실

준표 ‥‥(거실 창 열어젖힌다)………(문 열어놓고 돌아보는)……

S# 침실

화영 (끊은 전화 한 손에 움켜쥐고 침대에 얼굴 묻고 우는)……

준표 (문께 나타나 보다가 다가들어 등을 싸안는다)

464

화영 (안기면서 울음 크게 터뜨리는)

준표 ....

S# 지수 마당(밤)

S# 지수 거실 주방

지수 (술안주 간단하게 준비하면서)이모 오신댔어...오시거든 인사하
고 올라가..금방 오실 거야..

경민 아빠는 무슨 일이래요?

지수 뭐 급한 일 생겼나봐. 피치 못할 일이래.

경민 그럴 거라고 그랬잖아요..

지수 ??뭐가..

경민 한번 두 번 빠지기 시작해서 한달 두달 그럴 거라구요.

지수 너무 하다아아. 아빠 약속 잘 지키는 편인데...몇번 안되잖아..
두번인가? 세 번?

경민 (소파에 앉으며)세번요

지수 일년에 세 번이면 많은 거 아냐. 오십주에 세 번인데 뭘

경민 주말이 허당이잖아요..주말도 안 나타나시면서 일주일에 하루

지수 (오버랩의 기분)그건 할아버지 때문이니까 아빠 잘못은 아니라
고 봐야지..

경민 그 여자랑 보내실 거 아니에요..

지수 그렇게 된 걸 뭐 어떡해..신경쓰지 마...아빠도 아빠 생활이 있
잖아..

경민 .....

지수 그래도...아빠같은 사람 드물어. 너한테 얼마나 신경쓰시는데..

경민 치/

지수   ??

경민   저도 할아버지 되면 할 거에요 치/

지수   아빠 얘기에 그러는 건 버릇없는 거야…

      E 거실 창 두드리는

지수   ??이모 오셨다··(경민 일어나고/ 창문 열고/)

은수   어디다 자리 펴까··밖에서?

지수   모기 뜯는데··

은수   아 모기··(돌아보며)여보오 현관으로/ 모기 뜯어어 안에서 마시
      자아··

달삼   E 어 그래애애··

은수   경민아 현관문 열어(창문 닫으며)

S# 거실

      [지수도 현관으로/경민이 문 열어주고 들어오는 은수 부부··]

지수   일찍 들어오셨네요?

달삼   어엉.

은수   일년에 사흘 있는 날 중에 하루다.

달삼   뼁은 암튼/ 뼁 참피온 쉽은 왜 없나 몰라아아··

경민   그럼 저는 그만 올라갑니다. 이모부 이모··

은수   어어 그래그래/(달삼도 대답해 주고)

경민   재미있게 노시다 가세요.

달삼   오케이 댕큐.

지수   어어어 경민아 잠깐····잠깐 있어··(부지런히 냉장고에서 블루베
      리병 꺼내 작은 스카치 위스키 잔에 따라 경민에게)이거 먹어··너 컴퓨
      터 많이 보니까 눈 보호해야 해··

466

경민 (받아들고)

달삼 어 야 그거 준구 형이랑 진주 누나도 열심히 멕이기 시작했어..

은수 아정이도

달삼 아 아정이까지.

S# 같은 거실

달삼 (달삼에게서 맥주 받으며)

지수 글쎄 그게⋯⋯앞으로 더 나가지지가 않아요 형부⋯드는 생각이
　　　너무 많아요..

은수 뭔 생각..

지수 감정이⋯딱 거기서 멈춰 있어..더 진전이 안돼⋯.보면 ..그냥 괜
　　　찮아⋯편하게 해 줄려고 애쓰고 배려도 많고⋯⋯그래서 좋아⋯아무
　　　도 없는 거보다는 좋다아아 그래⋯그러다가도 어쩌다 눈 마주치고
　　　뭔가⋯.그냥 단순한 호감하고는 쪼끔 다른 그런 느낌이 오면 흠칫/
　　　해져⋯⋯

은수 돌다리 두드려보고도 안 건너는 거..

지수 드는 생각이 너무 많아⋯경민이 아직 어리고⋯여기서 나까지
　　　누군가한테 특별한 감정을 느낀다는 거 되지도 않을뿐더러 돼서
　　　도 안돼..

달삼 그게에..그게 그렇다는구면 처제⋯어느 한 사람하고 삼년을
　　　깊은 관계였다면 그거 완전히 잊고 다른 사람 좋아져 새출발하는
　　　데까지는 그 갑절의 시간이 필요한 거래..삼년이면 육년/

은수 그럼 애는 사십년 걸리겠네..사십년이면 팔십이다. 어이구 말
　　　도 안돼..

달삼 설마 그렇게까지야 걸릴까만은 아직은 처제 마음 그게 정상이

라는 거야..이제 일년 남짓에 어느 새…그거 안될 거야..

은수   왜 안돼.

달삼   더구나 처제 쫀쫀한 성격에 그게 되겠냐?

은수   글쎄 뭘 쫀쫀할 게 있어어어. 쫀쫀하다 피 봤으면 이제부턴 좀 헐렁하게 살라구우./쫀쫀하게 남편 위해 자식위해 그래서 남은 게 뭐야..헐렁하게 너만을 위해 팍팍 나가봐 한버언.

달삼   팍팍 어디로 나가..

은수   앞으로..

달삼   연애해애…연애 좋잖아..

은수   자식 물론 중요하지만 니 인생도 안 중요한 거 아냐..연애로 시작해서 일년이나 일년 반이나 지내다가 재혼하면 뭐/ 경민이 중삼이나 고일 되는데..그럼 다 큰 거야 그리고 즈 아빠한테 어떻게 당했는지 속속들이 알면서 설마 즈 엄마 평생 지금처럼 살기 바라겠니? 요즘 애들 세련됐어 애. 한번 데리고 얘기해봐아.

달삼   아냐 일러 일른 건 사실이야..

지수   그러니까….내가 이사람하고 계속 만나도 되는 건가….괜히 다른 여자도 못 만나게 가로막고 있는 거 아닌가…그런 생각도 들고….나혼자 그러다가 혼자 웃기네 그 사람이 나한테 연애를 하자 그런 것도 결혼하자 그런 것도 아닌데 뭘 미리

은수   그게 너의 치명적인 병이야 응? 남 걱정 하지 말고 니 걱정이나 해애애.. 뭐얼 어느 새 그 사람 걱정까지 하구 있어어

지수   걱정이 되는 걸..

은수   그냥 편하게 만나..보자 그러면 보고 보고 싶으면 보자 그리고 슬렁슬렁 만나. 만나면서 흘러가는대로 맡겨.. 되는대로 해애..좋

아지면 좋아하고 자고 싶어지면 자고 그러다가 별로다 그럼 그만
헤어지고 또 딴 사람 만나보고

지수 아직 남자는 안 필요한가봐‥

은수 어이그으 쯔쯔쯔즈쯔

달삼 친구로 만나‥

은수 지금 그러고 있잖아.

달삼 친구로 만나다 친구가 남자가 되면 좋지 뭐.

은수 아 그런데 벌써 걔 걱정하잖아‥저 때문에 걔 딴 여자 못 만날
까봐‥

　　　E 지수 핸드폰 메시지 음

지수 (펴서 보면)

준표 E 오늘 못 가‥‥내일 시간 내 볼게‥

지수 (닫는다)

은수 누구야?

지수 홍교수‥‥

은수 뭐야.

지수 아냐아‥‥

달삼 좌우간 먹물들 취미없어‥이 자식 엇쩌면 이렇게 쌀쌀 맞냐‥장
인어른 돌아가셨을 때 잠깐 보고 이날까지 안부 전화 한 통이 없
다‥‥나는 그래도 둬달에 한번은 전화한다./

은수 뭐하러???

달삼 야 그래도 십년 넘게 형님 동서 가족으로 살았는데

은수 아 저쪽에서 안 하는데 당신이 왜 해애. 밸없어?

달삼 글쎄 말야‥그런데 나는 가끔 그 자식이 궁금하거든?

S# 준표의 서재‥

준표 (전화하고 있다)너무 걱정하지 마세요…별일 없을 거에요…아
니 별일 없을 거에요……(듣다가)정리를 어떻게 해요 애들 장난도 아
니고….예…저사람도 저도 그럴 생각 없어요….제발 뭐든 돈으로 해
결볼려고 들지좀 마세요 어머니나 아버지나. 세상에는 돈으로 안
되는 일도 있어요….돈으로 살수 있는 사람이 있고 억만금으로도 안
되는 사람도 있어요. 돈이 중요한 사람이에요.그게 목적이었던
사람도 아니구요………네….네…저기 그리구 어머니….차고에 제 오
토바이 좀 보내 주세요….위험하지 않아요….조심해서 탈께요………
글쎄 위험하게 안 타요…네…네…

S# 침실

화영 (불 다 끄고 눈가리개 하고 누워 있다)

준표 (잠깐 들여다보고)…….

S# 밤길을 자전거 타고 달리는 준표…

S# 지수의 주방

지수 (술 마신 뒷설거지하면서)…….(멈추고 잠깐 생각하는데)

   E 핸드폰 벨

지수 (시선으로 찾아 탁자로 움직여 열면서 앉는)텔레파시네‥

석준 아 내 생각했어요?

지수 뭐하나 궁금했는데‥

S# 석준의 화실

석준 (붓 빨면서/)어쩐지 전화가 하고 싶더라니….뭐하냐면 지금 후
질러논 붓 빨고 있는 참이에요…붓 빠는 거 끝나면 샤워할 거고 샤
워 끝나면 시원한 맥주 한병 들이키고 그리고 침대로 뛰어들어 잘

겁니다··지수선배는 지금 뭐하는 중이에요···

지수 F 언니랑 형부가 와서 우리도 맥주 마시고 방금 갔어요··술마
신 설거지 하는 중이구요··

석준 언니가 가까운데 살아서 좋겠어요 나도 누군가 한 사람 쯤 가
까운데 있었으면 좋겠는데 만나면 술 푸자는 놈은 말고요··가만 내
가 지수 선배네 가까운 데로 옮겨 볼까?

지수 F 말도 안돼··여기 외진 동네라 꼭 차타고 움직여야 하고 불편
해요··그리고 나 언제까지 여기 살지도 모르는데 뭐/(하다가)나 또
농담 못 알아들었다··

석준 하하하하하하

지수 F 웃지 마요··

석준 너무 귀여워요.하하하하

지수 F 버릇없어.

석준 다 농담은 아니에요··으으음···이런 말하면 선배 또 오만리는
도망갈려 들겠지만···(붓 놓고 조금씩 움직이면서/ 조금은 진지해지
는)선배 집 가까운데서 평생 선배 지켜주면서 살아도 좋겠다····그
런 생각도 해요··

S# 지수의 거실

지수 ·········(찌그러드는)

석준 F 휴즈가 나갔다 그럼 달려가 갈아끼워 주고 싱크대 물이 안
내려간다 그럼 쫓아가 뚫어주고······

S# 석준 화실

석준 태풍 부는 날은 집안에 날아다니는 거 없게 미리 손봐주고 어
디 물이 샌다 그럼 기술자 불러 고쳐주고····그런 거 하면서요······하

하하하 선배 긴장했다…있지요 몇 년 전엔가 그런 영화 본적 있어
요··한 남자가 한 여자 주변에서 평생 그리고 사는 얘기…그래 저런
사랑도 아름답다 그랬었죠·· 영화 얘기에 선배 끌어다 부쳐본 거에
요··놀라지 말아요··

S# 지수 거실

지수 아름……답네요……

석준 F 그렇죠?

지수 그렇지만 그건 영화에요··

석준 F 현실에 없으란 법 없죠··

지수 마지막에는……어떻게 끝나요?…

석준 F 그 얘기는 안 하는 게 좋겠어요··선배 경끼할 테니까

지수 어떻게 되는데요··

석준 F ……안하고 싶어요.

지수 해요오오 무슨 얘기를 하다 말아요. 찝찝하게··

석준 F 자요··

지수 ……

S# 화실

석준 그런데 지금가지 본 영화중에 최고로 아름다운 섹스 씬이었
어요…젊은 사람들 아닌데…둘 다 늙었어요··남자는 거의 뚱보구
요…그런데도 그게 그렇게 아름답더라구요…

S# 지수의 거실

석준 F 아마 두 사람의 평생에 걸친 우정하구…뚱보 남자의 순정이
아름다워서였을 거에요··인간이 아름다우니까 늙었어도 그게 아
름답게 보이더라구요…영화 대개 다 잊어버리는데……그 영화는 안

472

잊혀요……선배 자요? ····잠들었어요? …아니면 경끼하다 기절했
어요?

지수 F 무슨 얘긴지 알 거 같아·····

석준 알거 같죠?

지수 F 주책없어···눈물이 날려고 해요···

석준 ·······

지수 F 끊어요···끊을래요··(끊기는 전화)

석준 ······

S# 거실

지수 (휴지 뽑아 눈물 찍어내고 있다)······

                                                              F.O

S# 화영의 거실

화영 (러닝머신 막 끝내고 머신에 걸터앉아 냉수 들이켜고 있는 중)······

S# 샌드위치 가게 근처 찻집

  [마주 앉아 있는 준표와 지수····]

지수 ····괜찮아?

준표 ??(찻잔 젓다가)뭐··

지수 화영이

준표 별로 안 좋아···

지수 ·····

준표 왜 물어···

지수 수술했다면서···

준표 ??

지수 화영이 만났어··

준표 어떻게

지수 집으로 왔더라....나가서 얘기했어...

준표 ......

지수 ....(보며)

준표 참...이상한 여자들이다....

지수 나도 그렇게 생각해...

준표 무슨 얘기들을 했는데...

지수 화영이가 한 얘기는.....안 옮겨도 알잖어...걔 입장에서는...정
    말 완전히 다른 거 아무 것도 상관없이 ...먹을 수 있는 욕 다 먹고
    당할 수 있는 일 다 당하고 시작한 새 출발인데....절망이라는 말 밖
    에 ...다른 단어가 뭐 있겠어....

준표 ......

지수 의논을 하지 왜.....

준표 싸움밖에 안됐을 거야...

지수 당연히 싸움이 되지이..그래도 백날을 싸우더라도 당신을 이
    해시키는 노력을 했어야지 그렇게 혼자서 그러는 법이 어디 있어...

준표 당신 누구야...

지수 ...지수야...이제부터 지수로 얘기하께......고마워....나중에라도
    경민이 한테 아빠가...너 위해서....그랬었다...얘기할 수 있게 해줘
    서....경민이 아직 당신 한테 화난 거 안 풀어...

준표 평생 그럴텐데 뭐..

지수 자식까지 낳으면 더 할 거야..

준표 그래...

지수 .....(찻잔 집어 들면서)그리고.....(한 모금 마시고 내리며)정말 생

각을 하기 시작하면 점이 안오는 일이 있어…화영이라는 거…즈
아빠랑 화영이가 산다는 거…경민이 절대 알면 안돼…어른 되기 전
에는…..

준표 이사 갔잖어…

지수 그래두 혹시….어디 엉뚱한데서라도 부딪힐 수 있잖어…생각
만 해도 기절할 거 같아..경민이 알면…어쨌든 절대로 그건 안돼..
당신을 위해서도

준표 알아..

지수 암튼 둘이 같이….다니지 말아줬으면 좋겠어…되도록이면…너
무 무리라는 거 알지만…

준표 노력할게….

지수 ……..(보다가)그리고…나 아파트….잡아 놨다 그랬지..

준표 응..

지수 아버님 이제 집에 오시지도 못해…벌써 석달이나 안 오셨어…
집 팔아…비워주고 이사갈게…

준표 그냥 있어…컨디션 좋아지시면 언제 어느 날 또 들이닥치실지
모르는데….

지수 따로 사는 거 아시는데 뭘

준표 그래도 어쨌든 당신이 나가면 내가 쫓아낸 걸로 생각하실 거
란 말야…

지수 …..(보며)……화영이….힘들게 하지…

준표 …..

지수 개로선 너무나 그럴 수 있어….자알….잘 해줘어…잘 이해시켜
줘..무심하게 굴지 말구…..

준표 ······(가만히 보며)

지수 당신 쌀쌀맞을 때는 정 떨어져···옛날에는 안 그랬는데···변했어···

준표 ······(그저 보며)

지수 당신이 선택했잖아···

준표 알았어···알아들어···

지수 잠 못잤어?

준표 일하느라구···

지수 얼굴이 그렇다···(마시는)

준표 ······(보면서)

　　[두 사람····]

제23회

S# 화영의 거실

화영 (발코니 창문 열어놓고 두 무릎 껴안고 앉아서)········(바람 약간)

　　　[음악 꽝꽝 나오고 있고]

S# 맨 처음 은수에게 머리 쥐어 뜯기며 맞던 장면··오디오는 현재 음악으로··

화영 ·······(현재)

S# 프라이팬 싸움/ 메다꽂아지는데/오디오 역시

화영 (앉은 채 엉금엉금 기듯이 소파로 기어 올라가 엎드리는/눈 뜨고 머엉하니)········

은수 E 애 방황하지 마. 방황해봤자 니꼴만 흉해져··홍콩은 왜 가아. 홍콩가지 말고 그냥 직접 니 식구들 있는데로 가.

은수 (과거 그날)가서 과거지사 훌훌 털고 병원에 다시 나가 일하면서 씩씩하고 당당하게 살아. 왜 뭐/ 뭐가 어때서. 너 남의 얘기 단물 빠지면 뱉어버리는 껌이나 마찬가지야 그리고 즈들이 뭐라 떠들던

은수 E (현재)그게 니 인생이랑 무슨 상관야.

화영   (눈 감는다)

S#   숨 못 쉬고 헐떡거리던 지수와 화영의 승강이····

화영   (현재/눈 번쩍 뜨는)·······(훼엥한)·····

　　[들어오는 준표/ 오토바이 점검해 놓고 들어오는 참이다]

준표   (들어오며)어디 있어··나가자 빨리··(하다 보면 화영 상태 보인다)·····

화영   (벌떡 일어나며)오토바인 멀쩡하대? (아무렇지도 않은)

준표   완벽해··상태 아주 기분 좋아.

화영   옷 입어야지.(침실로)

준표   (따르며)여태 뭐했어··옷 입고 기다린다 그랬으면서···

화영   내 헬멧은 샀어?

준표   그럼 샀지.

S#   침실

화영   (장에서 오토바이에 맞는 옷들 꺼내 침대에 던지면서)우리 유서 한
　　　장 씩 써놓고 나가야 되는 거 아냐?

준표   유서는 무슨 / 왜.

화영   죽을지도 모르니까.

준표   안 죽어 걱정마.(뒤에서 안으며)나 선수야. 별 걱정을 다 해··당신
　　　은 그저 내 허리 안고 붙어 있기만 하면 돼··

화영   ····

준표   (돌려세우며)막상 나갈려니까 겁나는 모양이지?

화영   내가 당신 죽이고 싶어질까봐··(보며)

준표   ····(보며)

화영   당신도 죽이고 나도 죽고 싶어질까봐··

준표   ·····(보는)

화영 　간단하잖아. 갑자기 내가 당신 팔뚝 물어뜯어버리든지 아니면 옷 속으로 손 넣어 마구 간지른다든지 그럼 당신 방법 없잖아. 아니면 달리는 오토바이 위에서 당신 목말을 타줄까?

준표 　여보

화영 　나가기 싫어졌어‥

준표 　……

화영 　집에 있어…

준표 　나가서 바람 좀 쐬면 훨씬 좋아질텐데…사진도 찍고‥

화영 　모로코 가서 많이 찍었는데 뭐…그냥 쉬자‥(옷들 한꺼번에 거두어 장에 아무렇게나 집어넣는다)

준표 　……(보며)

화영 　같이 샤워맞자. 그리고 잔치국수 해주께‥멸치 국물 내 났어‥지금까지 만든 어떤 것보다 맛있게 됐어‥기대해도 좋아 응?…응?

준표 　그래 알았어‥(옷 벗으며)그럼 그렇게 해‥

화영 　빨리빨리 벗어 샤워 맞으러 들어가자 얼른얼른.

준표 　아니 참 나 오토바이 치워야 해. 치워놓고 들어올게.

화영 　어 그래‥ 빨리 하고 올라와‥

준표 　(나가고)

화영 　……(나간 문 쪽 보면서)………

S# 헬스 수영장

　[물놀이하고 있는 준구 진주 경민 아정]

　[가장자리서 운동복으로 지켜보는 은수와 지수 자매‥]

은수 　진주야아!! 너 아정이 안보고 어디가는 거야아아.

진주 　(제대로 헤엄치려 움직이면서)준구 있잖아아‥

준구　제가 있어요 엄마아아..

은수　느들 암튼 아정이 물만 먹여어어? 아정이한테서 한눈 팔지 말란 말얏

지수　한눈 안 팔고 있어 너무 난리치지 마아아.

은수　알게 뭐니 야 아차 잠깐 딴데 보는 동안 무슨 일 벌어질지.

지수　어우 참 준구가 붙잡고 수영가르치고 있네…

은수　왕왕거려 못 있겠다.. 엄마 이모랑 휴게실 가 차 한잔 마실테니까 허준구 너 알어서 해애애..

준구　네에 얼른 나가 주세요오오..

지수　경민아..

경민　나가주세요오오오.

은수　아정이 물만 먹여어어어?

S# 휴게실로 가는 길

　　　[들어오면서]

은수　글쎄 말이다 생일이 언젠지 생일도 없으니 우리 집에 들어온 날을 생일로 정해놓기는 했지만 그게 영 찜찜하다..강아지도 생일이 있는데..

지수　도통 연락 없나부지?

은수　있었으면 벌써 챙겼지이..허서방이 잔뜩 별르고 있는데..

지수　??

은수　생일 챙기는 거랑 아예 우리 딸이니까 딴 생각 말라는 거랑..하기는 딴 생각할 처지도 아니겠지만.. 부도 나고 재기하기 어디 그리 쉽니? 재기한다고 해도 딴 짓해 낳아 논 아이 자기 집으로 데리고 들어가기는 어디 쉬운 일이고.

지수 이쁘지….도로 데려간다 그럼 싫겠지..

은수 애를 위해서 그런 일은 없어야지이이…….이쁘지이이…일은 많아졌지만 그래도 입양아 자기 자식으로 키우는 사람들 왜 그러는지는 알겠어..좋은 경험 해..이제 거의 아무 생각 안나.. 이거 내가 낳은 새끼 아니지이 그런 생각..

지수 (웃는)..

S# 휴게실

은수 (들어오며)쥬스 마시자….우리 오렌지 쥬스 주세요..(네에) 우리 아정이가 불운한 중에도 행운이지 지수야..우리 집에 들어온 거.

지수 그러엄..

은수 허서방 친구가 사람 황당하게 만들긴 했지만 머리 하나는 잘 썼어..

지수 그런데 다 기억할텐데 언니.

은수 괜찮아. 얘기했는데 뭘…니 엄마 아빠가 사는 게 힘들어서 우리한테 보낸 거니까 아무 생각 하지 말고 자알커서 나중에 니 엄마 아빠 만날 수 있을 때 만나라. 다른 사람은 엄마 아빠가 하나씩인데 너는 둘씩이다..

지수 화영이는 언니..

은수 ??….재수없게 그 기집애 얘긴 왜 꺼내?

지수 홍서방이 수술했더래..

은수 ?/

지수 불임수술..

은수 언제?

지수 벌써 한참 전에..그것도 모르고 아이 가질려고 혼자 애썼었나

보더라..

은수　너 어떻게 알았어?

지수　화영이 만났어.. 왔더라구.

은수　그 얘기 하러?

지수　여러가지 충격이었나봐....

은수　홍가가 그래도 마지막까지 돌진 않았었나 보다..

지수　.....(그랬나봐)

은수　미친 기집애지 아이는 왜 낳겠대. 기어이 그거까지 해 보겠다는
　　　년이 악질이지..

지수　그거야....여자로서 하고 싶을 수도 있지 뭐…

은수　또 또오오…내가 알아듣도록 얘길 했구만. 다 엎어버리고 떠나
　　　라고..남자 믿을 거 못된다구........어이구 어이그으으으으

은수　E 아 저 방해된다구 짜증 펴 너 경민이 업고 골목에서 서성거
　　　리며 재워 들어가고 했었잖아. 한창 빽빽거릴 때… 그 때 내가 열통
　　　터지면서 홍가 애 별로 안좋아하는 인물로 결정본 사람이야..그런
　　　데 애 낳아서 저도 그거 하려고 했다니?

은수　홍가가 알아본 거지 뭐…그년은 절대 그거 해줄 년 아니고 애
　　　낳아 빽빽거리는 거 귀찮아 아예 저한테서 카트시킨 거야..

지수　경민이 위해 그랬을 거야..

은수　??꿈보다 해몽이다.

지수　아니야..내가..... 고맙다고 했어.. 경민이 위해서 그런 거야..

은수　어쨌든...어쨌거나 황 그렸겠다..쌤통이지 뭐니..그런데 그 얘
　　　길 너한테 와서 하는 심리가 도대체 뭐라니..

지수　.....

은수 엉?

지수 힘들면....내가 보고 싶대..

은수 .....(입 벌리고 보는)

지수 속 마음 얘기할 사람 없잖아..

은수 어이구 참 미치겠다..걔는 도대체 어떻게 생겨 먹은 거야아아
     ...내 주제로는 열두번을 죽었다 깨나도 도오저히 해석이 불가능
     하다..

지수 홍가 끼어드는 바람에 이렇게 됐지만 언니....화영이랑 나도 ...
     일종의 애정관계였던 거 같아..

은수 ?? 우정관계..

지수 아니 애정관계..

은수 얘가 무슨 소릴 하는 거야..

지수 나 걔 많이 좋아했잖아..

은수 주책스럽잖아 원래..

지수 화영이도 날 ....좋아했나봐...

은수 .....(입 벌리고 보는)

지수 그러니까 힘들면 내 생각 난다 그러고.....나한테 오지..

은수 아이고오 황송해라.

지수 나도.... 오면...밀어내지는 못하잖어...그래도 되는데 이상하
     게 그렇게 안돼...

은수 아 뭐야 너 잠재적인 레즈비언이야?

지수 그러니까 일종의 애정관계 같다니까?

은수 칠뜨기..회장님 말씀이 딱이야. 칠뜨기

지수 (그냥 피식 웃는/ 주스 오고)

S# 화영의 주방

화영　(차가운 물속에서 잔치국수 망 그릇에 건지는 중)……

S# 서재

준표　(앉아서)………(컴퓨터 안 켜놓고)

화영　E (혼자 있을 때와 전혀 다른 태도)나와 주세요오오‥국수가 다 됐

　습니다아아아

준표　(일어난다)

S# 주방

준표　(들어오며)벌써?(역시 아무렇지도 않은 듯)

화영　(잔치국수 그릇 두 개 놓는다/ 양념 간장 열무김치 정도는 놓여 있었

　고)국수만 삶으면 되니까…간장은 아마 안 넣어도 될 거야‥

준표　(열무김치 그릇 들어 국물 부으면서)김치 맛있게 익었더라‥

화영　다 넣지 마‥내꺼 남겨‥(국물)

준표　??더 없어?

화영　있어‥

준표　(나머지 국물 부어주며)모자라겠다.

화영　괜찮아. 맛 봐‥ 일단 맛을 봐‥

준표　(국수 한 젓가락)

화영　??

준표　합격/ 이제 완전 프로야. 뭐든지 프로야….

화영　으흐흐흐흐 (저도 한 젓가락 입에 넣고)……

준표　(맛있게 국수 입에 넣는)

화영　……(가만히 보는)

준표　(먹느라 모르고)

484

화영 ....(보며)

S# 거실

　[찻잔 두 개 탁자에..]

　[소파에 나란히 안고 기대어 누워서……]

준표 (눈 뜨고).....

화영 (눈 감고 준표 손 만지면서)……..

준표 미안해…. 여러가지로..

화영 ……

준표 ……몇 년 뒤에 생각하면….이게 다 과정이었다….그래질 거야…

화영 그렇겠지…

준표 얼마쯤 지나면…모두 다 편안해질 거야..우리가 만난 게….처녀 총각 아니었잖아….이 정도는 각오해야지..

화영 ……

준표 당신 어머니…안부 전화 넣었어?

화영 아니……..

준표 …왜…..하는 날인데…

화영 잊어버렸어…이따하면 돼…

준표 좀 자자….들어가 잘까?

화영 그냥 있어…..졸리면 자….방해 안하고 가만 있을게….

준표 …..(눈 감는)……

화영 …..

준표 (눈 감은 채)당신이 ..빨리 편해졌으면 좋겠어…

화영 편해…편해졌어…

준표 아버지는 모르지만….어머니는….결국 우리 인정하실 수 밖에 없을 거야…

화영 (눈 뜨며)인정 못 받으면 뭐 어때‥그냥 이렇게 살면 되지…

준표 ……

화영 괜찮아…나도 우리 엄마같은 사람하고 사돈하기 싫어‥…어떡
해…결정타를 날려 줬는데‥…당신 어머니한테 유감없어…아버지한
테도…

준표 (좀 더 안는)

화영 내가 겁나하는 건 당신 부모도 당신도 아니야‥…나 자신이야…
(일어나서 보며)내가 나를 겁내고 있어‥…

준표 ……(보며)

화영 잠잘 때도 방심하지 마‥어쩌면 내가 당신 목을 조를 수도 있으
니까…밥 먹을 때도 조심해‥쥐약 사다 타 났을지도 모르니까…

준표 (당겨서 가슴에 안는)‥…

화영 ……

준표 그렇게 죽는 것도 괜찮겠지‥

화영 농담 아냐‥

준표 술 마실까?

화영 (벌떡 일어나며)안면도 갔다오자‥ 오토바이 타고/

준표 ……(보는)

화영 빨리빨리 서둘러 어둡기 전에 돌아와야지‥(방으로)

준표 ‥…(몸 일으키며 고개 침실로)

S# 오토바이 타고 달리는 두 사람(화영은 약간 과장해서 즐거운 듯)

S# 은수의 마당‥
　　[준구와 경민 마당 저쪽에서 농구하고 있고/]

달삼　(화덕에 불 피우고 있고)

아정　(부채질하고 있고)

진주　(만들어진 햄버거 고기와 굵은 소시지..쟁반 들고 나오며)준구야 이것 좀 받아다 놔..

준구　(달려오고)

선화　(야채 샐러드 볼과 덜어 먹는 그릇 들고 나오고)

경수　(지웅 안고 선화 뒤따라 나오면서)야 이 자식 좀 잤으면 좋겠는데 여엉 잘 생각을 안한다아아

선화　잠깐 있어요. 내가 받을게.. 물 조금 먹여야 잘 거야..

경민　(농구공 들고 다가와 있다가)물에 수면제 타요?

경수　짜식/ 젖꼭지를 물어야 잔단 말야 야.

준구　젖꼭지 너무 물리면 애 입 미워진다던데..

경수　누가 그래.

준구　누나가요.

선화　괜찮아아 아직 이 안났는데 뭐얼..(들어가며)

은수　(현관에 나오면서/ 뭔가 들고 나오기를)늬들 손 씻었어?

준구　아 손/ 경민아.

　　[두 사내아이 뒤켵으로 손 씻으러]

은수　뭐야아 아직도 불이 다 안 됐어?

달삼　(석쇠 얹으며)다 됐어 다 됐어..불 아정이가 다 폈다 칭찬 좀 해줘.

은수　오오 그랬어 아정아?

아정　(그냥 웃고)

은수　오빠들 간데 가 손 씻고 와..

아정　네에 (뛰고)

지수   (현관 열고) 언니이이…(컵들과 콜라 같은 음료수 쟁반)이것 좀
      받아..

은수   어 그래..(그쪽으로 가 쟁반 받으며)우리 집 마당이다아?

지수   ??

은수   느집 마당에서 비비큐 파티하다 사단났잖어어어..우리 집 마
      당이니까 쓸데없는 생각하지 말라고

지수   (흘기면서)일부러 생각나게 해 줘 고마워..암튼…(도로 들어가는)

은수   아니 생각 안 났었단 말야? (혼잣소리)

S# 마당··

    [한창 신나게 굽고 먹고 있는 중…]

은수   저녁은 생략이야. 이렇게 먹고 저녁 또 달라면 엄벌에 처할 거야.

준구   알아서 할께요..

은수   그래 엄마랑 아빠는 이 파티 끝나면 낮잠 잘 거야. 방해하지 마.

진주   더워 죽겠는데 낮잠은. 잠자면 더 덥지 않나?

달삼   늬 엄마가 전천후잖냐아 여름에는 팥빙수 겨울에는 단팥죽/(은
      수 눈총 주고)

애들   아하하하하

아정   아빠(오버랩의 기분)

달삼   어 왜 왜왜..

아정   콜라.

은수   너 콜라 너무 많이 먹어 아정아..쥬스 먹어 쥬스 응?

아정   콜라. 주세요(달삼에게)

달삼   그래그래그래.

은수   암튼 애 버릇은 다 망쳐 놔..당신 그러니까 내가 안된다는 건

꼭 당신하고 눈맞추잖아..

달삼 그럴 때를 위해 아빠 엄마가 있는 거야. 한 쪽 안 통할 때 나머지 한쪽 써먹으라고/(콜라 따른 것 주면서)그런데 아정아 이거 반잔만 먹고 더는 먹지 마라아아? 엄마가 싫어해..왜 싫어하냐 아정이 몸에 해로우니까..엄마의 사랑이니까 엄마 말도 들어주자아아아?

　　E 전화벨/달삼.

달삼 (전화 주머니에서 꺼낸다)

은수 아 왜 전화는 들고 나와아아..일요일에는 안 받기로 해 놓고 오오

달삼 야 그래도 현장에서 급한 일로 찾으면/ 그런데 이거 왜 발신자 번호표시 금지야.

은수 받지 마. 그딴 건 안 받는 거야.

달삼 여보세요……?? 야 너 이 자식. 이 망할 자식..(벌떡 일어나 부지런히 집으로 움직이면서)…..

은수 ??(다른 사람들도)

달삼 **E** 너 어디야 어디 있는 거야 임마….잠깐 있어…끊지 말고 있어 너어…(집으로)

S# 거실

달삼 (들어오면서)야 이런 법이 어딨어 임마. 너 때문에 내가 얼마나 끔직했는지 알아? 친구라는 게 말야 나쁜 자식……(듣다가)그래 뭐 사정은 충분히 이해해 이해한다. 그런데 그런 거 같으면 니가 직접 데리고 우리 와이프한테 와서 톡 까놓고 이만저만 통사정을 했던지……아 그래 알았어 알았어..좌우간 보자…좀 보자..내가 너 한테 할말도 있고 말야…얌마 시끄러 좌우간 보자구..(은수 ?? 해서

들어온다)....너 나 안보고 그냥 사라지면 인간도 아니다......어떡할
래....그래....어디서.....그래 알았어 지금 금방 나간다 꼼짝말고 있
어어어? (끊고 안방으로)

은수   (잡으며)....창수 씨?

달삼   맞어.(방으로)

S# 침실

은수   (따라 들어오며)뭐래? 뭐라는 거야?

달삼   (남방셔츠 훌렁 벗으며)아 미안하다 고맙다 죽을 죄졌다야.

은수   딴 말은 없고?

달삼   딴 말 뭐.

은수   아정이 데려간다든지

달삼   데려가긴/ 한번 버린 눔이 무슨 자격으로 데려가. 내 손에 죽을
라구?

S# 오토바이 타고 달리는 두 사람

화영   (준표의 옷 속으로 두 손 집어넣는)

준표   하지 마..

화영   으흐흐흐흐

준표   하지 마아아아..

화영   (간지럽히고)

준표   (잠깐 비틀거리며)하지 말라니까아아아!!

화영   까르르르르르 깔깔갈..

      [달리는 오토바이....]

S# 안면도 객실

      [침대 위에 서로 안은 채 부드럽고 감미로운 입맞춤/ 살짝 붙였다 떼었

다를 몇 번 반복하다가 와락 붙으면서 같이 침대에 누워버리는………]

S# 지수의 골목

지수 (나와 서 있고)………

　　　[석준의 자동차가 와서 멎고]

석준 (내려서 트렁크 열고 포장된 그림 한 점 내려들고 지수 앞으로)……

　　　(싱긋 웃는)

지수 …….(그림틀 보고 석준 보며)??

석준 절대로 팔기 싫은 거에요…보관해 주세요··

지수 전시하고 안 팔면 되잖아요··

석준 전시도 안하고 싶어요··누구 보여주기 싫거든요··

지수 어떤 건데요?

석준 지수 선배 그린 거에요··

지수 ?? 모델도 안 섰는데요?

석준 모델 없이 내 멋대로 그렸죠··

지수 …….(보며)

석준 그런데 이거…무거운데….

지수 …….(보며)

S# 서재··

석준 (그림 들고 들어오면서)빈방이네요··

지수 애 아빠 서재로 쓰던 방이에요··

석준 풀어보지 말아요….(벽에 기대어 놓으면서)한 몇 년 지난 뒤에
　　　봐요··내가 훨씬 인정 받은 뒤에….그때 봐야 그림이 더 좋아보일
　　　테니까··

지수 보관이라면서요.(방문 밖에 서서)

석준   안 받아 줄까봐요…바치는 겁니다..

지수   …..(보며)

석준   갑니다..(방 나서는)

지수   차 한잔 하고 가요..

석준   그래도 돼요?

S# 발코니

지수   (아이스커피 들고 나온다)

석준   (발코니 끝에 서서 있다가 돌아보는)아주 조용한 동네네요..

지수   그래서 좋아요..

석준   집도 잘 진 집이구요..

지수   그때는 꽤 힘줘 지은 집이죠..

석준   (테이블로 다가오며)아파트 보다 훨씬 좋아요.우리나라는 어쩌려고 아파트만 죽자고 지어대는지 모르겠어요..(앉으며)전 국토가 다 아파트 천지에요. …우리처럼 이렇게 주거문화가 아파트로 거의 획일화되는 거 같은 나라 없어요.. 좀 심난하고 재미없어요…모두 다 아파트에서 살면서 다같이 아파트 형 사람들이 될 거 같아서요..

지수   알아들어요…(앉는)

석준   생활에 편의만 쫓다보면…..좀 그래지죠…낭만도…정서도…개성도…흠흠…..(글라스 들며)마실게요..

지수   …..(그냥 웃으며 보고)

석준   (한 모금 마시고 내리며)이런 집에서…..끝까지 행복했으면 좋았을 걸….

지수   그럴 줄 알았죠……작년 봄까지만 해도…

석준 아..아들은요..

지수 언니네서 놀아요..거기 사촌들하고..

석준 아아.......시댁은요.

지수 ??어제 다녀왔다 그랬잖아요.. 밤에 전화에

석준 아아

지수 할말 없으면 얼른 마시고 그만 가요..

석준 하하…(둘러보며)지수선배 집에 들어와 있으니까 좀 이상해요..

지수 ….(보며)

석준 뭔가……암튼 좀 그러네요…몇년 살았어요..

지수 오륙 년 됐어요.. 언니네가 먼저 자리잡고 언니네 사 두었던 땅/ 싼 값에 줘서요..

석준 아아..(마시고 내리고)…….(글라스 보며)

지수 ..할말 없으면 그만 가요..

석준 흠흠흠 그러죠…(일어나는)

지수 (따라 일어나며)전시회 앞두고 잠은 제대로 자요?

석준 (움직이면서)될대로 돼라 그러면서 술 몇잔 들이키고 곯아떨어져요..신경 안 쓴다 그러면서도 긴장되는 건 사실이에요..

지수 왜 안 그렇겠어요..

석준 중간은 가겠죠..안돼도 할 수 없는 거고/ 때려치우고 딴 짓하기도 늦었으니 죽으나 사나 붙잡고 늘어져야죠…

S# 대문 앞

　　[나오는 두 사람]

석준 그럼..

지수 (끄덕이고)

석준 (손 내민다)알게 뭐에요. 나중에 아까 그 그림이 깜짝 놀랄 값이 될지··

지수 (손잡으며)그렇게 되기 바래요··

  [차에 오르고 운전대로 상반신 잠깐 내밀고 알은체하고 나간다]

지수 ·····(보며)

S# 거실

지수 (발코니에서 아이스커피 잔 챙겨들고 거실 창으로 들어온다)···(싱크대에 남은 것 쏟고 컵 스펀지 비누 묻혀 닦으면서)·····

S# 안면도 해변···

  [장난치듯 포즈 잡아주는 화영을 열심히 찍고 있는 준표··]

화영 (저만큼에서)싫증나아아 이제 고만 찍었으면 좋겠다아아··(하면서도 다른 포즈로 넘어가고)

준표 (놓치지 않고 찍어대고)

화영 그만하자니까아

준표 그러면서도 계속 좋은 커트 나오게 해주면서 뭘 그래

화영 으흐흐흐흐 타고난 모델이라면서····

준표 그래 맞어··타고 났어··

화영 (저쪽으로 마구 달려간다)그만해 이제 진짜 그만해··

준표 (웃으며 카메라 내리고 보는)······(보다가 달려가서 화영 옆에 붙으며 어깨 안고)

화영 (준표 허리 안고 붙는다)···

  [두 사람 걸으면서]

화영 얼마나 됐지?

준표 뭐가.

화영 우리 두 불륜의 역사..

준표 제발 그 소리 좀 하지마. 이제 아니잖아..

화영 아직도 나는 남에 땅에 불법 건축물 짓고 사는 중인데?

준표 곧 정리 돼. 정리되면 끝나.

화영 얼굴 처음 본 거서부터는 만 이년에서 석 달 모자라고 ·····눈 맞은 데서부터는 일년 반이다····

준표 ······

S# 호텔 커피숍

화영 어떤 때는 굉장히 오래된 거 같고 어떤 때는 순식간이었던 것 같아···많은 일들이 있었지···감쪽같이 숨어서 몇 달····들키고 지수 언니한테 두들겨 맞고 지수가 알고 당신 쫓겨나 나한테 오고····당신 반찬투정 받아가며 서투른 살림하느라 매일 열등감 느끼면서 고군분투····내 밀고자 동생 동하자식 일 저질러 당신 낙동강 오리알 되고 나는 완전 꽃뱀···으흐흐흐흐 우리 엄마 두 번 쳐들어와 길길이 뛰면서 내 목을 졸르고 ········

준표 ·······

화영 당신은 나 모르게 수술했다 자백해서 지금까지 내가 받았던 온갖 모욕 수치 경멸·····/고통을 아무 의미없게 만들어 버리고···

준표 (테이블로 손 내미는)

화영 (그 손 그냥 보며)그래서 나는 지금 현재····교차로 한가운데 주저앉아 열심히 의미를 찾고 있는 중···내 사랑의 의미. 내 선택의 의미··당신이라는 남자의 의미··당신 사랑의 의미··

준표 (손 거두며)살면서 보상해줄게··

화영 나랑 끝까지 살아주는 걸로? 그래 당신은 그럴 거야··그건 믿어..그런데…. 그게 나한테 보상이 될까?..오히려 지긋지긋한 올가미는 아닐까?

준표　…..(보며)

화영　그렇다고 새로운 뭔가를 시도해볼 생각은 안 들어. 그런 꿈은 없어..나는 지쳤거든..굉장히 피곤해..(고개 창 쪽으로)….

준표　…..(보며)

화영　그냥… (아무렇게나)살아보지 뭐..갖다 주는 돈으로 밥해 먹고 가끔 옷도 하나 씩 사입고 그럭저럭 …그렇게 사는 동안 세월이 마구 흘러가겠지. 아니 마구가 아니라 지루하게 흘러갈지도..지루하게…아무 의미없이..보람없이 허무하게…..뭐 좋아…그렇거나 말거나 미친 여자처럼 될대로 돼라 히히덕거리며 살아볼까도 싶어..

준표　뭐라고….할말이 없다…그런데 이거 하나만은 믿어줘….

화영　………뭘/ 뭘 믿을까…

준표　…..(보며)

화영　말해봐…뭘 믿게 해줘서 내 마음을 잡아 줄 건지…

준표　당신이 없는 나는…생각할 수 없어..가끔 한번 씩 감당하기 어렵기도 하지만 당신은 내….영감이야…..학교에서 끝나고 당신한테 달려들어갈 때 내 마음을 당신이 알아야 해…

화영　…..(보며)

준표　남은 세월…우리는 영원한 연인으로/ 누구보다 절친한 친구로/ 살아갈 수 있어…

화영　어느 한순간도…당신을 사랑하지 않은 적이 없어…미워서 죽여버리고 싶을 때 조차도 …그런 순간에도 당신을 사랑해.. 그래서 아직 여기 있어…그래서 결국 나한테 남는 거 아무 것도 없을 거 알

496

면서도……내가 움켜잡으려 했던 행복이라는 것이 공기나 물같은 것이었을 뿐이라는 결론일 거 다 알면서도….나 아직 여기 있어..

준표   …..당신을 사랑해..

화영   고마워…거짓말이라고는 생각 안 해..

준표   어떻게 그런 말을

화영   당신 사랑은…… 비겁해….

준표   …..(보며)

화영   (웃으며)아주….아주아주 비겁해…

준표   ……(보며)

화영   (보며)……

S# 달리는 오토바이

[준표는 굳어 있고 화영은 등에 얼굴 딱 붙이고 꽉 껴안고 소리 없이 울고 있다.]

S# 시내/어두워지고 있는 거리를 달리고 있는 준표의 오토바이

S# 지수의 거실

지수   어떡해애 너무 심하게 놀았나부다…얼른 올라가 삼십분만 졸아..엄마가 깨워줄게 응?

경민   그럴 시간 없어요. 강의도 들어야하고 숙제도 하다 만 거 있고 예습도 해야해요.

지수   엄마가 대신해줄 수 있으면 얼마나 좋을까..

경민   저녁 먹지 말아야 하는 건데…찌겠어요…

지수   뭐얼 좀 쪄도 괜찮아. 그리고 날마다 크고 있는 나이기 때문에 안쪄 걱정 마./

경민   에이 엄마 때문에 암튼..(올라가는)

지수 뭘 그렇게 신경써어어..아빠만큼 클려면 아직 멀었는데에에

경민 간식은 필요없어요..생략해 주세요.

지수 쥬스는 괜찮잖어.

경민 아 싫어요오오

지수 어 너 참 블루베리 갖고 올라가..

경민 나중에 내려와 찾아 먹을게요..

지수 그래 그럼..(경민 올라가고/ 설거지로)·····(설거지 시작하다가 전화 스피커폰 열어놓고 단축 누른다)

　　E 벨 가는 소리 세 번..

은수 F 어엉 왜..

지수 형부 아직 안 들어왔어?(궁금)

S# 은수 거실

은수 (현관으로 움직이며)들어오는 중이야 내 전화할께..(끊는다)

달삼 (들어오는데 약간 취했다)····

은수 왜 전화도 못해애애..

달삼 야...부도낸 친구 파란만장 스토리 들으며 눈물이 앞을 가리는 데 그 틈 비집고 어떻게 전활 하니..

은수 술 먹었어?

달삼 많이 안 먹었어. 아정이는.

은수 진주 방에...대졸자리 딸은 낄길거리며 만화보고 아정이는 동화책 봐..책을 좋아해 정말 다행이야..(옷 벗는 것 받으며)바보는 안될 거 같아..

달삼 (주방으로)창수도 걔 머리 좋아아아 공부를 얼마나 잘했는데 아정이가 바보야..

은수 (앞서며)물 줘?

달삼 엉.

은수 (물 따라주면서)그래서..

달삼 (벌컥벌컥 마시고 내리며)말 마라..아주 내가 남에 일 같지 않더라 사업이라는게 완전히 살얼음 판 걷는 거지..하루 아침에 나참 ...후우우우우

은수 그러니까 당신도 허랑방탕하니 대충대충 그러다 큰은일나니까 장신 바싹 차려어어..

달삼 (식탁 의자 빼서 앉으며)야 나는 걱정마라 나는/ 내 별명이 뭔지 아냐? 삼천원이다 삼천원.

은수 ?? 그게 무슨 소리야?

달삼 아 내가 도장 판 값 삼천원도 기어이 찾아내게 하는 사람이래..몇년 전인가 황기사 심부름 시키고 삼천원이 벼서 난리난리 쳐 찾아 냈는데 그게 도장 판 값 삼천원이었어. 그걸 황기사 이녀석이 소문을 내서 회사에서는 즈이끼리 날 삼천원이라 그런대...최근에 알았네 나쁜 자식들.

은수 각설하고 창수 씨는 그래서

달삼 (오버랩의 기분)마누라 자식들 제천에 갖다 놓고 저는 정수기 외판원하고 먹고 산댄다..

은수 .....(보며)

달삼 발바닥에 불이나게 뛰어다니면서 밥 먹고 살고 애들 학교 보내고 마누라 병원비 대고 그런대..

은수 ....(보며)

달삼 그 자식이 그게 언변이 좋잖아..제법 잘 판대...실적 좋아 회사

서 특별 보너스도 받고 그랬대··카아아아 그래도 연매출 몇십억은 하던 게 정수기 판다고 아아아 속상해서 정말

은수   아정이느으은···(오버랩의 기분)

달삼   완전히 끝내기로 했어··형편 나아진다고 데려갈 처지도 아니고 그저 당신한테 고맙다는 말을 백번도 더 하더라··

은수   생일이나 물어보지 왜

달삼   아 그거 안 챙겼겠냐? 팔월 십오일 광복절이래. 광복절···

은수   됐어.(일어나며) 알고 싶은 거 다 알았어. 들어가 샤워해··

달삼   어··(일어나고 둘 움직이면서)주머니 홀랑 발라주고 들어왔어.

은수   얼마나

달삼   몰라 이백 쯤 될 거야.

S# 화영의 거실

화영   (앞서 들어오면서 두 뺨 싸쥐고)내 얼굴 이상해진 거 같아··(들어오는 준표에게 돌아서며)내 얼굴 괜찮아?

준표   얼굴이 뭐가 어떻다고 그래··

화영   가며 오며 계에속 바람 맞았잖아··(눈 아래 반쪽)여기 얼굴 그대로 있어? 일그러지지 않았어?

준표   (웃으며)거울 봐 거울 보면 되잖아··

화영   배고파?(침실로)

준표   (따르며)지금은 괜찮은데 그래도 굶고 잘 수는 없을걸?

S# 침실

화영   (앞서 들어오며)밥 하기 싫어··알아서 해··참외도 있고 라면도 있고 빵도 있어··

준표   (옷 벗으며)감자나 쪄줘··나중에··

화영   (핸드폰 살리고 보는)우리 엄마 일곱 번 전화했네‥무서운 집착
이야‥새벽 세신데 그래도 깨울 거야. 아니면 나 잘 때 깨울 테니
까‥(전화 들고 나가며 번호 찍는)

S# 거실

화영   …(기다렸다가)나에요……전화 여러번 했네?……어디 좀 갔다왔
어요‥특별한 일 있어요?….그런데 왜 숨넘어가는 거처럼 그래….시
간을 달라구 했잖아…어‥생각하고 있는 중이야….열심히 생각해
괜히 하는 말 아니야…그래요….그래 얼른 자요……전화료도 돈이
야…내가 걸테니까 그냥 있어요 돈 쓰지 말고………알어 글쎄 도망쳐
봤자 엄마 손바닥인 거…..네….네…(끊으면서 질려죽겠다)…..

S# 거실

화영   (헤드폰 쓰고 소파에 누워 있는)…..

   [감자 안친 냄비에서 나는 소리 쌔애애애애애]

S# 서재

준표   (원고 수정하고 있다/컴퓨터/훑어가다 문장 수정하고 하는)……

S# 거실

화영   (누워서 눈 감고/헤드폰)

   [냄비에서 나는 쌔애애애애 소리가 어느 사이엔가 멈춰 있다………]

화영   ………(눈 감고)

준표   (나온다)감자 아직‥(하고 보면 화영)

   [급히 주방으로]

준표   (가스 불 끄고 뚜껑 열고)…..(젓가락 찾아 꽂아보면 푸욱 들어간다)
   [얼음 집개로 감자 네 알 그릇에 들어내고 냄비 그대로 들어 싱크대에
   넣고 물 틀면 치이이이이 냄비에서 나는 소리]

준표   ??(놀라서 찜기 들어보면 아래 물 담았던 냄비가 탔다/도로 놓고
감자 그릇 집어 들다가 소금 생각이 나서 여기저기 열어보며 소금 찾는
다)……

  [거실로…]

준표   소금 어디 있어……(조금 큰 소리로)

화영   (눈 뜬다…헤드폰 벗는)

준표   소금…

화영   개수대 아래 장 열어봐…

준표   (주방으로 움직이며)냄비 탔어..

화영   ??(일어나 주방으로)

S# 주방

준표   (소금병 꺼내고)

화영   (냄비 탄 거 보고 도로 놓으며)괜찮아.. 그래봤자 냄비야….

준표   불낼까 무서워.

화영   내 집 아냐..(나가는)

준표   ….(보는)

S# 거실

화영   (도로 눕는다)……

준표   (감자 그릇 들고 나와)……하나 안 먹을래?

화영   먹는 게 중요한 사람이나 먹어…

준표   …..(잠시 보다가 서재로)

화영   …….(잠시 있다가 일어나는)

S# 주방

화영   (냉장고에서 올리브 병 꺼내 하나 입에 넣고 씹으면서 반쯤 남은 양

502

주병 꺼내 반 컵 따라서 한숨에 마시고 올리브 하나 더 입에 넣는)……

S# 지수의 거실

지수 (식탁에 신문지 깔아놓고 토스터 청소하고 있다/ 후벼 파듯이)……

  [카세트에서 유행가 흘러나오고 있고/]

지수 ……(토스터 닦기에 몰두해 있는)……

F.O

S# 화영의 거실

화영 (러닝머신 세팅하면서)밥 안했어..알아서 해..

준표 (씻고 나와 섰는)……

화영 해주고 싶을 때만 해줄 거야..오늘 아침은 해주기 싫어..

준표 아침을 안해주면 어떡해..

화영 나가서 먹어.

준표 ….(보며)

화영 밥해 바치고 집 치우고 잠자리 해주고 그 이상의 의미가 없다
  는 건 지독하게 슬픈 일이야.

준표 자고 일어나 또 심술이구나.

화영 나를 지수를 만들려고 하는 게 화가 나..나 자신도 언젠가부터
  지수처럼 돼가는 것도 불쾌하고.

준표 지수는 당신처럼 안 그랬어.

화영 (휙 돌아보는)

준표 당신하고 지수는 많이 달라..나 지수한테는 안 하던 일을 당신
  한테 많이 하고 있다는 거 알아야 해.

화영 그래서 황송해 하라구?

준표 그런 얘기가 아니야..지수처럼 돼간다는 거 지수를 만들려고

든다는 말을 하니까야..

화영   지수를 와이프의 표상으로 생각하지 마 그건 틀렸어. 아내는
       아내지 종이 아니야..

준표   그런 생각이 들 정도로 당신 착취하지 않는다 생각하는데…

화영   밥해 주기 싫은 날 있어. 그래도 해줬어 그러다 보니까 지수가
       된 거 같아.당신 아내로 살고 싶긴 하지만 지수가 되고 싶진 않아…

준표   지수 귀가렵겠다‥그래 알았어‥마음대로 해‥(서재로 들어가려)

화영   굶을 거야?

준표   (돌아보며)알아서 하라며‥알아서 할게…..(문 연다)

화영   나가서 먹고 나 해장국 하나 사다 줘..

준표   (돌아본다)

화영   냄비 하나 갖고 가‥냄비 주께..

준표   그거까지 해야해?

화영   ?? 하면 안되는 거야? 죽 사오는 거나 아이스크림 사오는 거
       나 뭐가 달라.

준표   냄비들고 가라면서

화영   그 사람들 포장 용기 싫단 말야..

준표   같이 나가서 먹자.

화영   귀찮아..사다 줘..(주방으로)

준표   ……..

화영   (냄비 보자기에 묶어 나오는 시간 계산해서 냄비 들고 나오며)나는
       지수가 아니야.. 오라면 오고 가라면 가고 삼시세끼 칼같이 해바치
       면서 온갖 잔심부름 몸바쳐 해주는 지수가 좋았으면 나랑 이렇게
       되지 말았어야지..

504

준표   ……(보며)

화영   지수 놓치기 싫었지? 나랑은 그냥 몸이나 풀면서 놀다 끝낼려고 했었는데 잘못된 거지?

준표   도대체 이게 무슨 /아침부터 왜 이러는 거야!!(좀 올라서)

화영   아침부터 불쾌해 못 견디겠어‥

준표   (화영이 들고 있는 냄비 확 뺏어서 바닥에 팽개치는)나한테 뭘 들고 나가라는 거야/ 해도해도 너무하는 거 아냐?!

화영   냄비들고 나가면 뭐가 떨어지기라도 해? 그래애 지수 없으면 애도 굶겨놓고 있는 남자라드라. 당신이 뭔데/ 뭔데 당신이/

준표   아아무 것도 아냐… 마누라 친구한테 돌아서 자식으로 애비로 남편으로 사망신고 받은 한심한 인간일 뿐이야.

화영   그래놓고 발등 찧으며 후회하고 있는 얼간이 대학교수지.

준표   ……(노려보는)

화영   (돌아서 소파 쪽으로 가 걸터앉으며 두 손 모아 입으로)

준표   ……왜 이러는 거야‥

화영   꿈에………당신이……지수랑 경민이 데리고 여행가더라…아프리카 사파리 간다고……

준표   ‥‥(질리는/ 꿈 때문에)……

화영   ……

준표   (옆에 와 앉으며)애야?

화영   ……

준표   (안아준다)……

화영   (얼굴 붙이며 달라 붙고)

S# 해장국집에서 보자기에 싼 냄비 들고 나오고 있는 준표…

S# 샌드위치 가게

　　[혼자 가게 보고 있는 지수‥두 테이블에 샌드위치와 커피 날라다 주며 밝게/적당히 말 주고받고]

지수　커피는 얼마든지 리필 돼요‥

미스손님　네 그래서 좋아요‥

안　E 사모님‥

지수　??(돌아보면)

　　[안기사가 열고 있는 문으로 들어오고 있는 홍회장 부부/ 아내 팔뚝 잡고]

지수　(화들짝)어머나 아버님 웬일이세요‥

홍　(벌쭉)샌드위치 사먹으러‥

지수　이리 이리 오세요 아버님‥(팔목 자연스럽게 지수로 교체되고)어머니 이리 오세요‥

황　어이 앉혀드려‥

지수　네에…(앉히고)……

홍　(앉으면서 가게 둘러보는)…뭐야. 이게 자네 사업장이야?

지수　네 아버님‥

홍　여기서 벌어서 먹고 살겠어?

지수　네에‥

홍　치/당신 먹을 거 시켜./

황　아무거나 부드러운 걸로 만들어 드려라‥

지수　네 어머니‥

홍　주스도 있네‥

지수　망고 좋아요 아버님.

홍   그거 줘..

지수   네에..(진주 뛰어 들어온다)이모오..

지수   어 진주야..얼른 망고 쥬스..아니 우선 이리 와..인사드려..경민
이 할아버지 할머님. 조카에요 어머니

진주   안녕하세요? 안녕하세요?

홍   자네 딸인가?

황   조카래요..언니 딸..

홍   어어 그 설비한다는 집 딸?

지수   네에

황   그건 어찌 아세요.

홍   내가 멍텅구리야?

S# 같은 샌드위치 가게 안··

홍   (샌드위치 우물거리고 먹는)····· 쓸만하다···

지수   네에..

홍   이걸 돈 주고 사먹는다고?

지수   네에..

홍   얼마 받는데..

지수   ***원이에요..

홍   치/ 그걸로 언제 돈 모아.. 드라이브 가..

황   어이 드세요..드시고 일어나요..

홍   우웅..(먹으며 창밖으로 고개)

황   (중얼거리는)출근하신다고 그러는 걸 달래서 여기로 왔다..

지수   네에···

S# 가게 밖

[홍회장 부축하고 나와 대기 중인 차에 오르게 하는]

지수 아버님 그럼..드라이브 잘하세요.(진주 따라나와 보고)

홍 빨리 가아!!

황 아 타야 가죠오오(하며 급히 남편 옆자리로 돌아가고)

홍 (벼락같이)가아아!!!

황 (급히 타고 문 닫히고/안기사 운전대로 황급히)

　　[부웅 뜨는 자동차…]

진주 이모 샌드위치 값 못 받았는데……

지수 (흘기며 웃고 진주 팔 건드리고 안으로)

S# 가게 안

진주 (앞서 들어오며)쥬스 값이랑 이모가 내세요.

지수 그래 알었어..

진주 이모도 몰라 보신 거 아니에요? 아까 …내가 이모 딸이냐 그러실 때..

지수 잠깐 착각하신 거야..

진주 늙는 거 겁나아아아…

지수 (전화벨)네에..네 네….(받아 적으며)네….몇시까지 필요하시죠? 네 네 알겠습니다 감사합니다.. 기획사 회의실 스무 개 주문이야..

진주 언제 가질러 온대요?

지수 이십분 뒤에.

진주 어머 바쁘네에에..(샌드위치 만드는 곳으로 이모 따라 빠르게 들어가며)

안기사 (들어온다)

지수 ??왜요..

안   저기/(수표 한 장 내밀면서)회장님께서 돈 안내고 나오셨다고··

지수   어머 아니에요오오(밀어내며)

안   거스름 안 주셔도 된다 그러십니다. 그럼··

지수   (어정쩡 어쩔 줄 모르는 채)

진주   ???(수표 기웃이 보고)백만원 짜리에요 이모오·· 날마다 오시면
       좋겠다··

지수   …(수표 내려다보며)……

S# **갤러리 앞(밤)**

       [초대전 포스터와 화환들과…]

S# **전시회장 말고 오프닝 파티 소연회실 앞**

       [서서 손님 맞고 있는 석준과 석준의 누이··]

       [적당히 어우러지게 손님들 맞아주시고 얘기 나누고 오디오는 삭제하
       는 편이 좋습니다··]

       [어깨 치면서 농담하는 친구들 예닐곱 명 응수하며 파안대소하는 석
       준·· 친구들 우르르르 석준 부모와 가족으로 보이는 사람들에게 몰려
       가고./ 화상으로 보이는 세련된 여자들도 서넛 들어오며 석준과 인사
       나누며 명함 건네지고/]

       [들어서는 지수와 은수…]

석준   (반갑게 인사하고 지수한테는 손 내밀고)

여자   (화가로 보이는 삼십 대 여자 들어오면서 지수와 악수하는 석준에게
       손 들어 보이자)

석준   (깜짝 놀라 지수 놓고 그 여자에게 가 허그하고 놓는/ 둘이 친밀하게
       얘기 나누며 반가워하는)

은수   ……(유심히 노려보듯 보고)

지수   (언니 잡아끌어 안으로)

S# 갤러리 근처 찻집

은수   (앞서 들어오며)뭐냐…

지수   ??(따라 들어오며)

은수   아까 그 여자애…

지수   빠리서 같이 공부한 화가래잖어어.. 아까 소개 받았잖어..

은수   (앉으며)어떤 관계냐 말야아아

지수   (앉으며)쓸데없이 언니는 그림은 안보고 계에속 그 여자만 따라다니드라 눈이..그림 뭐 걸렸는지 기억이나 해?

은수   박석준이 걔는 왜 껴안기까지 하고 난리니..조금만 더 하면 키스까지 하겠더라..

지수   …..(보는/ 기막혀서)

은수   그리고 그 기집애는 왜 지 볼일 안보고 계에속 박석준 궁둥이만 따라 다니냐 말야.. 얘기하자는 사람도 많고 기자들도 나오고 했드만. 아예 한번은 같이 앉아서 같이 인터뷰 하드구나 엉?

지수   그래서 뭐어..

은수   초연한 척 하지 마 기집애야 사람이 좀 솔직해라 너도 신경쓰이는 게 사실이잖아아..내가 이렇게 신경 쓰이는데 너 나무 토막이야?

지수   커피 주세요.

은수   커피요. 음식도 먹을 것도 하나도 없고 맛대가리도 없고 그림도 그게 그림이니? 어우 시시하더라..

지수   (웃어버리는)풋

은수   아 그리고 왜 가족한데 인사 안시켜어어 가족이 나왔으면 당연히 인사시켜야지이이..딴 사람들한테는 인사 시키드만..

지수 하지 말아달라고 부탁했어.

은수 ??

지수 제발…오바 좀 하지 마.

은수 그런 부탁을 왜 해?

지수 나 애 딸린 이혼녀야..앞으로 이십 년은 친구로 지낼 거야 그러고 나서 그때 생각할 거야.

은수 야 요즘은 애딸린 이혼녀 과부 말짱한 총각하고 결혼만 잘 한다드라. 남자들은 아무 상관없는데 왜 여자는 안돼. 웃기는 거지. 너는 그렇게 촌스러워서는 암튼 입에 들어온 떡도 뱉는다니까아아?

지수 빨간 딱지 붙은 거 봤어? 열 두 작품에 붙었던데. 그림이 괜찮은가봐….

은수 그런가부더라..(시큰둥)…

    E 지수의 전화벨

지수 (핸드폰 보고 언니 잠깐 보고 받는/ 은수 커피 받고)네에..

화영 F 전화해도 돼?

지수 ??나 지금 밖이야…좀 그래

화영 F 알았어…(끊어지고)

지수 (끊고)

은수 누구야?

지수 친구…

은수 무슨 친구 전화가 그래..

지수 …나중에 걸기로 했어..

은수　박석준 기분 나쁘다..

지수　…(피식 웃으며 찻잔 드는)…..

S#　지수의 마당(밤)

S#　거실

지수　(옷은 잠옷/ 차 한 잔 만들어 들고 침실로 움직이는데)

　　　E 핸드폰 벨 소리..

S#　침실

지수　(급히 들어와 받는다)..성공 축하해요…성공 아니에요? 성공 같
　　　던데…아니 근처에서 언니랑 차 마시고 곧장 들어왔어요…나는 그
　　　림 잘 모르는 사람이니까 묻지 말아요. 그냥 빨간딱지만 세었어요
　　　……술 너무 많이 마시지 말아요 내일도 있고 모레도 있고 전시회
　　　이제 막 시작이에요…그래요…끊어요..(끊고 침대 옆구리에 앉아 차
　　　마시는)…….

　　　[지수 생각하다가 전화 집어 든다…]

S#　화영의 침실

화영　(침대 위에 꺼내져 있는 간절기 옷들/ 장에 여름옷들 가지런히 걸고
　　　있는)

　　　[메시지 음.]

화영　(전화 집어서 펴면)

지수　E 집에 들어왔어..

화영　……..(문자판 보며 잠시 있다가 통화 버튼)….

　　　E 신호 가는 소리

지수　F 으응…집에 들어왔다구..

화영　특별한 일 있어서 걸었던 거 아니야..

지수　F ……

화영　(침대 모서리에 앉으며)이 남자 늦는단다……꼭 해야할 일도 없
고…책도 안 봐지고….너는 뭐하나 그래서………

지수　F 좀…괜찮아졌는지……그랬어.

화영　내가 궁금했다구?

지수　F ……

화영　별로 그냥 그래….하루에도 몇 번씩…미쳤다 제정신 됐다 그래
…죽이고 싶다 살려두고 싶다…그렇고….

지수　F ……

화영　날마다 삐거덕거리는데…나 때문이야‥그 남자는 벌써 다 지나
간 일/ 아무 일도 아니야‥

S#　지수의 침실

화영　F 그게 더 기가 막혀.

지수　너무 미안해서…그렇게 넘어가고 싶은가부지….너도 그렇게 넘
어가 주기를 바래서 그러는 걸 거야‥

화영　F ……

지수　그렇게 이해줘‥

화영　F 나는 이해받지 못하면서 왜 나만 이해해야 하는지를 모르
겠어‥

지수　……

화영　F 그래 갈수록 니가 경탄스러워. 어떻게 그렇게 모든 것을 너
혼자 이해하고 받아주면서 살수 있었는지‥

지수　글쎄…어떻게 그랬을까……나는 모자라잖아…모자라서겠지…
그렇지만 같이 살면서 정말 결정적으로 얘기해야겠다 그런 거 아

니면 나는 다 넘어갔어..살면서 생기는 일들…별거 아니거든..별거

아닌 일로 따지고 파고들다 보면 감정만 다치고…좋을 거 없잖아..

화영　F 내가 당한 일은 별거 아닌 게 아니야..

지수　그래 알아..

화영　F 그만 하자…나 하던 일 있어.. 끊어…

지수　끊어..(끊으며)…….

S# 화영의 침실

화영　(끊긴 전화 내려다보며 잠시 앉아 있다가 전화 사이드에 놓고 옷 정

리 다시 시작하는데)

　　　E 전화벨

화영　(받는다)….왜 안 들어오고 전화야?

준표　F 술자리가 길어지겠어…먼저 자라구..

화영　……

준표　먼저 자라구.

화영　알았어…조용히 들어와 깨우지 말고(하고 전화 끊어버린다)

S# 지수의 침실

지수　(기대어 앉아 천천히 차 마시는데)…….

F.O

S# 아파트 전경(오전 중)

S# 침실

화영　(팔짱 끼고 보고 섰는)……

준표　(엎드려 자고 있는)……

화영　그만 일어나는 게 어때…

준표　으응..

514

화영 국 끓여놨어…

준표 ……

화영 으으응?

준표 몇시야…

화영 열시 넘었어··

준표 ??(몸 일으킨다)····열시?

화영 이십분쯤 됐을 걸?

준표 (허둥지둥)나 빨리 샤워해야 해…(욕실로 움직이다)두시에 특강
      있어··다른 일 하느라 준비 하나도 못해놨어··큰일났다··상차려 삼
      분안에 씻고 나올께··(욕실 문 열고)속옷.

화영 씻고 나와 꺼내 놀게··

준표 (들어가고)

화영 (침대 정리 시작)

S# 식탁

화영 (상 차리고 있고)····

준표 (머리 털며 들어온다)

화영 (북엇국 놓아준다)

준표 (수저 들면서)술국 끓였구나

화영 술독에 아주 빠졌다 나온 거 같드라··

준표 좀 마셨어··

화영 (앉으며)차는.

준표 학교에·· 다른 교수 차 타고 갔었어.

화영 아주 마실 작정했었구나.

준표 그런 셈이지…(국 퍼먹다가)어 당신 내 방에 책 꽂이 보면 누런

대봉투들 두껍게 몇 개 쌓여있을 거야…그 가운데 부피 얇은 봉투 있을 거야·· 거죽에 특강 자료 및 메모라고 써 놨어. 좀 갖다 줘. 먼저 했던 자료 좀 우선 훑어놓고 시작해야겠다…

화영 알았어(나가고)

준표 (국 먹는)····

S# 서재

화영 (들어와서 책꽂이 눈으로 찾으면 잔뜩 들어 있는 대봉투들 겹겹이 쌓여 있는 것/하나씩 들쳐서 얇은 봉투 하나 꺼내서 보면 거죽에 써 있고/돌아서려다 문득 또 하나 얇은 봉투 보고 빼내서 내용물 꺼내서 보는)

　　[지수가 주었던 이혼 신고 서류/]

화영 ··········(내려다보면서)·········(얼어붙어서)

준표 E 뭐해애…없어?

화영 ············

준표 E 못 찾겠어?

화영 ········

준표 (나타나며)못 찾아?

화영 (돌아본다)·······

준표 ??····왜 그래··

화영 (자료 봉투 위에 신고 서류 겹쳐 내밀면서)

준표 ····(내려다보는)·····

화영 ······(보며)

준표 (받아서 테이블 위에 치우면서)지수가····준 거야···

화영 언제…

준표 일년 전쯤에··

화영   ....

준표   얘기했잖아. 다 끝난 거나 마찬가지라고

화영   그런데 왜 여태 움켜쥐고 있는 거야.

준표   아버지 생전에

화영   (오버랩의 기분)아버지 핑계 좀 대지 마. 그 아버지 당신하고 무
      슨 상관이야. 일년 동안 단 한번 얼굴도 못보는 아버진데.

준표   잘못은 나한테 있고 아버지 말씀 무시할 수 없는 게 내 입장이야.

화영   입장 소리 좀 하지 마 징그러워!!

준표   처음부터 양해된 일이잖아 새삼스럽게

화영   누가 양해했어 나 그런 적 없어!!

준표   그렇게 얘기하면 곤란하지이

화영   (오버랩의 기분) 지수가 갖고 있다 아버지 돌아가시거든 처리하
      랬어? 그전에 처리하면 절대 안된댔어?

준표   그런 말 안했어

화영   그런데 왜 여태 쥐고 있어.

준표   똑같은 말 자꾸 반복하게 만들지 말어‥

화영   이혼하기 싫은 거지.

준표   여보

화영   돌아가고 싶은 거지.

준표   말 안되는 소리 좀 하지 마 제발/어디로 돌아가. 돌아갈 데가 어
      딨어. 저렇게 이혼신고 써서 던진 여자한테 돌아가?

화영   그럼 왜 안하고 있어‥지수는 한다는데 왜 당신이 못하는 거야.

준표   절차만 남았을 뿐이야. 잠시 유보하고 있을 뿐이야.

화영   잠시가 일년이야. 당신 아버지 아직도 안 돌아가셨고 언제 돌

아가실지 몰라 도대체 날 언제까지 이 상태로 놔두겠다는 거야.

준표 (오버랩의 기분)알았어알았어…오늘은 시간없고 내일 법원에 집어넣을께..그럼 모레 지수랑 같이 담당 판사한테 갔다 그 길로 구청에 제출하면 돼..그걸로 끝이야. 내일하께 모레면 끝나.

화영 ……(보며)

준표 그럼 됐지?

화영 …..(보며)

준표 그럼 되잖아..

화영 이 문제가 이렇게 이런 식으로 처리돼야 할 일이야?..

준표 여보

화영 똑같아.. 이게 당신이 내 문제에 대응하는 방식이야.. 당신이 뭔데 날 이렇게 홀대해? 당신이 뭔데 날 무시해.

준표 언제 무시했어.

화영 수술 조용히 혼자 해치웠지. 이것도 혼자 조용히 뭉개고 있었잖아.

준표 모르는 상태가 당신한테 더 좋다고 생각했어..이혼 서류 받아들고 그대로 있는 상태 당신이 못견뎌할까봐.

화영 그래 못견디겠어. 그래도 말 했어야 해. 그래야 대등한 부부관계로 인정받고 존중 받는 거야.

준표 존중하지 않아서가 아니야…

화영 번번이 주저앉게 했으면서 뭐라구?

준표 하께..하자…금주 중에 처리하고 우리 혼인신고도 하자..

화영 …..(보며)

준표 한다구…

518

화영 참 사람을………정말 비굴하고 치사하게 만드네….이런 식으로 이렇게까지 하면서 정리시키고/….내가 그 자리 들어가야겠어? (나가버리고)

준표 ……

S# 주방

화영 (들어와 국 대접 들어 선 채로 벌컥컬컥 마시고 그대로 싱크대에 쏟아버리고 반찬 그릇들 두 개씩 집어 싱크대에 쏟기 시작하는/ 물론 밥까지…)

준표 ……(나타나서 보는)………

S# 샌드위치 가게

지수 (샌드위치 만들고 있고)잊어버릴래야 잊어버릴 수 없는 날이 생일이로구나.

준구 (깨끗한 행주로 걸레질하고 있는)네에‥아정이가 아주 큰 인물 될래나봐요‥큰 날 태어난 거 보면

지수 흐흐 그러게?

준구 그럼 아정이는 여엉 친 아빠 엄마는 못 만나고 살게 되는 거에요?

지수 글쎄‥꼭 그래야할 필요 있을까? 아무 것도 모르는 나이에 온 것도 아니고 이담에 커서 지가 만나고 싶으면 만나도 되잖아? 외국 사람들처럼‥

준구 글쎄 말이에요 저도 같은 생각이에요‥아정이 다 알아요. 우리 식구 모두 다 깨놓고 얘기하고 시작했잖아요‥

지수 그래애…

　　[전화벨.]

지수 (보고)……네에‥

준표 F 모레…오전에 시간 좀 내줘야겠는데…

지수 왜…

S# 운전하는 준표

준표 화영이가 이혼신고 서류 봤어…처리해야겠어‥

지수 F ……

준표 서류제출은 내일 내가 해둘께‥담당 판사 만나서 이혼의사 확인 받아야 해‥주민등록증 지참해야 해‥

S# 샌드위치 가게

지수 알았어…몇시에 어디서….알았어…(끊는)….

S# 화영의 거실

화영 …..(소파에 널부러져 누워서)………

제24회

S# 가정법원 건물에서 나오고 있는 준표와 지수····

준표 저기····어디 가서 차 한 잔 하자··

지수 뭐얼 들어가 일해야 해··

준표 ······(보며)

S# 근처 찻집

　　[마주 앉은 두 사람]

지수 (찻잔 저으며)아버님 못 챙기실 거야··

준표 챙기셔도 뭐···이제는 할 수 없지··

지수 화영이가····여러가지로···그렇겠다··

준표 난리도 아냐···자기 식으로 생각하니까··

지수 누구나 다 자기 식으로 생각하잖어··당신 당신 식인 것처럼···

준표 ······

지수 정말 당신하나 붙잡자고 별 일을 다 당하면서···그랬는데···

준표 나도 최선 다했어··

지수 뭐얼····엄청 비겁했지 뭐···이쪽저쪽 다 쥐고 아무 것도 안 놓으려고....어느 한쪽도 분명하게 선택 안 했었어...

준표 나는 당신 선택했었어. 당신이 거부했지..

지수 핑계대지 마....사람이 왜 그렇게 분명하질 않은지 모르겠더라 ..같이 살 때는 몰랐는데 굉장히....어정쩡해..이거면 이거 저거면 저거

준표 그렇게 간단한 일이 아니었잖아.. 내가 정말 원하는 게 뭔지도 모르겠는 상태였는데 뭘..

지수 아버님 생신....다 됐어...금년에는 파티 안하실 거 같아..

준표 왜..

지수 귀찮다 그러신대...어머님도..그냥 집에서 가족끼리 식사하고 넘어가는 게 좋겠다 싶으신가보고.....작년하고도 또 달라지셔서...손 님들 모셔 놓고 아버님 실수하시는 거...보이기 싫으시다고 .....당 신 안 와서 모르지만 작년 생신 날도 아슬아슬하게 넘어갔었거든....

준표 .....

지수 이제는 집중력이 오분도 계속 안 되는 거 같아...

준표 (후우우우우)

지수 저번에...가게 다녀가셨어..

준표 ???

지수 샌드위치 드시고 가셨어....회사 가신다는 거 어머님이 간신히 가게로 모셨나봐...드시고 그냥 가시다가 차 돌려 기사 편에 샌드 위치 값 보내셨더라구....백만원짜리

준표 비싼 샌드위치 드셨군..

지수 혼인신고 해..

준표 그 사람 서류준비 해서...

지수 생신 어떡할 거야..

준표 ....뭘...

지수 어떤 때는 우리 이렇게 된 것도 잊어버리신 거 같아...

준표 그 정도야?

지수 한번 와 보는 것도 어떨까 싶은데...

준표 그랬다가 기억하시면..

지수 그럼 쫓겨나드리지 뭐...그것도 하기 싫어?

준표 경민이 앞에서 그렇잖아..

지수 ....그건 그렇지만....

준표 .....(차 마시는)

지수 전화해 줘...끝냈다구...

준표 별 걸 다 가르쳐..

지수 그냥 하는 말이야 가르치는 거 아니야..

준표 가르치기 좋아해..그래서 잔소리가 많았어.

지수 아 그래 미안해..미안했어...그래서 이렇게 됐잖아..

준표 아냐 내가 돌았던 거지...

지수 찻잔 비우고 일어나..점심 때는 바빠..

준표 알았어 그래..(찻잔 비우는)

지수 .....(보며)

S# 아파트 광장

  [준표의 자동차 와서 주차되고 준표 내려서 입구로/해외 이삿짐센터
  차/무심하게 그냥 스치는 준표..]

S# 화영의 거실

  [이삿짐센터 직원들 박스 테이핑 하고 있는 중/ 박스 예닐곱 개]

화영 E (열려 있는 침실 문 안에서)아니에요 도어 투 도어니까 집에서 받으면 돼. 찾으러 나갈 것도 없다구….

S# 침실

화영 (서서)아직 그건 예약 안했어..이제부터 할거야…..아니 아무도 나올 필요 없어..리무진 타고 들어가면 돼..연락 안하고 그냥 갈래 …아냐 아무도 안 보고 싶어 언니네고 오빠네고…나 이상한 거 이 제 아는 거 아니잖어요………그렇게 좋아?….(쓸쓸하게) 엄마가 좋 으니 나도 좋으네… 그래요 낭비했어 그 얘긴 할 거 없어..(하는데)

남자 E 저기 실례합니다..

화영 아 네에..엄마 끊어..(끊고 나가는)

S# 거실

[박스들 댓 개는 이미 나갔고 두 개 남아 있다..]

남자 (나오는 화영에게)다섯 개 나갔습니다..여기 싸인 좀..

화영 네..(서류에 싸인해주고)

[짐 내놓고 들어오는 또 한 남자와 또 다른 남자 나머지 두 개 박스 현관 으로 내는데]

준표 (들어온다)….?? 뭐야..

화영 얼른 내가세요..

[남자들 인사하고 짐 나가고….]

준표 (벙벙한 채 화영 보고 나가는 짐 보고)……?? 저게 뭐야..

화영 내 짐…

준표 ???

화영 (주방으로 움직이며)옷하고 신발 백들만 보냈어..

준표 ……(보며)

S# 주방

화영 (물 꺼내서 마시는데)

준표 (들어와 보며)‥‥‥

화영 (컵 싱크대에 넣고 씻는)‥‥‥(씻은 컵 엎어놓는데)

준표 뭐하는 거야‥

화영 왔던 데로 갈려고‥

준표 ‥‥‥(보며)

화영 이럴 줄 알았으면 작년에 당신 처형 봉투 받아들고 튈 껄‥어리
석었어.

준표 ‥‥‥(보며)

화영 (커피포트에 물 따르며)커피 마실래?‥‥‥

준표 ‥‥‥(화영 보며)‥‥‥

S# 거실

화영 (소파에 앉아서 커피 마시고 있는)‥‥‥

준표 (할 말을 잃고 서서 보고 있는)‥‥‥(바지 주머니에 두 손 찌르고)‥‥‥‥

화영 (천천히 마시고)‥‥‥

준표 이혼신고 끝냈어‥

화영 ‥‥‥

준표 당신 대사관에 필요한 서류 알아봐서

화영 (오버랩의 기분)그럴 필요 없어졌어‥

준표 ‥‥‥(보며)

화영 싫증났어‥끝내‥

준표 ‥‥‥

화영 간단해‥(침실로 들어가려)

준표 (잡는다)

화영 (잡혀서 보며)나는 당신하고 달라.. 한번 결정하면 앞도 뒤도 안 봐..

준표 충동적으로 그럴 일 아니야.

화영 우리 시작이 충동 아니었어? 충동으로 시작했으니 충동으로 끝내보자구.

준표 잘못했어..당신한테 비난받아 마땅해. 나대로 사정이 있기는 했지만

화영 (오버랩의 기분)긴 말 필요없지 않을까?

준표 ......(보는)

화영 더 이상 당신을 사랑할 수 없어..아니...... 더 이상 사랑하지 않아 ..간단해..

준표 바로 며칠 전에 안면도 가서 당신 어느 한 순간도

화영 그땐 그때고 지금은 지금이야./내 마음이고..내 마음 내 마음대로야.

준표 화풀이를 어떻게 이런 방법으로 해. 화나면 화를 내..소리치고 싶으면 소리 쳐. 경멸하고 비난하고 싶으면 그렇게 해..뭐든지 해. 그렇지만 이건 아니야.

화영 아아무 것도 더 이상하고 싶지 않아..아아무 것도...당신은 내 자존심을 누더기 만들었어..당신은 단 한번도 완전한 내 남자였던 적이 없었어....당신은 나랑 살면서도 저쪽으로 연결 된 끈 한번도 놓지 않았어..

준표 아니야!!

화영 당신은 자식 하나는 낳아 키워보고 싶다는 내 원조차 묵살해

526

버렸어. 당신은 엑스와이프가 건네준 이혼신고서를 보물처럼 감
춰두고 이때나 저때나 기다리는 날 철저하게 기만했어.

준표 묵살해서도 기만한 것도 아니야··내 진심은

화영 (오버랩의 기분)당신한테 진심이라는 게 과연 있기나 해?

준표 ·····(보며)

화영 차라리 나약한 지식인 기회주의 지성인 에고 덩어리 대학교수
그것이 당신 실체라고 해··내가 잘못 본 거라고. 내가 내꾀에 넘어
간 거라고/ 내가 그린 당신 그림이 내 망상이었다고··

준표 ····(보며)

화영 ·······(보며)··

준표 피차·····평생 상처로 남을 말은 하지 말자

화영 나는 벌써 해버렸는데···당신도 해···그렇게 계산 끝내고 말아····

준표 ······(보다가 서재로 들어가 버린다)·····

화영 ········(얼굴 일그러지고)····

S# 서재

준표 (들어와 천장으로 고개 젖히고)········

S# 침실

화영 (들어와 침대 옆구리에 걸터앉으며)·······

S# 샌드위치 가게

[전시장에 왔던 꽃바구니 대여섯 개 구석구석에 놓여 있고/ 지수 바구
니에 물 주고 있다/ 플라스틱 투명 물병/]

[들어오는 소리]

지수 어서 오세요(돌아보며/동시에)

준구 E 어 엄마··

준구 (뭔가 하다가 움직이는)어어 아정이도 왔네에에?

아정 오빠..(준구 손잡으며)

지수 웬일이야?

은수 아정이 학교에서 잠아 신고 들어가다가 갑자기 에라 잠깐 바람 좀 피자 그러구 왔지..아줌마 오늘 대청소 하는 날이고 들어가봤자 에어컨 틀고 있자니 전기료 나가는 거 아깝고 그런데 웬 꽃들이야?

지수 석준씨가 아까 실어다 놓고 갔어..전시회 들어온 거 /화분은 괜찮은데 바구니꽃은 금방 못써진다고 여기서 이삼일 더 보라고

은수 얘 지가 버리기 귀찮으니까 너더러 쓰레기 치우라고 갖고온 거다..

지수 언니느으은..

준구 암튼 울 엄마 탁월하다니까요

은수 탁월하지 아정이 점심 먹어야지?

아정 어엉(엄마 손잡고 따라가며)참치 샌드위치 주세요 엄마느은?

은수 비엘티.

아정 그게 뭔데요?

은수 (아정이 데리고 앉으며)베이컨? 앤드? 레터스? 엔드 토마토..

아정 이모오 나도요…

은수 아 넌 그냥 참치 먹어어어

아정 싫어요..

은수 질질질 흘린텐데? 베이컨 막 빠져 나오고 도마도 빠져나오고/

아정 그래도 괜찮아.

은수 한 고집 한다. 지수야

지수 알았어 해주께….

준구 베이컨 제가 굴께요··

은수 어 그래··(토마토 꺼내 얇게 저미면서)갔다 왔어?

지수 ?? 어엉··

은수 기분이 어때?(아정 머리핀 다시 꽂아주며)

지수 그냥 그래··

은수 오늘은 아아 이제 진짜 끝이구나 안 했어?

지수 안 그렇던데?

은수 축하합니다 완치되셨습니다(지수 돌아볼 필요 없습니다)

지수 (웃으며)감사합니다 선생님.

준구 무슨 얘기에요?

자매 알 거 없어. 알 거 없다/(함께)

S# 근처 찻집

은수 표독한 기집애 기어이 목적달성하고 니 자리 꿰차 들어앉네·· 소원성취 축하 전보래도 쳐줘야 할 거 같다··

지수 (그냥 좀 쓰게 웃고)

은수 그 자리가 뭐가 그리 좋은 거라고····내가 걔 같으면 야 실력있는 의사로 돈 벌어가며 그저 마음에 드는 사람 그때그때 골라가면서 구속 없이 자유롭게 연애나 하다 죽겠다··결혼이라는 거 한번 해봤으면 됐지 두 번 할 건 아니잖니?

지수 첫 결혼 실패하고 재혼해서 잘 사는 사람도 많아.

은수 잘 살아봤자 그게 그거지. 첫 결혼은 멋모르고 하고 두 번째는 혹시나 이번에는 그래서 하는 거고 세 번째 결혼은 미친 거라드라··

지수 (웃는다)

은수 그래봤자 죽는 날까지 친구 남편 뺏어 꿰차고 사는 죽일년 꼬
리표 못 뗄텐데 그래도 상관없다 그거지··하기는 그게 상관있는 것
들이 그런 짓 하겠니? 그런 것들은 일단 인간이라고 보면 안돼. 여
우가 사람으로 둔갑한 거지.

지수 지치지도 않어 암튼.

은수 홍가는 어떤 낯짝이대.

지수 뭐····그냥 간단히 차 한잔 마시고 헤어졌어··

은수 아이구 부둥켜 안고 살어보라 그래 뭐·· 쿰쿰한 냄새나는 데까
지 불과 얼마 안 걸릴테니까·· 여편네 다 거기서 거기지 무슨 특별
히 그렇게 액설런트가 있는 줄 알어? 허달삼 여편네 빼놓고

지수 후후후후후후

은수 영화 보러 가자.

지수 장사해야지이이.아정이느은

은수 준구 있잖어··바쁜 시간 지났고/

지수 놀러 나와 있는 줄 알어·· 갑자기 단체 주문 오면 어떡하라구./

은수 아 만들어논 거 있더라.

지수 서너개씩 밖에 안돼··많이 안 만들어 놓는단 말야··

은수 아 그래 알았어알았어·· 아정이 데리고 백화점이나 한바퀴 돌
고 들어가야겠다.(일어나는)

지수 (일어나는)

은수 (문득)근데 말이다 지수야··

지수 ??

은수 아정이 말야···점점점점 내가 안 낳았다는 생각이 없어져 간다?

지수 좋은 일이야··

은수　딱 진주 준구 키울 때 같은 마음이야. 보고 있으면 괜히 아구구 구구 이뻐라 이런 거 있지?

지수　좋아좋아 복 받을 거야..

은수　솔직히 경민이 보다 더 이쁜 거 같다?

지수　?? (흘기는)

은수　우후후후후후

S# 준표의 거실

화영　(주방에서 나와 서재로)

　　　[노크하고 문 연다]

S# 서재

준표　(의자에 기대어 앉아서 아무것도 안 하고 있는 상태)……

화영　밥 먹어……배고프겠다…

준표　……

화영　일어나 응?

준표　……

화영　(보며)……

S# 주방

　　　[밥 먹고 있는 두 사람..아무 말 없이….말없이/말없이….]

화영　내가 여자인 것을 느끼게 해주는 내가 사랑하는 남자와‥ 다른 여자들이 여자로서 누릴 수 있는 걸 나도 누리고 싶었어….

화영　E (멈추고 보는 준표)눈꼽 만한 의심도 없이 충분히 사랑받는다는 확신…나를 보호해주는 견고한 울타리…

화영　사랑하는 남자의 분신을 낳아 키우고 싶은 마음…..여자이면서 동시에 인간으로 존중받아가면서…..욕심이 너무 과했나봐.

준표　……(묵묵히 먹는)……

화영　당신과 평생을 도모할 목적도…이유도 없어졌어…당신은 나
　　　한테 더 줄 것이 없어‥더 이상 가슴이 떨리지도 않고……만족한 성
　　　생활 언제까질까…우리 벌써 적당히 식어가고 있잖아…안 그렇대
　　　도 그것만으로 살 수는 없고……

준표　(안 보면서/ 수저 놓는)무슨 말로 진정시켜야 하는 건지 모르겠어…

화영　……(보며)하지 마……그럴 거 없어…

준표　……(보며)더 생각하고 더 얘기해……실망과 분노 때문에 잘못된
　　　결정.

화영　(오버랩의 기분)실망과 분노가 아니라……허망함이야…당신한
　　　테……기대할 게 없어‥

준표　……(보며)

S#　거실

　　　[싸움/준표는 절박/ 화영은 훨씬 침착]

준표　나는 어떻게 되는데/ 나 어떻게 되는 게 당신은 그렇게 아무 상
　　　관없어?

화영　뭘 걱정하는 거야‥ 자식 낳고 살던 하자없는 와이프랑 이혼하
　　　고 와이프 친구랑 정분나 새살림 차려 사는 거 벌써 알 사람은 다
　　　알아‥거기다 같이 살던 여자한테도 차였다더라 하나 더 추가되는
　　　건데 큰차이가 뭐야‥ 왜‥꿩도 매도 다 놓치고 꼴 좋게 됐다 소리들
　　　을 게 창피해?

준표　사랑이라는 미명으로 같이 사고쳐 여기까지 왔으면 최소한 적
　　　어도/이런 결말은 내지 말아야지.

화영　그래 그야말로 미명. 우리 사랑‥ 나 속았어‥당신 사랑은 사랑

이 아니었어. 지루해진 마누라와 지루하게 살다가 날 만나 물갈이 잠깐 했던 거에 지나지 않아..당신은 그걸 사랑이라 착각한 거고 나는 바보처럼 그걸 사랑으로 믿었던 거야./

준표   (두 주먹 움켜쥐며)어떻게 ..어떻게 그런 말을 할 수가 있어.. 나는 다 버렸는데/ 가족도/부모도 재산도 품위도 다 버렸는데!! 다 버리고 당신한테 올인했는데!!

화영   올인? 상황에 밀렸지 상황이 그렇게 돌아간 거지 당신 스스로 한 일이 뭔데..지수가 쫓아내지 않았으면 당신 아직도 그 집에서 살고 있을 사람이야. 내 동생이 폭로 안 했으면 당신 상속 아직도 유효해… 당신이 직접 한 게 뭐야..당신 스스로 움직여서 한 게 뭐냐구!!

준표   지수한테 쫓겨났어도 당신한테 안 왔으면 됐어!! 아버지가 합가하라실 때 합가했으면 됐어. 나도 했어!!

화영   그래 했어!! 정관수술도 했고 이혼신고 안 하는 짓도 했어!!!

준표   ……(보며)

화영   ……(보며)

준표   작정했다고 꼭 이렇게까지….이래야 해?

화영   (확 달려들어 껴안는다)

준표   (안는)……

화영   …….

준표   …당신 ….내가 찌질해서….실망 시킨 거 사실이야…..(떼어놓고 보면서)그런데….나는 당신이랑 …늙어가는 꿈을 꿨었어…속았다지만….사랑했던 거 진실이야..부족했다면….내가 사랑하는 법을 몰랐던 걸 거야. 나는 당신을 ..(하는데)

화영   (준표 입을 한 손바닥으로 막아버린다)……

준표   ……(보며)

화영   ……(보다가 휙 돌아서 침실로)

준표   ……

S# 침실

화영   (입 앙다물고 눈물만 폭포처럼)……

S# 거실

준표   (서서)……

S# 아파트 전경(밤)

S# 침실

화영   (작은 가방에 짐 넣고 있는)……

S# 자전거 타고 달리는 준표··오토바이를 탈까··

S# 침실

화영   (가방 천천히 잠그는)····

　　　E 전화벨

화영   (사이드 테이블의 전화 집어 들어 보고 받는다)왔니?

동하   F 오늘요…전화 여러 번 했네요. 모르는 번호라 지워버렸더니
　엄마한테 누나 번호 받은 게 이 번호네요…

화영   지금 어디…가게야?

동하   F 아뇨…쉬어요··

S# 달리는 준표

S# 어느 산책로

　　　[나란히 걸어오는 석준과 지수…]

　　　[말없이 걷다가]

석준   (벤치 가리키며)구두를 왜 그렇게 높은 걸 신었어요··

지수   (제 구두 내려다보고)높은 거 너무 안 신어 버릇해서…다시는 못 신게 되는 게 아닌가해서……(벤치로)높은 거 신으면 등도 펴지고 자세가 좋은 거 같거든요…아침에 괜히 한번 신고 싶어 신고 나왔는데…가게에서 고생했어요.(앉는)완전 실패··

석준   (사이 떼어놓고 앉으며)나도 그럴 때 있어요…어딘가에서 마음에 들어 샀던 구두가 나중에 신으려고 보니까 너무 날라리 같아 그냥 뒀다가. 어느 날 정말 괜히 이러다 영 못 신고 말겠다 한번 신어보자 신고 나가/ 하루 왼종일 누가 내 구두 볼까봐 전전긍긍 불편했던 일….있어요··

지수   (보며 웃는)·····

석준   (마주 조금 웃어 보이고 고개 앞으로)······

지수   (고개 앞으로 하고)········전시회····성공해서 좋아요…

석준   ·········(앞 보며)절반의 성공이죠…좋은 소리와 나쁜 소리가 반반이니까··

지수   (돌아보며)많이 팔렸다면서요··

석준   흠흠…팔린 숫자가 전부는 아니에요··평가가 상관 있는 것도 아니고··

지수   나는 잘 모르니까 그냥 많이 팔렸다만 좋드라.

석준   흠흠흠흠 안 팔린 것 보다는요……이제 모델 해주는 거죠?(돌아보며)

지수   샌드위치 팔아야지 그럴 새가 어딨어요

석준   일주일에 어느 하루 두시간 만 내 줘요·· 주말에··

지수   주말에도 바빠요. 시댁 가 어른들 뵈야지 집 치워야지 쉬어줘야지…

석준 누가 잡아먹나…

지수 삼 년 쯤 뒤에 생각해 볼께요‥

석준 (기막혀서 웃는)

지수 그때쯤에도 모델하라 그러면….

석준 다른 삶에 대해서는……전혀 생각을 안해요?

지수 (돌아보는)……

석준 지금과 다른 삶에 대해서….

지수 남자?

석준 남자….재혼…

지수 …….

석준 (보며 기다리는)

지수 재혼은……아마 안할 거 같아요‥지금으로서는….나중 일이야 모
르는 거지만….나는 그게 쉬운 사람도 아닐 뿐더러….괜찮은 사람이
만들어진대도 한 집에 살면서 그건 안하고 싶어….별수 없이 또 똑
같아질 텐데 뭐…사람은 누구나 생긴대로 사는 거니까…그랬다가
또….실패하면 어떡해요‥

석준 그거야 상대 따라 다른 거고‥그리고 선배가 실패한 게 아니라
실패는 홍교수가 한 거죠…

지수 ……(보는)

석준 나는 그렇게 생각해요 선배의 실패가 아니라고//

지수 그렇지만 상처는 내가 받았는 걸…

석준 상처 받았다고 그게 꼭 실팰 필요는 없어요‥살다보면 상처준
사람 실패가 될 수도 있거든요…

536

지수 뭐….잘 사는데 두 사람…이제 곧 혼인신고 할 테고…

석준 상처받는 게 겁나서 아무 것도 안하고 멈춰 있을 거에요?

지수 그냥…지금 이 상태가 좋아요…아이 자라는 거 보고….가게 나가 열심히 일하고…남은 시간 내 마음대로 쓰고…진짜 나 너어무 애 아빠한테만 총력을 다하고 살았거든요..다시 또 그렇게 사는 거…안하고 싶어…

석준 그렇게 안하고 살면 돼요

지수 생긴 게 그런데 뭘. 우리 아버지 그러셨었어요…너 생긴대로 산 거니까 생색낼 거 없다…..나는 분명 또 그렇게 살 거야..생긴 게 그 모양이니까..

석준 안하면 돼요.

지수 못 알아 듣네..누구나 생긴대로 살다 죽는다니까..

석준 (웃어버린다)

지수 더구나 나는 …내 자식 아빠 뺏어간 사람 미워하는 거조차….제대로 안되는 칠뜨긴데….

석준 (보며)…..

지수 몸 바쳐 마음 바쳐….남자한테 그거 또 하면서 살기는 싫으네…

석준 …..(보며)

지수 (돌아보며 웃는)그래도 많이 약아지기는 했나봐..이런 생각하는 거 보면..

S# 아파트 근처 어느 카페..

동하 ……(보면서)….

화영 (차 마시면서)

동하 ……..(보다가 찻잔 집어 들면서 안 보는 채)내 뭐랬어요..절대 행복할 수 없을 거랬잖아…

화영 ….

동하 엄마 …또와서 깽판 친 얘기는 안 하셨어….안 봐두 비디오지. 대
애단한 우리 엄마…

화영 …..

동하 (마시고 찻잔 내리면서 안 보는 채) 결국 이렇게 될 거..진작…..일
년 전에 지수 누나한테 돌려보내고 손 털었으면 좋았잖아요. 결국
우리 장하신 엄마 화려한 리싸이틀까지 하게 만들고

화영 그런 얘기 지금 해서 뭐해.(오버랩의 기분)

동하 어쨌든…… 잘 결심했어요..잘 하는 일이야..

화영 니 일은…잘 됐어?

동하 뭐…두고 봐야죠…얘기는 잘되는 걸로 진행중인데…

화영 뭐 할려고 그러는 건데…

동하 ..먹는 장사에요..

화영 돈은…

동하 지금 가게 친구가 전주 끌어다 부쳐서…하노이에 사는 사람…

화영 잘 짚어보고 해…경솔하게 하지 말구..

동하 홍교수 그 양반은……..합의된 거야?

화영 내 마음이야…

동하 지수누나한테 …진심으로….사과하고 가요 그냥 가지 말고…
그런데 왜 엄마한테 가…딴 데로 가지…

화영 ….(보며)

동하 다른 데 누구 없어?

화영 있어…몇 군데 갈데 있어..

동하 딴 데로 가..엄마 옆으로 가지 마..비행기 표 바꿔요

화영 일단은…일단은 갔다가….

동하 숨어요…숨어서 누나 혼자 살아. 말했지..이름 바꾸고 아예 숨
어버려..

화영 니가…너만 형제같았어..

동하 (보며)….

화영 너만 내 걱정 진심이었고/ 화류계 애들도 안 하는 짓이라는 말
….많이 아팠어..

동하 뭘 잘 모르는 거 같아서..

화영 충격이었어..

동하 심한 소리 다 잊어버려요..안타까와 그런 거니까..

화영 공항..부탁한다..

동하 ??..안 데려다 준대?

화영 그 사람 배웅 안 받고 싶어서…

동하 알았어..그렇게 해..그렇게 하지 뭐……언젠데…

S# 준표의 거실

준표 (냉장고 앞에서 캔 맥주 들이키고 있다)…..

　　[현관문 소리]

준표 (고개 돌아가고)

S# 거실

화영 (들어온다)

준표 (나오는)…

화영 언제 들어왔어?

준표 어디 갔다 와..

화영 동하 보고…오늘 왔대…

준표 전화 모르잖아..

화영 엄마..(준표가 들고 있는 캔 빼내 두어 모금 마시고 도로 주며)나도 하나 마셔야겠다..(주방으로)

준표 (시선이 따르고)….

화영 (맥주 들고 마시며 나오는)……(창 쪽으로 거실 창 열어놓는다)

준표 이건 아니야..

화영 (창밖 보며 마시는)

준표 당신 날더러 일방적으로 의논없이 처리했다고 비난했으면서 당신은 왜 이래..왜 혼자 일방적으로 독단적으로

화영 (돌아서며)당신한테 배워서…당신 그랬으니까 나도 그래도 되는 거 같아서..

준표 …무책임해..

화영 ……(보며)

준표 날더러 어떡하라구

화영 와..(탁자로)와 앉아 얘기해…(가서 앉고)…어서 와….와 앉아

준표 (와서 앉으며)이제 혼인신고만 마치면 다 끝나는데

화영 (오버랩의 기분)당신 어떡하냐구? 나 화려한 영광 찾아 남자 버리고 가는 거 아니야…

준표 여보

화영 (오버랩의 기분)만나서 지금까지 미치게 좋았던 순간들 많았어..그런데 그만큼 절망스러운 때도 많았어..당신 말대로 같이 늙어간다해도 죽는 날까지 당신은 나한테 반투명 인간처럼 그럴 거야..나는 그걸 참을 수 없어..

540

준표 안 그래 정말 나 안 그래 그런 적 없어.

화영 올인했다구? 올인했으면 경민이도 버렸어야 해··아직도 일주일에 하루는 만나서 시간 보내··올인했으면 지수한테 가 밥 얻어 먹고 배 뽈록해서 오는 거 안했어야 해··올인했으면 나한테서 자식 얻는 거 기뻐했어야 해. 올인했으면 나랑 이 나라 떠나는 것도 할 수 있어야 해.올인했으면 학교에서 짤리는 것도 상관없어야 해.

준표 그런 무리한 요구가 어디 있어./

화영 올인했다길래···올인은 ···전부를 다 몽땅 다 내 놓는 거야·· 목숨까지도 상관없다 그러는 게 올인이야·· 챙길 거 챙기고 남길 거 남기고 그게 올인이라면 올인의 뜻을 바꿔야 해··

준표 당신하고의 관계만 관계가 아니야··이런 억지가 어디 있어··

화영 목숨도 내 놓는 게 올인이야.

준표 당신은 뭘 내 놨는데. 당신이 내논 게 도대체 뭔데··

화영 애초부터 가진 게 없어서 나는 나 말고 따로 내 놀 게 없었어··눈팅이 밤팅이 되고 머리칼 쥐어뜯기고 자존심 만신창이 되면서 나 자신 몽땅 다 당신한테 던졌어. 그게 내 올인이야··자존심이 바로 나야·· 내 전부야.

준표 생각 바꿔. 이렇게 끝낼 수는 없어··

화영 당신은 내 마음 바꿀 수 없어·· 만신창이로 조각난 자존심 전부 모아서 되찾았거든··

준표 ·····(보며)이렇게 끝내면 결국 우리는····욕정만으로 결론지어져··욕정 때문에 탈선했던 거에 지나지 않아.

화영 상관없어··다른 사람이 어떻게 생각하든 나만 아니면 그만이야··내가 했던 건 분명···사랑이었으니까···

준표   (고개 옆으로 틀며)……..

화영   ….나는….인내심이 없어….내가 원했던 건….이게 아니야….내가
      원했던 게 아니면…나는 버려…나는 그래…

준표   …….

화영   지수한테….돌아가..

준표   (고개 돌려 보는)……

화영   당신은 지수한테 맞어….잘못했다 무릎꿇고 빌어………알고 보
      니 이화영….별거 아니더라 그래…

준표   …..(보며)

화영   우리 둘이 합의했다 그래..아니 당신이 정리하자 그랬다고 해..
      …평화로운 일상이 지루하다고 생각했던 게….교만이었다고…….
      제 자리로 돌아가…받아줄 거야…천사니까…경민이가 있으니까…
      ….입에 혀같은 지수한테 감사하면서…부모님께도 용서받고….그렇
      게 살아…

준표   …..나는 그렇게 하면 된다 치고 당신은….

화영   동하는 ….숨어서 살래…그래볼까 해…..아니 아직 결정된 거 없
      어..비행기 타고 ….날아가는 동안…하늘에서 생각할려고 해…

준표   (조용히 일어나 서재로 들어가는)…..

화영   (앉은 채 보며)…….

                                                        F.O

S# 아파트 전경(새벽 5시에서 6시 사이)

S# 준표의 거실

준표   (소파에 고개 꺾고 앉아 있고)….

      [현관에 핸드 캐리 사이즈 가방과 커다란 숄더백 나와 있고]

542

화영	(주방에서 머그잔 두 개 들고 나와 준표 앞에 서서 내민다)
준표	(올려다보는).....
화영	받아...커피 한잔 마실 시간 밖에 없어..
준표	(받고)
화영	(옆에 나란히 앉으며 마시는).....
준표	(커피 잔 든 채 안 보는 채)왜 직행을 안 끊고....
화영	일찍 새벽에 나가고 싶어서....
준표	더 걸리잖아..
화영	두 시간....괜찮아..(마신다)
준표	(찻잔 탁자에 놓고)잘...도착했다는 소식...
화영	아니 안 해...현관문 나서면서 당신 지워버릴 거야..
준표	(돌아보는)......
화영	(웃으며)독하지..
준표	(고개 앞으로)......
화영	(고개 앞으로)사람 기억을 지우는 지우개가 있었으면...... 단번에 싹싹 지워버리면 편하고 간단할텐데....
준표	.....
화영	이제 다시는 못 볼텐데....좋은 말 한 마디 쯤은 해줘...
준표	......
화영	없어?
준표	은행에 들를 시간도 안 주고..
화영	그건 좋은 말 아니고...다른 말.....
준표	......(돌아보는)......
화영	결과적으로 당신 인생에 옷점만 만들어주고 가는 거....미안해...

준표 ……

화영 그렇지만…세월이 한참 지나 죽을 때 가까워지면 ‥그냥 …그래 그런 일이 있었지 그래도 그 때가 좋았었지…·그래질 거야·····젊음도 한 때·····사랑도 한 때·····삶은 흐르고 흐르는 강물 같은 거니까···

준표 ……

화영 (마시고 내려놓으며)하고 싶은 말 없어?

준표 가는 사람은 할말이 많은가본데·····남겨지는 사람은 할말이 없구나···그렇겠지 당신은 승자고 나는 패자니까·····

화영 내가 이겼다고 누가 그래…

준표 (돌아보며)이렇게 짱짱하잖아…

화영 당신은 담담하고·····누가 이기고 누가 지고·····그런 게 어디 있어·····

준표 (일어나며)키 갖고 나올게‥

화영 (일어나며) 필요없어‥

준표 (돌아보는)

화영 공항의 이별 같은 거 싫어서 동하 오랬어…신경쓰지 마…

준표 내가 나갈게./

화영 (잡으며)싫다니까‥

준표 (보는)

화영 마지막으로 우리·····안자·····(안는)

준표 ·····(안고)·····

화영 ····(눈 감고)·····

준표 (눈 감는다)·········

　　　E 현관 벨‥

화영 왔어·····(현관으로 가 문 열고)

동하   (들어와 아무도 안 보고 가방 들고 나가고)

화영   ……가아……

준표   ……(보며)

화영   ……(보다가 나가고)

준표   ………(그대로 선 채)

S# 지수의 마당(같은 시간)

S# 지수의 거실

지수   (내린 커피 들고 거실 커튼 열고 거실 창 열고 나간다)

S# 발코니

지수   (발코니로 나오면서 눈 잠깐 감고 새벽 공기 들이마시면서 발코니 끝으로 가 서서 동네 보면서 천천히 커피 마시는……조용한 자족감 같은 것/ 커피 두어 모금 더 마시고 생각난 듯 커피 잔 테이블에 놓고 두 손가락 마주 끼어 머리 위로 쭈욱 올리면서 스트레칭 해주었다가 옆으로 펼쳐 내리고 두 손목 흔들어 풀어주면서)……

S# 준표의 거실

준표   (소파에 길게 허탈하게 앉아서 /두 다리 뻗어 털썩 놓은 자세/머엉 하니)……

S# 공항으로 가는 길

   [달리는 동하의 자동차]

S# 자동차 안

   [운전하는 동하와 조용히 앞 보고 있는 화영……]

동하   (앞만 보고 달리다가 신경 쓰여서 잠깐 옆의 누나 보는)………

화영   ……

동하   ………(잠시 후 다시 한번 돌아보는)

화영 사고치겠다…왜 그래·· 안울어··흘끔거리지 마···

동하 ····(앞으로/ 웃지 말고)숨도 안 쉬고 있는 거 같아서·····

화영 숨 안쉬면 죽은 거지··걱정 마 안 죽었어····

동하 (운전하며)드는 생각 많겠지만 털어버려요···

화영 ······

동하 살다보면 뭐 그럴 수도 있는 거지····다 잊어버리고 백지에서 다시 시작해요··

화영 ·······

동하 타고난 팔짜대로 안 살고 다르게 살려들면 꼭 뒤틀리는 거 같습다···누나는 수술 솜씨 좋은 걸로 살게 태어난 거니까 썩히지 말고 일하면서 살아···좋잖아요··이뻐지고 싶은 여자들 행복하게 만들어 주는 것도··

화영 ·····

동하 사람은 배반해도···일은 안 그렇잖아요··내가 하는 만큼 결과 나오는 거니까··

화영 조용히 가자····시끄러워···

동하 (힐끗 한 번 보고 입 다문다)······

화영 ·········(핸드백 뒤져 커다란 선글라스 꺼내 쓰고 기댄다)······

동하 잠깐 눈 부쳐요 그럼···

화영 ·····

동하 ·····

S# 달리는 동하의 차···

S# 샤워하고 있는 준표

S# 서재···

546

준표 (기대어 앉아 눈 감고)········

S# 지수의 주방

[경민과 밥 먹으면서]

지수 ···일찍 자더라··(괜히 눈치 보며) 엄마 많이 안 늦었는데···

경민 책 보다 졸려서 자버렸어요.

지수 잘했어··그러는 날도 있어야지·····

경민 ·····

지수 아홉시 쬐끔 넘어서 들어왔었거든?··올라가 보니까 자더라구. 불 켜 놓은채····

경민 데이트 하셨어요?

지수 ??

경민 화가 아저씨요··

지수 어떻게 알어?

경민 알지 왜 몰라요.

지수 어떻게··

경민 엄마 혼자만 비밀인데요 뭘··

지수 ·····(보는)

경민 괜찮아요···뭐 어때요··괜찮은 아저씨면요

지수 글쎄 그게 꼭 데이트라고는·· 밥 먹고 차 마시고 얘기하고 그래 애··별 거 아냐··

경민 그게 데이트 아닌가?

지수 좀 다르지···오래된 친구니까···엄마 처녀 시절에 호텔근무할 때 직장 친구였거든···그러니까 오래된 사람으로 편한 뭐냐···데이트 같은 감정은 아니야··

경민　왜 그렇게 신경쓰세요··데이트래도 괜찮다구요··

지수　·····(보는)

경민　집하고 가게하고 나하고 샌드위치하고····엄마 너무 재미없을 거 같아요··

지수　·····(어떻게 대응해야 할지 난처한)···

경민　이모가 신사 아저씨라 그러시더래요··신사면 됐어요··

지수　누구랑 얘기했는데··

경민　준구 형이요·· 엄마가 데이트 하셔도 이해해야 한다구요····

지수　아냐 신경쓰지 마 엄마 데이트 아니야.그런 거 아니야··

경민　(오버랩의 기분)이틀 동안 열심히 생각해봤는데 맞는 말이더라구요···

경민　E (찌그러진 지수 얼굴에)준구 형 말은 곧 이모 이모부 생각일 거고 진주 누나 생각일 거라는 결론을 얻었어요.

경민　그럼 그 생각이 옳은 걸 거에요··

지수　경민아 엄마한테 제일 중요한 사람은 너야.

경민　저한테 제일 중요한 사람도 엄마에요··그렇지만 엄마가 저만 위해서 산다면 그건 부담스러울 거 같아요··엄마 앞에서만 잘하는 척 하는 아저씨만 아니면 괜찮아요··

지수　너무 오바한다···그냥 친구야··그렇게 알고 있어··

경민　아무튼요.

지수　뭐가 아무튼이야.

경민　아무튼요··

지수　····(보는)

S#　샌드위치 가게

[계산기 찍고 카드 받아 긋고 싸인 받고 샌드위치 봉투 밀어주는. 맛있게 드세요.]

청년 많이 파세요‥

지수 안녕히 가세요오오‥‥(보내놓고 커피 한 잔 따라놓고 샌드위치 만들려고 빵 꺼내 놓는데)

    E 핸드폰 벨‥‥

지수 (핸드백 꺼내 전화 꺼낸다/보고/누구지?)네 여보세요‥

동하 F 저 동하에요 지수 누나‥

지수 ??? 어 애‥‥웬일이야 전활 다하고‥‥‥

동하 F 지수누나‥‥‥

지수 어 ‥

동하 F 나 지금 우리 누나 공항에 떨어트려 주고 들어가는 길이에요‥

지수 ?‥‥‥

동하 F 누나 들어갔어요‥‥‥

지수 ??

동하 F 여기 정리하고 아주 간 거에요‥

지수 ????

S# 운전 중인 동하

    [이어폰으로]

동하 알려주래서요‥‥‥그래서 전화했어요‥‥‥

지수 F 왜애‥

동하 F 이유는 몰라요‥‥‥이유가 뭐 필요해요‥ 정신 차렸으면 됐지‥‥‥ 한 마디 했어요‥‥‥그만 끝내고 싶어 졌다고‥‥‥미안해요‥

S# 지수 가게

동하 F 누나 대신 용서 비는 거 받아 주세요··

지수 ·····

동하 F 그만 끊어요 누나··건강하십쇼··

지수 ···그래···

　　　[전화 끊어지고··········한참·····]

S# 준표의 거실

준표 (거실 소파에 길게 누워 눈 감고)········

　　　E 핸드폰 벨····

준표 ····(잠시 두었다가 몸 일으켜 보고 받는다)····으응···

지수 F 어떻게 된 거야··

준표 뭐가···

지수 F 화영이 ··

준표 전화했어?

지수 F 화영이 동생이··

준표 갔어········갔다구···

지수 F 왜 그렇게 만들어··

준표 내가 뭐얼··

지수 그 꼴이 뭐야.

준표 끊어 귀찮아··(끊어버리고)

S# 지수 가게···

지수 ·····(전화기 내려/ 보며)·····(전화 치우려는데)

　　　E 전화벨

지수 (보고)응 언니···

은수 F 니 형부가 두시에 찾으러 간다고 서른 개 만들어 노랜다··

550

지수 알았어. 그런데 진주 왜 안나와?

은수 F 아직 안 갔어? 도착할 때 됐는데 얘 이거 초보운전 사고 친 거 아냐아아?

진주 (들어온다)

지수 어 왔어 언니.

은수 F 아우 가슴이야아아아

S# 은수의 식탁

달삼 (밥 먹다가)사고쳤대?

은수 아냐 도착했대.

달삼 호들갑은 암튼.

은수 얘 끊어 니 형부 아직 안 나갔어··

지수 F 응 언니 그런데···

은수 ····(기다리다가)뭐어

지수 F 화영이 걔 갔대 언니.

은수 ??그년이 어딜 가?

지수 F 아주 들어갔대··

은수 에에에엥?

달삼 ??

은수 뭐어어어어어?

달삼 또 뭐야아아

지수 F 동하가 전화했어··공항데려다 주고 들어온다구··나한테 알려주라 그러드래··경민 애비하고도 통화했고····· 갔대··

은수 ·····(입 벌리고)

지수 F 끊어··

은수 (퍽 끊으면서)별 그으지 같은 기집애 다 봤네 진짜··겨우 고거 살고 엎을려고 남에 화초밭에 불지르고 그 분탕질을 쳤대?

달삼 아 뭐야아아

은수 화영이 년 짐싸들고 날르셨대··

달삼 ???

은수 허 허허허허허··정어어말 맹랑한 년이네 그거어어? 내 언제고 이럴줄은 알고 있었지만 아니 겨우 일년 살고 엎을 걸 이년도 삼년도 아니고 일년에 엎어버릴 걸/지 친구 허리 부질러 앉히고 망할 년. 납뿐 년··

달삼 아니 뭐야 지금 화영씨가

은수 씨는 무슨 얼어죽을 씨야아!!

달삼 아니 그년이 날랐단 말야 지금?

은수 그래··

달삼 홍서방은 어떡하구.

은수 알게 뭐야 그 자식.

달삼 아 왜 열은 내고 그래애··

은수 겨우 고거 살고 말거 애저녁에 초장에 내 말 듣고 끝냈으면 좋았잖아··그랬으면 지수가 왜 이혼녀가 돼·· 아이구 열나/

달삼 죽은 자식 고추는 주물럭거려 뭐하냐.

은수 꼴 조오오타··홍가 너. 뭐? 사랑? 사랑이 사래들려 재채기 한다··어이구 어이구우우우 천년만년 마르고 닳도록 사랑가 부르면서 살줄 알았지? 그러자고 여편네 자식 팽개치고 나갔다가 그래 겨우 일년 만에 깻박이 나냐? 이아구우 쌤통 아이구우우 고소해라··

달삼 밥먹어밥먹어.

은수   아이고ㅇㅇㅇㅇㅇㅇ

달삼   처제랑 홍서방 재결합의 문이 활짝 열렸다. 고소해하지말고 발
      상의 전환 좀 해라.

은수   ???

달삼   어떡하냐 천사표 처제가 구제해 줘야지./

은수   그런 거 구제해 주자고 있는 게 여자냐? 절대로 안돼‥갈라섰으
      면 그것으로 좋이지 구제 좋아하네.

달삼   뽀뽀

은수   (뽀뽀하고) 지수는 박석준이가 있어‥홍가 보다 훨씬 잘 생기고
      멋있는 화가가 목 빼고 지수 처분만 기다리고 있는데 미쳤니?

달삼   뽀뽀

은수   (뽀뽀하고)우리 여자들이 일치단결해야 해. 남편의 부정은 단 한
      번도 아니 반번도

달삼   뽀뽀

은수   아 왜 자꾸 그래애. 굴비 비린내나는구먼.

S# 아파트 놀이터 같은 곳

      [달삼 어느 쪽에서 나오나 두리번거리고 있다가 멈추는]

      [어느 입구에서 나오고 있는 준표‥]

달삼   ……(보며)

준표   (놀이터 쪽으로 오고 있는)……

      [만나는 두 사람…]

달삼   (손 내밀며)오랜만이야‥

준표   (잡으며)예…

달삼   어떻게 그렇게 됐어…

준표   ··그렇게·····됐어요···

달삼   완전히····끝난 거야? ···다시 온다거나 그런 여지 없어?

준표   ···그럴 일 없어요··

달삼   정관수술했다면서··

준표   예··

달삼   잘했어 그건 잘한 거야·· 비록 그거 때문에 파장 났다 그래도 그
       건 잘 한 거야···

준표   ·····

달삼   좀 앉지··

준표   ·····

달삼   (앉으며)앉아··

준표   (옆에 앉고)····

달삼   날씨 좋다····오늘은 좀 덜 더울 거 같군. 일기예보 봤나?

준표   안 봤어요··

달삼   나도 못 봤어···(타이 좀 느슨하게 하며)····너무 졸라맸어 이 사람
       이 죽일라고 그랬나····

준표   ······

달삼   오늘 밤에라도 집으로 고개 들이밀고 들어갈 용기는 없어?

준표   ??

달삼   죽여줍쇼 그러고··그냥 머리부터

준표   농담이에요?

달삼   농담이야··

준표   (씁쓸하고 짧은 코웃음/기막혀서)

달삼   내가 사랑하는 건 천하에 김지수 밖에 없다 플랭카드 하나 써

554

들고‥

준표 ……(가만히 그저 앞 보며)

달삼 ………(준표 보고 있다가)농담처럼 하지만 진담이야… 시간이 필요하겠지만 결론은 나와 있는 일이야… 지금처럼 경민이 만나고 경민이 일로 전화도 하고…보게 될일 만들어 가끔 얼굴보고 그러면서……작업을 해…

준표 ……

달삼 뭐해 내 말 안 들어?

준표 그렇게는 안될 거에요…

달삼 ?? 왜

준표 그게 ‥그건 지수나 저나 만화죠오‥

달삼 그럼 어때‥

준표 ……

달삼 여기서 자네 또 딴 여자 만나 살 거야?

준표 여자…뭐 꼭 있어야 해요?

달삼 처제가 자네한테는 완벽한 파트너였어‥

준표 인정해요…좋은 사람이죠…나무랄 데 없는……이런 얘기……그 사람 아직 비행기 안에 있어요‥

달삼 ……(보며)

준표 좋아하고 사랑했던 거…사실이고……마음이 ‥‥찢어져요‥‥

달삼 ‥‥(보며)

준표 ……

S# 비행 중인 비행기 안

화영 (짙고 큰 선글라스/기대어 앉아 있는 뺨으로 줄줄줄줄/턱으로 둑뚝

뚝뚝 홍수처럼 흐르는 눈물)……(울지 말까?)

S# 아파트 주방

준표 (콸콸콸 유리잔에 양주 가득 따라 반쯤을 단숨에 마시고 나가는)

S# 거실

준표 (나와서 소파에 기대어 앉는/ 배 위에 양주잔 놓고)……….

S# 샌드위치 가게

지수 …..(언니 보며)

은수 ……(보며)

지수 차암.(회장 치와 비슷한)……

은수 말 안되지.

지수 된다고 생각해?

은수 글쎄 뭐…..마음 먹기 나름이지…자식이 있으니까….그저 자식 하나만 생각해서라도…..형부 얘기는 그거야…

지수 그래서 언니는 언니랑 살다 나가 언니 친구랑 살다 들어온 남자하고 또 살수 있을 거 같아?

은수 자식을 위해서라면 못할 짓이 없는 게 엄마라는 사람들이니까..

지수 그거 안하면 엄마가 아닌 거 아니잖아…충분히 엄마야…..엄마 여자보다 앞서 나 사람이야.. 그렇게 추락할 수는 없어. 만약 내가 그런다면 아마…평생을 나 스스로 내가 시시해서….참을 수 없을 거야.. 그런 일은 없어..

은수 아버지 계셨으면 좋겠다..

지수 계셔도 마찬가지야.

은수 형부 뜻..전하는 거 뿐이야…나는 뭐…그러라고 싶겠어?

지수 포기해..

은수   ······(보며)······

S#   어딘가에서 풍경 사진을 찍고 있는 준표···자동차 세워져 있고··이리 저리
       각도 바꿔가면서····자리 바꿔가면서·····(얼마 후)

S#   홍회장의 식당··

지수   (경민이와 함께 케이크에 초 꽂고 있는데)····(가정부와 황여사는 음
       식 차리고 있고)

홍   왜 그렇게 많이 꽂아 기분 나쁘게···하나만 꽂아··

지수   (웃고)그럴께요 아버님··(꽂았던 초 도로 빼내는/경민이 거들고)
       촛불 켜··

경민   (불 켜 당기는데)

홍   누구 생일이냐··

황   당신 생일이잖아요.

홍   우움···

지수   촛불 끄세요 아버님··

홍   (입술 오므려 불 끄는데 방향이 틀리다)

지수   다시 한번 하세요··

홍   (다시 한번/꺼지고)됐다아아(지수와 경민 손뼉 쳐주고)

경민   축하드립니다 할아버지

홍   ····

지수   아버님 축하드려요··

홍   으응··치워·· 치우고 밥 먹어··

가정부   (케이크 상자 들어내는데)

홍   (슬그머니 엉덩이 만지고)

가정부   아으 (피해 나가고)

홍   <u>ㅎㅎㅎㅎ</u> 방뎅이 한번 크다··

황   (수저 주면서)어서 드세요··

홍   (받아들고 먹기 시작)

황   앉어라··

지수   네··(경민과 함께 앉아 수저 들고)

홍   오이 냉국 없어?

황   드실 거 많아서 안 했어요.

홍   먹을 게 뭬 있어 아무 것도 없구먼··(숟가락으로 그릇마다 툭툭 치
        면서)뭬 있어 뭬 있어··

황   잠깐 계세요 얼른 만들어 낼께요.

홍   준표 놈은···

지수   네 아버님···학교 일로 지방에··저녁에 찾아 뵐 거에요.

홍   강원도로 피서 가자··

지수   (황 보는)

황   그러십시다··

홍   늬들 같이 가자··

황   에미 가게 봐야하고 어떻게 가요··

홍   가게?

황   샌드위치 가게 하잖어요

홍   ······(머엉하니 지수 보다가)너 그거 하지 말랬는데 하는 거야?

지수   ···(대답할 말이 없고)

홍   회 떠 오랬는데 왜 없어··

황   회 안 드신댔어요

홍   내가 언제!!(숟가락 날리면서)

558

지수   ……(딱해서 보며)

S# 사진 찍다 주저앉아서 사가지고 온 햄버거 먹고 있는 준표

　　E 전화벨··

준표   (받는)네에…

지수   F 아버님 찾으셔…

준표   어머니랑 전화 했어··

S# 홍회장 정원

지수   다 잊어버리신 거 같아··지방에 갔댔어. 오후에 들린다고…

준표   F 시간 되면….

지수   왜 그래··혼나더라도 와 뵈어·· 왜 그렇게 사람이 눈꼽만큼도
　　불편한 건 안할려고 들어.

S# 준표 있는 곳

준표   알았어··

지수   F 어딘데··

준표   카메라 들고 나왔어·· 좀 멀리 나왔어··며칠 돌아다닐 거야··

지수   F ……마음대로 해…나는 몰라……끊어··(끊어지는)

준표   (끊고 햄버거 먹는)……….

　　　　　　　　　　　　　　　　　　　　　　　　　　　　F.O

S# 롯데월드나 자연 농원이나/

　　[아정 준구 진주 경민 놀고 있는/자유롭게 하세요/시간을 좀 주시고
　　거의 아정이 중심으로 모두 신경 쓰면서 데리고 노는/]

S# 그 안의 식당

경수   (허겁지겁 밥 먹고 있는)

선화   (마주 앉아 반찬 옮겨놓아주는)

은수 (잠깐 보다가)얘 천천히 먹어어어.. 탈나.. 지금까지 점심을 안
먹고 있으면 어떡해..너 그거 저녁이다 점심이 아니라.

경수 그래서 곱빼기로 먹을 거에요.

은수 뭐가 그렇게 바빠 점심 먹을 새도 없어.

지수 지웅이가 너무 점잖으네에에(자는 아이 안고 있으며)

은수 자면서 안 점잖은 애 봤니?

지수 (웃고)

경수 뭐하러 따라나와아..애 데리고 집에 있지.

은수 밤낮 집에만 있는 애 사람 구경이래도 좀 하라고 불렀어어..

경수 구경할 게 뭐 있다구.

선화 왜애 그래도 재미있었는데..형님이 지웅이 봐주셔서 탈 것도
몇 개 타봤고..

은수 우리 아정이 경민이가 살판 났지 뭐..

지수 준구랑 진주도 살판이든데 뭘. 즈들이 더 좋아하는 거 같더라

선화 호호호호호

은수 우리는 먼저 퇴장할테니까 너 (시계 보며)애들 맡는 거야..

경수 알았어요.

은수 여기서 먹이든 나가서 먹이든 저녁들 먹이고

경수 알았어요.

은수 진주 운전 아직 초보중에 왕 초보니까 니가 앞서서 천천히 따
라오게 해..차선 바꾸는 거 깜박이 넣는 거 미리미리

경수 (오버랩의 기분)아이고 알았어요 나 밥 먹어요..

은수 일어나자.. 지웅이 줘.

지수 (아이 선화에게 넘겨주는)

560

S# 주차장

은수 아이고 머리가 딱딱 아프다.. 이것도 젊을 때나 하는 거지 진주 말 듣고 그냥 집에 있을 걸 괜히 쫓아나와 이게 무슨 생고생이야.

지수 아정이 엄마 노릇하러 나온 거잖아아..

은수 그래애 이래서 자식은 젊은 나이에 낳아 키워야 하는 거야..체력이 못당한다 체력이. 점점 더 소음 못 참겠고 사람 많은 거 못 참겠고 힘들어 죽겠다..

지수 빨리 들어가 (자동차 문 리모컨으로 열며)샤워하고 쉬자. 나도 고단해..

S# 자동차 안

은수 (타면서)저녁 먹고 들어가자.

지수 (타면서)아우 나 집에가 적당히 때우고 쉴래./

은수 (안전벨트 뽑으며)형부랑 약속했어.

지수 ?? 언제?

은수 어제 밤에..

지수 왜 이제야 말해?

은수 까먹었지 지금 생각났어. 까딱했다간 곧장 들어갈 뻔 했다..

지수 언니만 내려주께 그럼.(시동 걸며)

은수 ?? 웃기는 애야..

지수 둘이 있는 게 좋잖아. 데이트하라구.

은수 빨리 가아아..(출발)

　　　[출발해서 움직이는]

S# 거리를 달리는 자동차 안

지수 .....

은수 ……홍서방은 어떡하고 있니‥

지수 몰라‥저번저번 아버님 생신날 통화하고 그 뒤엔 몰라…경민

이 그러는데 사진만 디리 찍으러 다니나부더라…

은수 지가 무슨 사진 작가라구‥‥다른 얘기는 없구?

지수 뭐‥

은수 뭐‥‥반찬 좀 해달라든지

지수 어머님이 챙겨주시는데 뭘‥아줌마 이틀에 한번 가고.

은수 꼴 조오오타……니 시어머님은 더 아무 말씀 없으셔?

지수 뭐얼

은수 어떡할 거냐구‥

지수 또오…

은수 아 그래 됐어‥

지수 …‥

S# 어느 호텔 앞에 대어지는 지수의 차‥

은수 (내리면서)발레 맡겨 빨리 내려

지수 돈 아까워어.

은수 아 내려어어‥

S# 호텔 일식당‥

[은수 앞서고 지수/안내받아서 어느 자리로…

달삼 (준표와 앉아 있다가 벌떡 일어나는)어…

준표 ??(보고 일어나고)

지수 ??(멈춰 서고)

은수 (지수 잡아끌며)빨리 왔네? 우리도 아직 시간 전인데‥

달삼 그렇게 됐어. 앉어 앉어 처제‥

은수 홍서방 오랜만이에요.

준표 네…

달삼 달삼 앉어 여보 처제 앉어…동서 앉어앉어..

지수 (다 같이 앉는 중에..뿌우우우).....(앉는)

S# 같은 장소……

　　　[식사 마치고 차와 디저트 나와 있는 테이블에 지수와 준표만…]

준표 ……

지수 형부랑 언니…..먼저 갔을 거야…

준표 (쓰게 웃으며)알어……

지수 당신 먼저 얘기할래?

준표 먼저 해…

지수 내 마음은 …그래….한때 연인이었고 남편이었고 또 경민이 아
　　　빠였던…. 사람일 뿐이야….어머님도 언니랑 형부도…..우리가 다
　　　시 그래줬으면 하지만….나는 관심도 흥미도 없어…

준표 ……(가만히 보며)

지수 당신이라는 사람 나한테는 스무 번도 넘게 읽은 책 같은데 뭘
　　　….당신도 그렇겠지만..

준표 (조금 피식 웃는다)

지수 결국 또 역시 같은 패턴으로 살게 될 거야..전에 살았던 거랑
　　　똑같이….모든 걸 당신 위주로 모든 에너지를 다 당신한테…그럼
　　　당신은 또 성가셔할 거고 지루해 할 거고…그거 이제 재미도 없고
　　　의미도 없어…. 누구한테도 속박 안돼 있는 지금이 편하고 좋아…

준표 (끄덕이며)알아…

지수 (보며)……

준표　나도…리바이벌은 안하고 싶어‥내 마음도 당신하고 같아…

지수　……(보며)

준표　그냥 이대로 살아가자…경민이 커가는 것 보면서 의논할 거 있
　　으면 하고 도울 거 있으면 서로 돕고……

지수　(끄덕인다)

준표　하나 말해두고 싶은 건……당신같은 와이프 고마운 줄 모르고
　　………내가 얼마나 미련하고 모자랐는지 절절히 알아‥반성 많이 했
　　어… 당신 이상의 와이프가 어디 있다구…

지수　불같은 사랑….했잖어‥

준표　(쓴 미소로 보며)……

지수　소식 있어?

준표　없어… 없을 거야‥

지수　괜찮아?

준표　미안….많이 미안하지 뭐…

지수　……(보며)

준표　….(보다가)일어날까?

지수　응‥(핸드백 챙긴다)

S# 호텔 앞

　　[기다리고 있는 두 사람….]

　　[지수의 차가 먼저 와서 멎고]

지수　가께‥

준표　응.(지수 보호해서 차 문 열어주고)조심해

지수　응.(문 닫고 출발)….

준표　………(보고 섰는)

발레   (준표 차에서 내려)차 왔습니다 고객님.

준표   아 네…(자기 차로)…

S#   운전하고 있는 지수

S#   운전 중인 준표……

S#   지수 집 골목으로 들어서는 지수의 자동차‥

S#   아파트 광장으로 들어서고 있는 준표의 차

S#   지수의 주방

지수   (냉수 따라 마시는)

S#   준표의 주방

준표   (냉수 따라 마시는)……

S#   발코니 난간 잡고 심호흡하는 지수

S#   발코니 난간에 손 올리고 심호흡하는 준표‥‥

[지난날들 필름 편집으로 흘려주면서……]

〈끝〉

부록

TV 드라마

〈무지개〉
1972년, MBC, 주간 드라마.

〈상록수〉
1972년, TBC, 주간 연속극(문예물 각색).

〈새엄마〉
1972~1973년, MBC, 일일 연속극.
재혼한 여성이 대가족을 자신의 의지로 슬기롭게 끌고 나가는 이야기로,
가족 중심 일일 연속극의 새 지평을 연 드라마.

〈심판〉
1972년, KBS무대, 단막극.

〈강남가족〉
1974년, MBC, 일일 연속극.
고지식하면서도 정직하고 단란하게 살아가는 공무원 가정의 일상 이야기.

〈수선화〉
1974년, MBC, 일일 연속극.
여성을 중심으로 지혜롭게 살아가는 가족의 이야기로, 이 드라마를 시작
으로 세칭 '김수현표 드라마'로 평가받기 시작함.

〈하얀 밤〉

1975년, KBS무대, 신년 특집극.

〈안녕〉

1975년, MBC, 일일 연속극.
가정과 부부 윤리의 변화를 그린 드라마.

〈신부일기〉

1975~1976년, MBC, 일일 연속극.
시골서 갓 시집온 영리하고 해맑은 며느리가 만들어가는 부드럽고 화목
한 가정 이야기.

〈아버지〉

1975년, TBC, 토요무대(단막극).

〈탄생〉

1976년, MBC, 신년 특집극.

〈여고 동창생〉

1976~1977년, MBC, 일일 연속극.
여고 시절 단짝이었던 다섯 명의 동창생들이 사회와 부딪치며 살아가는
이야기.

〈말희〉

1977년, KBS무대, 작가가 드라마 선집에 추천한 대표 단막극.

〈보통 여자〉

1977년, TBC, 단막극.

〈당신〉

1977~1978년, MBC, 일일 연속극.

새 며느리가 주변의 질투와 멸시 등의 어려움을 극복하고 부부애를 되찾는 홈드라마.

〈후회합니다〉

1977~1978년, MBC, 주말 연속극.

가족의 오해와 갈등 속에 인생을 살아가는 중년 여성 이야기.

〈청춘의 덫〉

1978년, MBC, 주말 연속극.

배신한 남자에게 복수하는 애정극으로, 1999년 SBS 리메이크작으로 "당신 부숴버릴 거야"라는 명대사를 낳음.

〈불행한 여자의 행복〉

1978년, TBC, 단막극.

〈행복을 팝니다〉

1978~1979년, MBC, 일일 연속극.

한집안에 모여 사는 일곱 세대의 애환을 다룬 드라마.

〈엄마, 아빠 좋아〉

1979년, MBC, 주말 드라마.

〈고독한 관계〉

1980년, TBC, 주말 드라마.

〈입춘대길〉

1980년, KBS, 신년 특집극.

〈잃어버린 겨울〉
1980년, TBC, 주말 드라마.

〈아롱이다롱이〉
1980년, TBC, 주간 드라마.

〈옛날 나 어릴 적에〉
1981년, KBS, 신년 특집극.
1993년 KBS 설날 특집극으로 리메이크됨.

〈첫 손님〉
1981년, MBC, 신춘 특집극.

〈안녕하세요〉
1981년, MBC, 주말 드라마.

〈사랑의 굴레〉
1981년, MBC, 〈사랑의 계절〉 100회 특집극.

〈불타는 다리〉
1981년, MBC, 육이오 특집극.

〈사랑합시다〉
1981~1982년, MBC, 일일 연속극.

〈야상곡〉
1981~1982년, MBC, 주말 드라마.
농밀한 애정극.

〈아버지〉

1982년, MBC, 신년 특집극.

중년 가장이 그리는 남자 이야기.

〈어제 그리고 내일〉

1982~1983년, MBC, 일일 연속극.

〈다녀왔습니다〉

1983년, MBC, 일일 연속극.

밝고 경쾌한 홈드라마.

〈딸의 미소〉

1984년, KBS, 신춘 특집극.

〈사랑과 진실〉

1984년, MBC, 주말 드라마.

정반대의 성격을 가진 자매의 엇갈린 운명을 그린 이야기.

〈사랑과 진실〉 2부

1985년, MBC, 주말 드라마.

〈사랑과 진실〉의 속편.

〈사랑과 야망〉

1987년, MBC, 주말 드라마.

시대적 배경과 함께 서로 다른 두 형제가 살아가는 이야기. 2006년 SBS 주말 드라마로 리메이크됨.

〈모래성〉

1988년, MBC, 미니시리즈.

작가의 소설을 원작으로 극화한 멜로드라마.

〈배반의 장미〉
1990년, MBC, 주말 드라마.
식물인간에서 깨어나는 남편과 아내 이야기.

〈사랑이 뭐길래〉
1991~1992년, MBC, 주말 연속극.
전통적인 가정과 비교적 개방적인 두 가정 사이의 문화적 갈등과 충돌 이야기로, '대발이 아버지'라는 캐릭터를 낳음.

〈두 여자〉
1992년, MBC, 미니시리즈.

〈어디로 가나〉
1992년, SBS, 창사 특집극.
병든 아버지와 자녀들 간의 갈등과 삶과 죽음 이야기.

〈산다는 것은〉
1993년, SBS, 주말 드라마.
가장이 된 여성의 삶과 가족 이야기.

〈작별〉
1994년, SBS, 주간 드라마.
시한부 의사와 그 가족의 인생과 슬픔에 대한 이야기.

〈인생〉
1995년, SBS, 창사 특집극.

〈목욕탕집 남자들〉
1995~1996년, KBS, 주말 연속극.
목욕탕을 하며 삼대가 함께 사는 서울 변두리 집안의 전통과 현대가 섞인 이야기.

〈사랑하니까〉
1997~1998년, SBS와 HBS(케이블 현대방송) 동시 방송.
김수현 드라마 가운데 유일하게 죽은 영혼이 드라마 속에 등장하는 이야기.

〈아들아 너는 아느냐〉
1999년, SBS, 창사 특집극.
사고로 뇌사에 빠진 아들의 장기를 기증하면서 깨닫는 삶에 대한 이야기.

〈불꽃〉
2000년, SBS, 주간 드라마.
네 주인공의 엇갈린 관계와 운명적 사랑 이야기.

〈은사시나무〉
2000년, SBS, 창사 특집극.
부모 자식 간의 복잡한 감정과 관계에 대한 고찰.

〈내 사랑 누굴까〉
2002년, KBS, 주말 연속극.
자녀들의 연애와 결혼을 중심으로 펼치는 홈드라마.

〈완전한 사랑〉
2003년, SBS, 주말 드라마.
희귀병에 걸린 연상의 아내와의 애틋한 사랑 이야기.

〈혼수婚需〉
2003년, KBS-2TV, 추석 특집극.
결혼의 현실과 이상에 대한 고찰.

〈**부모님 전상서**〉

2004~2005년, KBS, 주말 연속극.

경기도 여주를 배경으로, 자녀들이 그들의 삶에 대해 매일 돌아가신 부모님께 보고하는 형식의 드라마.

〈**홍소장의 가을**〉

2004년, SBS, 창사 특집극.

경제위기로 퇴직한 가장을 통해 가족의 아픔과 사회문제를 그린 드라마.

〈**내 남자의 여자**〉

2007년, SBS, 미니시리즈.

가까운 친구가 남편과 불륜에 빠진 이야기.

〈**엄마가 뿔났다**〉

2008년, KBS, 주말 연속극.

살림에 지친 주부가 휴가를 선언하는 홈드라마.

〈**인생은 아름다워**〉

2010년, SBS, 주말 드라마.

제주도 배경의 성소수자를 포함한 가족 이야기.

〈**천일의 약속**〉

2011년, SBS, 미니시리즈.

알츠하이머에 걸린 아내를 보살피는 순정극.

〈**아버지가 미안하다**〉

2012년, TV조선, 개국 특집극.

환경미화원 가장이 겪는 애환을 들려주는 드라마.

〈무자식 상팔자〉

2012~2013년, JTBC, 주말 연속극.

한집안 삼대의 세대별 우여곡절을 다룬 이야기.

〈세 번 결혼하는 여자〉

2013~2014년, SBS, 주말 연속극.

결혼의 의미를 되새겨 보는 젊은 층의 풍속도.

〈그래, 그런 거야〉

2016년, SBS, 주말 연속극.

아버지와 아들 세 형제가 살아가는 이야기.

라디오 드라마

〈저 눈밭에 사슴이〉

1968, MBC라디오 공모 당선 연속극.

〈약속은 없었지만〉

1968, MBC라디오 연속극.

〈지금은 어디서〉

1968, MBC라디오 연속극.

영화 시나리오

〈잊혀진 여인〉(1969), 〈아빠와 함께 춤을〉(1970), 〈필녀〉(1970), 〈미워도 다시 한번〉 3편(1970), 〈미워도 다시 한번〉 4편(1971), 〈보통 여자〉(1976), 〈불행한 여자의 행복〉(1979), 〈어미〉(1985)

소설

『상처』,『겨울로 가는 마차』,『안개의 성』,『포옹』,『유혹』,『청춘의
덫』,『여자 마흔 다섯』,『겨울새』,『결혼』,『모래성』,『그늘과 장미』,
『망각의 강』,『눈꽃』(이 가운데 일부는 다른 작가의 각색으로 TV 드라
마로 방송됨)

산문집

『미안해, 미안해』(1979),『生의 한 가운데』(1979)

영화화 된 원작들

『눈꽃』,『유혹』,『겨울로 가는 마차』,『마지막 밀회』,『내가 버린 남
자』,『청춘의 덫』,『상처』,『약속은 없었지만』,『죄 많은 여인』,『욕망
의 늪』,『버려진 청춘』,『너는 내 운명』,『나는 고백한다』,『이 밤이여
영원히』

1943   3월 충북 청주에서 출생.

청주여자고등학교, 고려대학교 국문학과 졸업.

잡지사 기자로 잠시 활동.

1968   MBC 문화방송 개국 기념 라디오 연속극 공모에 「그해 겨울의 우화」(〈저 눈밭에 사슴이〉)가 당선. 방송 드라마 작가로 공식 등단 이후 두어 편의 라디오드라마를 더 집필.

1969   〈잊혀진 여인〉 1970년 〈미워도 다시 한번〉(3, 4편) 등 10편 안팎의 영화 시나리오를 직접 썼고, 이 가운데 〈필녀〉는 1971년 제8회 청룡영화상 시나리오 각본상을 받았다. 이밖에 〈눈꽃〉 등 원작만을 가져가 영화화한 작품도 10여 편 더 있다.

1972   MBC-TV 주간극 〈무지개〉 집필 도중 일일 연속극 작가로 전격 발탁. 그 해 8월 말에 시작한 일일극 〈새엄마〉가 폭발적인 인기로 무려 411회나 방송되어 당시로서는 최장수 드라마의 기록을 남겼다. 이는 곧 현실적 일상생활을 바탕으로 하는 일일극 패턴의 시작을 알림과 동시에 일일극 중흥을 예고하는 '김수현 드라마'의 화려한 등장이었다. 〈새엄마〉는 1973년 한국 방송 사상 최초로 제1회 한국방송대상 극본상 수상. 1974년 〈강남가족〉, 〈수선화〉 등 쓰는 연속극마다 시청률 1위는 계속되었고, 앞서 〈새엄마〉 때부터 1980년대 초까지 약 10년 동안 거의 하루도 쉬지 않고 쓰는 실로 초능력의 작가가 되었다. 매일 또는 주간 연속극이라는 특징도 있지만 단순히 집필량으로만 치자면 아마도 이 지구상에서 가장 많은 원고를 쓴 작가로 기록될 것이다.

1975   〈신부일기〉 때부터는 '시청률 제조기'라는 별명과 함께 명실

공히 TV 드라마 일인자 자리를 굳혔다. 덕분에 MBC는 그때부터 한동안 '드라마 왕국'이라는 소리를 듣기도 했다. "김수현 드라마라면 죽은 시체도 벌떡 일어난다"는 말도 이때 나왔다. 실제로 김수현 드라마가 방송되는 저녁 시간에는 거리가 한산했고, 그 시각 설거지를 미루고 TV 앞에 앉는 주부들 때문에 전국의 수돗물 사용량이 줄어든다는 말까지 나왔다. 〈신부일기〉는 제3회 한국방송대상 최우수 작품상을 받았고, 1980년 TBC-TV를 통해 방송한 주말극 〈고독한 관계〉는 제16회 백상예술대상 극본상을 받았다.

1977 월간 여성 잡지 연재소설 「상처」를 시작으로 1990년까지 드라마와 별개로 무려 13편 이상의 소설을 발표. 단행본으로 출간된 이들 소설들은 단번에 베스트셀러 반열에 올랐다. 소설 『겨울로 가는 마차』, 『여자 마흔 다섯』 등이 모두 이 시기에 나왔다.

1980 컬러 TV 방송 시대가 열린 후 2000년대까지, 긴 연속극에 비해 상대적으로 작품성이 뛰어난 각 방송사의 명품 단막극 또는 순도 높은 2, 3부작의 특집극을 사실상 도맡아 집필하며 TV 드라마의 또 다른 진수를 보여주었다. 모두가 인간의 본질을 끊임없이 추구하는 내용들로, 3부작을 하룻밤에 연속 방송하는 집중 편성을 통해 더 많은 시청자들에게 전율에 가까운 충격과 감동을 안겨주었다. 이들 특집극 가운데 〈옛날 나 어릴 적에〉는 1981년 또다시 제17회 백상예술대상 극본상을, 〈어디로 가나〉는 제20회 한국방송대상 TV 드라마 부문 작품상과 그해 한국방송작가상을 받았고, 〈은사시나무〉는 다시 한번 제37회 백상예술대상 TV 부문 극본상을 수상했다.

1984 5월부터 11월까지 방송된 〈사랑과 진실〉은 최고 시청률을 76%까지 끌어 올리며 김수현 드라마 '사랑 시리즈'의 신호탄이 되기도 했다. 이 무렵부터 일일극에서 빠져나와 TV 드라마의 흐름을 주간 연속극 위주로 바꿔놓았고, 1987년에는 '사랑 시리즈' 제2탄이라 할 수 있는 〈사랑과 야망〉을 써서 또 한 번 최고 시청률 70% 이상이라는 선풍적인 인기를 안방에 몰고 왔다. 1988년

제24회 백상예술대상에선 TV 부문 대상을 차지했고, 2006년 SBS 에서 리메이크되어 또다시 폭발적인 인기를 얻었다.

1988   사단법인 한국방송작가협회의 이사장직을 맡아 이후 8년여 동안 방송 작가들의 권리 찾기에 앞장서 투쟁과 헌신으로 저작권 확보를 완성했다. 후진 양성을 위한 '방송작가 교육원'도 개설해 향후 이곳 출신 작가들 대다수가 방송 프로그램을 거의 장악해 방송 콘텐츠 향상을 주도함으로써 드라마를 비롯한 방송 발전에 크게 공헌하였다.

1990   11월부터 1992년 5월까지 방송된 주말극 〈사랑이 뭐길래〉는 코믹 홈드라마라는 새로운 장르를 개척함과 동시에 TV 드라마의 수준과 흥미를 한 단계 높였다는 평가를 받았다. 기왕의 수식어인 '언어의 연금술사'에 이어 TV 드라마에 관해 드디어 '신神의 경지'에 이르렀다는 극찬을 세상 사람들과 언론으로부터 들었다.

1992   〈사랑이 뭐길래〉는 한국 방송 사상 처음으로 중국에 진출, 한류의 원조 또는 효시로 최초의 수출 드라마가 되었다. 당시 〈사랑이 뭐길래〉가 방송되는 주말 저녁 8시 시간대에 남의 집에 전화하는 일은 크게 실례라고 할 정도로 온 국민이 이 드라마에 빠져드는 일종의 '김수현 신드롬'을 낳았다. 중국 역시 그 반응이 엄청나 당시 10억이 넘는 인구의 온 대륙이 들썩였다는 중국 CCTV 관계자의 증언이 있었다. 국내 최고 시청률 64.9% 또한 결코 그저 그냥 넘길 만한 수치가 아니었다.

1993   〈산다는 것은〉과 〈작별〉과 같은, 주로 삶과 죽음에 대해 진지하게 접근하는 작품들을 SBS 주간 드라마를 통해 선보였다. 번뜩이는 재치와 시청자의 말문을 트이게 하는 생생하고 맛깔스런 대사, 언어 문학의 상승 효과, 빠른 전개와 충만한 리얼리티, 인물들의 다양한 캐릭터와 상황 반전에 지치지 않는 서사 구조를 거침없이 쏟아냈다.

1995   KBS 주말 연속극 〈목욕탕집 남자들〉은 수많은 '김수현표 가족 드라마' 가운데 또 하나의 전범을 보여준 경우다. 이 드라마 한

편으로 그때까지 상대적으로 다소 열세에 있던 KBS 드라마들을 단 한 방에 강세로 돌려놓는 마법을 보여주었다. 1995년 당시 한 유력 월간지가 해방 후 '한국을 바꾼 100인' 가운데 방송계에서는 유일하게 드라마 작가 김수현을 선정 발표했다. 가령 시청률 30%면 대략 1천만 명, 70% 안팎이면 아무리 깎아도 2천만 명 이상이 한꺼번에 동시 시청한다는 계산이다. 게다가 이와 같은 특정 작가 드라마에 대한 꾸준하고 열광적인 시청 행태는 1970년대 초 김수현의 드라마가 처음 등장한 때부터 2010년대 초까지 약 40여 년간 견고하게 유지됐다. 그간의 '김수현 드라마'가 한국인의 생활 양식이나 의식과 문화, 대중적 가치와 정서에 미친 긍정적인 영향을 올바르게 평가한 결론으로 볼 수 있는 일이었다.

2000   SBS 주간 드라마 〈불꽃〉을 시작으로 〈완전한 사랑〉(2003), 〈내 남자의 여자〉(2007)까지 시대의 변화와 함께하는 〈청춘의 덫〉 리메이크를 비롯해 새로운 감각의 멜로드라마를 모색해 동시대의 사회 윤리적 문제와 정서적 도덕 방향을 정리해보기도 했다. 2004년 KBS 주말 연속극 〈부모님 전상서〉는 두 번째로 한국방송작가상을 받았고, 〈엄마가 뿔났다〉(2008), 제주도를 무대로 한 〈인생은 아름다워〉(2010)와 JTBC의 주말 연속극 〈무자식 상팔자〉(2012)까지 2000년대에 들어 괄목할 만한 '가족 드라마 4종 세트'를 내놓으며 역시 김수현 드라마의 기본 단위는 '가족'이라는 점을 상기시켰다. 계속된 여러 편의 '국민 드라마'로 여전히 많은 시청자의 공감을 이끌어내는 데 성공했다.

2008   한국방송협회 주관 '서울 드라마 어워드'에서 '올해의 대한민국 대표 작가'로 선정됐다.

2012   대한민국 대중문화예술상 은관문화훈장을 수여받았다.

김수현 드라마 전집 11
내 남자의 여자 2

1판 1쇄 인쇄	2021년 2월 1일
1판 1쇄 발행	2021년 2월 22일

지은이	김수현
펴낸이	임양묵
펴낸곳	솔출판사

책임편집	임우기
편집장	윤진희
편집	최찬미, 윤정빈
디자인	오주희
마케팅	이원지
제작관리	박정윤

주소	서울시 마포구 와우산로29가길 80(서교동)
전화	02-332-1526
팩시밀리	02-332-1529
홈페이지	www.solbook.co.kr
이메일	solbook@solbook.co.kr
출판등록	1990년 9월 15일 제10-420호

ⓒ 김수현, 2021

ISBN	979-11-6020-131-4	04680
	979-11-6020-120-8	세트